«Kurz nach Mittag aber lag der See noch glatt und friedlich da»

Christian von Zimmermann, Daniel Annen (Hg.)

«Kurz nach Mittag aber lag der See noch glatt und friedlich da»

Neue Studien zu Meinrad Inglin

Die Herausgeber danken für grosszügige finanzielle Unterstützung
- der Kulturkommission des Kantons Schwyz
- der Kulturkommission der Gemeinde Schwyz
- dem Schweizerischen Nationalfonds
- der Meinrad Inglin-Stiftung, Schwyz
- der Treuhand- und Revisionsgesellschaft Mattig-Suter und Partner, Schwyz
- der Schwyzer Kantonalbank

Informationen zum Verlagsprogramm
www.chronos-verlag.ch

Bildredaktion: Hans Otto Trutmann, Schwyz
© 2013 Chronos Verlag, Zürich
ISBN 978-3-0340-1166-2

Inhalt

Vorwort   7

Spannungen und Widersprüche – übergreifende Werkaspekte

BEATRICE VON MATT (ZÜRICH)
Meinrad Inglin – Erzähler zwischen Wildnis und
Menschengesellschaft. Mit einem Seitenblick
auf seinen Westschweizer Zeitgenossen Guy de Pourtalès   21

MARZENA GÓRECKA (LUBLIN)
Meinrad Inglin als Schriftsteller zwischen Aussenseitertum
und Konformismus   37

RÉGINE BATTISTON (MULHOUSE)
Mensch und Natur   51

DANIEL ANNEN (SCHWYZ)
Von der Hostienherrlichkeit zur Gnade aus der Schöpfung:
Spuren einer theologischen Ästhetik bei Meinrad Inglin   69

Lektüren

FRANZISCA PILGRAM-FRÜHAUF (BERN)
Blickwechsel: Bezüge zwischen Inglins *Die Welt in Ingoldau*
und der *Neuen Schweiz* von Leonhard Ragaz   91

CHRISTA BAUMBERGER (BERN)
Vagabundentum und Zivilisationskritik in Meinrad Inglins
Wendel von Euw (1925)   109

CORDULA SEGER (ST. MORITZ)
Grand Hotel Excelsior – Chiffre seiner Zeit   129

STEFAN HUMBEL (BIEL)
Schützenfestreden bei Gotthelf, Keller und Inglin.
Öffentliche Rede und literarische Tradition — 145

NINA EHRLICH (BERN)
Meinrad Inglins *Schweizerspiegel* und Jacob Paludans *Jørgen Stein*.
Der Grosse Krieg an den Rändern — 159

OLIVER LUBRICH (BERN)
Pneumo-Prosa. Nationalsozialismus als helvetische Krankheit — 175

CHRISTIAN VON ZIMMERMANN (BERN)
Die entzauberte Insel.
Betrachtung über eine Adoleszenzerzählung von Meinrad Inglin — 197

PETER UTZ (LAUSANNE)
Die Lawine – eine positive Katastrophe — 209

DOMINIK MÜLLER (GENF)
Vom Kellner zum Dichter. Das Wechselverhältnis von Tourismus
und Literatur in Meinrad Inglins *Werner Amberg* — 223

CHRISTIAN VON ZIMMERMANN (BERN)
Vom Hadern mit der Moderne. Raum, Zeit und Menschenbild
in Meinrad Inglins Roman *Urwang* — 239

WOLFGANG HACKL (INNSBRUCK)
Meinrad Inglins *Urwang* und neuere Alpenerzählungen der Schweiz — 255

Register der Namen und Werke — 269

Vorwort

Die jüngste Geschichte der deutschsprachigen Literatur der Schweiz nennt Meinrad Inglin uneingeschränkt einen «‹Klassiker der Moderne› der Schweiz»,[1] aber schon diese Einschätzung durch Andreas Solbach erscheint ambivalent, denn das «Autorenporträt Meinrad Inglin», welches das Kapitel der Literatur «[v]on 1914 bis zum Zweiten Weltkrieg» abschliesst, bezieht die Argumente für diese Klassifizierung des Autorwerkes eher aus Rezeptionsphänomenen – dem Vorliegen zweier Werkausgaben[2] und der gewichtigen Biographie von Beatrice von Matt[3] – als aus einer Charakterisierung des Werkes, mit welcher sich Solbach schwertut. Als Problem erweist sich dabei nicht zuletzt der Versuch, die intellektuellen Spannungen des Werks auf eine teleologische Entwicklungslinie zu bringen. Inglins früher Skandalroman *Die Welt in Ingoldau* (1922) wird so zum «Ausdruck von Inglins Wende zum demokratischen Ideal und zur Welt des Bürgers»: eine einseitige Einschätzung, die den Blick auf die Sehnsucht nach nationalen, Kultur und Natur der Schweiz vereinenden Mythen in Werken wie *Über den Wassern* (1925), *Lob der Heimat* (1928) und *Jugend eines Volkes* (1933) und *Güldramont* (1943) zwangsläufig verstellen muss. Die Spannungen zwischen einer zivilisationskritischen Sehnsucht nach mythischer Vertiefung der gegenwärtigen Kultur auf der einen und einem Bekenntnis zu den freisinnigen Traditionen der Schweiz auf der anderen Seite durchziehen das Werk Inglins, stehen in einer zutiefst schweizerischen Tradition der Auseinandersetzung mit der eigenen Staatsbürgernation[4] und sind nicht zuletzt den vielfältigen ideologischen Gefährdungen des 20. Jahrhunderts ausgesetzt.

Zwischen dem fünfzehn Jahre älteren literarischen Flaneur Robert Walser (1878–1956), dessen Modernität erst in der zweiten Hälfte seines Jahrhunderts entdeckt wurde, und dem achtzehn Jahre jüngeren literarischen Moralisten Max Frisch (1911–1991), der Inglin nicht zuletzt aus dem Schulkanon

---

1 Andreas Solbach, «Von 1914 bis zum Zweiten Weltkrieg», in: *Schweizer Literaturgeschichte*. Hg. von Peter Rusterholz u. Andreas Solbach. Stuttgart u. Weimar 2007, S. 174–207.
2 Meinrad Inglin, *Werkausgabe in acht Bänden*. Hg. von Beatrice von Matt. Zürich u. Freiburg im Br. 1981; ders., *Gesammelte Werke in zehn Bänden*. Hg. von Georg Schoeck. 10 Bände. Zürich 1987–1991.
3 Beatrice von Matt, *Meinrad Inglin. Eine Biographie*. Zürich u. Freiburg im Br. 1976.
4 Vgl. im Kontext auch: Christian von Zimmermann, «Mythos, Ethos, Pathos, Moira: Literarischer Nationalismus in Gotthelfs ‹Der Knabe des Tell›», in: *Mythes suisses. Tell im Visier*. Hg. von Mechthild Heuser u. Irmgard Wirtz. Zürich 2007, S. 279–290.

verdrängt hat, ist Inglin vielleicht die ‹schweizerischste› Erscheinung in der deutschsprachigen Literatur des 20. Jahrhunderts: Sein Werk repräsentiert wie kein anderes die inneren Spannungen und Entwicklungen der Schweiz thematisch *und* ästhetisch (allerdings in der Wahl einer zunehmend klassizistischen Stilidealen verpflichteten Hochsprache nicht auch sprachlich). Dies gilt auch für Inglins Berührungen mit völkischen Ideologemen, wie sie nicht nur im Essay *Lob der Heimat* begegnen. Dies gilt auch für Inglins Sehnsucht nach einem literarischen Erfolg in Deutschland – noch zu Zeiten, da andere Schweizer Autoren auf die Zusammenarbeit mit deutschen Verlagen verzichteten. Dies gilt auch für die Annäherung an die Geistige Landesverteidigung und deren Revival in den 1950er-Jahren. Dies gilt insbesondere aber für die Reflexionen über das Ungenügen eines Modells der Staatsbürgernation Schweiz, zu dem sich Inglin einerseits im *Schweizerspiegel* unzweideutig bekennt, dem er andererseits aber die mythischen Phantasien einer Initiation schweizerischer Jugend in der Bergwelt (*Güldramont*), eine mythische Vertiefung der Einheit von Volk und Landschaft (nicht nur in *Über den Wassern*, 1925)⁵ und die Tradierung geschichtlicher Mythen (*Jugend eines Volkes*) hinzufügt. Es ist bezeichnend, dass Inglin in seiner Erzählung *Der schwarze Tanner* (1947) sich darum bemüht, das traditionelle Muster schweizerischer Heimatliteratur mit einer modernen Staatsauffassung zu versöhnen und zugleich Elemente einer bäurisch-patriarchalischen Weltordnung auf die Erwartungen an ein modernes Staatswesen zu übertragen. Der vernünftige Staat soll an einige Aspekte des Modells vom guten, schützenden und massvollen Hausvater anknüpfen, welches die ihrer Zeit nicht mehr folgen könnenden Vertreter der alten Ordnung – wie Tanner – nurmehr als ehrenwert-archaischen Anachronismus repräsentieren.

Dass eine Charakterisierung des Werkes von Meinrad Inglin nicht über die Etablierung einer widerspruchsfreien Teleologie erreicht werden kann, sondern durch die Dokumentation der inneren Spannungen und «beträchtlichen Widersprüche[ ]»,⁶ zeigen auch die ersten vier Beiträge des vor-

---

5 Werner Günther schreibt über *Jugend eines Volkes*, man erkenne «das unabweisbare Bedürfnis, eine echtere, eine kämpferische Heimat zu suchen», und das Buch sei getragen von dem Willen, «die Einheit von Mensch und Landschaft in einer bestimmten Volkswerdung aufzuzeigen». (Werner Günther, «Meinrad Inglin», in: Ders., *Dichter der neueren Schweiz* III. Bern 1986, S. 340–417, hier S. 366f.) Zu den Widersprüchen Inglins gehört auch, dass diese Aspekte seines Denkens nicht mit dem *Schweizerspiegel* zugunsten eines bürgerlichen Staatsbegriffes ‹überwunden› werden, sondern parallel zum staatsbürgerlichen Bekenntnis als eine Denkoption bestehen bleiben.

6 Peter Rusterholz, «Nachkrieg – Frisch – Dürrenmatt – Zürcher Literaturstreit – Eine neue Generation (1945–1970)», in: *Schweizer Literaturgeschichte* (wie Anm. 1), S. 241–327, hier S. 242.

liegenden Bandes, der die Ergebnisse der Meinrad Inglin-Tagung vom 29. September bis 1. Oktober 2011 in Schwyz versammelt.

Das Ringen Inglins um ein Bekenntnis zu den liberalen Traditionen der Schweiz und zu einem Ideal der bürgerlichen Mitte und des Masses thematisiert Beatrice von Matt in ihrem Eröffnungsbeitrag zum vorliegenden Band. Im kursorischen Durchgang durch das Werk zeigt sie die vielfältigen Versuche, neue Ideale und Utopien von Gemeinschaft zu etablieren, wie sie Inglin zunächst in einem christlich geprägten Sozialismus gefunden habe. Die Referenz auf das grundlegende Werk von Leonhard Ragaz (1868–1945), *Die neue Schweiz*, bildet einen gewichtigen Hintergrund für Inglins *Die Welt von Ingoldau*. Franzisca Pilgram-Frühauf ist diesen Spuren und der Ragaz und Inglin verbindenden Utopie einer neuen aus dem Geist und der Liebe sich über den Kampf partikularer Interessen hinweg entwickelnden Gemeinschaft in ihrem Beitrag eingehend nachgegangen. Ragaz vertrat eine Sozialdemokratie, die durchaus von der biblischen Vorstellung vom Reich Gottes Wirkkraft bezog. Es war vor allem Ragaz' Buch *Die neue Schweiz*, das Inglin in dritter Auflage aus dem Jahre 1918 gelesen und sehr befürwortet hatte. Therese, die junge Frau aus der *Welt in Ingoldau* mit sozialmenschlichem Impetus, ist nach Inglins eigenen Arbeitsnotizen aus dem Vorfeld dieses Romans offensichtlich aus diesem Geist gestaltet.

Beatrice von Matt sieht neben der Erprobung anderer Gemeinschaftsformen auch die Fluchträume in das Dionysische oder in die Natureinsamkeiten, die als existenzielle Spannungen den Hintergrund für das Werk und für widersprüchliche intellektuelle Vorlieben bilden. Vor diesem Hintergrund erscheint ihr der *Schweizerspiegel* als eine «Korrektur», eine Öffnung aus den engen Heimathorizonten zu einem Völkerbundgedanken.

Wie wichtig indes die zivilisationskritischen Aspekte, eine rebellische und antikonventionelle Haltung als ein Spannungspol in den Werken Inglins sind, betont Marzena Górecka in ihrem Beitrag; sie untersucht insbesondere die Naturüberhöhungen in *Über den Wassern* und *Güldramont*. Der Ausbruch aus einer deprimierenden Zivilisation in die mythischen Wildnisse mündet jedoch bereits in der zweiten Erzählung in eine geläuterte und gereifte Rückkehr in die Zivilisation. Dass sich neben dieser mythisch überhöhten Natur eine detailliert wahrgenommene Raumbeschreibung der Bergwelt entfaltet, zeigt Régine Battiston in ihrem Beitrag über die Naturdarstellung in Inglins Werken seit *Die graue March*, in der die Mythisierung der Landschaft einem teils schroffen Realismus gewichen sei. Battiston führt aus, wie sehr Inglins Figuren gleichsam grundsätzlich, aufgrund ihrer condition humaine, um ihr Naturverhältnis ringen. Sie legt dabei den Akzent auf Inglins realistische Darstellung, die dennoch zuweilen transzendente Sinngehalte durchscheinen lässt und bei aller Wirklichkeitstreue auch Traumlandschaften ins Auge fasst. Zugleich sieht sich der Mensch im Naturkontakt aber auch mit autonomen, vom Menschen unabhängigen und darum oft weitgehend unzähmbaren, widerständigen Kräften konfrontiert.

Einen weiteren Grundzug im spannungsvollen Werk Inglins weist Daniel Annen nach, der sich in seinem Beitrag der Dimension einer theologischen Ästhetik widmet. Annen lenkt die Aufmerksamkeit von der die *Ingoldau*-Welt prägenden kirchlichen Doppelmoral auf die sich im Roman ebenfalls eröffnenden Momente befreiender Religiosität und auf die durch Schillers *Briefe über die ästhetische Erziehung des Menschen* vermittelte Ganzheitlichkeit. Gegen die Orientierung an einer heteronomen Beichtstuhlmoral etabliert Inglin im Anschluss an Schiller, Goethe und Paul Häberlin demzufolge einen inneren Impetus zu mitmenschlicher Liebe, der aus der Harmonisierung der gegenläufigen inneren Kräfte resultiert und dem Menschen neue Potenziale des Zusammenlebens eröffnet. Analog dazu ist ein solches Gemeinschaftsideal aus der Harmonisierung der gesellschaftlich widerstrebenden Kräfte der ganzen Nation auch in der liberalen Versöhnung im *Schweizerspiegel* (1938) erkennbar. Als bestimmend zeigt sich bei Inglin eine Gottesidee im Sinne des johanneischen Logos, die Kreuzerfahrungen ebenso einschliesst wie Glücksmomente und den ganzen Menschen will. Dieser Gott wird auch über die Sinnlichkeit erlebt, aber nur annäherungsweise; er entzieht sich im Sinne einer negativen Theologie immer auch einer vollumfänglichen Erkenntnis. Der Mensch geht wie ein Wanderer auf ihn zu. Etwas von diesem menschlichen Pilgerstand zeigt sich auch in Inglins allerletzter Erzählung *Wanderer auf dem Heimweg* (1968). Ein ehemaliger Hoteldirektor geht hier weg aus der modernen Zivilisation, zurück in seine naturnahe Heimat und zugleich auf den Tod zu.

Zivilisationskritische Impulse finden sich im frühen Werk insbesondere in Inglins später verworfenem Roman *Wendel von Euw* (1925). Christa Baumberger stellt diese zweite Buchveröffentlichung Inglins in den Kontext noch nicht der Wanderer-, sondern der Vagabunden-Thematik. Dabei gelingt es ihr auffallend konkret, das Widerspiel von traditionalen und modernen Aspekten bei Inglin aufzuzeigen. Sie verweist auf vergleichbare Aussenseitermotive und Gefängnismetaphern bei Autoren wie Emmy Hennings oder Friedrich Glauser oder auch auf Denkfiguren, die seit Oswald Spenglers *Der Untergang des Abendlandes* (1918/1922) den zivilisationskritischen Diskurs der Moderne prägen. Der antizivilisatorische Impuls der Vagabundengestalt vermochte, so Baumberger, Inglin später nicht mehr zu überzeugen. Angelangt in der im Roman noch aus kritischer Distanz beleuchteten Mitte, habe er eine Überarbeitung des Romans nicht mehr leisten können. Die Erstfassung hat auf dem Buchmarkt postum dennoch überlebt: zum Glück für die Literatur, die um einen Vagabunden reicher geblieben sei.

Als Symbol der Zivilisationsproblematik erscheint bei Inglin nicht zuletzt das Grand Hotel, und er greift damit eine der zentralen Moderneallegorien in der Literatur auf. Das Grand Hotel ragt nachgerade als Chiffre der modernen Welt aus den Texturen literarischer Werke aus den 1920er- und frühen 1930er-Jahren des 20. Jahrhunderts. Das ist der Fokus von Cordula Segers Aufsatz, der kenntnisreich literarische Hotelgebilde anderer Autoren einbezieht und so die Symbolkraft damaliger Hotelpaläste herausstellt. Sie stehen einerseits für ein Kollektiv, das sich im Europa dieser Spätzeit nochmals zu Glanz und Gloria stilisiert, andererseits für eine morsch dahinwelkende Ordnung. Aus diesem Fokus entfaltet die Autorin auch weitere Sinngehalte, die aus den Räumen und dem Bannkreis dieser grossen Gaststätten zu funkeln beginnen: Sinngehalte der Dekadenzära ebenso wie der Karnevalstradition. Der Wiederaufnahme der Hotelthematik in Inglins 1949 erschienenem Roman *Werner Amberg* geht Dominik Müller in seinem Beitrag nach, der freilich nicht die Hotelallegorie als solche thematisiert, sondern den spannenden Wechselbeziehungen zwischen Tourismus und Literatur nachspürt. Tourismus, so eine These, beschränkt sich nicht auf den Trivialbereich der Kultur, sondern findet seinen Niederschlag auch etwa in Werken von Ferdinand Hodler oder in Inglins Roman. Die intime Kenntnis des Verfassers über das Hotelwesen mag dazu beigetragen haben, dass Landschaftsbeschreibung, Situierung des Hotels, Panoramen und Ausblicke die Illusionen, Blickrichtungen und die touristische «Bewunderung» einer Hotelwerbung dichterisch inszenieren und funktionalisieren: «Tourismus und Romanautor bedienen sich sozusagen der gleichen Trickkiste.»

Für Inglins Ringen um ein Bekenntnis zu den liberalen Traditionen der Schweiz mag kein Satz so repräsentativ sein, wie jener viel zitierte Ausspruch aus dem Roman *Schweizerspiegel*, die Schweiz sei «ein Land für reife Leute».[7] Inglins Roman, der 1938 in Deutschland zuerst erschien und von Inglin später überarbeitet wurde, stellt gewiss sein opus magnum dar; er erzählt die Geschichte der Schweiz zur Zeit des Ersten Weltkrieges mit bedeutenden Prallelen zu der Situation der Gegenwart am Vorabend des Zweiten Weltkrieges. Geprägt wird der Roman darum auch von den Denk- und Mentalitätskonstellationen seiner Entstehungszeit in den Dreissigerjahren und von einer konstatierten Krise des liberalen Bürgertums, das sich

---

7 Meinrad Inglin, *Schweizerspiegel*, in: Ders., *Gesammelte Werke in zehn Bänden*. Hg. von Georg Schoeck. 10 Bände (wie Anm. 2). Zürich 1987–1991, Bd. 5.2, S. 939.

noch immer auf Kellers *Fähnlein der sieben Aufrechten* zurückbezieht und den Forderungen der Gegenwart kaum mehr zu entsprechen scheint. Der Roman kreist um die Überzeugung, dass – wie es bei dem in Norwegen lebenden Anthroposophen Curt Englert-Faye (1899–1945) heisst – «die Epoche der bürgerlichen Sekurität für die Schweiz endgültig vorüber» sei,[8] und wie Englert-Faye hat auch Inglin das Heil in einer Rückbesinnung auf die mythische Geschichte gesucht. Im Roman dienen die Utopien sozialistischer oder völkischer Prägung als Merkzeichen für die Defizite des tradierten Staatsmodells; sie vermögen aber selbst keine Zukunftsoptionen zu eröffnen. Nicht nur im Hinblick auf die schweizerische militärische Zurückhaltung im Ersten Weltkrieg, sondern auch im Hinblick auf die ideologischen Positionen wird daher der ‹Gefechtsabbruch› zum Zeichen einer staatsbürgerlichen Reife.[9] Und als einen Gefechtsabbruch seines Autors hat den Roman etwa Adolf Muschg gelesen: «Inglin ist als junger Mensch selbst in der Versuchung gewesen, die Zukunft der Demokratie einer Militärdiktatur, das Wohl des Menschen einer Heilslehre auszuliefern.»[10] Freilich nimmt Inglin ein bedeutendes Mass zivilisationskritischer Elemente in sein Bekenntnis zur liberalen Schweiz auf. Der Roman weist so eine deutliche Nähe zum Gedankengut der Geistigen Landesverteidigung[11] auf, womit ein geistesgeschichtlicher Kontext bezeichnet ist, der den Spannungen und Widersprüchen im Werk Inglins einen spezifischen historischen Ort zuweist. So führt Josef Mooser zur Geistigen Landesverteidigung aus:[12]

> Es gehört zu den wesentlichen Ergebnissen der neueren Forschung, dass die Zielsetzung einer neuen, autoritären Schweiz keine «Anpassung» an den Nationalismus oder Faschismus darstellte, sondern endogenen Ursprungs war. Andererseits

---

8 Curt Englert-Faye, *Vom Mythus zur Idee der Schweiz. Lebensfragen eidgenössischer Existenz geistesgeschichtlich dargestellt.* Zürich 1940, S. 824.
9 Vgl. Daniel Annen, «Der Gefechtsabbruch als Leistung. Meinrad Inglins ‹Schweizerspiegel› – Annäherung an eine Lesart», in: NZZ vom 13./14. Oktober 1990, S. 68.
10 Adolf Muschg, «Außer Spesen nichts gewesen? Adolf Muschg über Meinrad Inglin: ‹Schweizerspiegel› (1938)», in: *Romane von gestern – heute gelesen. Band 3: 1933–1945.* Hg. von Marcel Reich-Ranicki. Frankfurt/M. 1990, S. 163–170, hier S. 169.
11 Vgl. Beatrice Sandberg, «Geistige Landesverteidigung (1933–1945)», in: *Schweizer Literaturgeschichte* (wie Anm. 1), S. 208–240, hier S. 216f. – Vgl. im Zusammenhang auch: Dies., «Der ‹Sonderfall Schweiz›. Vom Mythos zum Alptraum in der literarischen Auseinandersetzung mit der faschistischen Bedrohung», in: *Fascism and European Literature. Faschismus und europäische Literatur.* Hg. von Stein Ugelvik Larsen u. Beatrice Sandberg. Bern etc. 1991, S. 399–423.
12 Josef Mooser, «Die ‹Geistige Landesverteidigung› in den 1930er-Jahren. Profile und Kontexte eines vielschichtigen Phänomens der schweizerischen politischen Kultur in der Zwischenkriegszeit. In: *Schweizerische Zeitschrift für Geschichte* 47 (1997), S. 685–708, hier S. 693.

ist nicht zu übersehen, dass der neue Konservativismus oder die «neue Rechte» seit der Jahrhundertwende ein gemeineuropäisches Phänomen der Selbstkritik der bürgerlichen Kultur und Gesellschaft bildete. [...] Der neue Konservativismus teilte viele Motive und Gedanken z.B. des völkischen Nationalismus im deutschen Reich seit der Jahrhundertwende.

Diese Hintergründe prägen auch die Diskursgeschichte mancher Aussagen in Inglins Werken, vor allem der 20er- und 30er-Jahre. Damit ist freilich vor allem der Problemhorizont umrissen, die Nähe zu heute teils befremdenden Ideologemen, nicht aber ein politischer Standort des Autors: Gerade im *Schweizerspiegel* zeigen sich teils überraschende Perspektiven, die, fern von allen vorgefassten Klischees und mit einer bedeutenden erzählerischen Liberalität den Positionen der Figuren gegenüber, den Blick für eine Erneuerung des helvetischen Modells öffnen.

Der *Schweizerspiegel* – «das konsequenteste Werk, das je als poetisches Schweiz-Projekt erschienen ist» (Beatrice von Matt) –[13] konzentriert die gegensätzlichen Positionen der damaligen Schweiz in den Figuren einer Familie; zwischen Eltern und Geschwistern wird um das Erbe und weiterführende Sinnperspektiven der Schweiz gerungen, um ein adäquates Verhalten in einem Land mitten im kriegerischen Europa, das dennoch selber keinen Krieg führt. Von den krisenhaften Erschütterungen, von welchen die junge Generation in den Ländern am Rande der Kriegskatastrophe nahezu wie eine Naturkatastrophe heimgesucht wird, erzählt auch der gleichfalls breit angelegte Familienroman *Jørgen Stein* des dänischen Schriftstellers Jacob Paludan (1896–1975), der in zwei Teilen 1932 und 1933 erschien. Nina Ehrlich, die sich mit dem eine Generation prägenden Erlebnis des Krieges aus der Distanz in der dänischen Literatur beschäftigt hat,[14] vergleicht in ihrem Aufsatz aus dieser Perspektive die beiden Romane, um gerade so die historischen, politischen und kulturellen Sinnkonstruktionen des *Schweizerspiegels* herauszudestillieren. Dabei ergeben sich Ähnlichkeiten und Kontraste, was sich auffällig etwa an den Frauenfiguren aufzeigen lässt: Inglin zeichnet sie als autonome Charaktere, als Korrektive im Zeitfluss

---

13 Beatrice von Matt, «Die schweizerische Nation als poetisches Projekt. Keller bis Hürlimann», in: *Beziehungen und Identitäten: Österreich, Irland und die Schweiz.* Hg. von Gisela Holfter, Marieke Krajenbrink u. Edward Moxon-Browne. Bern 2004 (Wechselwirkungen 6), S. 57–73, S. 70f.

14 Nina Ehrlich [s. n. von Zimmermann], *Geschichten aus der Jazz-Zeit. Die ‹verlorene Generation› in der dänischen Literatur.* Wien 2006 (Wiener Studien zur Skandinavistik 18).

des *Schweizerspiegels*, während der Däne sie funktionaler auf den Mann hinordnet.

Stärker aus spezifisch schweizerischen Traditionen und deren Literarisierung im Roman perspektiviert Stefan Humbel den *Schweizerspiegel*; er widmet sich der Funktion des im Roman breit beschriebenen Schützenfestes. Er vergleicht die Rede Ammanns, des Obersten und Nationalrats, mit traditionellen Ansprachen an Schützenfesten. Dabei wird manch einer schnell an die Schützenfestrede Karl Hedigers in Gottfried Kellers *Das Fähnlein der sieben Aufrechten* (1860) denken. Stefan Humbel kann aber auch im Rückgriff auf Jeremias Gotthelfs *Herr Esau* (1844) eine neue, besondere Note setzen und kann so im Vergleich mit Keller und Gotthelf und durch einen vergleichenden Blick auf andere öffentliche Reden in der Gesamtanlage des *Schweizerspiegels* die ironischen Strategien, die den alten Ammann als klischeeverhaftet, als Politiker und Militär letztlich ohne Zukunftsoptik desavouieren, freilegen. Der Roman entwickelt in seiner Dekonstruktion der patriotischen Schützenfestrede wie der Generalstreiksagitation für die Figur Paul eine Möglichkeit zur Abwehr heteronomer Denksysteme und Ideologien.

Der *Schweizerspiegel* ‹spiegelt› (und reflektiert) nicht zuletzt die eigene ideologische Verführbarkeit des Verfassers. Die eigene ‹Infektion› einer ideologischen Gefährdung erlebt Inglin 1940 realiter *und* metaphorisch in seiner «Mißglückte[n] Reise durch Deutschland», die Oliver Lubrich in einer eingehenden Analyse ihrer Krankheitsmetaphorik deutet. Die Krankheit wird zum Bild einer Gefährdung in der Orientierung an Ideologemen, von denen er sich durch den Rückzug in die Krankheit zugleich zu heilen sucht. Lubrich zeigt, wie Inglin nach der Überschreitung der Grenze ins Nazi-Deutschland am 17. Februar 1940 während seiner bis zum 11./12. März 1940 dauernden Reise nicht nur einen nachgerade kafkaesken Verwaltungs- und Militärapparat erlebt und eine Lungenentzündung durchstehen muss, sondern auch in eine innere Krise gerät, der nur noch eine metaphorisch-allegorische Darstellung gewachsen scheint, die sich auf einen weiten Anspielungshorizont hin öffnet. Am Ende steht die Hoffnung auf eine bessere deutsche Kultur, die einmal wieder zu Wort kommen werde; eine auf Analyse gegründete Verwerfung des Nationalsozialismus scheint hingegen zu fehlen.

Der zufälligen Willkür von Katastrophe *und* Glück in den Erzähltexten Inglins geht Peter Utz in seinem Beitrag zu Inglins Erzählung *Die Lawine*, die 1947 publiziert worden ist, nach. Die kontingenten Ereignisse, die als Katastrophe oder Glück wirken, mitunter ambivalent bleiben und zwischen dem Erlebnis der Katstrophe und des Glückes wechseln, bilden, so Utz, ein wichtiges den Lebenslauf strukturierendes Moment im *Werner Amberg*. Von besonderer metaphorischer Bedeutung ist die Katastrophe freilich in der *Lawine*, denn in ihr gestalte Inglin das katastrophale Ereignis als «Allegorie des prekären Glücks einer ganzen Generation»: Die Lawine wird dann lesbar als ein «glückliches» Ereignis, welches die Schweiz als Schicksalsgemeinschaft verbindet und gleichzeitig verschont – wie der Weltkrieg.

Die Krisen der Zivilisation erscheinen nun in medizinischen Metaphern der Krankheit, im kontingenten Spiel von Katastrophe und Glück und in anthropologischen Metaphern wie der Adoleszenz aufgehoben. Das Wort aus Inglins Roman, die Schweiz sei «ein Land für reife Leute», legt zugleich eine weitere Fährte, welche die staatsbürgerlichen Modelle eben in einen Zusammenhang mit einem Reifungsprozess setzt und damit aber auch die Krisen und Gefährdungen anthropologisiert. Diese anthropologische Ebene zeigt sich etwa dort, wo das Motiv der reifen Schweiz im Motiv einer entzauberten Insel symbolisch wieder aufgegriffen wird, einer Insel als Jungenparadies, welche nach den durch ein leicht bekleidetes Stadtmädchen provozierten Stürmen der Adoleszenz in gereifter Haltung wiedergewonnen werden muss (siehe den Beitrag von Christian von Zimmermann über die Erzählung *Die entzauberte Insel*, 1943).

Die anthropologische Dimension führt Inglin zu Themen, die an biedermeierliche anthropologisch-ethische Narrationen erinnern, und es verwundert nicht, dass Inglin sein in der Kantonsbibliothek Schwyz erhaltenes Leseexemplar des biedermeierlichen Best- und Longsellers, der *Diätetik der Seele* und der Aphorismen Ernst Freiherrn von Feuchterslebens (1806–1849),[15] mit zahlreichen Anstreichungen versehen hat, etwa bei den Worten: «Alles Böse ist Egoismus». Entsprechend heisst es in einem Beitrag zur «Gegenwartsliteratur in der deutschen Schweiz» aus dem Jahr 1968, Inglin stelle – als einer der letzten Vertreter der schweizerischen realistischen Literatur in der Tradition von Gottfried Kellers *Martin Salander* (1886) – das Thema der «sittlichen Selbstverantwortung des Bürgers» ins Zentrum seiner Romane (gemeint sind besonders der *Schweizerspiegel* und *Erlenbüel*).[16]

Paradigmatisch für diese neubiedermeierlichen Tendenzen ist der Roman *Urwang* (1954). Er erzählt von einem Tal, das samt seinen Bewohnern und Traditionen einem Stausee weichen soll. Dieses Projekt zugunsten einer besseren Stromversorgung nimmt den Urwanger Bauern nicht nur ihr Heim, sondern in eins damit auch ihre Identität, die sich im Konnex mit ihrer All-

---

15 Inglin besass die Ausgabe von Rudolf Eisler: Ernst Freiherr von Feuchtersleben, *Zur Diätetik der Seele nebst ausgewählten Aphorismen*. Berlin: Deutsche Bibliothek o.J. [um 1910].
16 Rolf Kieser, «Gegenwartsliteratur der deutschen Schweiz», in: *The German Quarterly* 41 (1968), S. 71–83, hier S. 73.

tagserfahrung, Tradition und Religions- sowie Naturbezügen herausgebildet hat. Inglin ist nun, wie Christian von Zimmermann in einem weiteren Beitrag zeigt, freilich weit entfernt davon, die untergehende agrarische Welt zu überhöhen oder den ökonomischen Interessen der Stromerzeugung das Wort zu reden. Als Idealgestalt erscheint ein im anthropologisch-ethischen Sinn ‹biedermeierlicher› alter Herr, Major Bonifaz von Euw, Symbol eines Ideals bürgerlichen Masshaltens und bürgerlicher Vernunft – auch gegen die eigene nochmals aufkeimende Leidenschaft. Es ist verführerisch, in der Wiederaufnahme des Namens seines frühen Vagabunden Wendel von Euw eine konsequente Selbstkorrektur zu sehen – und möglicherweise stellt diese Korrektur ein Motiv für die Wahl des freilich in Inglins Heimat verbreiteten Namens dar. Zugleich aber wäre darauf hinzuweisen, dass gerade Inglins *Lob der Heimat* nach wie vor die Gunst des Autors besessen hat und erneut gedruckt wurde.

In einen weiteren Kontext stellt Wolfgang Hackl Inglins *Urwang*. Ausgehend von Inglins Roman über die Vernichtung des Tals in einem Stausee, verfolgt Hackl das Thema der Staudammerrichtung in neueren Alpenromanen von Urs Augstburger und Dominik Bernet. Und Hackl zeigt den Wandel von einer Thematisierung des Konflikts regionaler gegenüber nationalen gemeinschaftlichen Interessen hin zu einer Darstellung des Konfliktes im Kontext der Globalisierung auf. Die symbolischen Alpenräume werden dadurch sowohl bei Inglin als auch bei Augstburger zu Vermittlungsformen für Einsichten in die ökonomischen, sozialen und teils ökologischen Prozesse.

Die Beiträge des vorliegenden Bandes eröffnen neue Blicke in die spannungsreichen und widersprüchlichen Aspekte der Werke und des Werks Meinrad Inglins im Horizont seiner Zeit. Von den übergreifenden Studien über die eingehende Lektüre einzelner Werke und der Analyse ihrer Metaphorik bis hin zu den Vergleichen, die Inglin in weite kultur- und literaturgeschichtliche Kontexte stellen, werden neue Konturen dieses Werkes sichtbar, die einer künftig fortzuführenden Charakterisierung dieses Klassikers der Moderne in der Schweiz dienlich sein soll. Die Tagung in Schwyz und der vorliegende Band wollen vor allem Handreichung sein für eine weitere Beschäftigung mit einem vielschichtigen und literaturwissenschaftlich zu wenig erschlossenen Werk, für dessen Erkundung der Nachlass in der Kantonsbibliothek Schwyz unzählige noch ungehobene Schätze bietet.

Tagung und Publikation der Tagungsergebnisse wurden dankenswerter Weise von mehreren Seiten unterstützt. Die Herausgeber hätten ihre Idee eines Bandes mit neuen Inglin-Studien ohne diese Unterstützung seitens der Kulturkommission des Kantons Schwyz, der Kulturkommission der Gemeinde Schwyz, der Meinrad Inglin Stiftung Schwyz, der Treuhand- und Revisionsgesellschaft Mattig-Suter und Partner Schwyz, der Schwyzer Kantonalbank in Schwyz und des Schweizerischen Nationalfonds nicht realisieren können. Wir danken den Förderern dieses Projektes.

Christian von Zimmermann, Bern
Daniel Annen, Schwyz
im Januar 2013

Spannungen und Widersprüche – übergreifende Werkaspekte

BEATRICE VON MATT (ZÜRICH)

Meinrad Inglin – Erzähler zwischen Wildnis und Menschengesellschaft

Mit einem Seitenblick auf seinen Westschweizer Zeitgenossen Guy de Pourtalès

Meinrad Inglin schätzte tragfähige Gemeinschaften hoch ein. In der ungezähmten Natur aber fühlte er sich aufgehoben. Da versteckte er sich vor den Zumutungen der Erziehung, der Schule, der Kirche; da entkam er dem Druck der Gesellschaft, von Jugend auf. Die Wildnis war sein Seelenort. Sein ganzes Werk spricht davon. Dieser innerste Ort unweit von Schwyz ist auf der Landkarte zu finden: es sind die Voralpen um Ibergeregg, Holzegg, Haggenegg, Alpthal, bis gegen Sattel, hinauf zum Fronalpstock, das Muotatal hinein Richtung Pragelpass, Silberen, ein Gebiet mit Alpweiden, mit Felsen und Schründen, Blumen und Tieren. Was ausserhalb dieser Natur war, empfand Inglin als Aufgabe. In diesem Ausserhalb war für ihn die Menschenwelt angesiedelt, ob im Bergbauernweiler des Romans *Urwang* oder im stolzen Flecken Ingoldau, wie er im Erstlingsroman den stark an seinen Geburts- und Wohnort Schwyz erinnernden Dorfkosmos taufte. Gesellschaftliche Ordnungen unter unsicheren Zeitumständen hat er besonders aufmerksam für den Roman *Schweizerspiegel* studiert, das politische Panorama der Schweiz in Jahren der Zerrissenheit. Das opulente Werk gehört zu den wenigen Zürcher Stadtromanen, zusammen mit *Martin Salander* von Gottfried Keller, *Ein Rufer in der Wüste* von Jakob Bosshart, *Stiller* von Max Frisch und *Alles in allem* von Kurt Guggenheim.

Inglin legte immer wieder gesellschaftliche Entwürfe vor, von Anfang an. In der *Welt in Ingoldau* etwa einen christlich geprägten Sozialismus. Dieser sollte die Schäden heilen, welche verknöcherte Autoritäten in den Seelen angerichtet hatten. Als ideale Gemeinschaften hat er zeitlebens nur jene empfunden, die den einzelnen zwar in Pflicht nehmen, ihn jedoch frei atmen lassen. Dafür musste ihm die Umwelt Zeit und Raum bieten.

Sonst wurde sie zum Zwang, und der Autor holte zu Befreiungsschlägen aus – wie etwa in *Werner Amberg*, der «Geschichte seiner Jugend». Das Einzigartige dieses Romans liegt darin, dass hier einer konstant um die nackte Existenz, das seelische Überleben, kämpft, weil er anders empfindet als die andern. Er ist ein Ausgelieferter. Blind rennt er an gegen die Systeme einer übermächtigen Herkunftswelt. Erst am Schluss erkennt er seinen eigenen Lebensplan, die Schriftstellerei, und reisst sich von allen Erwartungen los.

I. Ein Heimgang: Die Rebellion des alten Leuenberger

Sogar Inglins letztes Werk, *Wanderer auf dem Heimweg*, geht von einer Verweigerungsaktion aus. Die Erzählung liest sich als sein Vermächtnis. Ein alternder Hotelier entfernt sich unauffällig aus seinem Betrieb. Er ist ein Weltmann gewesen, Direktor des Parkhotels am Rande einer grösseren Schweizer Stadt. Plötzlich ermüdet ihn die Menschengesellschaft, ob in der Familie, unter den Gästen, in der rücksichtslos wachsenden Stadt. Mehrfach fährt er nach Seewilen, wo er während des Studiums sein Wunschland gefunden, wo er Fische gefangen und faul an der Sonne gelegen hat. Der Mann bereitet seine Flucht vor. Statt sich wie sonst in die Arbeit zu stürzen, steigt er auf die Dachterrasse und schaut über die lärmigen Strassen hinweg in Richtung Alpen. Eine Todesanzeige wühlt ihn auf. Er liest seinen eigenen Namen: Jakob Leuenberger. Ein entfernter Verwandter hat geheissen wie er. Jener sei in die «ewige Ruhe» eingegangen, wird mitgeteilt. Die Wendung bringt der Hotelier nicht mehr aus dem Sinn. Voller Unrast betreibt er nun, was ihm als Ruhe vorschwebt. Er kann sie sich nur in der Abgeschiedenheit der Berggegend vorstellen, von der er herkommt. Er reist ab und findet auf einer Alp, zuerst auf Unterstaffel, dann auf Oberstaffel zu einer Heiterkeit, die er jahrzehntelang vermisst hat. Es ist ein Einverstandensein, ein Einssein mit sich selber und der Umgebung. Auch ihm, dem urbanen Leuenberger, sei so etwas wie ewige Ruhe verheissen, hofft er. Auf der Alp wird ihn im Spätsommer denn auch der Tod ereilen. Früher im Jahr wird dieser Tod festlich vorbereitet. Leuenberger nimmt am Alpaufzug teil. Er ist wieder einmal der Stadt entflohen und tastet sich an seine Seelenlandschaft heran:[1]

> Jakob folgte [...] dem Herdenzug gelassen und heiter wie ein alter Nomade, der mit den Seinen und dem Vieh zu neuen Weideplätzen aufgebrochen ist. Seine nie erloschene Wanderfreude durchdrang ihn noch einmal frisch, und die Lust des Schauens erfüllte ihn, als ob er Wunder eines unerforschten Landes sähe.

---

[1] Meinrad Inglin, «Wanderer auf dem Heimweg», in: Ders., *Erzählungen I*. Zürich 1968, S. 299.

Die Einkehr in die Natur ist hier eine Heimkehr, schliesslich ein Heimgang. Was in der späten Erzählung fast andächtig verortet und hymnisch gepriesen wird, umfängt den Knaben Werner Amberg noch wie ein Märchenland: Der junge Held gleicht Zwergen und anderen archaischen Wesen – nicht aber einem Menschen, der sich der Zivilisation zu beugen hat. Er wird Teil der Natur und findet Heilung von seinen sozialen Nöten:[2]

> Dem lauten, hohes Geröll überschäumenden Bergbach entlang, zwischen steilen, dichten Wäldern [...] begann sich das trübe Gespinst in meinem Innern zu lösen ... ich drang begierig in diese weglose Wildnis ein [...] Ich ging, kroch und kletterte leise wie durch die Ruinenstadt eines ausgestorbenen Zwergenvolkes [...] Da draussen brannte die Sonne schon heiss, aber hier überrieselte sie mich durch die dunkelgrünen Kiefernadeln mit einem feinen goldenen Tarngeflecht. Ich sass [...] da, von allen Nöten erlöst, und gab mich [...] dem traumhaften Gefühl hin, dass ich jetzt kein richtiger Mensch mehr sei, sondern ein Wesen, das hier daheim ist und nur hier ganz glücklich sein kann.

II. Das andere Gesicht der Wildnis

Doch auch für Inglin hat das Urvertraute, das zeitlebens Erstrebte, ein noch anderes, ein gefährliches Gesicht. Man denke an *Die Furggel* und *Die Lawine*, an die jungen Ausbrecher in der Erzählung *Güldramont*. Diese – es sind Gymnasiasten – gehen in den Bergen fast verloren. Für sie verkehrt sich das Sehnsuchtsgebiet ins tückisch Unheimliche. Nur schon die urtümlichen Namen deuten das an. Gerade in *Güldramont* werden solche ausgiebig verwendet: Nätschbodebalm, Tschingel, Brütschgütsch, Gschwend. Die sieben, die ausgezogen waren, das Authentische zu suchen, das Nicht-Polierte, das Nicht-Wohltemperierte, das Nicht-Bürgerliche: sie erfahren die Wildnis zuerst zwar in heiterer Schönheit, dann aber deren Kehrseite. Das Wetter schlägt um. Nebel hüllt sie ein. Sie irren im Kreis, stolpern in Karrenlöcher, steigen zwischen Felswänden ins Ungewisse ab. Düstere Geschichten bereiten den Irrgang der jungen Leute vor: ein alter Rinderhirt gibt eine scheussliche Drachensage zum Besten. Und ein Schafhirte, ein hünenhafter Mann mit einem runden Schlapphut, erzählt von der krachenden Eishöhle gleich unterhalb seiner Hütte. Eindringlinge gebe sie nicht lebendig frei. Sein Gestammel verrät, dass selbst er sich fürchtet.

---

2 Meinrad Inglin, *Werner Amberg. Die Geschichte seiner Jugend*. Mit einem Nachwort von Beatrice von Matt. Frankfurt a.M. 1979, S. 77.

III. Fortschreibung der Alpensage: «Näzl und Wifeli»

Meinrad Inglin hatte eine Vorliebe für das, was in seiner alpinen Welt als anonyme Erzählung weitergegeben worden ist: begierig las er Sagen, wie sie etwa der Urner Pfarrer Josef Müller (1870–1929) im frühen 20. Jahrhundert gesammelt hatte. Inglin empfand sie als Teil seiner Landschaft. Sie sprachen von deren dunklen Seite. Die in vielerlei Versionen überlieferte Sennenpuppensage beispielsweise – die Sage vom Sennentunscheli, wie Müller eine der Varianten betitelt. «Näzl und Wifeli», eine Erzählung aus *Verhexte Welt*, dürfte die früheste literarische Fortschreibung des alten Stoffes sein.[3]

Gemeint ist die makabre Geschichte von den drei Hirten, die eine Frauenpuppe basteln, ihr zu essen geben und sie mit sich ins Bett nehmen. In einer der Urner Varianten heisst es, der «aus Blätzen geküferte Tolgg» habe zu reden angefangen, und die Sennen hätten nachts mit ihm «allerlei Gugelfuhr» getrieben.[4] Nach der Alpabfahrt tötet das Tuntschi einen oder gleich drei der Sennen – je nach Überlieferung – und zieht ihnen die Haut ab. Inglin nun hält seine Erzählung genau in der Mitte zwischen Magie und realistischer Darstellung. Gar zu naiv mochte er sich denn doch nicht der urtümlichen Geschichte übergeben. Er hatte aber auch keinen Mystery-Thriller im Sinn, wie ihn Michael Steiner (*1969) im Film inszeniert hat (*Sennentuntschi*, 2010). Er war ein Schriftsteller mit hoher Selbstkontrolle, der üppigen Phantasien mit Vorsicht begegnete, auch seinen eigenen. Indem er Näzl, den fehlbaren Hirten, mit der Dorfwelt im Tal in Berührung bringt, nimmt er der Erzählung etwas von ihrer Lapidarität. Er macht sich auch moderne psychologische Erkenntnisse wie den Fetischismus zunutze. Näzl stiehlt einem Mädchen im Dorf die Unterwäsche von der Leine und stopft sie oben auf der Alp mit Heu aus. Wifeli, wie die zusammengeflickte, eben «zusammengewifelte», Puppe heisst, erwacht auch bei Inglin zum Leben, und der Missetäter geht jämmerlich zugrunde. Nicht durch ihr Messer, sondern indem er in einem verrückten Tanz mit ihr gleichsam explodiert: die Kleider fliegen ihm wie faulende Lumpen vom Leib, und seine Haut zerreisst zu Fetzen. Ob wir es bei diesem Sennentuntschi, dem schönen hitzigen Maitli von Näzl, mit der blossen Projektion eines rasenden Begehrens zu tun haben, lässt der Autor offen. Immer aber, wenn Elementares die Übermacht gewinnt, wird bei ihm wild getanzt. Man denke an die lustvollen

---

3 Meinrad Inglin, «Näzl und Wifeli», in: Ders., *Verhexte Welt, Geschichten und Märchen*. Zürich 1958, S. 98–105.
4 *Sagen aus Uri*. Aus dem Volksmunde gesammelt von Josef Müller. Hg. von Hanns Bächtold-Stäubli. Bd. 1. Basel 1926 (Schriften der Schweizerischen Gesellschaft für Volkskunde 18), S. 248.

oder verzweifelten Tänze Werner Ambergs, wenn er von Katastrophen heimgesucht wird.

Inglin war einer existentiellen Grundspannung ausgesetzt, die sein ganzes Denken und Schreiben prägten. Er war ein Zerrissener. Das ‹Dionysische›, wie er seinen Hang zum entfesselt Ungeordneten nannte, wollte er aber bekämpfen. Unter anderem mit Entwürfen einer humaneren Gesellschaft. Dort musste das Ungezähmte zwar Platz finden, aber auch eingegrenzt werden.

IV. Wechselnde Positionen

Man sagt, Inglin habe einem liberalen Weltbild angehangen, auch in seinem Verhältnis zur Schweiz. Doch so einfach ist das nicht. Es sind bei ihm zunächst ganz andere Gesellschaftsvisionen festzustellen, die dem Ideal einer freien bürgerlichen Mitte vorangehen. Dieses hatte er erst unter dem Druck der 1930er-Jahre verfolgt, aus Angst vor radikalen Parteien. Im *Schweizerspiegel* natürlich. Doch in diesem Roman der offenen und kreativen Mitte werden gegensätzliche Positionen dargestellt – gewissermassen um jene Mitte herum. Es sind Positionen, die den Autor einst selber verlockt haben. Es war eine Zeitlang von der Rechten, dann von der Linken fasziniert. Es sind also wechselnde Phasen auszumachen in seinem Werdegang.

Er habe sich darauf versteift, ein «schlechter Bürger zu bleiben». Der Satz steht in einem Brief des Fünfzigjährigen. Dieser Überzeugung ist er sich triumphierend, aber auch mit Schuldgefühlen sein Leben lang bewusst. Im Grunde ist er mit dem Problem bis zuletzt nicht fertig geworden. In jüngeren Jahren aber hat er den Kampf um ein ihm einleuchtendes Gesellschaftskonzept gewiss am heftigsten geführt.

Im Alter bis zu sieben Jahren kannte er noch eine andere Welt als nur die des engen Fleckens: das glanzvolle Grand Hotel Axenstein hoch über dem Vierwaldstättersee, wo seine Mutter herstammte. Sie, die im Dorf mit besorgter Miene umherging, hatte er dort lachen sehen. Ungezwungen, nicht beschwert von engen Geboten würden sich da sowohl die Gäste wie die Besitzer bewegen, hatte er gedacht. Das Bild von elegantem Lebensgenuss schwebte auch noch dem Gymnasiasten vor. Die Schule war ihm verhasst, eine Stätte der Unterdrückung. Für den Schüler Werner alias Meinrad war das Hotel nur mehr ein Traumbild. Im Dezember 1900 war es abgebrannt. Die Erinnerung an eine heiter entrückte Zone verfolgte Inglin weiter.

Es kamen die Jahre vor dem Ersten Weltkrieg. Die Intellektuellen lasen Nietzsche, auch Inglin. Für Demokratie hatte man nicht viel übrig. Man verachtete die «Masse», die ihr Geld zählende Bourgeoisie. So äusserte sich der Zwanzigjährige im Tagebuch. Der Lebensstil einiger aristokratischer Familien in Schwyz hatte es ihm angetan. So wie früher das Grand Hotel. Ein stilvolles Dasein in Harmonie schwebte ihm vor. Er gehörte nicht zu jenen Kreisen, war aber der Meinung, sein Künstlertum würde das kompensieren. Nietzscheanisch geprägt, glaubte er an eine Feudalisierung durch die Dichtkunst. Anerkannt war er freilich nicht, er hatte überhaupt noch nichts veröffentlicht.

1915 besuchte Inglin die Offiziersschule und hoffte jetzt, das Aristokratische, das ihm als Ideal vor Augen stand, im Militär zu erringen. 1916 entsteht der zu Inglins Lebzeiten nie publizierte Roman *Phantasus*[5] – ein expressionistisches Gebilde um einen einsamen Revolutionär, der nach dem Morgen schreit und nach einem würdigeren Volk als dem eigenen. Dem genüge ein kleinliches Profitdenken. Heftig beklagt der Held die mangelnde Grösse der schweizerischen Demokratie.

Inglin war es selbst, der wenig später, 1917 – nach Abschluss des *Phantasus* – mit sich ins Gericht ging. Er schreibt, er habe sich mit diesem masslosen Werk ein «schönes Stück Erlebnis vom Leib geschrieben», nun aber die Gefährlichkeit solcher Grösse-Gedanken erkannt.[6]

V. Das «Volksbuch»

1918 konzipiert er denn auch ein «Volksbuch» – was für eine Umkehr! Er wolle darin Menschen von heute auftreten lassen. Der Autor plant ein Fresko des Zusammenlebens in einem Flecken wie Ingoldau, lies Schwyz. Dem Bürger fehle eine Darstellung, die ihn zu sich selber führe. Erst wenn er sich in einer solchen erkenne, könne er sich auch verändern. Dann würden sich die erstarrten sozialen Formen aufweichen. Die Gesellschaft müsse geheilt werden: in der Familie, im Staat, in der Kirche. In diesen Bereichen wird das erste grosse Werk dieses Autors spielen: *Die Welt in Ingoldau* von 1922. Vor allem wird daraus alles nietzscheanische oder sonst wie undemokratische Gedankengut verbannt sein.

Der Dichter vollzieht einen grundlegenden Wandel: Die weibliche Hauptfigur Therese hängt einem christlichen Sozialismus an. Ihn interessiere, notiert Inglin 1918 im Tagebuch, der zwischen Bürgertum und Sozialismus

---

5 Zuerst herausgegeben von Martin Stern: Meinrad Inglin, «Phantasus». In: *Expressionismus der Schweiz*. Hg. von Martin Stern. Band 1. Bern u. Stuttgart 1981, S. 36–91.
6 Kantonsbibliothek Schwyz, Tagebuch 1913–1920 (NI M 23.01), 19. 7. 1017, S. 23.

schwankende Mensch.[7] Therese tritt auch ein für alte Strukturen wie den genossenschaftlich verwalteten Grundbesitz. Das sei «die ideale wirtschaftliche Form der Demokratie in bezug auf den Boden». Dazu setzt Inglin in den Notizen zu *Ingoldau*: «Ragaz S. 130».[8] Denn: Das wichtigste Ereignis im Jahr 1919 sei sein Ja zur *Neuen Schweiz* von Ragaz. Damit ist das Hauptwerk des Theologen Leonhard Ragaz gemeint (1868–1945).[9] Die «neue Schweiz» von Leonhard Ragaz, die Schweiz nach dem Ersten Weltkrieg, war eher links. Die machthaltigen Schichten – Aristokratie und gründerzeitliches Bürgertum – lagen am Boden. Der Nietzsche-Verehrer Inglin hatte dem christlichen Sozialisten Platz gemacht.

Die Welt in Ingoldau ist eines der hoffnungsvollsten Bücher der Schweizer Literatur. So viel Vorschläge mit so viel Liebe und Kunst vorgetragen, so viel detailliert gezeichnete Missstände, so viel Elend in der Kindererziehung, in der Ehe, soviel Unterdrückung der Frauen und der Kinder, soviel Prüderie: Was hier bloss angedeutet werden kann, ist ein grosser Roman. So aber hat man ihn damals nicht gelesen. Man erkannte darin nur Freigeisterei, den Verfasser als Nestbeschmutzer.[10]

Inglin lässt Bücher folgen, die den Rückzug von allem Gesellschaftlichen antreten, indem sie die Natur mythisieren wie *Grand Hotel Excelsior* und *Über den Wassern*. Oder er neigt einer zeitlosen Archaik zu wie in *Jugend eines Volkes*.

Was in der *Welt in Ingoldau* zur sozialen Pflicht in Spannung gehalten wurde – die Natur, Fluchten in abgelegene Wälder –, das wird jetzt verabsolutiert. Man könnte sagen: Der Autor selber wende sich schreibend ab, hinaus in die Wildnis, wie in jenem ersten Roman *Ingoldau* die von Pfarrern, Lehrern, Vätern und Müttern malträtierten Jugendlichen.

VI. *Die graue March* und die Krise des einfachen Lebens

Der Weg ist bereitet hin zu den beiden wirkungsmächtigsten Werken Inglins. Wirkungsmächtig auch insofern, als sie die Rezeption dazu gemacht hat. Sie gelten als seine Hauptwerke – nicht zu Unrecht. Das erste ist *Die graue*

---

7 Kantonsbibliothek Schwyz, Tagebuch 1913–1920 (NI M 23.01), 19. 7. 1017, S. 54 unter dem 26. 2. 1918.
8 Vgl. dazu: Beatrice von Matt, *Meinrad Inglin. Eine Biographie*. Zürich 1976, S. 106.
9 Leonhard Ragaz, *Die neue Schweiz. Ein Programm für Schweizer und solche, die es werden wollen.* Olten 1918. – Vgl. zu Inglins Ragaz-Lektüre auch den Beitrag von Franzisca Pilgram-Frühauf im vorliegenden Band.
10 Von Matt, *Meinrad Inglin* (wie Anm. 8), S. 104–110.

March, ein Buch der wilden Natur, aber nicht nur. Auch deren Bewohnbarkeit und deren Zivilisierung werden geprüft. Das zweite ist *Schweizerspiegel*, der Roman der schweizerischen Demokratie und des europäischen Denkens. Auslassen muss ich hier spätere Bücher: die Erzählbände *Güldramont* und *Die Lawine* etwa, *Werner Amberg* oder *Urwang*, den grandiosen Kraftwerksroman.

Die graue March spielt in einer abseitigen Welt. Diese aber soll diesmal nicht als Seelenort für gequälte Pubertierende aufscheinen, sondern als karger Lebensraum für Tiere und Menschen. Eine rousseauistische Deutung liegt dem Autor hier fern. Die abgelegenen Anhöhen werden nicht von besseren Menschen bewohnt. Alle Lebewesen sind hier Jäger und Gejagte zugleich, Tiere und Menschen. Jagen, Töten, Fressen und Gefressenwerden: das sind die Grundtatsachen des Daseins. Dieses wird von Armut bestimmt, von Streit, Neid, Angst. Etwas Liebeslust ist dann und wann auch dabei. Von hehren zivilisatorischen Modellen findet sich keine Spur. Die Voralpennatur dient aber auch keinerlei patriotischen Schwärmereien. Inglin gehört nicht zu den Alpenideologen, welche ein Gebiet schönreden und es den Lesern als Heimatidyll unterjubeln.

Er geht freilich ganz anders vor als ein Robert Walser, der die Alpen von ideologischer Steilheit befreit, indem er ihre Horizontlinie mit biegsamen Sätzen verflüssigt, musikalisiert. Peter Utz spricht in diesem Zusammenhang von «erodierten Alpenbildern».[11] Inglin jedoch liegt daran, seine Berglandschaften topographisch genau zu vermessen, etwa am Anfang der *Grauen March*:[12]

> Der Nebel sank. Aus seiner lautlos wogenden Flut erhoben sich die Grauen Flühe, mannigfach gestaffelte nackte Klippen mit Geröll und knorrigem Nadelgehölz zu ihren Füssen, von braunen Halden getragen, die wie abfallende Schultern im grauen Nebelhemd verschwanden, um weiter draussen wieder aufzutauchen und raschansteigend in neue Höhen hinaufzuwachsen, gegen Osten in die zerklüfteten Rauhen Stöcke, gegen Westen in die Weisse Wand, die Felsenstirn einer massigen Kuppe. Im vorrückenden Abend entblösste der weichende Nebel auch das tiefere Gebiet der Grauen March [...] Der breite Kamm [...] bildet die Schranke zwischen zwei Hochtälern, die [...] nach Norden in das Rickental hinabsteigen; das engere östliche, das Teuftal, verlor sich schon in der Dunkelheit, im westlichen, im Schwendital, traten verstreute Bauernhöfe und spärliche Weiden eben noch aus der Dämmerung [...]

11 Vgl. Peter Utz, *Tanz auf den Rändern. Robert Walsers ‹Jetztzeitstil›*. Frankfurt a.M. 1998, S. 110–119.
12 Meinrad Inglin, *Die graue March*. Leipzig 1935, S. 5.

Auftritt «ein Tier mit spitzem Gesicht und buschiger Rute», der goldgelbe Fuchs. Am Ende der Nacht kommen sein Opfer, der Hase, dann ein Bauer mit seinem Hund auf der Jagd nach beiden. Die Verhaltensweisen gleichen sich, Hunger ist ihr Antrieb. Die Abgeschiedenheit der *Welt in Ingoldau*, das Arkadien jener jungen Helden, ist hier eine desolate Lebensbasis. Es wird kaum zwischen Tieren und Menschen unterschieden. Eine entzauberte Welt ist der Raum der grauen March für die Bewohner, nicht aufgrund eines zivilisatorischen Fortschritts, sondern weil die meisten darin gefangen bleiben.

Unausgesprochen ruft die Misere jedoch nach einer Veränderung. Als Hoffnung darauf geistert einer über die Matten, welche aus eigenem Entschluss den Städten entsagt hat: Herr Inderhalten, den die Bauern «den Grossen» nennen. Er ist ihnen unheimlich, sie sagen, er sei überall und nirgends, Tag und Nacht unterwegs. Wiewohl er zuerst wirkt wie ein Bergeist oder der Tierherr aus der Sage, ist es doch dieser «Grosse», der dem magischen Denken eine freiheitliche Instanz entgegensetzt. Er hat, was für die Bauern zwar gar keine Rolle spielt, auch eine Biographie, und er hat Geld. So kann er sich das freie Leben leisten. Er greift wohltätig ein, etwa wenn er das schwangere Mädchen Anni mit Haus und Hof beschenkt. Natürlich beschwört der Dichter damit auch so etwas wie ein Traum-Ich – er selber würde gern allen Pflichten entgehen und über Bergwiesen streifen. Er hat sich mit dieser Gestalt wohl gar eine leichte Mythisierung seines Seelenraums geleistet. Jenes Abseits hatte auch dann eine heimliche Faszination für ihn, wenn er es in seiner ganzen Kargheit vorführte. Er erfuhr es eben doch als das Unverstellte, das Wahre, wie es in keiner Gesellschaft zu erreichen war.

So genau und sachlich er die Gesetzmässigkeiten jener Zone heraushob, so sehr er magische Befangenheit in Frage stellte, Inglin hatte nach Abschluss der *Grauen March* trotzdem ein schlechtes Gewissen. Eigentlich zu Unrecht, denn er hatte mit diesem Buch der Idyllisierung der Natur den Rücken gekehrt, einer Idyllisierung, die er selber mit Erzählungen wie *Über den Wassern* betrieben hatte. Er predigte in der *Grauen March* nicht das Lob auf das einfache Leben, wie das – ebenfalls in den dreissiger Jahren – Ernst Wiechert (1887–1950) tat. Er wies vielmehr auf die Krise des einfachen Lebens hin, auf die Tristesse jener, die keine Wahl haben, jener, die das einfache Leben leben *müssen* – in unwürdiger Armut. Trotzdem aber das schlechte Gewissen. Der Autor brachte das Gefühl nicht los, mit der *Grauen March* die Flucht ins naturhaft Geschichtslose betrieben zu haben.

VII. Hin zur Demokratie: *Schweizerspiegel*

Das Unternehmen *Schweizerspiegel*, das er dann sofort an die Hand nahm, verstand er zu Beginn der 1930er-Jahre denn auch als Korrektur. Er verordnete sich den Gang, der ihm angesichts der wachsenden Radikalismen dringend geboten schien: den Gang ins politische Bewusstsein, in die Demokratie.

Kultur und Wildnis stehen einander in jenen Vorkriegsjahren viel deutlicher entgegen als heute, nicht minder Stadt und Land. Seit nicht allzu langer Zeit sind diese Bereiche vernetzt, verzahnen sie sich. Erst seit wenigen Jahrzehnten verständigen sich Städter und Bauern über dieselben Medien – Radio, Fernsehen, Internet. Es geisterte in jenen dreissiger Jahren auch eine Pervertierung der «reinen» Natur durch die Köpfe. Blut- und Bodenideologien wurden verherrlicht und der als krank hingestellten städtischen Zivilisation entgegengestellt. Eine solche Ideologie lag Meinrad Inglin fern. Er verordnete sich den kritischen Blick, was seine Traumlandschaft betraf.

VIII. Seitenblick auf einen Epochenroman aus der Romandie

Unberührte Natur, Wildnis, gab es auch in Büchern, die aller pathetischer Aufhöhungen – eben der Natur auf Kosten der Kultur – unverdächtig sind: zum Beispiel bei einem Westschweizer Schriftsteller, der zur gleichen Zeit an der Arbeit ist, Guy de Pourtalès. Es sei ein Seitenblick auf diesen Zeitgenossen Inglins erlaubt. Bei aller internationalen Ausrichtung unserer einzelnen Literatursprachen drängt es sich auf, hie und da auch über die eigenen, die inner-schweizerischen (Sprach-)Grenzen zu blicken.

Guy de Pourtalès (1881–1941) war zwölf Jahre älter als Inglin. Der urbane Schriftsteller aus Genf, mit verwandtschaftlichen Verbindungen nach Frankreich und – über den zweiten Heimatort Neuchâtel – auch nach Preussen, hat mit Inglin auf den ersten Blick wenig gemein. In den dreissiger Jahren allerdings denken sie ähnlich über wilde Natur und Gesellschaft nach oder über die Schweiz in Zeiten nationalsozialistischer Bedrohung. Beide schreiben sie in ihren Hauptwerken über die Zeit des Ersten Weltkriegs – auch wenn de Pourtalès schon im letzten Fünftel des 19. Jahrhunderts einsetzt. Inglins Auftakt fällt ins Jahr 1912. Indem sie sich der Epoche des Ersten Weltkriegs zuwenden, bekunden sie nicht in erster Linie historisierende Absichten. Einen neuen Krieg fürchtend, sind sie sich vielmehr der Spannungen der Gegenwart bewusst: Inglin im *Schweizerspiegel* und de Pourtalès in seinem ebenso ausladenden Roman *La Pêche miraculeuse* (zu Deutsch *Der wunderbare Fischzug*). Der Titel versteht sich als Hommage an den spätmittelalterlichen Maler Konrad Witz. Dieser hat auf sein Gemälde «La Pêche miraculeuse» – es hängt im Genfer Museum – nicht nur das im Bildtitel angezeigte biblische Wunder gezaubert, sondern, deutlich erkennbar, auch die Seeufer der Stadt Genf samt Hafen und Montblanc. Es handelt sich um eine der ersten mittelalterlichen Darstellungen, in der eine Landschaft konkret abgebildet ist.

Inglin und de Pourtalès gelangen in krisenhafter Zeit zu ähnlichen politischen Vorschlägen, die sie freilich nicht direkt äussern. Sie legen sie wichtigen Nebenfiguren in den Mund. Beide Autoren denken über den Völkerbund nach und darüber, wie die Schweiz ein Vorbild abgeben könnte für Europa. *La Pêche miraculeuse*, de Pourtalès› Epochengemälde, erscheint 1937, Inglins Familien- und Generationenroman *Schweizerspiegel* 1938.

Wildnis spiele kaum eine Rolle beim grossbürgerlichen Genfer, könnte man denken. Und doch hat die Auseinandersetzung zwischen unberührter Natur und Moderne auch bei ihm stattgefunden. Wie Inglin in der *Grauen March* zeichnet de Pourtalès eine naturnahe Welt als prekär, was die Existenzgrundlage der Einheimischen betrifft.

Am savoyischen Seeufer fasst er eine wilde Zone ins Auge. Der alte Genfer Arzt Doktor Nadal aus der porträtierten Familie de Villars besitzt dort ein Refugium. Wenn er mit seinem Segelschiff ankommt, machen sich die Kranken auf den Weg zu seinem Häuschen, das sich hinter Felsen und Kastanien verbirgt. Auf einer Bank hält er Sprechstunde ab und verteilt Almosen. Hier habe es vor nicht allzu langer Zeit noch Wölfe gegeben, vor denen man sich auf eben jene Kastanienbäume retten musste, sagen die Leute. Für Nadal und seine Enkel ist das unzugängliche Ufer ein herrlicher Fleck Erde:[13]

> Alle liebten es, ihr schönes Savoyen, das laubumwachsene Häuschen, den von blutsaftigen Feigen strotzenden Feigenbaum, den Wald mit seinen Zyklamen, die steilen Felsen der Klippe, auf denen die Knaben so gerne in der Sonne lagen …

Doch die eigentlichen Exponenten dieser Welt sind zum einen der bösartige Trottel Fanfoué, der grässlich bellt und einer Kröte gleicht, zum andern Marion, das jüngste Kind einer Familie, zu der bereits dreizehn Kinder gehören: «Von wem diese Kinder stammten, wusste niemand so recht …»[14] Marion hütet Ziegen, gleicht selbst «einem blökenden Zicklein, das seinen

---

13 Guy de Pourtalès, *Der wunderbare Fischzug* [«la Pêche miraculeuse»]. Roman. Mit einem biographischen Nachwort von Charles Linsmayer. Frauenfeld 1991, S. 41.
14 Ebd., S. 38.

harten kleinen Kopf an einem reibt».[15] Die Sechzehnjährige ist vergewaltigt worden und ist schwanger. Sie lässt sich nicht helfen, auch nicht vom gütigen Arzt, der übrigens dem ‹Grossen› aus der *Grauen March* gleicht. Sie bleibt gefangen in ihrem Aberglauben. Blätter erscheinen ihr wie Tierköpfe. Sie werde kein Kind gebären, sagt sie, sondern ein Wiesentier – und sie wird sich vor der Entbindung in den See stürzen. Wahrscheinlich ist sie ein Opfer Fanfoués, der ein Kainsmal auf der Stirn trägt und im Halbdunkel Tiergestalt annimmt.

De Pourtalès zeichnet eine dumpfe Welt, die von Franz von Sales, dem Heiligen der Region, nur an der Oberfläche christianisiert worden sei. So sieht die Nachtseite des Naturparadieses aus, welches die vornehmen Genfer gerne aufsuchen. Wenn sie diesmal mit dem Boot zurückfahren, gewahren sie über dem Ufer Marion mit den Ziegen und, versteckt im Gras, den gefährlichen Fanfoué.[16] Bald darauf bringt sich das bedrängte Mädchen um. Das Naturidyll sei für die primitive Gesellschaft keine Augenlust und kein Paradies, hat Norbert Elias in seinem mentalitätsgeschichtlichen Grundlagenwerk *Über den Prozess der Zivilisation* deutlich gemacht.[17] Dessen waren sich sowohl de Pourtalès wie Inglin bewusst.

Der Gegensatz Natur und Kultur schien damals allenthalben auf. Selbst die verfeinerte Kultur, die de Pourtalès vertritt, stösst an das bedrohlich Ungezähmte. Soviel sei hier mit dem Vergleich zwischen ihm und Inglin angedeutet. Freilich gibt es Unterschiede in der Wahrnehmung. De Pourtalès' savoyische Wildnis trägt Züge des fremdartig exotischen Bildes, das sich ein Städter macht, während die Bergnatur Inglins zum innersten Seelenbesitz gehört.

Man könnte einwenden, ein Vergleich Inglins mit dem Waadtländer Charles Ferdinand Ramuz dränge sich eher auf. Denn Ramuz stehe dem Archaischen und dem alpinen Kosmos näher als de Pourtalès. Wohl wahr. Der Schwyzer mit seinen patrizischen Erfahrungen ist dann aber doch nicht so weit weg vom vornehmen Genfer Hugenotten. Beide greifen etwa auch das Machtgebaren der Kirchen an, Inglin das katholische und de Pourtalès das kalvinistische. Ramuz' Staatsverständnis ohnehin ist weit entfernt von demjenigen Inglins, zumindest in den hier angesprochenen dreissiger Jahren. Ramuz glaubt nicht an die schweizerische Eidgenossenschaft, sondern an die Region, in seinem Fall ans Waadtland – während Inglin und de Pourtalès am Staat, an der Idee der Willensnation festhalten. Was die politische

---

15 Ebd., S. 39.
16 Ebd., S. 41.
17 Norbert Elias, *Über den Prozess der Zivilisation. Soziogenetische und psychogenetische Untersuchungen*. Frankfurt a.M. 1976, S. 407.

Lage der Schweiz betrifft, stösst man in ihren Hauptwerken, *Schweizerspiegel* und *Der wunderbare Fischzug*, auf ähnliche Überlegungen.

Darum wird uns jetzt de Pourtalès zu Inglin und seinem *Schweizerspiegel* zurück begleiten. Das soll über die vierundzwanzig Ältesten geschehen, welche nahe dem Herrgott die Richterstühle besetzen. Die Rede ist vom Anfang der Offenbarung des Johannes. Das biblische Buch wird in *La Pêche miraculeuse* von Maurice, einem alten Onkel der Familie, unentwegt enträtselt und gedeutet. Über Mittag pflegt dieser Onkel in einem gediegenen Restaurant zu speisen, wozu er Paul de Villars, den jungen Protagonisten, gerne einlädt. Bei einer Flasche Pommard erklärt er ihm einmal, was die vierundzwanzig Ältesten aus der Offenbarung des Johannes bedeuten: Sie stellten die zweiundzwanzig Kantone und die zwei Halbkantone der Schweizerischen Eidgenossenschaft dar. Gott habe sie offensichtlich mitten ins Herz Europas hineingesetzt, um da zu der von ihm vorausgesehenen Stunde das letzte Gericht abzuhalten. Sowohl der Westschweizer wie der Deutschschweizer suchen in jenem gefährlichen Jahrzehnt nach einem Vorbild unter den Staaten Europas. Beide legen nahe, dass dies aufgrund ihrer Lage und ihres demokratischen Ansehens die Schweiz sein könnte.

Guy de Pourtalès' *Wunderbarer Fischzug* endet 1920. Auf den letzten Seiten wird die Gründung des Völkerbundes diskutiert. Genf könnte, meint man, die «neue Hauptstadt der zivilisierten Welt» werden. Vorbild eben wäre die Schweiz. Jener Onkel Maurice sagt es in einer Weihnachtsrede so:[18]

> Liegen wir denn nicht mitten im Herzen Europas, sind wir nicht Europäer des Denkens ebenso wie des Blutes, durch unsere drei Landessprachen, unsere Erziehung, unsere Verwandtschaften und Verbindungen?

Inglin, der den *Schweizerspiegel* 1918 beschliesst, weist im letzten langen Dialog ebenfalls auf die wünschbare Gründung eines Völkerbundes hin. Auch er beruft sich auf die Schweiz als ein Exempel. Doch nochmals sei betont: de Pourtalès, der als Sohn eines schweizerischen Offiziers in Deutschland geboren wurde, seine Kindheit und Jugend in der Heimatstadt Genf verlebte, dann aber lange Jahre in Frankreich weilte, der neben der schweizerischen auch die französische Staatsbürgerschaft annahm, dieser Pourtalès hat einen ganz anderen europäischen Bezug als Inglin, der fast sein ganzes Leben in der Innerschweiz verbrachte. Im krisengeschüttelten Jahrzehnt vor dem Zweiten Weltkrieg aber vernehmen wir in ihren Romanen ähnliche Ideen. Allenthalben in Europa erkannte man faschistische und

---

18 Pourtalès, *Der wunderbare Fischzug* (wie Anm. 13), S. 428.

nationalsozialistische Gefahren und schrieb dagegen an. Thomas Mann etwa mit seinen Reden oder der Erzählung *Mario und der Zauberer*. Ich reihe den *Schweizerspiegel* in die literarische Abwehrfront gegen drohende Nationalismen ein.

IX. Ein Europa im Kleinen: die Schweiz

Der Beispielcharakter, den die Schweiz für Europa haben könnte, kommt da auch erst am Schluss zur Sprache, und zwar ist es der Bataillonsarzt René Junod aus Lausanne, dem die entscheidenden Worte in den Mund gelegt werden. Der Demokrat Junod ist ein Westschweizer Verwandter der Familie Ammann aus Zürich, anhand von deren Geschichte die Lage der Nation erklärt wird. Im Gespräch mit Fred, seinem Zürcher Cousin, legt Junod dar, der eidgenössische Gedanke sei, logisch weitergedacht, eine Lieblingsidee aller guten Europäer. Unser Staat stelle ein verbündetes Europa im Kleinen dar. Worauf die beiden eben auf den Plan eines Völkerbunds zu sprechen kommen.

Trotzdem ist aus diesem Roman nicht nur ein staatstragendes Werk geworden, sondern auch ein Kunstwerk. Inglin hat dem Land den besten literarischen Spiegel geliefert, den es je bekam, einen, der zeigt, was es sein könnte: ein Land mit Visionen. Dieser Spiegel bietet Analyse, die auch auf konkrete Geschichten setzt. Gerade aus dieser Verbindung entstehen Konzepte einer gestaltbaren Zukunft.

Mit dem *Schweizerspiegel* schafft Inglin das konsequenteste Werk, das je als poetisches Schweiz-Projekt erschienen ist. Eine klare Tektonik zeichnet es aus. Nicht ein impressionistisches Schweiz-Bild schwebt ihm vor, sondern eines, als käme es aus dem Bauhaus. Die Darstellungsweise folgt gleichzeitig einem älteren Muster: Tolstois *Krieg und Frieden*, dem Roman über Russland, in dem sich politische Geschichte, Schlachtengeschichte und Lebensgeschichten einzigartig verbinden.

Es wurde festgestellt, Inglin habe nach Abschluss der *Grauen March* das schlechte Gewissen geplagt. Auch wenn ihm das Grossunternehmen *Schweizerspiegel* schon länger vor Augen gestanden hatte, war er davor zurückgeschreckt. Von 1931 bis 1938 blieb er dann an der Arbeit und wäre unter deren Last fast zusammengebrochen. 1938 wird das weit über tausend Seiten starke Monument also erscheinen.

Auch die divergentesten Auffassungen, die im *Schweizerspiegel* gegeneinander antreten, sind nicht nur theoretisch ins Spiel gekommen. Sie haben einen Rückhalt in Inglins Biographie, einer viel spannungsreicheren geistigen

Biographie als man auf den ersten Blick meinen würde. Sie wurde zu Beginn umrissen. Friedrich Nietzsche, Leonhard Ragaz, nicht weniger der Philosoph und Sozialpädagoge Paul Häberlin hatten ihren Anteil daran. Der Autor hat diese unterschiedlichen Weltbilder einst verfochten, selber gelebt. Nacheinander und auch immer aus dem Bedürfnis nach Korrektur. Von da kommt eine Detailkenntnis ohnegleichen, die jede der einzelnen Figuren auszeichnet. Die Söhne Ammann vor allem: Severin, der Älteste, neigt der nationalistischen Rechten zu, während Paul, der Intellektuelle, dem Sozialismus anhängt. Unschlüssig steht Fred, der Jüngste, zwischen den Brüdern, der Vertreter einer zunächst ratlosen, dann als vernünftig eingeschätzten Mitte.

Die Krise der entzweiten Kinder, die Krise der jungen, aber auch der älteren Generation findet am Ende keine wunderbare Heilung. Die Lösungsvorschläge werden mit Vorbehalt aufgenommen. Von vaterländischem Pathos entdeckt man kaum eine Spur. Gerade darum überzeugt dieser Roman. Und eben nicht zuletzt darum, weil erzählt wird. Seelenzustände werden ausgeleuchtet, Verstrickungen in Liebschaften, das zivile und das militärische Leben im Krieg, das Leben auf dem Land und in der Stadt Zürich, die Grippe und der Generalstreik von 1918, die Kriegsschauplätze nahe der Grenze.

IX. Werk eines Aussenseiters

Inglin habe ein skeptisches, ein «dunkles» Buch geschrieben, das mehr das Zerfallende zeige als das Aufbauende: So Karl Schmid, der berühmte Literaturprofessor an der Eidgenössischen Technischen Hochschule, in einer Radiosendung vom 28. Dezember 1938. Es sei zwar randvoll erfüllt vom Glauben an den Bestand des Vaterlandes, doch falle das «Zerbröckeln der bürgerlichen Absolutheit» auf, «das bewegliche Hin und Her zwischen den Polen von Deutsch und Welsch».[19] Es sei das grosse Werk eines Aussenseiters.

Wie Recht er damit hatte, konnte Karl Schmid damals gar nicht ermessen. Der *Schweizerspiegel* war das Werk eines Aussenseiters. Der Weg zum Roman war lang. Denn Inglin kam eigentlich woanders her, von der Wildnis nämlich. Wie Charles-Ferdinand Ramuz lag ihm ein rebellisch archaisches Empfinden näher als ein rationales Staatsverständnis. Ein solches aber hat er sich in Etappen erarbeitet und in körperhaft überzeugende Dichtung verwandelt.

---

19 Karl Schmid, «Der schweizerische Grenzbesetzungsroman». In: Ders., *Gesammelte Werke und Briefe*. Band 1: 1926–1950. Hg. Von Thomas Sprecher u. Judith Niederberger. Zürich [1998], S. 42f.

MARZENA GÓRECKA (LUBLIN)

Meinrad Inglin als Schriftsteller zwischen Aussenseitertum und Konformismus

I. Widersprüche und Auswege

Die deutschsprachige – zum grössten Teil schweizerische – Literaturkritik und -forschung war sich lange Zeit im Urteil über Meinrad Inglin und sein literarisches Werk nicht einig. In den Fünfziger- und Sechzigerjahren wurde seine Traditions- und Heimatverbundenheit hervorgehoben und der Autor damit in die Position des bürgerlich-konservativen, zuweilen auch biederen oder patriotischen Schriftstellers gerückt. Zugleich entstanden die ersten wissenschaftlichen Arbeiten über Inglin: stellvertretend sei hier die Studie von Egon Wilhelm[1] genannt, die das Gesamtwerk des Autors ins Auge fasst. Adolf Muschg konstatiert dies noch später:[2]

> Was Meinrad Inglin betrifft: seine engere innerschweizerische Heimat beruft sich auf ihn, wenn sie Literaturpreise ausrichtet; es gibt eine ausgezeichnete Inglin-Biographie von Beatrice von Matt; Karl Schmid hat anlässlich des siebzigsten Geburtstags des Dichters die Schweizer aufgefordert, sein Werk endlich in Besitz zu nehmen. [...] Die letzten Lebensjahre liegen im Schatten einer anderen, jüngeren Literatur – etwa Frischs *Stiller* –, die Inglin in die ungeliebte Position des Traditionalisten rückt.

In den Siebziger- und Achtzigerjahren wurde Inglin aber auch als Vagabund, Aussenseiter und nonkonformistischer Schriftsteller apostrophiert, wovon zahlreiche Etikettierungen und Prädikate zeugen, mit denen seine Person und sein Œuvre versehen wurde. Beatrice von Matt bezeichnete ihn als «bürgerlichen Rebellen»[3] und Dieter Fringeli als «Dichter im

---

[1] Egon Wilhelm, *Meinrad Inglin. Weite und Begrenzung. Roman und Novelle im Werk des Schwyzers Dichters*. Zürich 1957.
[2] Adolf Muschg, «‹Außer Spesen nichts gewesen?› Adolf Muschg über Meinrad Inglin: Schweizerspiegel (1938)», in: Marcel Reich-Ranicki, *Romane von gestern gelesen. Band 3: 1933–1954*, Frankfurt a. M. 1990, S. 163–164.
[3] Beatrice von Matt, «Meinrad Inglin – der bürgerliche Rebell», in: Dies., *Lesarten. Zur Schweizer Literatur von Walser bis Muschg*. Zürich 1985, S. 53–71, hier S. 66–67.

Abseits»[4]. Dabei kann man sich auf das Tagebuch des Autors von 1913–1920 und auf seine *Unerledigten Notizen zwischen 1939–1945* stützen, in denen Inglin selber seine Texte aus der frühen Periode seiner literarischen Tätigkeit, das heisst aus den Zwanziger- und Dreissigerjahren, als Werke des «Widerstandes gegen die Umwelt, Ablehnung der zeitlichen Zivilisation»[5] beurteilte.

In der neuesten Inglin-Rezeption und -Forschung aus den beiden letzten Dekaden konzentriert man sich unter anderem auf das – vom Autor selbst als ‹Opus magnum› anerkannte – Werk, auf den realistisch-bürgerlichen Zeitroman *Schweizerspiegel,* der bis zum heutigen Tag immer wieder neue Auflagen erlebt.[6] So hat Ursula Amrein in ihrer Habilitationsschrift «*Los von Berlin!» Die Literatur- und Theaterpolitik der Schweiz und das «Dritte Reich»*[7] aufgezeigt, dass dieser Roman das für die Geistige Landesverteidigung typische Konzept des Masses und der Mitte vertritt und dass Inglin damit seine frühere literarische Position zugunsten der von der politischen Ideologie dieser Zeit verschriebenen bürgerlich-realistischen preisgab. Charles Linsmayer hat diesen Positionswandel in seinem anlässlich des 100. Geburtstags des Autors im Berner *Bund* veröffentlichten Artikels auf die Kurzformel gebracht: «[v]om jungen Revoluzzer zum Landi-Klassiker».[8]

Mit diesem Urteil trifft man allerdings nur Inglins gesellschaftlich bedingte Anpassung, nicht aber seinen ebenso vorhandenen permanenten Widerstand, der nicht nur die Texte aus der Frühphase seines dichterischen Schaffens, sondern auch seine späteren Werke kennzeichnet. Anders formuliert: Meinrad Inglins ganzes Leben und Schreiben ist von beträchtlichen Widersprüchen und kontradiktorischen Positionen bestimmt, die man mit gegensätzlichen Begriffen wie Aufbruch und Rückkehr, Entfremdung und Resozialisation, Aussenseitertum und Konformismus umschreiben kann.[9] Diese gegensätzlichen Haltungen prägen nicht nur die einzelnen nach-

---

4 Dieter Fringeli, *Dichter im Abseits. Schweizer Autoren von Glauser bis Hohl.* Zürich 1974, S. 5.
5 Kantonsbibliothek Schwyz, Nachlass Meinrad Inglin: NI M 23.4.
6 Zu diesem Roman liegen auch zahlreiche Presseartikel und wissenschaftliche Beiträge sowie eine Dissertation vor: Paul Hubatka, *Schweizergeschichte im «Schweizerspiegel». Versuch einer geschichtlichen Ortung von Meinrad Inglins Roman.* Bern u. Frankfurt a.M. 1985.
7 Ursula Amrein, «*Los von Berlin!» Die Literatur- und Theaterpolitik der Schweiz und das «Dritte Reich».* Zürich 2004.
8 Charles Linsmayer, «‹Vom jungen Revoluzzer zum Landi-Klassiker›. Heute vor 100 Jahren wurde der Schweizer Erzähler Meinrad Inglin (1893–1971) geboren – Patriot und Gründer avant la lettre», in: *Der Bund* vom 28. Juli 1993.
9 Vgl. auch Peter Rusterholz, «Nachkrieg – Frisch – Dürrenmatt – Zürcher Literaturstreit –

einander folgenden Schaffensphasen des Autors, sondern ziehen sich wie ein roter Faden durch das Gesamtwerk des Autors. Seine frühen Texte *Die Welt in Ingoldau* (1922), *Über den Wassern* (1925), *Wendel von Euw* (1925) charakterisiert ein ähnliches Schwanken zwischen Rebellion und Anpassung wie seine nachgelassene Erzählung *Wanderer auf dem Heimweg* (1968) und die dazwischen entstandenen kleinen sowie grossen Prosawerke wie *Grand Hotel Excelsior* (1928), *Werner Amberg* (1949), *Erlenbüel* (1965), allein die Proportionen bzw. Akzentuierungen der beiden Haltungen sind zum Teil anders verteilt. Dies hat bereits Elisabeth Schoeck in ihrem Essay angedeutet, indem sie schrieb:[10]

> Das Leben [der Inglinschen Helden] findet nicht in festen Verhältnissen statt; es manifestiert sich vor allem in den Aussenseitern: in den Feckern und Vagabunden, die ausserhalb geboren sind und doch in einer losen Beziehung zur Gesellschaft stehen müssen, in den Aussteigern, die auf Zeit oder für immer das ‹ewige Recht›, als Mensch auf seiner Erde frei zu leben und das Mass der Dinge zu sein, über die geltende Ordnung stellen, vor allem aber in den Heimkehrern, die Distanz und eine unbestimmte Freiheit gewonnen haben, die sich jetzt im Hergebrachten bewähren soll, damit das Leben auch hier flüssig bleibe.

Auf Inglins ambivalente Haltung haben vielfältige Faktoren Einfluss ausgeübt: persönliche Charakterzüge, äussere literarische Einflüsse, sozialpolitische historische Situation und in erster Linie – und das sollte in diesem Beitrag hervorgehoben werden – die Suche nach der eigenen dichterischen Konzeption, bei der eine grosse Rolle die Ansichten des Schweizer Philosophen, Psychologen und Pädagogen Paul Häberlins spielten. Häberlin, bei dem Inglin in den Jahren 1916/1917 in Bern studierte,[11] hat mit seiner idealistisch geprägten Gedankenwelt, die vor dem Hintergrund der Suche nach dem Urgrund des Daseins zu verstehen ist, gemäss den eigenen Worten des Schwyzer Schriftstellers, «klärend, befreiend» und

---

Eine neue Generation (1945–1970)», in: *Schweizer Literaturgeschichte*. Hg. von Peter Rusterholz u. Andreas Solbach. Stuttgart 2007, S. 241–327, hier S. 242.

10 Elisabeth Schoeck, «‹Gewähr, dass das Leben flüssig bleibt›. Labiles Gleichgewicht von Freiheit und Ordnung im Denken Meinrad Inglins», in: *Neue Zürcher Zeitung* vom 24./25. März 1990.

11 Während Inglins Studienzeit in Bern in den Jahren 1916/17 hat Häberlin folgende Vorlesungen gehalten: «Psychologie des Unbewussten und des Traumes», «Psychologie der Moral und Sitte», «Psychologie einiger Kinderfehler», «Das Problem Leib und Seele», «Die Grundtatsachen des Seelenlebens», «Die Frage der Willensfreiheit», «Einführung in die Kulturpsychologie I» sowie «Erziehungslehre».

«fördernd» gewirkt.¹² Wie wichtig seine Lehre für den Schwyzer Dichter war, dies dokumentieren einzelne Briefe und Kleinschriften. Am 8. Februar 1923 schreibt Inglin an Häberlin: «Ihren Vorlesungen und den Übungen im Seminar folgte ich zwar nicht aus wissenschaftlichen, sondern immer nur aus persönlichen und künstlerischen Gründen [...].»¹³ In seinem Aufsatz *Dankbare Erinnerung an Paul Häberlin* betont er erneut seine Hochschätzung seinem Hochschullehrer gegenüber:¹⁴

> Auf der Suche nach einem Ausweg saß ich eines Tages, 1916, vor einem Mann, der mir sofort gefiel, und hörte ihn auf eine klare, natürliche, vertrauenerweckende Art über Tatsachen sprechen, die mich unmittelbar angingen. Es war genau der Mann, den ich jetzt nötiger hatte als alle übrigen Lehrer, Paul Häberlin, und was ich in der Folge von ihm hörte, war genau das, was ich brauchte.

In seiner idealistisch geprägten Lebensanschauung, die sich zudem auf psychologisch-pädagogische Erkenntnisse Sigmund Freuds stützte, betonte Häberlin, Selbsterkenntnis und Selbstwerdung des einzelnen Individuums seien Voraussetzung der Entwicklung der ganzen Gesellschaft. Aus der Lehre des Berner Professors ist vor allem diejenige über die Freiheit des Menschen hervorzuheben, die besagt, der freie Mensch lebe nach seinem Gewissen und nicht nach äusseren Einflüssen: «Das Gesetz, dem der erzogene Mensch sich unterwirft, ist das eigene Gesetz, das er als richtig erfasst und dessen Unbedingtheit er unterscheidet von allem bedingten und allen seinem wahren Wesen fremden Gesetzen.»¹⁵ Wer menschliche Autoritäten, Traditionen und Modeströmungen zu ernst nehme, der urteile nicht nach der Gewissensnorm.¹⁶ Als Philosoph und Pädagoge fühlte er sich berufen, den Menschen zu ethischer Verantwortung und zugleich Entwicklung der persönlichen Anlagen zu verhelfen, die innere Harmonie zu erreichen. Im Kapitel «Keime», das die Vorgeschichte seines autobiografischen Buches *Statt einer Autobiographie* bildet, tut er seine Grundabsicht kund, «der leidenden Menschheit zu helfen»,¹⁷ was er als «Schlüssel zum Verständnis alles Folgenden»¹⁸

---

12 Meinrad Inglin, *Notizen des Jägers. Aufsätze und Aufzeichnungen.* Zürich 1973, S. 171.
13 Universitätsbibliothek Basel, Nachlass Paul Häberlin: N PH 119 10.797.1
14 Hier zit. nach: Georg Schoeck, «Meinrad Inglin», in: *Grosse Schweizer und Schweizerinnen. Erbe als Auftrag. Hundert Porträts.* Hg. von Erwin Jaeckle und Eduard Stäuble. Stäfa 1990, S. 671–679, hier S. 674.
15 Paul Häberlin, *Das Ziel der Erziehung.* Basel 1917, S. 115.
16 Ebd.
17 Paul Häberlin, *Statt einer Autobiographie.* Frauenfeld 1959, S. 9.
18 Ebd.

betrachtet. In seinem Essay *Geist und Ungeist* behauptete Häberlin, nur eine grundsätzliche ethische Neuorientierung könne den Menschen den Weg aus dem Chaos der Gegenwart weisen:[19]

> Erkenntnis und Pflege des erkennenden theoretischen Geistes vollzieht sich in doppelter Weise, je nachdem die Einheit in der problematischen Widersprüchlichkeit des innerlich erfahrenen Lebens gesehen wird oder in der chaotischen Mannigfaltigkeit dessen, was wir die gegenständliche Welt oder die Außenwelt nennen.

Chaotische Hingegebenheit an die wechselnden Erscheinungen der Gegenständlichkeit der Aussenwelt verhindert in Häberlins Optik den Geist. Er stellt das Postulat auf, das wahrhaft Wirkliche sei im Menschen das Innere. Der von Häberlin beeinflusste Inglin sucht sich in seinem Verhalten im Sinne eines Gewissensimperativs ebenfalls nicht einseitig durch äussere Autoritäten, eine Tradition oder irgendeine Mode bestimmen zu lassen und greift in seinem künstlerischen Schaffen selbstständig in die Wirklichkeit ein.

Sein dichterisches Konzept hat Inglin programmatisch erfasst in seinem Feuilletonartikel *Über das dichterische Schaffen* von 1918, in dem er zwischen dem Literaten und dem Künstler, zwischen Literatentum und Kunst unterscheidet. Der Künstler soll in Inglins Optik von einem spezifischen Erlebnis ausgehen, das heisst von einer Art künstlerischer Einfälle, die den Dichter ebenso stark bewegen und erschüttern, wie es wirklich Vorfälle zu tun vermöchten:[20]

> Diese Einfälle verdanken ihre Wirkung dem Umstand, daß sie nicht als Begriffe oder Erinnerungen, sondern bereits gestaltet und von einem geheimen, unbegreiflichen Leben erfüllt in das Bewußtsein des Dichters treten. Es ist die unmittelbare, innere Anschauung eines Menschen, einer Situation, es ist das, was man einzig und allein unter dem künstlerischen Erlebnis zu verstehen hat. Jedes andere, äußere Erlebnis muß erst in dieser entscheidenden Weise nacherlebt werden, ehe es für das Kunstwerk in Betrachtung kommt.

---

19 Paul Häberlin, «Geist und Ungeist», in: *Wider den Ungeist: Eine ethische Orientierung*. Zürich 1935, S. 167.
20 Zit. nach Beatrice von Matt, *Meinrad Inglin. Eine Biographie*. Zürich 1976, S. 96–97.

II. Gegenbilder zur modernen Zivilisation

Die antikonventionelle, rebellische Haltung, der die Häberlin'sche Lehre über die innere Freiheit zugrunde liegt, wird zum Thema der umfangreichen Erzählung *Über den Wassern* von 1925,[21] deren Titel an den klassischen Geist der in der Schweiz nach der Lektüre des 12. Gesangs von Homers *Odyssee* entstandenen Ode «Gesang der Geister über den Wassern» von Johann Wolfgang von Goethe anknüpft. Diese Erzählung entstand unter der Inspiration der Lektüre antiker Dichter, in erster Linie von Homer und Platon, was aus dem Privatbriefwechsel des Autors hervorgeht. In einem Brief an seine Freundin Bettina Zweifel vom 28. Juni 1928 schreibt er: «Gegenwärtig lese ich in goldener Stille unter klarem Himmel Platon und andere Griechen, was der Luft ‹Über den Wassern› zuträglicher ist als alles später Entstandene, besonders als alles Zeitliche, Heutige.»[22] In einem anderen, ebenso an seine Partnerin geschriebenen Brief, den er am 28. Mai 1925 verfasste, gesteht er, «meine Art ist von der Zeit bedingt, von unserer Zeit des Zerfalls, zu der ich mich nur kritisch verhalten kann, wenn ich mich nicht absondern will, wie in ‹über den Wassern›».[23]

Die Tendenz zum Ausbruch wird bereits auf der strukturellen Textebene markiert: Das Werk ist eine Rahmenerzählung, in die eine Binnenerzählung eingebaut wird, wobei diese fünffach länger als jene ist und somit den Kern dieses kleinepischen Werkes bildet.[24] Die Rahmenhandlung präsentiert einen Kreis von sieben jungen, im kleinstädtischen Milieu wirkenden Künstlern und Intellektuellen – darunter Maler, Dichter, Musiker und ein Arzt –, die sich an einem Abend im Haus einer jungen Frau namens Beata treffen, um «das Bild dieser Zeit»[25] zu analysieren und die gesellschaftliche Zeitdiagnose «über das westliche Menschentum»[26] zu stellen. Die Protagonisten kommen als «Zeugen des zersetzenden Kulturkreises»[27] «aus der lärmenden Hast, dem wesenlosen Getriebe des städtischen Alltags ... in das gastliche Haus wie ermüdete Schiffer in den windstillen Hafen».[28] Die

---

21 Meinrad Inglin, «Über den Wassern», in: Ders., *Werke in acht Bänden*. Hg. von Beatrice von Matt. Zürich 1981, Bd. 7, S. 157–213.
22 Kantonsbibliothek Schwyz, Nachlass Meinrad Inglin: NI K 1234.03.8.
23 Kantonsbibliothek Schwyz, Nachlass Meinrad Inglin: NI K 1243.03.16.
24 Vgl. Beatrice von Matt, «Meinrad Inglin – Ein andauernder Gegensatz», in: Werner Kohlschmidt, *Bürgerlichkeit und Unbürgerlichkeit in der Literatur der deutschen Schweiz*. Bern u. München 1978, S.119–136, S. 131.
25 Inglin, «Über den Wassern» (wie Anm. 21), S. 161.
26 Ebd., S. 157.
27 Ebd., S. 160.
28 Ebd., S. 161.

führende Rolle wird in der Debatte der Figur des Arztes zugewiesen; seine Aussagen werden auch als direkte Rede widergegeben.[29] Expressis verbis spricht der Arzt im Verlauf der Diskussion von «Anzeichen des Verfalls»[30] und vergleicht die Zeit mit dem Bild eines blutsaugenden Gespenstes, das den Menschen im Nacken sitzt:[31] «[...] mit der abendländischen Kultur sei es zu Ende, und es fehle die Voraussetzung einer Wiedergeburt und eines Anfanges, nämlich die kindhafte Frische und Ursprünglichkeit, die Jugend der Seele».[32] In der fiktiven, dichterisch gestalteten Debatte, die den damaligen Zustand der Verwirrung und der Degeneration widerspiegelt, knüpft der Autor an die Zeitdiagnosen der prominenten europäischen Soziologen und Philosophen José Ortega y Gasset, Oswald Spengler und Karl Jaspers an, die die Jahre nach dem Ersten Weltkrieg zur Epoche der existenziellen Krise, des Niedergangs des Abendlandes erklärten und die Ursachen dieser Krise in der Technokratisierung und Liberalisierung der Wirtschaft sahen.[33] Die kulturtheoretischen Schriften dieser drei Denker der Jahrhundertwende waren für die geistige Verfassung der europäischen Intellektuellen in den Zwanzigerjahren massgebend. Sie legten in ihren Kulturtheorien dar, dass der Mensch und die gesamte westliche Kultur in endzeitliche Stadien getreten seien. Sie diagnostizierten Degenerationserscheinungen des abendländischen Bewusstseins und analysierten die Krise der Kulturen sowie ihrer humanistischen Werte, die das Abendland im Laufe der Geschichte errungen hatte, und sorgten sich um die innere Suche des zeitgenössischen Menschen nach geistigem Halt. So schrieb der spanische Sozialphilosoph ausdrücklich «von der sittlichen Entartung der

---

29 Bekanntlich erfreute sich die Arztfigur in der Literatur der damaligen Zeit grosser Beliebtheit. Arztfiguren traten in zahlreichen Dramen von Gerhart Hauptmann und Henrik Ibsen auf. Inglin mag hier in erster Linie vom Theaterstück Paul Ilgs *Der Führer* (1918) inspiriert worden sein, zu dem er 1919 eine Rezension für die Zürcher Volkszeitung geschrieben hat (in: NI W 1576.01). In Inglins Urteil hat die Gestalt des Nervenarztes und Psychoanalytikers die Funktion, die entscheidenden Ideen des Verfassers ans Licht zu bringen, anderen Figuren als Wegweiser zu sein, ihnen die Wahrheit im Spiegel der psychologischen Analyse zu zeigen und sie aus dem Abgrund heraus zur Freiheit zu führen. In seinem Hauptroman *Schweizerspiegel* schreibt Inglin Junod therapeutische Funktion zu.
30 Inglin, «Über den Wassern» (wie Anm. 21), S. 158.
31 Ebd.
32 Ebd., S. 157.
33 Dass Inglin die Schriften der genannten Intellektuellen gelesen haben muss, darauf deuten zahlreiche Stellen in seiner Privatkorrespondenz sowie die Bücherbestände seiner in der Kantonsbibliothek Schwyz aufbewahrten Privatbibliothek hin, die zahlreiche Schriften von José Ortega y Gasset, Oswald Spengler und Karl Jaspers enthält.

Menschheit und wurzellosen Kultur»,³⁴ die den «Untergang Europas nach sich ziehen müsse».³⁵

Als die pessimistische Stimmung in *Über den Wassern* den Zenit erreicht, erfolgt eine Wende: Die Gastgeberin, die als ein «heiteres, gelassenes Wesen»³⁶ porträtiert wird, liest den Anwesenden ein Manuskript vor, das sie vor sieben Jahren von einem jungen Mann auf einer herbstlichen Bergwanderung erhalten hat. Den Raum der Binnenhandlung prägen – im Gegensatz zur Rahmenhandlung – Helligkeit, pathetische Heiterkeit, Harmonie und eine ins Zeitlose tendierende Gegenwart, die vom Ich-Erzähler in der Präsensform geschildert wird:³⁷

> Auf dieser Hügelspitze stehend, nackt vom Scheitel bis zur Sohle, vom Feuer der Sonne beglüht, grüße ich nach allen Seiten mit innigen Blicken die wirkliche Welt der Seele. Vor mir blaut rein und regungslos die Wasserfläche, die ich eben durchschwommen habe, dieser seltsame kleine See, der von fünf dünnen Wasseradern beflossen, aber von keiner sichtbaren verlassen wird. Die Alp steigt von seinen Ufern rundum zu sanften Hügeln an, breitet sich darauf in weiten Flächen ruhig aus und erhebt sich endlich zu den Hängen, die, bald in Staffeln, bald in steilem Anstieg, an die Geröllhalden, kahlen Felsbänder, schroffen Kämme und Gipfel hinaufführen. Auch in diesen obersten Strichen, die grüne Rasenzungen spärlich belecken, wird der Blick des Schauenden nicht verwirrt, und die Linie des Horizontes lockt ihn nirgends über sich hinaus; sie hebt und senkt sich wohl, strebt unvermittelt an, stürzt jählings ab und läuft gebuckelt weiter, sie klimmt in Zacken empor und schwingt sich fort in hohen Bogen, verliert sich jedoch auf der ganzen Runde nie; fest, klar und rings geschlossen ruht sie auf der ungetrübten Bläue des Himmels.

Alle realistischen Elemente dieses Naturraums – Himmelsbläue, Sonnenlicht, Stille – kontrastieren mit der pessimistischen, resignativen Stimmung der Rahmenhandlung. Die Alpennatur bildet für den namenlosen Protagonisten jedoch nicht bloss eine Kulisse: Auf der Bergeshöhe gibt er sich der intensiven Naturbeobachtung hin. Die minutiöse Benennung der Naturobjekte, der Pflanzenmorphologie, der Himmelsrichtungen, des Bodenbewuchses, der Gesteinsart und der Landschaftsform hat zum Ziel, die Abkehr von gesellschaftlichen und zeitgeschichtlichen Ereignissen deutlich zu machen. Die botanischen Einzelheiten werden von dem Betrachtenden

---

34 José Ortega y Gasset, *Gesammelte Werke*. Stuttgart 1955, Bd. 2, S. 101.
35 Ebd., S. 155.
36 Inglin, «Über den Wassern» (wie Anm. 21), S. 161.
37 Ebd., S. 164–165.

synästhetisch wahrgenommen und verinnerlicht, sodass sich das Subjekt in der Natur selbst erkennt. Der Ich-Erzähler steigt empor und nieder über «die nach Westen laufenden Treppen der gewaltigen Bergmasse»,[38] und in diesen Bewegungen nimmt er mit dem Auge «einen unregelmäßig stufenförmigen Aufbau, Matten, Schutthänge, Felsbänder, bröckelnde Riffe»[39] wahr. Die nackten Berggipfel werden vom Ich-Erzähler zu den zum Himmel hinausragenden «Türmen»[40] stilisiert, die alpine Flora und Fauna im Sinn eines magischen Realismus mythisiert, und das Verhältnis des Protagonisten zur Natur bis zur mythischen Identifikation gesteigert. Die Natur als Mythos zeigt sich insbesondere in der Figur des nackten Mannes, den der Wanderer eines Tages inmitten einer Blumenwiese erblickt. Der entkleidete Mann stellt den Typus des Urmenschen dar und gleicht dem aus Arkadien stammenden Wald-, Weide- und All-Gott Pan. Die zeitlose göttlich durchwaltete Natur mit dem Naturgott dient als Gegenbild zur menschlichen Zivilisation, zur Realität der Gegenwart. In diesem zeitlosen elementaren Gebirgsraum kommt der junge Ich-Erzähler zum Einverständnis mit sich selbst und mit dem Dasein.

Der zeitlose Naturbezirk des namenlosen Helden, der hier als das Refugium vor der Wirklichkeit konzipiert wird, erweist sich letztlich als Traumlandschaft, als Gebilde der dichterischen Imagination, als «Traum vom neuen schönen Wunder».[41] Auf den träumerischen Zustand der Wahrnehmung der Landschaft weisen auch zahlreiche Stellen hin, wie die folgende: «Angelockt und gebannt zugleich wie der Träumende, doch zweifelnd, ob ich schlafe oder wache, mit einem lang vergessenen lustvollen Grausen schaute ich hinüber.»[42] Aufgrund solcher vergleichenden und metaphorischen Deutungshinweise kann man den Text als Allegorie eines Traums interpretieren. Die Idee des Idyllischen erscheint als ideales, harmonisches Leben und verkörpert eine ersehnte geistige Möglichkeit. Sie bedeutet eine Erhebung von der realistischen zur geistigen Topografie, von der zeitbedingten Zivilisation zur zeitlosen Natur, von der realen zur idealen Dimension des Daseins. Das Leben auf der Alp bildet das Gegenbild zu den Trümmern einer zerschlagenen Zivilisation.

Nach Tagen einer inneren Harmonie und Einheit in der zeitlosen Höhe, in geschichtsferner Zeitlosigkeit, kehrt der Ich-Erzähler in seine Umgebung zurück. Nachdem er aus den Quellen das ursprüngliche Dasein gekostet

---

38 Ebd., S. 169.
39 Ebd., S. 168.
40 Ebd.
41 Ebd., S. 186.
42 Ebd., S. 206.

hat, kehrt er zurück ins Chaos der Welt, um es – im Sinne Häberlins – wiederum aus neuem Geiste zu gestalten.

III. Imaginäre Flucht und Heimkehr

Ein ähnliches Schema des radikalen Aufbruchs aus der Wirklichkeit, der freilich durch eine Kompromisslösung abgeschwächt ist, wird in der meisterhaften Novelle mit der poetischen Überschrift *Güldramont* angewandt. Sieben, aus bürgerlichen Familien stammende Jugendliche – Kaspar, Ferdinand, Fridel, Jakob, Hans, Engelberg und Jürg – entschliessen sich eines Tages, «ihr Fabrikdorf im Flachland»,[43] in dem «das harte Klappern der Webstühle, das von früh bis spät hier alles beherrschte»,[44] zu verlassen und begeben sich aus «innerem Antrieb»[45] und «Freiheitsdrang»[46] auf eine Expedition, auf der sie eine bessere Welt, «ein Neuland»[47], zu finden erhoffen. Die Gründe des Ausbruchs sind, wie bereits aus den angeführten Stellen ersichtlich wird, sozialer Art: Zum einen ist die Flucht auf die infolge einer zunehmenden Industrialisierung veränderte Realität zurückzuführen, zum anderen wird der Rückzug durch die rationalisierte, nach mathematischen Formen und wissenschaftlichen Begriffen geordnete Sachlichkeit einer «allzu bekannten, beschriebenen, in Zahlen und Zählchen erfassbaren Welt»[48] verursacht.

Die «sieben jungen Wanderer»[49] begeben sich – von einer neugierigen «Wundersucht»[50] gepackt – in ein abgelegenes unbewohntes Tal, in dem es «keine Verbindungen zur zivilisierten Welt mehr gab».[51] Mit zahlreichen, sich zum Teil wiederholenden lexikalischen Mitteln hebt der Erzähler die Abgelegenheit der realen Topografie hervor: Er beschreibt sie als «eine geheimnisvoll unbekannte, wenn auch erreichbare Ferne»,[52] die «am Ende der Welt»,[53] «am Rande der zivilisierten Welt»[54] liegt, wo

---

43 Meinrad Inglin, «Güldramont», in: Ders., *Werke in acht Bänden*. Hg. von Beatrice von Matt. Zürich 1981, Band 7, S. 57–156., hier S. 115.
44 Ebd., S. 57.
45 Ebd., S. 62.
46 Ebd., S. 73.
47 Ebd., S. 114.
48 Ebd., S. 73.
49 Ebd., S. 67.
50 Ebd., S. 149.
51 Ebd., S. 95.
52 Ebd., S. 57.
53 Ebd., S. 67.
54 Ebd., S. 115.

«keine Wege, keine Häuser, keine Menschen – nichts»[55] sind, wo es «nichts als Wald und wieder Wald»[56] gibt, kurz als «eine weite wüste Welt».[57] Die Naturszenerie trägt – ähnlich wie in *Über den Wassern* – göttlich durchwaltete schweizerisch-realistische Züge, worauf ihre konstitutiven Elemente wie «eine Rinderweide mit einer Alphütte»,[58] «die menschenleere Alp»,[59] «der «Gletscher»[60] und «der barhäutige Hirt»,[61] der eine archaische Sprache spricht, hinweisen. Im Alpsegen des Hirten, der das Gebet und den Bannspruch, heidnisch-magische und christlich-mystische Elemente, in sich verbindet, kommt die Nähe des Menschen und der Natur an das Numinose, Göttliche zum Ausdruck. Die Figur des merkwürdigen Hirten impliziert somit, dass die Alp nicht bloss als realistische, sondern als eine sonderbare Gegend dargestellt und mit unrealistischen Zügen versehen wird, was auch durch Attribute wie «merkwürdig»,[62] «geheimnisvoll»[63] und vor allem das mehrmals vorkommende Attribut «märchenhaft»[64] erreicht wird. Als Indizien des Wunderbar-Sonderbaren der geschilderten Bergwelt sind auch zahlreiche Menschen- und Tiergestalten sowie Requisiten aus der «sagenhaften Unterwelt»[65] wie der Teufel aus der Drachensage, der Rinderhirt Ludi und der Kristallsucher Daniel zu interpretieren. Die Überschreitung des Realistischen vollzieht sich ferner auf der sprachlichen Ebene mittels des Präfixes ‹un-›, wodurch die alpine Landschaft eine besondere Note bekommt. Mit Adverbien wie «unbekannt»,[66] «unerforscht»,[67] «unerschlossen»,[68] «unwahrscheinlich»,[69] «unbegreiflich»[70] sprengt der Erzähler die Grenzen des Rationalen, transzendiert die Wirklichkeit. Vom Durchbruch der realistischen Sprache zeugen ferner die Hyperbildungen mit der Vorsilbe «über» wie «überschwenglich», «Überschwang», «übervoll» und das ebenso häufig ver-

---

55 Ebd., S. 59.
56 Ebd.
57 Ebd., S. 72.
58 Ebd., S. 58.
59 Ebd., S. 111.
60 Ebd.
61 Ebd.
62 Ebd., S. 87.
63 Ebd.
64 Ebd., S. 74, 87.
65 Ebd., S. 99.
66 Ebd., S. 60, 121, 147.
67 Ebd., S. 63, 71, 119, 147.
68 Ebd., S. 141.
69 Ebd., S. 156.
70 Ebd., S. 152.

wendete Präfix ‹ur-›, das in Wörtern wie «Urwald»[71] und «urwüchsig»[72] vorkommt. Dass Güldramont für eine ursprüngliche, zeitlose, unberührte, paradiesische Daseinsform steht, dies unterstreicht auch das mehrfach verwendete Attribut «jungfräulich»: «ein fast jungfräuliches Land»,[73] «mit jungfräulichen Wäldern»,[74] «diese jungfräuliche Welt».[75]

Die Überschreitung der realistischen Ebene wird schliesslich mittels der Kategorien «Traum» und «Wachtraum», die im Text mehrmals explizit genannt werden, erreicht. Der Begriff ‹Wachtraum› bezeichnet ein phantasiegeleitetes Wunschträumen, welches je nach psychologischer Richtung und Wertung mit Lustgewinn, Realitätsverlust oder aber Bewusstseinserweiterung konnotiert ist und dann auf einen psychischen Bezirk des Unbewussten hinweist. Paul Häberlin gebraucht den Begriff auch für Kinderphantasien, in denen Märchenwelt und Realität nicht geschieden sind.[76] In seiner 1910 an der Berner Universität gehaltenen Vorlesung zum Thema «Über das Träumen»[77] definiert der Basler Psychologe mit Bezug auf Freuds Traumtheorie das wache Träumen als eine Aneinanderreihung von Traumbildern zu bunten Gruppen oder mannigfaltig wachsenden Ketten. Solche Bildkombinationen entsprechen in der Sicht des Schweizer Psychologen und Philosophen keiner äusseren Wirklichkeit, sondern werden durch eine momentane Gemütsstimmung geprägt und bei einem Träumer-Typ, der sich seinen wachen Phantasien hingebe, hervorgerufen. Neben dem Wachtraum als Wunschtraum erscheint die Parallelisierung von Wachtraum und Dichtung relevant, in welcher – etwa bei August Strindberg (*Ein Traumspiel*) –[78] Dichtung als eine Art wachen Träumens verstanden wird, welches besondere Tiefen der Wirklichkeiten auszuleuchten vermöge.

Vor dem Hintergrund einer solchen psychologischen Deutung ist das fiktive wunderbare Land Güldramont mit seinen merkwürdigen Gestalten an fernen geheimnisvollen Orten letztlich als ein Traumland, als Ort der dichterischen Einbildungskraft, als Sinnbild des Imaginären, als Gipfel der

---

71 Ebd., S. 59, 71.
72 Ebd., S. 139.
73 Ebd., S. 71.
74 Ebd., S. 73.
75 Ebd., S. 75.
76 Paul Häberlin, «Kinderphantasien», in: *Der schweizerische Kindergarten* 2 (1912).
77 Paul Häberlin, «Über das Träumen», in: *Sonntagsblatt der Basler Nachrichten* vom 23. Januar 1910.
78 August Strindbergs *Ein Traumspiel* (*Ett drömspel*, 1901) wurde in der Übersetzung von Emil Schering (1919) in der zeitgenössischen Diskussion immer wieder für eine andere Auffassung von Dichtung zitiert.

geistigen Topografie zu interpretieren. Hinweise für eine derartige Deutung werden denn auch explizit im Text angegeben, wenn der auktoriale Erzähler den entdeckten Erdteil wörtlich als «Land der Träume»,[79] «Landschaft der Träume»,[80] «eine [...] Traumlandschaft»[81] bezeichnet. Für eine derartige Lesart spricht auch die Tatsache, dass der geografische Name des ersehnten Ortes Güldramont dem Anstifter der Expedition, Kaspar, im Traum eingefallen ist. Der auktoriale Erzähler konzipiert das neu entdeckte Güldramont als Bezirk des Unberührten, als Innenraum inmitten der vom Zeitgeist geprägten Aussenwelt, als Raum, aus dem alles Lebendige, alle inneren Kräfte entspringen:

> Sie wußten nicht, wohin sie wanderten, sie hatten wie von Anfang an auch jetzt das erregend Unbekannte vor sich, als eine Verheißung, die in dieser wundervollen Wildnis sich wohl immer wieder erfüllen mußte, da sie aus ihrem eigenen mitschaffenden Inneren stammte.[82]

Die Bergwanderung, auf der die sieben Jugendlichen zu einem alpinen Höhepunkt gelangen, steht somit für einen Prozess, in dem das Ich zu einem höheren Bewusstsein hinaufsteigt. Die Höhe symbolisiert in Häberlins philosophisch-psychologischer Lehre die Überwindung der äusseren Erscheinungen durch das Höhere auch in einem metaphorischen Sinn, durch ein Geistiges also, und die Tiefe verweist entsprechend auf die Notwendigkeit des Rückzugs zu den Quellen, zu den Wurzeln. Einmal auf der Geisteshöhe angelangt, gewinne der Mensch – gemäss Häberlin – einen ganz anderen Blick auf die Wirklichkeit, und zwar einen, der sich als befreiend erweise. Erst da, auf dem höchsten Punkte seines Geistes, sei der Mensch ganz bei sich selbst und bleibe auf seine innere Neigung angewiesen. Somit ist Güldramont nicht bloss als Land der Jugendträume und der kindlichen Märchenwelt abzuwerten, sondern als Symbol der inneren Freiheit, des höheren Bewusstseins.

Auch die Schlussszene weist Gemeinsamkeiten mit Häberlins Konzept auf. Die Flucht der Jugendlichen aus der Aussenwelt ist jedoch nicht endgültig: Am Ende der Handlung kehren die sieben Kameraden aus dem imaginären Raum in ihre reale Umgebung zurück, um sie neu zu formen.

---

79 Meinrad Inglin, «Güldramont» (wie Anm. 43), S. 147.
80 Ebd., S. 62.
81 Ebd., S. 75.
82 Ebd., S. 121.

IV. Zusammenfassung und Ausblick

Über Meinrad Inglins Werk herrschten lange Zeit gegensätzliche Urteile. Von seinen Zeitgenossen wurde er als heimatlicher Schriftsteller wahrgenommen und nach seinem Tod eher als subversiver Autor betrachtet. Bereits die unterschiedliche Aufnahme ist ein Reflex auf die Inglins ganzes Werk kennzeichnende Polarität zwischen seinen zwei dichterischen Haltungen «Ausbruch» und «Rückkehr», die in seinen literarischen Werken unterschiedlich akzentuiert werden: Während in der Frühphase seines Schaffens mehr das antikonventionelle Moment, der Ausbruch aus der Wirklichkeit als Bedingung zum Durchbruch zur individuellen Freiheit hervorgehoben wurde – dies wurde im Rahmen des vorliegenden Artikels anhand der Erzählungen *Über den Wassern* und *Güldramont* aufgezeigt –, tritt in seinen späteren Werken das ausgleichende Moment in den Vordergrund. Als Wendepunkt ist in dieser Hinsicht allerdings nicht erst der *Schweizerspiegel*, in der die Figur des Aussenseiters Albin Pfister marginalisiert wird, zu betrachten, sondern der bereits zehn Jahre früher veröffentlichte Zeitroman *Grand Hotel Excelsior*, in dem der Antagonismus zwischen den Hauptfiguren, Eugen und Peter Sigwart, und ihren gegensätzlichen Weltanschauungen sowie Lebensweisen aufgehoben wird. In diesem Roman wird der Versuch unternommen, die beiden konträren Positionen mittels der dritten Figur, Josef Sigwart, zu versöhnen. Die Milderung und Abschwächung des gesellschaftlichen Impetus, der die ersten Werke Inglins kennzeichnet, ist auf die künstlerische Entwicklung des Autors zurückzuführen, für die eine wesentliche Rolle Paul Häberlins Welt- und Menschenbild spielte.

RÉGINE BATTISTON (MULHOUSE)

Mensch und Natur

In der Tradition des Schweizer Realismus hat Meinrad Inglin unsentimentale Romane und Erzählungen aus dem Schweizer Volksleben verfasst, die durch das Gegenüber von urwüchsigem Bauerntum und wurzelloser Zivilisation geprägt werden. Das Verhältnis der Figuren zu ihrer Gesellschaft und besonders zur mütterlichen Natur bildet eines der Hauptthemen in Inglins Werken. An die Menschheit stellen sie indirekt auch metaphysische Fragen, wie sie Inglins Bildungsweg nahe legten, der von der katholischen Mittelschule seines Herkunftsortes über die Auseinandersetzung mit Friedrich Nietzsche auch zur Begegnung mit Paul Häberlin führte, der seinerseits eine vom deutschen Idealismus geprägte Philosophie mit der damals jungen Psychoanalyse verbunden hatte. Dadurch wurde Inglin ein Weg eröffnet, der auch einen Weg zu sich selbst ermöglichte. Es gelang Inglin in seinen Werken zugleich, das Leben der Natur sehr realistisch zu gestalten, wobei die schweizerische Landschaft als Kulisse und Menschenheimat fungiert. In der Raumgestaltung seiner späteren Erzählungen und Romane (etwa ab dem Roman *Die graue March*) bleibt die Bergwelt die massive Hauptkulisse, wobei der Verzicht auf romantisches Morgenrot und falschen Glanz augenfällig ist. Oft vertieft Inglin seine Lebensphilosophie, indem er den Menschen nicht als Zentralfigur in der Natur inszeniert, sondern ihn als Teil der grossen Alpenlandschaft oder gar des Kosmos betrachtet, wobei die Natur die Oberhand behält. Das Spätwerk schreibt sich als Kritik des Massentourismus und Landschaftsabbaus in die Anfänge der grünen Bewegung ein.

Der vorliegende Beitrag versucht, einige Aspekte der Beziehung zwischen Mensch und Natur zu erhellen, indem der Raumdarstellung ein besonderes Interesse gewidmet wird. Zuerst wird aufgrund der Darstellung der Naturkulisse untersucht, inwiefern Inglin in seinen literarischen Werken als ein realistischer Landschaftsmaler fungiert. Sodann wird die Beziehung Mensch und Natur in einigen zentralen Aspekten herausgearbeitet und Inglins Position als Traditionsschriftsteller, aber auch als Vorläufer moderner Auffassungen analysiert.

I. Naturkulisse und Naturdarstellung

Inglins Raum- und Landschaftsauffassung ist dreidimensional; der Raum ist ein aktiver Ort, in dem sich vor den Augen des Lesers ein Szenario des Berglebens enthüllt, wo sich verschiedene manchmal sich kreuzende oder überlappende Szenarien abspielen. Mehr als eine Kulisse oder eine schöne Landschaft ist der dargestellte Raum bei Inglin lebendig, es gelingt ihm oft, das Leben und das Lebendige in der Natur wiederzugeben, das Leben im Detail zu gestalten. Die Landschaft selbst ist dreidimensional, Vordergrund, Hintergrund, Naturdetails sowie Höhe und Tiefe der Landschaften werden genau dargestellt, zugleich ist aber die Landschaft auch abgegrenzt; Inglin zeigt anhand präziser Beschreibungen (mit zahlreichen treffenden Adjektiven, die die Vielfalt seines Vokabulars sowie seine genaue Kenntnis der beschriebenen Orte widerspiegeln) die Tiefe und Dichte der Berglandschaft. Die von ihm dargestellte Topographie kann man wie Landkarten erkennen und nachzeichnen.

Er hat einen Sinn für die Größe und Erhabenheit der Landschaft, wie es Landschaftsmaler vom Format Böcklins oder Courbets hatten; er hat aber zugleich eine Neigung für die beschriebene Kulisse, die tatsächlich auch ein Bestandteil seines eigenen Lebens war. Ortsschilderungen (das Ricken- und Teuftal in der *Grauen March*) sowie sehr konsequente und meisterhafte Kulissendeskriptionen schreiben seine Darstellungen in die Tradition des literarischen Realismus ein. Strukturen und Formen erlauben es dem Leser, sich das Szenario genau vorzustellen, seine Landschaftsfresken sind ein Stück Natur. Sie ähneln einer Kamerafahrt, die zunächst grosszügiger über die Landschaft hinwegfährt, um dann hier und da auf präzise Orte zu fokusieren. Die literarische Pflanzenwelt entspricht der Flora der jeweiligen Berghöhe und wechselt anschaulich (von Tannen über Farnen bis zu Edelweissblumen) mit der Lage des Szenarios. Eine der Stärken Inglins liegt in diesen sehr präzisen und realistischen Beschreibungen. Das dichte Jungholz unterscheidet sich von den hohen Stämmen. Felsen können mit Beerensträuchern, entwurzelten Stämmen und klaffenden Spalten oder mit Tannen kontrastieren. An den Berghängen wachsen goldene Blumen, rote Beeren, grüne Pflanzen. Wenn der Berg symbolisch in seiner senkrechten Stellung zum Himmel ragt und sich mit transzendenten Sinngehalten verbindet, kann er auch ein *topos* des Todes werden, an welchem der Mensch tragisch ums Leben kommt und in dem er manchmal verschwindet. Berg und Natur bleiben dem Individuum gegenüber gleichgültig. Der Berg ist der Ort, der bestiegen werden muss, der eine Herausforderung, ein Geheimnis und zugleich eine Grenze darstellt, die der Mensch überschreiten muss.

Abb. 1: Der junge Inglin mit Freunden in den Schwyzer Voralpen. (Nachlass Meinrad Inglin, Kantonsbibliothek Schwyz)

Er steht auch für Stabilität, Konstanz, Standhaftigkeit, ja Unantastbarkeit und Reinheit. Er ist zuweilen auch ein Ort der Sagen und Legenden, die auf geheimnisvolle Kräfte zurückzuführen sind. Er entspricht der Göttlichkeit und dem Urzustand der Menschheit. Auch ist er ein Idealobjekt und Anhaltspunkt für die Menschenfantasie.

Die Landschaft der Erzählwerke ist nicht oder jedenfalls nicht allein idyllisch, sondern erscheint auch als hart, nass, kalt, rücksichtslos und manchmal unerbittlich. Die Landschaftsbeschreibung ist einerseits realistisch und nüchtern, nicht idealisierend, andererseits wird auch beschrieben, wie der Mensch mit seinen Empfindungen und Fähigkeiten Landschaft erfahren und erleben kann. Während die Nebelstreifen in der Erzählung *Die Furggel*, als der Knabe in der Nacht einsam auf die Rückkehr seines ums Leben gekommenen Vaters wartet, als wabernde Gebilde wie Geistererscheinungen von ihm wahrgenommen werden und Züge von Wahnvorstellungen annehmen, können gleichzeitig Sonnenaufgang oder Nachtanbruch präzis und objektiv wiedergegeben werden. Der Wald erscheint mitunter eher als ein mysteriöser Ort, der durch Finsternis, Einsamkeit und Tiefe gekennzeichnet ist. In der Erzählung *Güldramont* wird er auch als ein Urwald bezeichnet. Symbolisch stellt er geheimnisvolle Mächte in der Bergwelt dar. Er verbirgt in sich die mächtigen Manifestationen des Lebens, steht in seiner Dunkelheit und Tiefe für das Unbewusste. Für die jungen Leute ist er ein Ort der Einweihung, parallel zum ersten Ausflug in die Bergwelt.

Im Jahreszeitenwechsel, der sich Kapitel für Kapitel im Roman *Die graue March* abspielt, wird das Bergleben von einer Jahreszeit zur anderen verfolgt. Die Winterlandschaftsbeschreibungen sind besonders beeindruckend und spannend:[1]

> So ging es Tag für Tag und Nacht für Nacht, die Kälte hielt an, der Schnee schmolz nicht; das Leben war nur noch eine Not und schien jetzt frierend stillzustehen wie das Wachstum der Bäume.

Der Winter, der alles lahm und still legt, hat eine zerstörende Macht, hält das Leben jedes Wesens in seiner Hand: «Hier übte jede Jahreszeit ihre verwandelnde Macht aus, niemand entging ihr, und jetzt bestimmte der Winter das Leben von der Wurzel bis zum Menschen.»[2] Die Menschen in diesem Roman sind also ebenfalls den Jahreszeiten ausgesetzt, Unvorsichtigkeit oder ein Fehltritt kann ihr Leben kosten, indem sie im Schnee erfrieren, in

---

1 Meinrad Inglin, «Die graue March», in: Ders., *Gesammelte Werke in zehn Bänden*. Hg. von Georg Schoeck, Zürich 1987, Bd. 4, S. 83.
2 Ebd., S. 69.

den Abgrund fallen und also wie Josef ins Sterben. Dank Inglins Sinn für das Detail, dank Einzelheiten wie Wetter- oder Windbeschreibungen (Föhn) oder Anspielungen auf die Feuchtigkeit entsteht eine Stimmung, zu der auch die Präzision der Beschreibungen der Nebel oder Wetteränderungen, Wolkenbewegungen und Schneestürme beitragen. Das Element des Wassers hat hier einen wichtigen Ort in der Symbolik und dient als Zeichen des Zeitablaufes und der Sterblichkeit des Menschen. Es ist ein bewegtes Element, das für Leben und Regenerierung steht. In der Faszination für die Natur lässt sich eine symbolische Bindung an die Mutter ablesen. Die Natur wird im ganzen Werk als Mutter- oder Uterusersatz[3] dargestellt, der mit dem Unaussprechlichen und der Einsamkeit verbunden ist. Oft verhält die Natur sich freilich abweisend und gerade nicht mütterlich sanft.[4] Ihre Lebensregeln können das Leben von Tieren oder Menschen gefährden. Ihr Leben funktioniert parallel zu der Menschenwelt und ihren Regeln, aber eigenmächtig. Die abweisende Natur entspricht der ambivalenten Beziehung zur Mutter. Die Natur ist hier keineswegs ein Idyll, sondern erscheint gewaltig und übermächtig, unberechenbar und unkontrollierbar.

Der Ursprungs- und Erdhaftigkeitsmystik[5] im Frühwerk folgt ein nüchterner Realitätssinn, der ab den dreißiger Jahren einigen Naturelementen noch mythische Züge verleiht. Nach und nach entwickelt sich das Werk nach den Ansprüchen der Epoche, indem sich die Thematik in die Anfänge der Ökologiebewegung einschreibt. Das Engagement des Schriftstellers und des Menschen Inglin für Naturschutz wird deutlich und ist für diese Zeit sehr bemerkenswert. Obwohl manche Fakten aus seinem Privatleben stammen (der tödliche Absturz seines Vaters 1906 inspirierte ihn zur viel später geschriebenen Novelle *Die Furggel*), bleibt der Ton ohne Pathos, nüchtern und klar. Ab den dreißiger Jahren gehen die Naturbeschreibungen von der Kontemplation und Mythisierung tendenziell zum Naturschutz und zur nüchternen Verehrung über.

Die Beschreibung der Tierwelt zeigt eine große Vertrautheit mit deren Gegebenheiten. Die Tierwelt kann menschliche Züge besitzen, manche Tiere scheinen geradezu ‹Persönlichkeit› zu haben. Die Tierwelt hat prominente Vertreter, die häufig dargestellt werden und durch die Jagd, die zentrale Beziehung zwischen Menschen- und Tierwelt, besonders klar ins Licht gesetzt werden. Hierzu zählen Fuchs, Hase und Reh, weiter der Dachs. Unter den gejagten Tieren haben Fuchs und Hase einen besonderen Status. Der Fuchs wird als verfolgtes und dem Menschen entweichendes Tier, auch

---

3 Beatrice von Matt, *Meinrad Inglin*, Zürich 1976, S. 19.
4 Ebd.
5 Ebd.

in seinem Intimleben (siehe die Fuchspaarung in *Die graue March*) sowie auf der Jagd dargestellt. Der alte Fuchs in *Die graue March*, der zur Karikatur wird, ist ein listiges und schlaues Tier, welches den Menschen oft in die Irre führt. Im ganzen Werk nimmt er einen besonderen Platz ein, der an Bewunderung, ja Verehrung denken lässt.[6] Der Hase bleibt seinem Ruf treu, Angst und Zerbrechlichkeit kennzeichnen ihn; er kann zudem ebenfalls den jagenden Menschen narren. Weitere Tiere, die von Menschen verfolgt werden, erscheinen in den Texten: Dachse oder Iltisse und Rehe zum Beispiel. Das Reh wird mit zarten Worten oft sanft beschrieben, als verdiene es Mitleid. Das tote Reh, das endlich nach der gehetzten Jagd Zeit zum Sterben hat, besitzt menschliche Züge, im Gegensatz dazu werden einige Menschenfiguren, genauer gesagt Männerfiguren, einfach grotesk und ohne Erbarmen dargestellt. Szenen aus dem Waldalltag zeigen Raubtiere, die das Leben anderer Tiere gefährden, oder einen Marder, der ein Eichhörnchennest ausfrisst.

Der fiktionalen Tierwelt bleibt freilich ein nüchterner Realismus nicht erspart. Es wird gezeigt, wie sie lebt und für ihr Überleben sorgen muss, wie sie selbst tötet, damit sie sich ernähren kann. Tieralltag, Paarung, Leben und Tod im klassischen Naturzyklus werden dem Menschenleben parallel geschaltet, in beiden Fällen sieht der Lebenszyklus ähnlich aus. In dieser großen Naturdarstellung besitzt der Mensch keine Sonderstellung. Die Beschreibung des Verhaltens der Tiere bedarf einer sehr guten Naturkenntnis: Die List und Schlauheit der Füchse (besonders der alten) oder die Zerbrechlichkeit der Hasen, die Plumpheit der Dachse sind Zeichen einer guten Beobachtung des Erzählers. Unter den menschlichen Gefühlen, die den Tieren zugeschrieben werden, findet man Einsamkeit, Hungersnot (der Füchse besonders, wenn der Winter zu lang ist) und allgemein Leiden am kärglichen Winterleben. Die präzisen Vokabeln beweisen eine sehr gute Kenntnis der Wald- und Gebirgslage sowie von deren Bewohnern aller Art (bis zu den Mäusen, Käfern und Schnecken). Die Hunde als Jagdtiere stellen das Bindeglied zwischen Menschen- und Tierwelt dar. Sie tragen fast alle einen personifizierenden Namen (wie Schottelers Moritz in *Die graue March*).[7] In ihrer Arbeit der Spurenverfolgung haben sie mehr oder weniger Glück, sind zu ihrer Assistenzarbeit mehr oder weniger begabt. Einigen wird die Jagd auch zum Verhängnis.[8]

6 Inglin, *Die graue March* (wie Anm. 1), S. 12.
7 Ebd., S. 8.
8 Wir beziehen uns hier auf die Feststellung von Beatrice von Matt in ihrer sehr guten Inglin Biografie, wenn sie in den freien Tierprotagonisten in *Die graue March* einen Bezug zu Kipplings *Dschungelbuch* sieht (Anm. 3).

Abb. 2: Inglin als Bergwanderer, wahrscheinlich in den Zwanzigerjahren. (Nachlass Meinrad Inglin, Kantonsbibliothek Schwyz)

Der starke Realitätssinn der Naturdarstellungen lässt keinen Platz für deutlich ausgedrückte naturphilosophische Ideen; die Natur erscheint immer in Beziehung zur Menschenwelt, bleibt ihr gegenüber distanziert. Inglins Hang und Begabung für genaue Landschaftsbeschreibungen beweist eine große und präzise Kenntnis der Berglandschaft in Sachen Botanik sowie Tierwelt, die Art seiner Beschreibungen ist realistisch.

II. Beziehung zwischen Mensch und Natur

Inglins Faszination für die tückische Naturgewalt, für bildschöne, aber wilde Landschaften, lebensgefährliche Bergwanderungen und Bergbesteigungen oder für die Übermacht der Kälte, die er selbst erlebt hat, trägt zu den realistischen Landschaftsansichten im Romanwerk bei. Der Erzähler, der das Naturleben mit grossem Wissen ins Auge fasst und in seinen Kommentaren sich selbst als Teil der Natur auszuweisen scheint, hält sich auf Distanz, was das Menschenleben anbelangt. Er gewährt der Natur, das heisst den in ihr lebenden Tier- oder Pflanzenwesen ebensoviel, wenn nicht mehr Raum als den Menschen. Der Mensch wird als ein auf seinen Lebensraum, die Jahreszeiten und die Naturelemente angewiesenes und dem Zufall seines Schicksals ausgesetztes Wesen dargestellt. Der Raum, in welchem die Menschenfiguren erscheinen und agieren, ist genauso wichtig wie ihre Präsenz und ihr Leben. Die Raumdarstellungen und -beschreibungen nehmen so viel Platz wie die Szenerien des Menschenlebens ein – wenn nicht mehr. Verschiedenen Naturereignissen wie Wind und Unwetter ist der Mensch ausgesetzt; sie stellen Hindernisse dar, die er aber nicht vermeiden und denen er nicht entkommen kann.

Inglins Figuren sind oft Bergbauern oder Jäger, die im Gebirge in Dörfern oder in einsamen Hütten ihr Leben verbringen. Überlebensangst – die Angst vor Kälte, vor dem Winter, vor Steinschlägen und Lawinen – ist eine Komponente ihres Alltags. Ist die Winterlandschaft mit ihren Schönheiten und Tücken eine Falle für den Menschen, so beklagt sich dieser nicht und akzeptiert sein Dasein mit Resignation. Ruhe schöpft er im Stubenambiente am Kachelofen. Seine Resignation liest sich im Glauben an seine Zerbrechlichkeit, an Gott und an den Zufall, dem er ausgesetzt ist. Die Verzweiflung mündet in Anpassung und Fatalismus, denn der Erzähler meint: «Die Geschöpfe der Erde bleiben sich selber überlassen.»[9] Die meisten Menschen stellen sich nicht die Frage nach dem Sinn des Lebens; sie grübeln nicht über den Gedanken, was sie auf der Erde machen; sie haben keine andere Wahl

---

9 Inglin, *Die graue March* (wie Anm. 1), S. 35.

und suchen sich keinen anderen Lebensweg als den, den ihr Schicksal in dem Bergdorf vorsieht. Denn die Bergbauern und Hirten «sind rau und verschlossen wie dieses Bergland»,[10] daher haben sie und suchen sie wenig Verbindung mit der zivilisierten Welt. Die klassischen Menschenzüge besitzen sie jedoch, wenn sie kleinlich um Macht[11] ringen wie die Jäger, die sich aber auf ihre Hunde verlassen müssen. Jäger und Hunde werden als Raubwesen dargestellt, die sich auf der Rehjagd am schlimmsten benehmen. Jagd ist eine Aktivität, ja, ein Beruf, der einen grossen Platz im ganzen Werk einnimmt. Die guten Jagdkenntnisse des Autors, die in den präzisen Beschreibungen erscheinen, machen aus diesen Abschnitten quasi ein Jagdhandbuch: zum Beispiel in der Beschreibung der Hunde, die eine Spur verfolgend Kreise schlagen, die Spur finden, verlieren, wieder finden, erfolglos aufgeben müssen und sich im Gebirge müde laufen oder noch laut bellen, wenn die Jagd doch erfolgreich endet. Die Jäger werden wie Menschen der Urzeit dargestellt, die schon lange in diesem Naturrahmen leben und dazu gehören:[12]

> Er stand etwas erhöht am Hügelrand, die graue, stille Leere des Talraums hinter sich, mit lässig quer gehängter Flinte, einen zerknüllten Hut über dem breitnasigen Tiergesicht, hager, grobschlächtig, ein Jäger aus der Urzeit, mit der schweren Zunge des Höhlenbewohners und der zügellosen Vorstellungskraft, die den Lindwurm und den Riesen geschaffen hat.

Die Jäger werden aber nicht als Helden dargestellt. Manchmal handeln sie den Tieren gegenüber unrechtmässig, die sich denn auch nicht wehren können, wie auf der Reh- oder Hasenjagd. Ein ‹Jägerballett› dient in *Die graue March* als Eingangsszene, in welcher die Männer kreuz und quer das Gebirge auf Hasen- und Fuchsenspuren durchlaufen. Auf der Jagd vergisst der Mensch alles. Er wird ein Raubtier, auf das Schnaps wie Feuerwasser nach stundenlangem Laufen wirkt:[13]

> Viele Menschen verstehen nicht, dass man an den wildlebenden Tieren die größte Freude haben und sie dennoch erlegen kann. Das sei ein Widerspruch. Kann sein, dass es einer ist, aber das Leben hat viele Widersprüche, man kann nicht alle lösen, und es ist trotzdem schön.

---

10 Meinrad Inglin, «Güldramont», in *Gesammelte Werke in zehn Bänden*. Hg. von Georg Schoeck, Zürich, 1987, *Erzählungen*, Bd. 9, S. 89.
11 In *Die graue March* ist Frunther der stärkere, Billin muss nachgeben. Vgl. Meinrad Inglin, *Die graue March* (wie Anm. 1), S. 93–95
12 Meinrad Inglin, *Die graue March* (wie Anm. 1), S. 41.
13 Meinrad Inglin, «Güldramont» (wie Anm. 10), S. 10.

Die Komplizenschaft und Zweisamkeit zwischen den Hunden und ihrem Meister machen aus dem Jäger-Hund-Paar wirklich ein Paar, während die Menschenliebesgeschichten eher sexuell bestimmt sind und nüchtern ohne viel Romantik und Zärtlichkeit inszeniert werden. Auf den ersten Seiten der Erzählung *Die Furggel* wird sogar eine Ausbildung zum Jägerberuf beschrieben: Der Vater belehrt den Sohn über Tierleben, Qualität der Pelze, Ortsnamen (zum Beispiel den Namen Furggel), den Unterschied zwischen Revier- und freier Jagd. Diese Szene dient als Einweihung des Jungen. Manchmal werden die Figuren typisiert wie im eben erwähnten Beispiel, indem sie namenlos erscheinen. Sie werden einfach durch ihre Funktion oder Stellung in der Figurenkonstellation bezeichnet (hier unter den Namen «der Vater» oder «der Knabe»), was dem Werk einen lehrhaften Hang verleiht.

Das Sehen und das Hören sind die Hauptmerkmale der Menschenfiguren, Geräusche und Laute sind die wichtigen Angaben über den Lebensrahmen. Die Geräusche werden in den Erzählstrang integriert, oft erwähnte Laute sind das Hundebellen oder andere Naturtöne. Die Hunde, die neben den Menschen wichtige Mitspieler des ‹Jägerballetts› sind, werden wie Tenöre dargestellt, deren Stimmen gesondert durch Lautmalerei wiedergegeben werden.[14] Die manchmal prachtvolle Aussicht, welche die Figuren geniessen, wird auch dem Leser durch die genauen Beschreibungen zugänglich. Das Fernglas gehört zu den Mitteln, die dazu beitragen, dass die visuellen Phänomene bei Inglin noch wichtiger als das Hören sind. Jagd und Freundschaft hat Inglin selbst erlebt; er inszeniert also, was er kennt. Das Wirtshaus als Ort der Geselligkeit und der Sozialität, an dem man Nachrichten erfährt, die Schnapstrinker, das Essen aus dem Brotsack im Freien, solche Situationen wirken sehr echt, aber stammen teilweise aus einer heute vergangenen, ja verschollenen Welt, die bis in die sechziger Jahre noch weitgehend selbstverständlich war. Zahlreiche Figuren, darunter viele Männerfiguren, Bergbauern oder Jäger zum Beispiel, werden namentlich in die Figurenkonstellation integriert. Die Frauenfiguren sind traditionelle Hausfrauen, wenn sie nicht als Antijägerfiguren auftreten. Menschen werden manchmal implizit mit Tieren verglichen, wenn es um Liebesaffären geht.[15] Josefs Schwester Anna gefällt Schotteler, er wird wegen seines zurückgesetzten Hundes und seiner abgewiesenen Liebe doppelt betrogen. Weiter wird die Hundepaarung im Esszimmer der Menschenpaarung in der Scheune parallel geschaltet, ohne dass darüber ein Kommentar – weder

---

14 Vgl. zum Beispiel das Heulen von Schottelers Hund Moritz in *Die graue March* (wie Anm. 1), S. 32.
15 Ebd, Kap. 3.

Abb. 3: Inglin um 1925 auf der Jagd. (Nachlass Meinrad Inglin, Kantonsbibliothek Schwyz)

von den Figuren noch von dem Erzähler – verloren wird: Der Leser möge sich seine eigene Meinung bilden. Die Frauenfiguren sind weniger präsent als die Männerfiguren. Sie sind kleinere Akteurinnen im Hintergrund. Ihr Verhältnis zur Natur ist indirekt, aber auch schützend. Bemerkenswert ist die Figur der Berta in der *Grauen March*, die sich verzweifelt um den Schutz der Tiere bemüht, da sie die Jagd, ihre Hetze und ihre Konsequenzen auf die Tiere nicht mehr erträgt. Verzweifelt sieht sie zu, wie ein Reh zu Tode gehetzt wird (in dieser Szene werden Augen und Atem des Tieres genau beschrieben, als wäre es ein verzweifeltes Kind), und als sie einen lahm geschossenen Hasen in die Hände bekommt und zusieht, wie der Jäger ihn mit einem Schlag ins Genick tötet, scheitert ihr Glaube am Menschenwesen. Sie wird aktiv, indem sie Tiere, zum Beispiel einen Iltis, aus Fallen befreit oder noch Hunde aufhält oder von Spuren abbringt. Das Mädchen gibt ihr Bergleben auf und flieht, diese eine Geste der Revolte ist im Werk eine Seltenheit und sehr bemerkenswert. Den Frauenfiguren verleiht der Autor humane Fortschrittszüge.

Den Menschen wird das Gebirge zum Verhängnis, wenn sie die Grenzen des Machbaren und der Vorsicht überschreiten; die verschollenen Bergsteiger werden zum Mythos und schreiben ein neues Kapitel im grossen Buch der Berglegenden, wie die Toten der Kristallsuche oder die Drachenhöhlenentdecker (vgl. *Güldramont*).

Das karge Leben in der Berglandschaft zeigt den Platz des Menschen in dieser Urweltkulisse, klein und zerbrechlich, aber auch arrogant, auf Profit orientiert und unvorsichtig, wie im Roman *Urwang*.[16] Inglins Mensch ist sich selbst und den Naturereignissen ausgesetzt, die Frauen finden in Gottes Liebe einen Trost, den die Männer nicht zeigen: «Wie sollte der Mensch darin noch Gottes Absicht erkennen, wenn er, zur Verzweiflung getrieben, jederzeit bereit war, sein Leben hinzuwerfen!»[17] Zwischenmenschliche Beziehungen sind sehr hart, die Menschen sind oft wortkarg, wirken manchmal stur und erfahren ein hartes Arbeitsleben. Es gibt in Inglins Bergbauernwelt wenig Rettungen und Erlösungen, Anna ist die einzige, die in der *Grauen March* begnadet aus ihrer zu naturhaften *conditio humana* heraustreten kann. Dieser bemerkenswerte Sonderfall verleiht dem Romanende eine religiöse Dimension durch Annas Gnadenerlebnis, das auch zur Vereinigung mit ihrem Geliebten führt, der sie geschwängert hat. Diese Lösung war früher nicht die Regel, da Liebe oft nicht den Vorrang auf die Dorfgeschäfte und die Elternwahl hatte. Inglins Menschenwelt bleibt global

---

16 Vgl. die Beiträge von Wolfgang Hackl und Christian von Zimmermann im vorliegenden Band.

17 Inglin, *Die graue March* (wie Anm. 1), S. 186.

in der Tradition verfangen, die Menschen sind dem Zufall und den Naturelementen, dem rauen Bergleben ausgesetzt. Sie zeigen wenig Empfindlichkeit, eher ein grosses Unabhängigkeitsbedürfnis.

III. Traditionsschriftsteller und Vorläufer

Die Naturdarstellungen in der Literatur haben sich mit der Moderne geändert; der Platz des Menschen hat sich dabei auch verändert. Der Mensch steht nicht mehr im Zentrum der Welt oder einer Natur als Kulisse. Der Raum ist bei Inglin keine einfache Kulisse. Er hat Sinngehalt und ist Bestandteil der Erzählung auf demselben Niveau wie die Figuren, ganz gemäss Julien Gracq, der die Idee, der Raum könne lediglich eine Kulisse bilden, ablehnt. Die Landschaften sind im Roman in einem selben Sinn wie die Figuren. Keiner der beiden spielt eine nur passive oder nur aktive Rolle, sie gehören dem Roman an, sie sind der Roman.[18] Der literarische Raum stellt die Wirklichkeit des Szenarios dar. Die Menschenfigur braucht den Raum, um sich darin zu entfalten und nicht umgekehrt. Der Mensch ist auf den Raum angewiesen.

Als Traditionsschriftsteller inszeniert Inglin eine Welt, die zugleich Geheimnis- und Urwelt ist, in der die Landschaftsstimmung alle Elemente des Erzählstrangs einschliesst. Seine Raumdarstellungen weisen einen Sinn für Einzelheiten in der Landschaft auf, von den Insekten über die größeren Tiere und verschiedene Pflanzen der botanischen Welt bis zum Menschen mit seiner breiten Charaktervielfalt. Jedes Detail zählt, jede Komponente hat ihre Rolle, die zur Stimmung beiträgt; diese entsteht aus den zahlreichen angegebenen Komponenten. Das Ganze ist auf eine bestimmte Weise auf jede Einzelheit zurückzuführen – die Stimmung stellt sich aus ihrer Summe zusammen. Die Details üben einen Einfluss auf den Leser aus, reizen seine Sinne und wecken sein Interesse. Inwiefern jedes Detail zur Stimmung beiträgt, liegt am Urteil jedes Lesers, der je nach seiner eigenen Empfindlichkeit

---

18 «Il y a un point de vue que je n'accepte pas du tout, c'est que le paysage sert de décor à un livre. Les paysages sont ‹dans le roman› comme les personnages et au même titre. Dire quel est celui qui joue le rôle passif, le décor, et celui qui joue le rôle actif, n'a pas de sens pour moi. Tout cela va ensemble. Je dis souvent, et j'ai même dû l'écrire, ce peut être le propos d'un personnage qui fait lever le soleil, ou inversement, c'est un changement de temps qui, tout d'un coup, change la conduite des personnages. Tout cela est totalement soudé et il est impossible, comme dans la vie réelle, de les séparer l'un de l'autre. Ils appartiennent au roman, ils sont le roman.» Julien Gracq, «Entretien avec Jean-Louis Tissier», 1978, in: Ders., Œuvres complètes, Paris, La Pléiade, Bd. II, 1995, S. 1192–1210, hier S. 1207.

mehr von diesen oder jenen Elementen beeindruckt ist. Inglins Leser muss ein Naturliebhaber sein, sonst entgehen ihm manche Aspekte des Werkes. Die Stimmung ist es, die den Leser durch seine Empfindungen mit der tatsächlichen alpinen Landschaft verbindet, denn sie ist ein psychischer Zustand, der aus der affektiven Reaktion des Lesers bei der Textlektüre entsteht. Die erzählte Natur erreicht eine literarische Identität durch die Raumdarstellung, die Landschaftswerdung der Natur wird intuitiv durch eine erzählte Darstellung durchgeführt. Die Landschaft ist in ihrem Zusammenhang, ihrer Relation mit der Natur gedacht, Intellektualisierung und Wahrnehmung der Natur sind bei ihm sehr nahe und weisen eine subjektive Dimension seiner Wahrnehmungskraft auf. Die Natur bei Inglin, wie bei Merleau-Ponty, ist ein Wesen für sich, das ausserhalb der Menschenwerdung und des Menschenseins existiert, eine Existenz für sich, deren Werden und Entwicklung vorerst ohne Zusammenhang mit dem Menschen stattfindet. Sie ist auch ein Mechanismus ohne Orientierung, der aus den Spielregeln der Materie resultiert; die Fantasie, ja die Kunst des Erzählers macht aus ihr einen geschlossenen und organisierten Rahmen, der die Menschengestalt ‹für sich› erscheinen lässt. Merleau-Ponty schreibt, dass der Raum existentiell ist, man kann auch sagen, dass die Existenz räumlich ist, denn sie öffnet sich dank eines internen Imperativs einem Äusseren, und das auf eine so wesentliche Art, dass man von einem geistigen Raum und einer Welt der Bedeutungen reden kann.[19] Dies lädt uns dazu ein, eine eigentliche Beziehung zwischen Raum und Mensch zu erschliessen.

Inglins gelebter Raum entspricht oft dem Aktionsraum, dieser ist von einer lokalen Geographie geprägt; alle Anspielungen bleiben im Kreis der Schweiz, des Landes, ja der Gegend und des Kantons. Seine Raumgestaltung bedarf einer subjektiven Wahrnehmung und Auffassung. Der Raum ist ein Körperzustand bei diesem Autor, bevor er ein literarischer Prozess wird; die kinästhetische Beziehung zwischen dem Erzähler bzw. dem Autor und dem Raum prägt überhaupt die Raumdarstellung. Der Autor projiziert auf der Basis seiner Wirklichkeit intentional ein Bild, das der Leser subjektiv im vergleichenden Rückblick auf die eigene Realität weiterdeutet, so dass sein Weg der Deutung der umgekehrte der rezeptiven Wirklichkeitsaneignung und Weltdeutung ist.[20]

---

19 «L'espace est existentiel, on peut dire aussi que l'existence est spatiale, car elle s'ouvre à un extérieur en raison d'un impératif interne, et cela de manière si essentielle, que l'on peut parler d'un espace spirituel et d'un monde de significations.» Maurice Merleau-Ponty, *Phénoménologie de la perception*, Paris 1945, S. 341.
20 Siehe Ruth Röttgers, *Der Raum in den Romanen Michel Tourniers oder Reise an den Rand des Möglichen*, Köln 1993, S. 29.

Inglins Diskurs ist weder regressiv noch eskapistisch, denn er schwärmt nicht für dieses (ohnehin schwierige) Bergleben, seine Raumdarstellungen sind von Augenzeugenaussagen gefärbt, die sich auf eine vergangene Zeit beziehen. Gerade die Distanz, die wir heute zu dieser Zeit und dieser Lebensart gewonnen haben, macht aus seinem Werk ein Zeitzeugenpanorama. Schon im Spätwerk ist die Instrumentalisierung der Natur durch Wirtschaftlichkeit und Tourismus präsent. Von den fünfziger bis in die siebziger Jahre überträgt der Existentialismus seine Theorie auf die Natur selbst, also auf den menschlichen Raum, so dass die Literatur auch den bergenden Charakter von Bollnow integriert.[21] Bei Inglin entspricht der Raum nicht dem sogenannten «frohen Raum», er gibt nicht die Geborgenheit wie der des «espace heureux» bei Gaston Bachelard.

Die bei Inglin auf den ersten Blick scheinbar traditionelle Raumauffassung (in welcher der Raum die Figuren in sich empfängt) wird durch die Art der Interaktion zwischen Mensch und Raum negiert. Bei Inglin wird die Landschaft in Zusammenhang mit der Natur gedacht, seine Literatur ist Landschaftswerdung der Natur durch Literatur. Mächtig und prächtig ist sie, und nicht verschönert wird sie dargestellt. Sie wird weder durch ihren Stoff, ihre Formen, ihre Farben schön gestaltet, allein die Fantasie des Lesers macht aus ihr ein «für sich» (siehe das Konzept: «un ‹en soi›» bei Maurice Merleau-Ponty), weit, breit und heute unbewohnbar, eine wilde und nicht zähmbare Alterität. Denn laut Baudelaire, wenn die Montage aus Bäumen, Bergen, Wassern und Häusern, die wir eine Landschaft nennen, schön ist, ist sie es nicht durch sich selbst, aber durch mich, durch meine eigene Gnade («grâce»), durch die Idee oder das Gefühl, das ich für die Landschaft habe.[22]

Die Landschaft spielt mit dem Gedächtnis des Lesers, indem sie durch Erzählungen, Mythen, diverse Bilder, Gemälde oder Postkarten mehr oder weniger erstarrt weiterlebt. Landschaft entsteht aus der Literatur und bedeutet Kultur und Geschichte. Landschaft ist ästhetisierte Natur,[23] bei Inglin ist sie ein sensibler abgegrenzter und spezifischer Raum, der dank spezifischen Konturen charakterisierbar ist, ihr *Genius loci* hat ein Ambiente, die Atmosphäre eines Ortes; dieser Ort ist nicht nur auf seine internen Beziehungen zu reduzieren. Die ästhetische Offenbarung seiner Landschaft

---

21 Siehe Otto F. Bollnow, *Mensch und Raum*, Stuttgart 1971.
22 «Si l'assemblage d'arbres, de montagnes, d'eaux et de maisons, que nous appelons un paysage, est beau, ce n'est pas par lui-même, mais par moi, par ma grâce propre, par l'idée ou le sentiment que j'y attache.» Charles Baudelaire, «Curiosités esthétiques, Salon de 1854 ‹Le paysage›», in: Ders., Œuvres, Paris 1956, S. 167–168.
23 Martin Seel, *Eine Ästhetik der Natur*, Frankfurt a.M. 1991. – Dieselbe Theorie gilt auch bei Joachim Ritter, *Landschaft. Zur Funktion des Ästhetischen in der modernen Gesellschaft*, Münster 1978.

ist das Resultat ihrer künstlerischen Transposition. Die Landschaft ist keine Realität in sich, die von den Leserempfindungen getrennt wäre. Sie ist das subjektive Mass der Natur. Durch die Naturgestaltung wird der dynamische Aspekt der gewählten Form deutlich. Sehr prägnant wird die Dialektik der Kleinheit und der Unermesslichkeit besonders in Farbenspielen deutlich. Bei Inglin ist die Vision global und geht auch ins Detail über, offenbart sich in Kleinigkeiten. Als Stück Natur verursacht die Berglandschaft im Leser Emotionen[24], der *felix aestheticus* wird dank Kontemplation, Überraschung, Bewunderung oder auch Furcht vor Ereignissen seine Naturstellungen mehr oder weniger adäquat wahrnehmen. Wenn es Inglin gelingt, die Wildheit zu denken und darzustellen, bleibt seine Literatur sehr alpin bezogen, er schreibt sich in eine traditionelle Bergliteratur ein, indem er aber zugleich ein Vorläufer des Naturschutzes ist. Das Spätwerk engagiert sich für Naturschutz, gegen die moderne instrumentelle Wissenschaft, gegen den technischen Fortschritt, der die Natur angreift und zerstört und ihr den Menschen entfremdet.

Inglins Natur- und Menschendarstellung ohne Sentimentalität kennzeichnet das Gesamtwerk, das ohne soziale und moralisierende Ideen mit Nüchternheit versucht, eine heute verschwundene Bergwelt darzustellen und sich für den Naturschutz zu engagieren. Die Dramatisierung entsteht aus den erzählten Fakten anhand von Verlangsamungseffekten im Ablauf der Ereignisse und die Spannung bleibt ein traditionelles Rezept. Es gelingt ihm, einerseits den Zwiespalt der Natur zu zeigen, die Gefahr, die sie für den Menschen sein kann und ihre wilde Schönheit, und sich anderseits für ihren Schutz zu engagieren. Seine sehr gute Kenntnis der Naturlage und ihres Funktionierens ist ein Beweis, dass sein Naturgefühl tief in seinem Wesen verwurzelt ist. Über seinen Stil möchten wir sagen, dass wir «in der Natur im Allgemeinen nur das [sehen], was wir zu sehen gelernt haben, und wir sehen es so, wie der Zeitstil es fordert».[25] Die Landschaftseinzelheiten sind auf sein unmittelbares Beobachtungsvermögen und seine Hermeneutik zurückzuführen, sein Stil hat auch etwas Empirisches, weil aus der Lebenserfahrung gewonnen.

Inglins Naturraum eines kargen und harten Lebens ist kein Zufluchtsraum für den Leser. Die kurze Dauer des Menschenlebens kontrastiert mit der Beständigkeit der Steine und Felsen und mit der Landschaftsgrösse und Tiefe, die Natur steht als Menschheitsuterus. Dem Menschen widmet er

---

24 Siehe Petrarca beim Ersteigen des Mont Ventoux in Südfrankreich am 26. April 1335, den er in einem Gedicht evoziert.
25 Herbert Lehmann, *Formen landschaftlicher Raumerfahrung im Spiegel der bildenden Kunst*, Erlangen 1968.

die Rolle eines fragilen Lebewesens in einer prächtigen Urweltkulisse, die Gestalten, die im Nebel verschwinden, sind wie Schauspieler, die die Bühne verlassen. Die Menschen besitzen so viel oder so wenig Tugenden wie die Tiere, Inglin verleiht ihnen eine lokale Identität, den Glauben an den Fortschritt der Menschheit hat er aufgegeben. Die Möglichkeit der Selbsterfahrung, im Sinne von Häberlin und dessen positivem Bild der Geschichte, sind im Spätwerk nicht mehr vordergründig. Sein ablehnendes Verhältnis zur Gesellschaft lässt an Spitteler denken. Auf der Suche nach seiner Herkunft und derjenigen der Menschheit ist er Maler von mythischen Naturaspekten, die dem Menschen, oft als fragiles und arrogantes Wesen dargestellt, als Lebensraum dienen. Die alpine Natur ist Inglins Heimat, dort befindet sich sein Zufluchtsort. Obwohl diese Landschaft Gefahren aufweist, fühlt er sich in ihr wohl und daheim. Sein Hang für diese Landschaft, in der er gelebt hat und die er liebt, wird durch seine Raumdarstellung wahr. Inglin ist es gelungen, sich im Gebiet der Bergdichtung zu positionieren, denn Züge seines Werkes im Sinne der Schweizer Tradition mahnen an Gottfried Keller oder an Spitteler unter anderen, aber manche Aspekte lassen schon an Max Frisch und an seine *Holozän*-Erzählung denken. Insofern ist Inglin alles andere als ein bürgerlich-biederer Schriftsteller, ein Image, das er seit den siebziger Jahren leider auch hat.

DANIEL ANNEN (SCHWYZ)

Von der Hostienherrlichkeit zur Gnade aus der Schöpfung

Spuren einer theologischen Ästhetik bei Meinrad Inglin

I. Beichtspiegelmoral

«Der feine Herr sagt unfein Dank, der in den Brunnen spuckt, aus dem er trank.» So soll um die Jahreswende 1922/1923 während einer Sonntagspredigt ein Kapuziner[1] von der Kanzel herab in die Schwyzer Dorfkirche hinein gewettert haben.[2] «Der feine Herr», das war Meinrad Inglin, damals nahezu dreissig, später ein anerkannter Schriftsteller. Der «Brunnen» – das konnte in diesem Kontext nur die Institution der katholischen Kirche sein, das waren ihre Erziehungs- und Sozialisationsnormen.

Woher solcher Ärger? Er entzündete sich an Inglins Erstlingsroman *Die Welt in Ingoldau*. Inglin habe darin «seine Mitbürger in den Grund hinein verlästern und ärgern wollen», so war auch in der katholischen Presse zu lesen. «In widriger Weise» werde «Heiliges (im besondern die Beicht [sic!]) und Unheiliges einander an die Seite gestellt, das Lüsterne und Frivole mit offensichtlicher Lust gesucht». Das Buch sei «ein zusammengeleimtes Stückwerk, episodisch verarbeitet», und darum lese man das Buch «mit wachsendem Widerwillen».[3] Diese Lektüreerfahrung steckt auch in einer von Inglins Biografin Beatrice von Matt gehörten Anekdote: Ein Herr aus der Schwyzer Aristokratie habe seinerzeit Inglin zum eben erschienenen *Ingoldau*-Roman gratuliert. Als der *Ingoldau*-Autor aber gemerkt habe, dass dieser Mann das Buch erst zu lesen angefangen habe, sei seine Antwort gewesen: «Du hörst dann schon noch auf zu gratulieren.»[4]

---

[1] So in der Erinnerung von alt Bundesrichter Dr. Paul Reichlin † (Gespräch am 12. 4. 1983).
[2] Vgl. zu dieser Sonntagspredigt Beatrice von Matt, *Meinrad Inglin. Eine Biographie*. Zürich 1976, S. 103f. Dieses Buch ist nach wie vor das Standardwerk zu Meinrad Inglin und bietet eine Fülle von Informationen und Querbezügen, auch eine gute Situierung in gesellschaftliche und literaturgeschichtliche Zusammenhänge.
[3] *Vaterland* vom 30. Dezember 1922 (NI Z 2016.06. Mit der Sigle NI wird auf den in der Kantonsbibliothek Schwyz liegenden Nachlass Meinrad Inglins verwiesen.)
[4] Von Matt, *Meinrad Inglin* (wie Anm. 2), S. 103f.

Selbst wenn die Anekdote erfunden sein sollte, sie wäre zumindest gut erfunden. Denn sie zeigt, wovon auch die Metaphern vom verunreinigten Brunnen und vom zusammengeleimten Stückwerk zeugen: Der *Ingoldau*-Roman setzte in Schwyz ein Kesseltreiben in Gang – und zwar aufgrund seiner Textstrategie. Er beginnt mit einer Beichtszene; das gefiel der damaligen milieubedingten katholischen Volksfrömmigkeit, war eines Gratulationswortes wert. Denn das Busssakrament rief wie ein pars pro toto als Bezugsfeld dem Schwyzer Leserpublikum die ganze damalige Kirchenmentalität wach, auf die es aufgrund eines allgemeinen Konformitätsdrucks wie selbstverständlich eingeschworen war: jene auf Moral und kasuistischen Legalismus reduzierte ‹Religiosität›,[5] die «zerstückelt in die Beobachtung zahlloser Einzelgebote und -verbote»[6] eben auch wirklich eine ‹Beichtstuhlmoral› war.[7]

Affirmativ gelesen war die Beichtszene im Romaneingang also ein ‹Brunnen›, in dessen reinem Wasser sich Schwyzer Leserinnen und Leser aufgrund ihrer eigenen Normwerte narzisstisch selbst spiegeln konnten. Allerdings: Gerade darum sahen sie sich durch das folgende Textgeschehen wohl erst recht «verlästert». Denn dieses Textgeschehen erzählt höchst kritikwürdige – insofern in der Tat: «unheilige» – Folgen und Defizite dieser Normwerte; es wendet sich so gegen die zu Beginn angebotene Identifikation und verschmutzt das scheinbar reine Brunnenwasser.[8]

So ist etwa Frau Reichmuth bei ihrer Beichte «sich keiner schweren Sünde bewusst».[9] Dass sie nach dem plötzlichen Tod ihres Gatten das Vertrauen in Gott etwas verloren und «an Gottes Güte und Barmherzigkeit gezweifelt hatte», war auch nach dem damals geltenden Sündenkatalog eine lässliche,

---

5 Vgl. zu dieser methodischen Überlegung immer noch Wolfgang Iser, *Der Akt des Lesens. Theorie ästhetischer Wirkung*. München 1976, S. 157.
6 So Friedrich Heiler, *Das Wesen des Katholizismus. Sechs Vorträge, gehalten im Herbst 1918 in Schweden*. München 1920, S. 32. Vgl. zu diesem katholischen Hintergrund auch Daniel Annen, *Natur und Geist in Ingoldau. Eine Untersuchung zur Verarbeitung weltanschaulicher Strömungen in Inglins Erstlingsroman*. Bern, Frankfurt a.M. und New York 1985, S. S. 62–71. Neuere Dogmatiken betonen diese einseitige Reduktion auf Moral auch. Stellvertretend für viele dahin gehende Formulierungen vgl. Gerhard Ludwig Müller, *Katholische Dogmatik. Für Studium und Praxis der Theologie*. Freiburg, Basel, Wien 2010, S. 563.
7 Näher ausgeführt bei Annen, *Natur und Geist in Ingoldau* (wie Anm. 6), S. 62–71. Vgl. für den allgemeinen historischen Zusammenhang zudem Urs Altermatt, *Katholizismus und Moderne. Zur Sozial- und Mentalitätsgeschichte der Schweizer Katholiken im 19. und 20. Jahrhundert*. Zürich 1989, S. 63–71.
8 Das lässt sich bekanntlich oft beobachten. Vgl. Iser, *Der Akt des Lesens* (wie Anm. 5), v.a. S. 311f.
9 Meinrad Inglin, *Die Welt in Ingoldau. Roman*. Hg. von Georg Schoeck. Zürich 1988 [1922], S. 9.

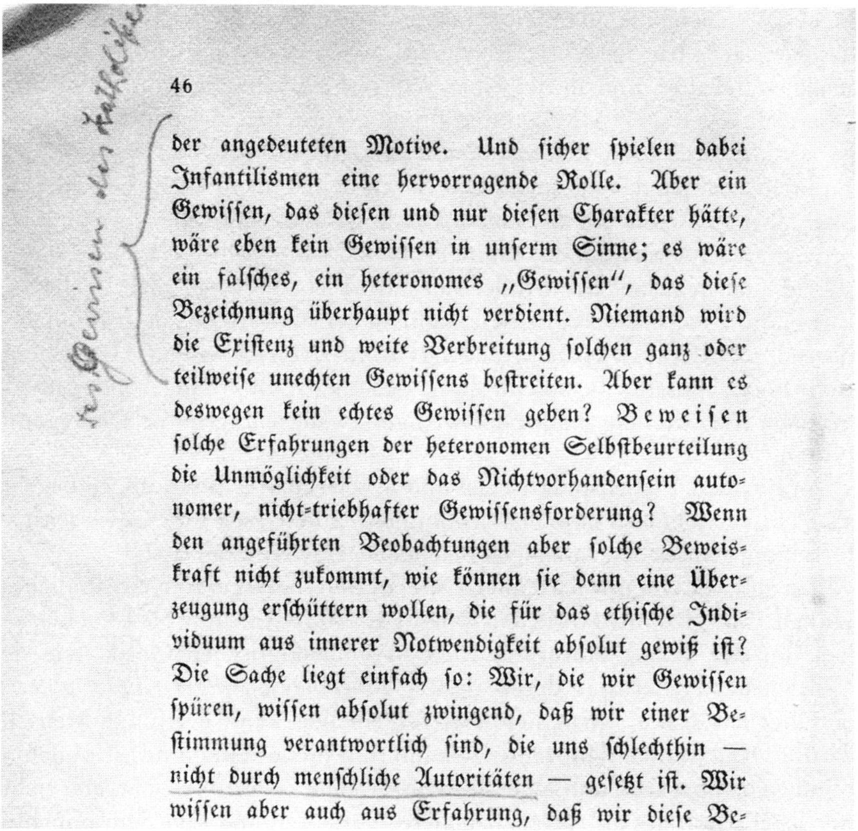

> 46
>
> der angedeuteten Motive. Und sicher spielen dabei Infantilismen eine hervorragende Rolle. Aber ein Gewissen, das diesen und nur diesen Charakter hätte, wäre eben kein Gewissen in unserm Sinne; es wäre ein falsches, ein heteronomes „Gewissen", das diese Bezeichnung überhaupt nicht verdient. Niemand wird die Existenz und weite Verbreitung solchen ganz oder teilweise unechten Gewissens bestreiten. Aber kann es deswegen kein echtes Gewissen geben? B e w e i s e n solche Erfahrungen der heteronomen Selbstbeurteilung die Unmöglichkeit oder das Nichtvorhandensein autonomer, nicht-triebhafter Gewissensforderung? Wenn den angeführten Beobachtungen aber solche Beweiskraft nicht zukommt, wie können sie denn eine Überzeugung erschüttern wollen, die für das ethische Individuum aus innerer Notwendigkeit absolut gewiß ist? Die Sache liegt einfach so: Wir, die wir Gewissen spüren, wissen absolut zwingend, daß wir einer Bestimmung verantwortlich sind, die uns schlechthin — nicht durch menschliche Autoritäten — gesetzt ist. Wir wissen aber auch aus Erfahrung, daß wir diese Be-

[Handschriftliche Randnotiz: Gewissen der Katholiken]

Abb. 4: In seiner Berner Zeit hörte Inglin Vorlesungen beim Philosophen Paul Häberlin. Dessen Auffassung vom Gewissen faszinierte ihn als Kontrapunkt zum legalistischen «Gewissen der Katholiken», zur Beichtspiegelmoral eben, wie seine handschriftliche Bemerkung in der 1915 erschienenen Häberlin-Schrift *Über das Gewissen* zeigt. (Bibliothek Meinrad Inglin, Kantonsbibliothek Schwyz)

nicht eine schwere Sünde.[10] Nur: Just in diesem Zustand der Kleinmut und des Verzagens hat die Witwe Reichmuth «sich an ihrem kleinen Melchior schadlos gehalten und ihn in einer Art verhätschelt, die wohl sündhafte Übertreibung war».[11] Mit Sigmund Freud gesprochen, der damals für Inglin wichtig war: Frau Reichmuth hat narzisstisch «ihre Sicherung in der Zuflucht zum Kinde»[12] gesucht. Das ist schon mal für ihre Psyche schlecht, dann aber erst recht für Melchior: Die ungesunde sinnliche Verwöhnung provoziert schwerwiegende spätere Probleme seines Selbstvertrauens, da er, sobald auch sein jüngerer Bruder Edi nach Liebe verlangt, nicht mehr die Zuwendung von einst erfährt. Wie Inglin in der stark freudianisch argumentierenden Vorlesung *Psychologie einiger Kinderfehler*[13] bei Paul Häberlin in Bern hörte, musste eine solche Zurückstellung nach vorangehender übermässiger Verzärtelung mehr oder weniger zwangsläufig in die Depression führen.

Im Lichte der lebenspraktischen und psychischen Auswirkungen begeht also Frau Reichmuth eine viel schlimmere ‹Sünde›, als ihre Gewissenserforschung gemäss den damaligen Beichtspiegeln vermuten lässt.

Ein anderer Heranwachsender, Damian Betschart, gerät in ein ähnliches Unheil: Er kann nicht von der Onanie loskommen, ihm bleibt schliesslich nur der Suizid. Aufgrund einer psychoanalytischen Optik, wie sie auch wieder Häberlin in der Vorlesung *Psychologie einiger Kinderfehler*[14] entfaltet hatte, muss man sich aber fragen: Was kann der junge Mensch dafür? Der kirchliche Moralismus kann ihm nicht helfen und ist ohnehin blind gegenüber frühkindlicher Sexualität. Auch Damians Beichtvater sieht nur legalistisch das als sündhaft taxierte Verhalten und sagt dem ohnehin verunsicherten Jungen ganz buchstäblich eine Ewigkeit im Höllenfeuer voraus.

Gerade in solchen Situationen ist aber auch eine Doppelmoral in Ingoldau zu vermuten. Der angesehene und mit Bürgersinn auftrumpfende Fürsprech Stutz nämlich hat wirklich «sich mit Weibern schwer versündigt»[15] – dennoch: Er wird von seinem Beichtvater vergleichsweise mild behandelt.

10 Vgl. Annen, *Natur und Geist in Ingoldau* (wie Anm. 6), S. 68–71.
11 Inglin, *Die Welt in Ingoldau* (wie Anm. 9), S. 9.
12 Sigmund Freud, «Zur Einführung des Narzissmus [1914]", in: S.F., *Psychologie des Unbewussten*. Hg. von Alexander Mitscherlich, Angela Richards und James Strachey. Frankfurt a.M. 1975, 37–68, hier S. 58.
13 Inglins Vorlesungsnachschrift ist erhalten unter der Sigle NI M 21.03.
14 Ebd. Ein hierfür entscheidender Satz heisst: «Das Kind wird durch Nichtbeachtung zu sich, in sich selbst hinein getrieben. Selbstbefriedigung; Masturbation; Rückzug in seine Lieblingsbeschäftigung."
15 Inglin, *Die Welt in Ingoldau* (wie Anm. 9), S. 124.

Drei Mal also kommt im *Ingoldau*-Roman die anfänglich relativ positiv geschilderte Beichte schlecht weg. Im ‹sentire cum ecclesiam› des damaligen katholischen Milieus führte ein solches Textgeschehen vom Guten zum Schlechten – eben vom ‹Brunnen› zur ‹Spucke›. Konnte ein Schwyzer nach dem ersten Aufklappen des Romans dem Autor noch gratulieren: Bei weiterem Lektürefortgang ging das nicht mehr.

Oder doch? Am 23. November 1923 veröffentlichte einer, der mit «A.R.» signierte, sich aber auch als «Ingoldauer» bezeichnete, in der *Neuen Zürcher Zeitung* immerhin eine Verteidigung des Romans. Inglin, kann man da lesen, ziehe «gegen die Sünde wider den Heiligen Geist, gegen Welten von Unvernunft ins geistliche Feld». Und dann: «Er donnert gegen das Ungeistige und ethisch Bedenkliche veräusserlichter Religionsübung, die von wahrer Religiosität ebenso meilenweit entfernt ist, wie steinkalter Gelehrtenmaterialismus.»[16] Schon wahr: Eine pharisäische Verhärtung im Buchstaben, eine legalistische Verstockung ohne inneres Ethos bleibt der Welt letztlich immanent. In der «Sünde wider den heiligen Geist» verweigert der Mensch seine Selbsttranszendenz auf den Gott der Liebe zu, das augustinische «Trancende te ipsum», mit dem sich schon der 20-jährige Inglin selbst ermahnt.[17] Indem sich der «Ingoldauer» mit den Initialen «A.R.» auf das Textgeschehen einliess, legte er selber im Grunde eine vom Heiligen Geist gewollte Ausrichtung an den Tag: Keine legalistische Verhärtung versperrte ihm den Weg zu neuen, von der Romanstruktur vorgezeichneten Perspektiven.

Auch Romanfiguren entwickeln sich über den gegebenen Morallegalismus hinaus: Reichlin zum Beispiel, der vom Priester zum Apostaten wird, freilich ohne seine Ehrerbietung dem Katholizismus gegenüber ganz aufzugeben, oder auch die bereits erwähnte Frau Reichmuth, die kurz vor dem Tod als schwere Sünde den Mangel an Liebe erkennt, nämlich dass sie Melchior zu wenig gern gehabt hat.[18] Liebe aber, zeigt sich bei ihrer letzten Gewissenserforschung, kann nicht von einer Beichtspiegelvorschrift, sie kann nur aus freiem inneren Impetus kommen – aus dem Geist eben, nicht aus dem Buchstaben (vgl. Mt. 22.37).

In dieser Denkrichtung ortete im protestantischen Zürich auch Bettina Zweifel, die spätere Frau Inglins, die zentrale Wirkmächtigkeit des *Ingoldau*-Romans. Sie hatte die Urfassung noch vor der Buchveröffentlichung bereits

---

16 A.R., «Ein Schwyzer Brief», in: *Neue Zürcher Zeitung*, 23. November 1923, Zweites Abendblatt, Nr. 1622 (NI Z 2016.14).
17 Vgl. Müller, *Katholische Dogmatik* (wie Anm. 6), S. 399 und 564. Zum Augustinus-Bezug vgl. von Matt, *Meinrad Inglin* (wie Anm. 2), S. 56.
18 Vgl. Inglin: *Welt in Ingoldau* (wie Anm. 9), S.238 – 240.

Anfang 1922 zu Gesicht bekommen und schrieb ihrem späteren Gatten, der Roman habe in ihr «ein wundervolles Gefühl» ausgelöst, «so ein Verständnis oder wenigstens das Bestreben zum Verständnis für die Mitmenschen, wie ich es nur immer nach ganz tiefen, heiligen Erlebnissen hatte».[19]

II. Liebe im Zusammenklang

Eigentlich schon erstaunlich: Während für die katholische Lokalpresse der *Ingoldau*-Roman «in widriger Weise» Heiliges und Unheiliges verquickte, entfaltete er für eine junge Frau in Zürich eine performative Kraft, die ein mitmenschliches «wundervolles Gefühl» auslöste – wie in «ganz tiefen, heiligen Erlebnissen». Diese Wirkung seines Romans dürfte Inglin gefallen haben. Viel zu wenige hätten gemerkt, klagte nämlich noch der alte Inglin seiner Biografin, worum es in seiner *Welt in Ingoldau* gehe: um den «Zusammenklang von Sinnlichkeit und Geistigkeit in der Liebe».[20]

Interessant dabei ist, dass sich Reichlin im Roman einmal auf Schillers Briefessay *Über die ästhetische Erziehung des Menschen*[21] beruft. Auch der *Ingoldau*-Autor bekannte sich zu Schillers Ästhetik und Anthropologie: Seine ästhetischen Ansichten seien «im Wesentlichen diejenigen Goethes und Schillers zur Zeit ihres Zusammenwirkens», schreibt Inglin während der Arbeit am *Ingoldau*-Roman seinem Kommilitonen Nicolo Giamara; er betrachte die *Ästhetischen Briefe* «als endgültige Grundlage meiner eigenen Anschauungen und aller neueren Ästhetik überhaupt».[22]

In Schillers Briefessay erscheint die Kunst als eine «lebende *Gestalt*».[23] Während ihre Form vor allem den Geist anspreche, bedeute ihr «Leben» die «unmittelbare Gegenwart in den Sinnen», ziele auf Empfinden. Gleichsam als ein performatives Therapeutikum sei Kunst darauf angelegt, den Menschen in ein wechselwirkendes Gleichgewicht zwischen Stoff- und Formtrieb, allgemeiner zwischen Natur und Geist oder zwischen Sinnlichkeit

---

19 NI K 1234 01.04 (22. Februar 1922). Abgedruckt in: *«Alles in mir heisst: Du!» Meinrad und Bettina Inglin. Der Briefwechsel*. Ausgewählt, kommentiert und hg. von Marzena Grecka. Zürich 2009, S. 40.
20 Von Matt, *Meinrad Inglin* (wie Anm. 2), S. 106.
21 Vgl. Inglin, *Die Welt in Ingoldau* (wie Anm. 9), S. 506.
22 Brief an Nicolo Giamara vom 29. Juli 1920 (NI K 363.03.02). Vgl. hierzu und zum weiteren Zusammenhang Annen, *Natur und Geist in Ingoldau* (wie Anm. 6), S. 291–344.
23 Friedrich Schiller, «Über die ästhetische Erziehung des Menschen in einer Reihe von Briefen», in: Ders., *Sämtliche Werke. Fünfter Band: Erzählungen – Theoretische Schriften*. Hg. von Gerhard Fricke u. Herbert G. Göpfert. 9., durchges. Aufl. Darmstadt 1993, S. 570–669, hier 15. Brief, S. 614.

Abb. 5: Meinrad Inglin heiratete im März 1939 in Risch Bettina Zweifel. Er und seine Gattin nahmen, wie es scheint, die kirchlich-institutionellen Riten mit Humor. (Nachlass Meinrad Inglin, Kantonsbibliothek Schwyz)

und Vernunft zu bringen – sie fördere so menschliche Ganzheit. Darum ist auch Goethe in diesem Kontext wichtig: In Goethe glaubte Schiller einen Menschen zu erkennen, der diese Harmonie wenigstens approximativ tatsächlich realisierte.

Wichtig nun in unserem Kontext: Eine solche Harmonie ermöglicht nach Schiller Liebe. Sobald nämlich ein Mensch «zugleich unsre Neigung interessiert und unsre Achtung sich erworben, so verschwindet sowohl der Zwang der Empfindung als der Zwang der Vernunft, und wir fangen an, ihn zu lieben, d.h. zugleich mit unserer Neigung und mit unsrer Achtung zu spielen».[24] Sind diese beiden Zwänge derart auf Liebe ausgerichtet, heben sie sich gegenseitig auf, der Mensch wird frei. Die Liebe kommt nicht von heteronomen Gesetzen, sondern wie bei der sterbenden Frau Reichmuth aus innerem Impetus.

Die Gefahr dabei: dass anstelle gegenseitiger Aufhebung eine gegenseitige Vermischung doch in die Unfreiheit drängt. Der Trieb, der uns «zur Wahrheit und Moralität führen sollte», der Formtrieb, die achtende Vernunft, kann sich zum Beispiel leicht in ihrem Gegenstand vergreifen und als ein «unbegrenztes Verlangen» in der sich stets ändernden Sinnlichkeit sich gleichsam abzusichern suchen. Er verabsolutiert so sein sinnliches Bedürfnis, strebt «nach einer absoluten Versicherung seines zeitlichen Daseins».[25] Das geschehe, so Schiller, vor allem dort, wo Sorge und Furcht die Handlung bestimmen. So etwas zeigt sich zum Beispiel anlässlich von Frau Reichmuths erster Gewissenserforschung; sie sucht, wie wir gesehen haben, aufgrund mangelnden Gottvertrauens «ihre Sicherung in der Zuflucht zum Kinde», sie sucht nicht im Unveränderlichen, sondern in der begrenzten Sinnlichkeit ihr Verlangen zu stillen.

Je mehr Gleichgewicht der Mensch innerhalb seiner emotionalen und intellektuellen Strebungen findet und damit befreiende Liebesfähigkeit erreicht, desto wirkmächtiger wird auch seine Gemeinschaftsfähigkeit, seine Geselligkeit. Denn die neu erreichte menschliche Ganzheitlichkeit hebt die Zerstückelung des Menschen in partikulare Kräfte und damit das Auseinanderstreben in unterschiedliche Individuen wieder auf und ermöglicht Intersubjektivität; «nur die schöne Mitteilung vereinigt die Gesellschaft, weil sie sich auf das Gemeinsame aller bezieht».[26]

---

24 Ebd., 14. Brief, S. 613.
25 Ebd., 24. Brief, S. 648.
26 Ebd., 27. Brief, S. 667.

III. Erster Exkurs: Schweizerspiegel

Auch der liberale Staat, wie ihn Inglins *Schweizerspiegel* zeichnet und in der Krisenzeit des Ersten Weltkriegs – das ist die Zeit der Romanhandlung – oder der Dreissigerjahre – das ist die historische Entstehungszeit des Romans – als eidgenössisches Ideal hervorhebt, geht tendenziell auf eine solche durch menschliche Ganzheit vermittelte Geselligkeit zu.

Doch vorerst die Diagnose im *Schweizerspiegel*: Der Gemeinsinn unter den Menschen ist vor allem durch jene Entzweiung der Moderne mit sich selbst bedroht, die in einer hypertrophen Geistigkeit einerseits und einer den Menschen allzu sehr bindenden oder beengenden Naturverbundenheit anderseits aufklafft. Das hat die Übersteigerung rationaler Einstellungen zur Folge, aber auch – als just durch diese Übersteigerung provozierte Gegenreaktion – eine mächtige Abhängigkeit von irrationalen Gefühlskräften, die unter anderem im Weltkriegserlebnis manifest werden,[27] das mit einer gewiss nicht nur vernunftgeleiteten Kampflust in diversen europäischen Bevölkerungsteilen parallel geht. Für die Zukunft entscheidend sind darum Menschen auf der «Schwelle zum Bürgertum», also gleichsam noch auf einer früheren Kulturstufe – darum noch nicht vom soeben skizzierten Auseinanderklaffen von sich verselbständigender Ratio und naturgebundenem Gefühl bedroht. Denn sie stellen «eine von der Erde nicht mehr gebundene und von Vorurteilen noch nicht ernstlich gehemmte Kraft dar, mit der alles möglich schien».[28]

Den jungen Leutnant Fred Ammann, in mancher Hinsicht die Leitfigur im *Schweizerspiegel*, zieht es zur Landwirtschaft – weg vom Jus-Studium, weg also von den Buchstabengesetzen, die ja immer auch normierte Vorurteile sind – zurück an die eben zitierte «Schwelle zum Bürgertum», wo «alles möglich» scheint, weil die menschlichen Anlagen noch nicht gesondert sind und darum eine regenerative Entfaltungspotenzialität bergen.

Da an dieser Schwelle also die Zwangsdiktate der Vernunft ebenso abgebaut werden wie die fragmentierenden Willkürausschläge der erdverbundenen Sinne, kann sich in diesem Gleichgewicht auch Politik in einer freien kommunikativen Vernunft entfalten. Der Schluss des Romans macht das vor. Zwei verschiedene Charaktere treffen sich da zu einem Dialog, in dem sie sich wechselwirkend gegenseitig überzeugen: Da ist der

---

27 Vgl. in der vorzüglichen Dissertation Paul Werner Hubatkas, *Schweizergeschichte im ‹Schweizerspiegel›. Versuch einer geschichtlichen Ortung von Meinrad Inglins Roman.* Bern, Frankfurt a.M. und New York, S. 153.
28 Meinrad Inglin, *Schweizerspiegel. Roman.* Hg. von Georg Schoeck. Zürich 1987 [1938], S. 115.

Vernunftmensch René Junod; er betont vorerst die formende, mithin auch vereinigende und solidarisierende Kraft des Geistes im Staat, ohne autoritär aufoktroyierte Gleichschaltung, die leicht in eine vorurteilsbelastete und lebensfremde Gesetzgebung geraten könnte. Und da ist Fred, der Landwirt werden möchte, dessen Naturverbundenheit mit stark von Empfindungen bestimmten, relativ wenig reflektierten politischen Interessen parallel geht; er läuft darum vom Gefühlsleben her Gefahr, sich im Affekt zu entscheiden und derart intolerant ausschliessende nationale Vorurteile zu vertreten. René Junod und Fred Ammann finden sich im Finale des *Schweizerspiegels* aus innerem Antrieb zu einem Dialog.

Diese Wechselrede entspricht der den ganzen *Schweizerspiegel* bestimmenden wechselwirkenden Spannung zwischen Form und Stoff, Geist und Natur, in eins damit auch jener zwischen Einheit und Mannigfaltigkeit. Denn: Der mit ironischem Augenzwinkern aufgezählte Lebensreichtum vom Sechseläuten über die schöne Bündnerin bis zum Walliser Fondue wäre als «Lebensfülle», als ‹Mannigfaltigkeit in der Einheit›, auf der Stoff- oder Naturseite anzusiedeln.[29] Der Bundesstaat, der durch die «politische Form [...] als gemeinschaftliches Ergebnis Bedeutung und Bestand» hat, ist indes formende ‹Einheit in der Mannigfaltigkeit›, ist Gestaltung, ist «vorwiegend ein Werk der Vernunft, der Einsicht, der Toleranz, ein Werk des Geistes»[30]. Voilà: auch die Schweiz ist eine «lebende Gestalt».

Die Wechselwirkung zwischen Geist und Natur, Form- und Stofftrieb oder auch Einheit und Mannigfaltigkeit spielen Fred und René Junod also zugleich durch. Dieser Dialog ist, wovon er handelt, hat dergestalt ebenfalls die Potenz zu einer performativen Kraft, wie schon der *Ingoldau*-Roman. Die so nicht nur erklärte, sondern auch künstlerisch vollzogene Ästhetik am Schluss des *Schweizerspiegels* hat in der Auffassung vom liberalen Staat eine Analogie. Der Bundesstaat ist in diesem Sinne etwas Kreativ-Dynamisches, er ist kein Ruhezustand, sondern «in seiner wechselwirkenden Spannung eine schöpferisch-fruchtbare Situation».[31] Analog kann auch bei Schiller der Mensch die Wechselwirkung von Stoff- und Formtrieb nie ganz zur Vollendung bringen, es ist eine Aufgabe, «die der Mensch nur in der Vollendung des Daseins zu lösen im Stand ist», der sich der Mensch – man könnte sagen: dank einer Selbsttranszendenz – «im Laufe der Zeit immer mehr nähern kann»,[32] ohne sie jemals zu erfüllen.

29 Vgl. ebd., S. 963.
30 Vgl. ebd., S. 964f.
31 Ebd., S. 965.
32 Schiller, «Über die ästhetische Erziehung des Menschen in einer Reihe von Briefen» (wie Anm. 23), 14. Brief, S. 612.

IV. Confoederatio Helvetica und Fronleichnam als Kunst

Wie sehr diese Gemeinschaftsidee schon in der *Welt in Ingoldau* angelegt ist, zeigt die Fronleichnamsfeier auf den letzten Seiten dieses Romans. Sie gleicht der Confoederatio Helvetica am Schluss des 1938 erschienenen *Schweizerspiegels*, hat eine analoge harmonisierende und kommunikative Kraft, realisiert ebenfalls «lebende Gestalt» zugunsten einer Totalität menschlicher Strebungen. Wörtlich: Sie wirkt als eine «den ganzen Menschen und jeden gläubigen Menschen umfassende Form».[33] Reichlins Erklärung hierzu: «Denn hier hat ein Geistiges, ein Unendliches also, ein Ewiges Form gewonnen» – aber dieses «Geistige» sei «versinnlicht; es wird nicht nur erkannt und gedacht, es wird empfunden [...].» Darum ist folgerichtig, was Reichlin in der ungedruckten Urfassung noch kommentiert: Was den feiernden (nicht den beichtenden) Ingoldauern «die Religion bedeutet, das bedeutet für uns, die wir der freien Vernunft folgen, die Kunst».[34]

Die Fronleichnamsprozession, auf die der *Ingoldau*-Roman am Ende zugeht, weg von der legalistischen Beichtspiegelmoral, entfaltet so gesehen eine kontrapunktische Therapiefunktion für das ingoldauische Auseinanderdriften von moralischer Forderung und triebhafter Sinnlichkeit. Dasselbe steckt im Landleben auf der «Schwelle zum Bürgertum», das Fred im *Schweizerspiegel* anvisiert, weg vom Jus-Studium und also indirekt ebenfalls von einem Denken in Gesetzeskategorien.

Nimmt man Schillers *Über die ästhetische Erziehung des Menschen in einer Reihe von Briefen* als Bezugstext für eine Interpretation, so wäre das an Fronleichnam versinnlichte Geistige oder Unendliche «das Absolute», das «in die Schranken der Zeit gesetzt»[35] ist.

Zudem ist man versucht, mit Paul Häberlin zu deuten, von dem Inglin an Giamara schrieb, er habe ihm in der Entwicklung auf *Die Welt in Ingoldau* zu «ein Stück weit, auf der ersten Weghälfte, vorwärts geholfen».[36]

Auch nach Häberlin manifestiert sich im menschlichen Gewissenserlebnis eine transzendente Idee, die uns eine Bestimmung vorgibt, die als «das Gute schlechthin», als die «erlebte und überzeugungsgemässe Notwendigkeit»[37] oder, wie er anderswo auch sagt: «als absolute, for-

---

33 Inglin, *Die Welt in Ingoldau* (wie Anm. 9), S. 523.
34 NI W 1.04, 3. Teil, S. 301. Der erste Teil des Zitats auch in der gedruckten Fassung (wie Anm. 9), S. 523.
35 Schiller, «Über die ästhetische Erziehung des Menschen in einer Reihe von Briefen» (wie Anm. 23), 16. Brief, S. 620.
36 Brief an Nicolo Giamara vom 21. Januar 1923 (NI K 363.03.08).
37 Paul Häberlin, *Das Ziel der Erziehung*. Basel 1917, S. 48.

dernde Macht»[38] dem «göttlichen Willen»[39] entspricht. Dieser göttliche Wille, diese «Absolutheit der echten Gewissensforderung»[40] will nicht Gleichschaltung, sondern die Autonomie des Menschen nach individueller Massgabe. Er ist also nicht heteronomes Gesetz, im Gegenteil: Durch staatliche oder kirchliche Autoritäten gesetzte Regeln können seine Wirksamkeit im Gewissenserlebnis sogar trüben. Entscheidend ist nun für unseren Zusammenhang: Der Mensch gibt dank diesem göttlichen Willen seinem Lebensvollzug Gestalt, und der Künstler gibt sie noch dazu seinem Stoff, gibt so einem Wesenhaften «Ausdruckswahrheit», verleiht «Vollkommenheitscharakter im sinnlichen Symbol»[41].

Schiller, Goethe und Häberlin mochten Inglins Sicht auf das Fronleichnamsfest beeinflussen und somit auch seine Sympathie für das Fest fördern. Nicht zu übersehen ist aber, dass der Kontext innerhalb des Romans – bei aller Kirchenkritik, die aus Inglins Biografie und aus dem *Ingoldau*-Roman ja ebenfalls belegt ist – auch eine katholische Färbung hat. Reichlin:[42]

> Ich sage euch, dieses Volk hat sich nicht vor einem Götzenbilde niedergeworfen, sondern vor dem höchsten Gotte selbst, mag er sein wie er wolle und mag er auch hier unter einer Gestalt erscheinen, an die wir nicht mehr glauben, da sie unserem geschärften Fassungsvermögen nicht mehr angemessen ist; es hat sich niedergeworfen im Bewusstsein des höchsten lebendigen Geistes, wie es alle unverdorbenen Völker taten.

«Mag er sein wie er wolle»: dieser Gott übersteigt im Sinn einer negativen Theologie auch unser Fassungsvermögen. Er ist nur partiell oder approximativ zu erkennen, wie nach Schiller die Vollendung des menschlichen Daseins, nie ganz authentisch. Darum ist logisch zweierlei zu akzeptieren: einerseits dass sich die Fronleichnam feiernden Ingoldauer wirklich «vor dem höchsten Gotte» selbst niederwerfen und sich «mit Selbstverständlichkeit dem Unendlichen verbunden fühlen»,[43] anderseits dass Reichlin und seine jungen Freunde in ihrem «geschärften Fassungsvermögen» zu Recht nicht mehr an die Gestalt dieser Gotteserscheinung glauben.

---

38 Paul Häberlin, *Über das Gewissen. Nach einem öffentlichen Diskussionsvortrag vom 21. November 1914 in Bern.* Basel 1915, S. 31f.
39 Häberlin, *Das Ziel der Erziehung* (wie Anm. 37), S. 49
40 Häberlin, *Über das Gewissen* (wie Anm. 38), S. 38
41 Häberlin, *Das Ziel der Erziehung* (wie Anm. 37), S. 84.
42 Inglin, *Die Welt in Ingoldau* (wie Anm. 9), S. 525.
43 Ebd.

Allerdings: was heisst da in einer katholischen Prozession ‹Gestalt› ? Man beachte: Der Kirchenchor singt während dieser Fronleichnamsprozession die Sequenz «Lauda Sion Salvatorem des heiligen Thomas»,[44] darauf verweist der Erzähler nachdrücklich. In diesem tatsächlich dem Aquinaten zugeschriebenen Hymnus wird die Eucharistie, die Transsubstantiation, mithin auch die Realpräsenz Christi gepriesen. Gemäss diesem thomistischen Kontext, den Inglin ja wohl auch vom Philosophieunterricht am Schwyzer Gymnasium her kannte, heisst das: In der aus der Fronleichnamsmonstranz leuchtenden Hostie ist die Brotgestalt nur als Akzidenz da, das trotz der Verwandlung des Brotes in Christus die chemische Struktur des Brotes beibehält. Der allmächtige Gott verwandelt diese «forma» von Brot und Wein in Christus, in Gott – ist also selber in der Hostie präsent, die der Erzähler als «das wunderbarste und höchste Geheimnis, den Mittelpunkt der ganzen gläubigen Welt»[45] bezeichnet. Insofern lässt sich die theophane Herrlichkeit von Inglins Fronleichnamsprozession erstaunlich katholisch erklären.

Wenn also Reichlin und seine jungen Freunde wegen ihrer kritischen Haltung «Gewähr» sind, «dass das Leben flüssig bleibt»[46], so ist das Apostasie in Bezug auf die apologetische Einseitigkeit des ingoldauischen Katholizismus, kann aber selbst innerhalb einer katholischen Anthropologie ein dynamisches Zugehen auf den nie ganz einzuholenden und darum von den Abtrünnigen ebenso wie von den Ingoldauern möglicherweise partiell er-fahrenen oder er-lebten, partiell aber auch verfehlten Gott sein – «mag er sein wie er wolle» …

Dieser Gott ist dennoch christlich der sinngebende Grund von allem, der Logos, der sich in Schöpfung und Offenbarung zeigt, auf den der Mensch ‹in statu viatoris› zugeht, vertrauend und erkennend zugleich. Er ist das ‹Wort›, mit dem der Evangelist Johannes seinen berühmten Prolog eröffnet: «In principio erat verbum.» Johannes rühre mit dieser Aussage an den «Urgrund der Dinge»,[47] sagt Reichlin.

Eine theologische Ästhetik kündigt sich da an, das heisst hier eine Kunstauffassung, die nur mit Rückgriff auf den johanneischen Logos-Gott umfassend erklärt werden kann. Dazu passt, dass Reichlin sofort beifügt, Johannes sei ein Dichter. Die Dichtkunst ist also offensichtlich vom göttlichen, den Stoff modelnden Logos bestimmt, der johanneisch Christus ist. Wie sehr Inglin selber die erlebte Gotteserfahrung gerade auch für die

44 Ebd., S. 521.
45 Ebd., S. 523.
46 Ebd., S. 515.
47 Ebd., S. 529.

Kunst als Fundament in Erwägung zog, zeigt das Tagebuch, das er von 1913 bis 1920 führte, also im Vorfeld des *Ingoldau*-Romans. Am 8. Januar 1918 notiert Inglin: «Das grösste Kunstwerk wurde gelebt: Christus.»[48] Bezeichnenderweise unterstreicht Inglin das Verb «gelebt». Und «Leben», das ist hier Freiheit, wenn man die Notiz vom 16. Dezember des gleichen Jahres dazu nimmt: «Christus war der erste, wahrhaft freie Mensch.»[49] Er ist, könnte man theologisch sagen, ganz und gar frei, da er ganz aus dem höchsten Logos kommt, ganz von Gott, den Inglin am 7. März 1919 im gleichen Tagebuch «unendlich frei» nennt.

Von hier aus bemerkt Inglins Freundin Bettina nach der Lektüre der *Ingoldau*-Urfassung gar nicht so falsch, wenn sie auf den letzten Seiten «den Katholicismus [sic!] auf ein Postament» gestellt sieht, «weil er diejenige Religion sei, die am meisten Kunst pflege».[50]

Motive aus der christlichen Ikonenwelt sind ja tatsächlich auch in der Fronleichnamsprozession da. So zum Beispiel erscheinen während der Fronleichnamsprozession Altardiener mit dem Kreuz, mit dem, so der Erzähler gemäss 1 Kor 1.23, «hohen und weithin sichtbaren Zeichen, das einst den Juden ein Ärgernis, den Heiden eine Torheit war› ».[51] Solche Torheit bedeutet auch Freiheit vom kollektiven Konsens. Aber: diese Freiheit verwirkt ihr Potenzial, wenn sie, ins «Bedenkliche veräusserlichter Religionsübung» verkehrt, nicht von innen kommt. Frau Betschart zum Beispiel hat die Kirche besucht und Messen lesen und einen Psalter beten lasen, Almosen gespendet und eine Wallfahrt gelobt[52] – aber im Sinne einer Lohnmoral. Das ‹Kreuz des Lebens› kann sie offensichtlich nicht akzeptieren. Das Bild hierfür: Sie reisst, enttäuscht von verschiedenen Schicksalsschlägen in ihrem Leben, schliesslich in kindischem Wahnsinn auch das ‹reale› Kreuz aus dem Tabernakel und zerreisst so den christlichen Zusammenhang von Lebensbrot und Martyrium.[53]

---

48 Tagebuch 1913–1920 (NI M 23.01), S. 47.
49 Diese und die nächste zitierte Tagebuchstelle ebd., S. 63 und 66.
50 NI K 1234 01.04 (22. Februar 1922).
51 Inglin, *Die Welt in Ingoldau* (wie Anm. 9), S. 520.
52 Vgl. ebd., S. 290.
53 Ebd., S. 340.

Abb. 6: Inglin 1922 in Berlin, auf Verlagssuche für *Die Welt in Ingoldau*.
Ausserhalb von Schwyz wirkte dieser Erstlingsroman weniger skandalös. Auch der darin enthaltene Katholizismus wurde anders beurteilt. (Nachlass Meinrad Inglin, Kantonsbibliothek Schwyz)

V. Zweiter Exkurs: Kreuz und Auferstehung

Das Kreuz, und damit die Passion Christi, wäre in paulinischem Sinne zu verinnerlichen,[54] in eine innere Sichtbarkeit zu verwandeln, die den Glaubensgehalt transparent macht. Von da her kann sich Ita in *Jugend eines Volkes* selbst überwinden, man könnte wieder von Selbsttranszendenz sprechen:[55]

> Ihre Augen standen offen, aber sie blickte nach innen, der Gekreuzigte tauchte schon auf, sie sah sein Blut von Haupt und Händen rinnen, ihn dürstete, sein göttlicher Leib bewegte sich in Qualen, sein Haupt ward schwer, sein Kinn sank auf die Brust, und da geschah es, der Heiland starb für die Menschen, sein letztes, stilles Wort, das alles Leid der Welt und die ganze Seligkeit der Erlösung einschloß, umklang ihn noch, nicht laut, nicht leise, unfaßbar schwebend zwischen Himmel und Erde: «Es ist vollbracht!»

Paulinisch könnte man sagen: Indem Ita dieser Welt stirbt, in ihrem eidetischen Vermögen[56] den Tod Christi innerlich nachvollzieht, sterben ihre irdischen Sinne, sie werden geistlich.[57] Ita kann sich in dieser neuen spirituellen Freiheit auch aus dem Mainstream ihrer Talgemeinschaft heraushalten. Gerade solche Rettung «mit der Kraft des Himmels» wird ihr helfen, Leben zu retten und Gemeinsinn zu fördern. Itas Auferweckung der geistlichen Sinne überwindet im Vertrauen auf die heilschaffende und lebenseröffnende Präsenz Gottes auch die Angst vor dem individuellen Tod, die Lähmung in die Gemeinschaft gebracht hat.[58]

So kann Ita schliesslich in ihrer Stammgemeinschaft Kranke heilen – also Leben fördern. Darum geht es Inglin ja auch in seiner Kunst; gemäss seinen Selbstkommentaren oder auch der Sebastian-Novelle zeigt sich immer wieder, dass er auch schreibend seinen Figuren gleichsam ‹Leben› einhauchen will. Das kann durchaus auch karnevalistische und insofern antikirchliche Untertöne haben wie etwa im *Werner Amberg*, wo der zum Schriftsteller heranwachsende Protagonist dank seiner eidetischen Vorstellungskraft über dem versinkenden Sarg seinen Onkel Beat wie einen ‹resurrectus› in leibhaf-

---

[54] Vgl. 2 Kor 4, 10.
[55] Meinrad Inglin, *Jugend eines Volkes. Fünf Erzählungen*. Hg. von Georg Schoeck, Zürich 1989 [1933], S. 82.
[56] Inglin selber hatte seine Welt, jedenfalls die für seine Dichtung relevante, stark eidetisch wahrgenommen. Vgl. von Matt, *Meinrad Inglin* (wie Anm. 2), S. 30–35.
[57] Vgl. Hans Urs von Balthasar, *Herrlichkeit. Eine theologische Ästhetik*. Bd. *1. Schau der Gestalt*. 3. Aufl. Einsiedeln und Trier 1988, S. 352–358 und 443.
[58] Vgl. Inglin, *Jugend eines Volkes* (wie Anm. 55), S. 49 und 83.

ter Plastizität, aber (nur?) vor dem inneren Auge als Narrentänzer sieht.[59] Diese Szene hat etwas Dionysisches und dennoch etwas Paulinisches: als zum Leben erweckende Erinnerungskultur kann sie zu lebendiger Dichtung führen – im Gegensatz zu Grabinschriften geschrieben «nicht auf ‹Tafeln von Stein›, sondern auf menschlichen Herzen» (2 Kor 3.3).

VI. Wanderer-Metaphorik

Der erzählende Amberg vergleicht in seiner Rückschau seine Entwicklung zum Schriftsteller gern mit einer Wanderung.[60] Und der ‹status viatoris› passt ja denn auch gut zur hier beobachteten Selbsttranszendenz auf einen höheren Gott oder auf eine höhere Idee hin. Schon nach Thomas von Aquin ist Gott so in den Schöpfungsdingen, wie ein Ziel den Wanderer lenkt.[61] In diese Richtung weist Inglins allerletzte Erzählung *Wanderer auf dem Heimweg*.

Die Erzählung beginnt in einem Parkhotel, das deutlich die Zwänge einer instrumentellen modernen Zivilisation und Zeitpression kennt: hektisch geht das zu und her; autoritäre Menschen treten auf; Kommunikation wäre notwendig, ist aber schwierig; draussen dröhnt hämmernder und prasselnder Baulärm. Jakob Leuenberger, der Seniorchef dieses Hotels, hat genug. Er möchte weg aus diesem Aktivismus. Er «flieht» denn auch in eine gemächlichere Bergwelt, und das heisst zugleich: zurück zum Ort seines Herkommens, und dies in mehr als einem Sinne.

Denn dieser «Heimweg» führt ihn nicht nur individualgeschichtlich in die Räume seiner eigenen Kindheit und Jugend, sondern auch natur- und kollektivgeschichtlich in frühere Epochen und Kulturstufen, gleichsam in die Kindheit der Erde und der Menschheit und in eins damit auch in tiefere Schichten der menschlichen Seele. So geht zum Beispiel Jakob eines Morgens neben dem Herdenzug «wie ein alter Nomade».[62] Schliesslich gelangt er auf die Alp Oberstaffel, wo Wege kaum mehr erkennbar, wo nur noch Hirt und Hütte sind, sozusagen als Markierung des menschlichen Kulturbeginns. Für den Hirten hört «die vertraute Erdenwelt» hier auf Oberstaffel

---

59 Vgl. Meinrad Inglin, *Werner Amberg*. Hg. von Georg Schoeck. Zürich 1990 [1949], S. 157.
60 Vgl. ebd., S. 269 und 321.
61 Vgl. Müller, *Katholische Dogmatik* (wie Anm. 6), S. 197
62 Meinrad Inglin, *Wanderer auf dem Heimweg* [1968], in: Meinrad Inglin, *Erzählungen Bd. 2.* Hg. von Georg Schoeck. Zürich 1990, S. 397–478, hier S. 442. Eine überzeugende Interpretation dieser Erzählung findet sich bei Hubatka, *Schweizergeschichte im ‹Schweizerspiegel›* (wie Anm. 27), S. 155–163.

auf. Was «noch sichtbar darüber hinausgeht, grenzt an andere Bereiche; dorther kommt alles Unheimliche».[63]

Dieser Hirt erkennt möglicherweise gerade dank seinem ‹abaissement du niveau mental› mehr als der rationale Mensch einer Moderne, in der die Menschen «das Goldene Kalb umtanzten und ohne Rücksicht dem Götzendienst der Technik frönten».[64] Denn: «Vielleicht musste man, grob gesagt, wirklich den Verstand verlieren, um etwas wahrzunehmen, das der Verstand nicht zu erkennen vermochte.»[65]

Jakob seinerseits erlebt, nachdem sich ihm schon auf seiner Wanderung immer wieder das blaue Himmelsgewölbe gezeigt hat, am Berg paradiesische Augenblicke und die Schöpfung als «Wunder aller Wunder».[66] Das ist für ihn, den Weltmann, «die reinste Gnade».[67] Die Welt, erlebt er hier, kann nicht sinnlos sein;[68] und der «Widerhall» der sinnhaften Schöpfung ist wohl nirgends so ausgeprägt wie «in Geist und Seele des Menschen»,[69] so wie der johanneische Logos, Christus also, gemäss der *Welt in Ingoldau* in der Dichtkunst seinen Widerhall findet. Da der Hirt im Alpsegen immer wieder «Gelobt sei Jesus Christus» ruft,[70] so mag er ja, wie unartikuliert auch immer, den johanneischen Logos meinen.

Auf der Alp Oberstaffel könnte der Heimweg zu Ende sein. Just da, wo sich das Unheimliche ankündigt, da ist nach Freud auch das «ehemals Heimische, Altvertraute»[71] nahe. Aber der ehemalige Hoteldirektor ist an moderne Selbstüberbietung gewohnt, kann sich mit der «vertrauten Erdenwelt» nicht bescheiden. Ihm ist nicht nur «der innere Wohlstand»[72] wichtig. «Er brach auf, der paradiesische Augenblick genügte ihm nicht.»[73] Er geht weiter hinauf, über die einerseits idyllische, anderseits von Kreuzzeichen besetzte Gegend hinaus.

Die moderne Selbstüberbietung überbietet hier auch die religiöse, mit Selbstbescheidung gekoppelte Selbsttranszendenz, ist Hybris. Jakobs Tod indes wird man dennoch nicht im Sinne eines Tun-Ergehen-Zusammen-

---

63 Ebd., S. 466.
64 Ebd., S. 475.
65 Ebd., S. 477.
66 Ebd., S. 468, 471 und 473.
67 Ebd., S. 471.
68 Vgl., S. 473.
69 Vgl. ebd., S. 475.
70 Ebd., S. 452, 462 und 463.
71 Sigmund Freud, «Das Unheimliche [1919]», in: Ders., *Psychologische Schriften*. Hg. von Alexander Mitscherlich, Angela Richards und James Strachey. Frankfurt a.M. 1970, 241–274, hier S. 267.
72 Inglin, *Wanderer auf dem Heimweg* (wie Anm. 62), S. 451.
73 Ebd., S. 471.

hangs als Strafe Gottes auffassen. Denn der Tod gehört zur Erdenwelt, in ihr entstand immer «eines aus dem andern, immer war alles im Fluss».[74] Individuelle Gnaden- und Kreuzerlebnisse wechseln sich ab wie Paradiese und Eiszeiten in der Erdgeschichte.

74 Ebd., S. 455.

Lektüren

FRANZISCA PILGRAM-FRÜHAUF (BERN)

Blickwechsel

Bezüge zwischen Inglins *Die Welt in Ingoldau*
und der *Neuen Schweiz* von Leonhard Ragaz

Ingoldau, Schweiz, neue Schweiz, Welt: Von Ortschaften, Regionen und Nationen sowie deren Grenzen innerhalb eines noch grösseren geographischen oder geistig-kulturellen Horizonts ist in der Zeit um den Ersten Weltkrieg überall die Rede. Inglins Erstlingsroman *Die Welt in Ingoldau*, nach Kriegsende geschrieben und Ende 1922 in einer ersten Druckfassung vorgelegt, und das 1918 erschienene Buch von Leonhard Ragaz, *Die neue Schweiz*, deuten bereits in den Überschriften auf die komplexe Thematik hin. Sowohl die Lokalisierung der Romanhandlung in einem Ingoldau, das Welthaftigkeit mit einschliesst, als auch die Ausrufung einer neuen Schweiz, welche die Not der bestehenden überwinden soll, sind programmatische Hinweise auf eine im Umbruch befindliche Welt- und Gesellschaftsordnung.

In meinem Beitrag möchte ich zunächst kurz dokumentieren, was mich dazu bewogen hat, einen Blickwechsel herbeizuführen zwischen zwei Männern, die sich weder persönlich begegnet sind noch einen Briefkontakt gepflegt haben, Bezüge zu suchen zwischen einem Roman, der in einem katholischen Umfeld spielt, und einer politischen Programmschrift, die von einem evangelischen Theologen und Mitbegründer der religiös-sozialen Bewegung verfasst ist. In einem zweiten Teil soll anhand des Buches von Ragaz der Blick für dessen Gesellschaftsentwurf geschärft werden, um im dritten Teil die Distanzen zwischen Ingoldau und der Welt abzumessen, Grenzlinien auszumachen und nicht zuletzt auch die Standpunkte des Erzählers bei Inglin zu orten.

I. Biographische Bezüge

Vorauszuschicken ist, dass Inglin selbst seine literarisch-künstlerische Tätigkeit nicht durch Vorbilder beeinflusst sehen wollte. Im Brief vom 21. Januar 1923, also kurz nach Erscheinen von *Die Welt in Ingoldau*, wehrte er sich vehement gegen die Bemerkung seines Studienfreundes Nicolo Giamara, der im Roman eine Abhängigkeit von Paul Häberlin festgestellt hatte:[1]

> Es hängt bei einem ernsthaften Künstler alles von seiner inneren Reife, seinem geistigen Ausmass und seiner schöpferischen Kraft ab, nicht aber davon, wer ihn geweckt und gefördert und ihm ein gewisses Gedankengut vermittelt hat. [...] Ich erhebe den Anspruch, die ‹Welt in Ingoldau› mit meinen eigenen Augen gesehen zu haben.

Inglin macht für sein dichterisches Schaffen ganz und gar das eigene persönliche Erlebnis ausschlaggebend. So entwirft er auch ein Bild von sich als einem erlebnisorientierten Autor, wenn er im Herbst 1918, bereits an seinem ersten grossen Roman arbeitend, «Ueber das dichterische Schaffen» schreibt: «Der Dichter geht in jedem Falle seines Schaffens vom Erlebnis aus, und jedes Kunstwerk ist erlebt.»[2]

Obwohl bei der Frage nach Vorbildern Zurückhaltung angebracht ist, wird man neugierig, wenn in den fundierten Beiträgen zu Inglins Erstlingsroman, die Beatrice von Matt und Daniel Annen vorgelegt haben, einige Male auf den Namen von Leonhard Ragaz und auf dessen Gedankenwelt hingewiesen wird.[3] In Beatrice von Matts Inglin-Biografie ist beispielsweise nachzulesen, dass Inglin seine erste demokratische Wende, mit der er sich vom Gedankengut Friedrich Nietzsches und einem anachronistischen Aristokratismus distanziert hatte, 1919 in der politischen Programmschrift *Die neue Schweiz* bestätigt gefunden habe. Während die Ideen des religiösen Sozialismus in späteren Werken kaum mehr zum Tragen kämen, seien sie im Erstlingsroman, insbesondere der Figur Thereses, verarbeitet.[4] Diese

---

[1] NI K 63.03.08, Kantonsbibliothek Schwyz. – Vgl. auch Inglins Brief vom 8. Februar 1923 an Paul Häberlin: «Mein Freund Giamara, der [...] die Wahrheiten, die wir Ihnen verdanken, nicht mehr von der Person des Lehrers zu trennen vermag, meint, das Buch wäre ‹ohne Häberlin undenkbar›. Nun, ich habe ein ruhiges Gewissen, es handelt sich um eigene Erlebnisse und das Erlebnis meiner eigenen Umwelt, aber jedenfalls haben Sie mir die Augen dafür geöffnet und den Spaten in die Hand gegeben. Das werde ich nie verleugnen.» (NI K 400.03.01, Kantonsbibliothek Schwyz)

[2] Meinrad Inglin, «Ueber das dichterische Schaffen. Brief an einen Literaten», in: *Neue Zürcher Zeitung* vom 1. Oktober 1918.

[3] Beatrice von Matt, *Meinrad Inglin. Eine Biographie*. Zürich 1976, S. 72, S. 94, S. 106 und S. 173; Beatrice von Matt, «Meinrad Inglin – der bürgerliche Rebell», in: Dies., *Lesarten. Zur Schweizer Literatur von Walser bis Muschg*. Zürich 1985, S. 53–81, S. 62; Daniel Annen, «Meinrad Inglin (1893–1971). Sinnverdunkelung und Gnadenlicht – im Vertrauen auf den allerhöchsten Schöpfer», in: Joseph Bättig/Stephan Leimgruber (Hg.), *Grenzfall Literatur. Die Sinnfrage in der modernen Literatur der viersprachigen Schweiz*. Freiburg 1993, S. 121–146.

[4] Vgl. Beatrice von Matt, Meinrad Inglin (wie Anm. 2), S. 94 und 106.

Hinweise auf eine intensive Auseinandersetzung mit Ideen und Werk von Ragaz werden durch Selbstzeugnisse bei Inglin bestätigt:

(1) In Inglins nachgelassener Bibliothek befindet sich sein persönliches Exemplar der *Neuen Schweiz* von Leonhard Ragaz.[5] Neben vielen Bleistiftanstreichungen springt vor allem ein grosses «Ja» ins Auge, das Inglin auf der letzten Seite mit Ausrufezeichen, Unterstreichung und der Jahreszahl der Lektüre notiert hat. (Vgl. Abb. 7.)

(2) Dass die Ragaz-Lektüre Inglin auch im Zusammenhang mit seiner Arbeit an *Die Welt in Ingoldau* beschäftigt hat, wird durch einen Notizzettel belegt. Geplant wird darauf eine Szene, in welcher Therese verhindert, dass ihr Mann einen sozialistischen Arbeiter entlässt. Sie selbst befürwortet wie dieser das Ideal einer genossenschaftlichen Wirtschaftsordnung. In Klammern steht der Hinweis: «s. Ragaz S. 130».[6] (Vgl. Abb. 8.)

(3) Die Ragaz-Lektüre ist Inglin so sehr im Gedächtnis haften geblieben, dass er fast drei Jahrzehnte später in den Vorarbeiten zum *Werner Amberg* gleich unter einem Vermerk zu *Die Welt in Ingoldau* als autobiographisch wichtigstes Ereignis von 1919 festhält: «1919 mein ‹Ja› zur ‹Neuen Schweiz› von Ragaz».[7] (Vgl. Abb. 9.)

Vor dem Hintergrund, dass Inglin das persönliche Erlebnis als Quelle künstlerischen Schaffens betrachtete, fällt auf, dass Inglin in dieser Notiz das «Ja» in Anführungszeichen gesetzt hat. Er spricht die Zustimmung nicht rückblickend auf das Jahr 1919 aus; das «Ja» ist vielmehr Selbstzitat, eine Wiederaufnahme der auffällig gross geschriebenen und ins Zentrum gerückten Marginalie aus seinem Exemplar der *Neuen Schweiz*, die von einem individuellen und selbstbewussten Akt des Lesens zeugt.

(4) Ungefähr in derselben Zeit, als die Notizen zum *Werner Amberg* entstanden sind, taucht der Name Ragaz in Inglins Nachlass noch ein viertes Mal auf: Inglin hat aus der *NZZ* vom 10. Dezember 1945 einen Nachruf auf den soeben verstorbenen Leonhard Ragaz herausgetrennt und in seine Sammlung von Zeitungsartikeln aufgenommen.[8] (Vgl. Abb. 10.)

Lediglich angedeutet sei hier noch, dass auch die indirekten Bezüge zwischen Inglin und Ragaz interessant wären. So liegt bei beiden ein Briefwechsel mit Paul Häberlin vor. Ausserdem hat Inglin im Mai 1915 als Volontär beim *Berner Intelligenzblatt* ein Manifest der Schweizerischen Hochschulprofessoren rezensiert, zu welchem wohl Ragaz den Entwurf

---

5 BI 214, Kantonsbibliothek Schwyz.
6 NI W 01.01.02, Kantonsbibliothek Schwyz.
7 NI W 18.02.08, Kantonsbibliothek Schwyz.
8 NI Z 3407, Kantonsbibliothek Schwyz: Ludwig Koehler, «Leonhard Ragaz †», in: *Neue Zürcher Zeitung* vom 10. Dezember 1945.

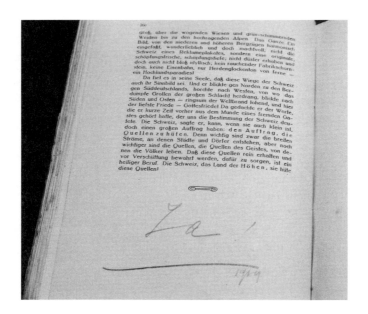

Abb. 7: 1919 schrieb Inglin ein grosses «Ja» zur sozialen Vorstellung unter den Schluss des Buches *Die neue Schweiz* des Theologen Leonhard Ragaz. (Nachlass Meinrad Inglin, Kantonsbibliothek Schwyz)

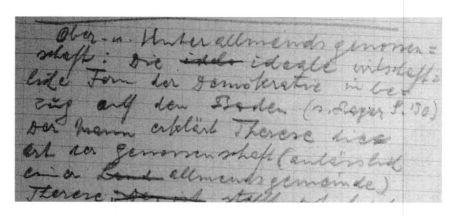

Abb. 8: Der Theologe Leonhard Ragaz umschrieb auf S. 130 seines Buches *Die neue Schweiz* die Genossenschaft als «die freiwillige Vereinigung für gemeinsame Zwecke». Diese Genossenschaftsidee war für Meinrad Inglin auch im Hinblick auf seinen Erstlingsroman *Die Welt in Ingoldau* (1922) wichtig, wie aus den Notizen im Vorfeld dieses Buches hervorgeht. (Nachlass Meinrad Inglin, Kantonsbibliothek Schwyz)

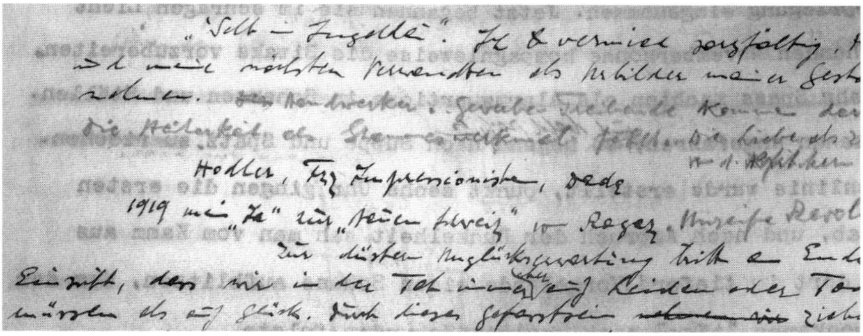

Abb. 9: Im 1945 begonnenen, autobiografisch erzählten Roman *Werner Amberg* folgt Inglin weitgehend der eigenen Biografie, in der Druckfassung bis etwa 1910, also bis etwa zum 17. Altersjahr des Autors. Der Roman wäre aber ursprünglich bis in die Zeit um 1920 geplant gewesen, bis zur Entstehungszeit der *Welt in Ingoldau* also. Auch noch in den Vierzigerjahren blieb Inglin Ragaz offensichtlich immer noch wichtig. (Nachlass Meinrad Inglin, Kantonsbibliothek Schwyz)

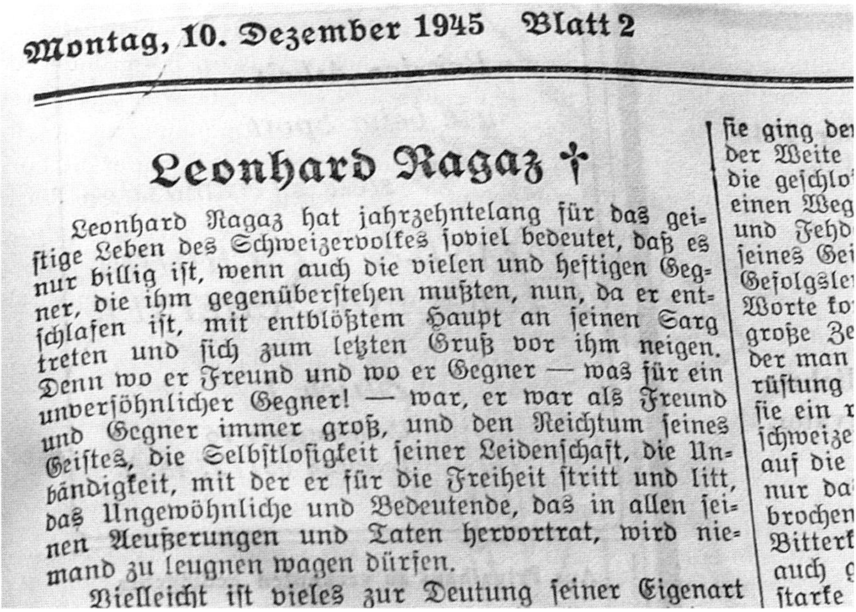

Montag, 10. Dezember 1945 Blatt 2

Leonhard Ragaz †

Leonhard Ragaz hat jahrzehntelang für das geistige Leben des Schweizervolkes soviel bedeutet, daß es nur billig ist, wenn auch die vielen und heftigen Gegner, die ihm gegenüberstehen mußten, nun, da er entschlafen ist, mit entblößtem Haupt an seinen Sarg treten und sich zum letzten Gruß vor ihm neigen. Denn wo er Freund und wo er Gegner — was für ein unversöhnlicher Gegner! — war, er war als Freund und Gegner immer groß, und den Reichtum seines Geistes, die Selbstlosigkeit seiner Leidenschaft, die Unbändigkeit, mit der er für die Freiheit stritt und litt, das Ungewöhnliche und Bedeutende, das in allen seinen Aeußerungen und Taten hervortrat, wird niemand zu leugnen wagen dürfen.

Vielleicht ist vieles zur Deutung seiner Eigenart

Abb. 10: Für den *Werner Amberg* hat Inglin auch Zeitungsartikel gesichtet. Im entsprechenden Konvolut zu den Vorarbeiten des autobiografisch erzählten Romans fand sich auch Nekrolog zu Leonhard Ragaz aus der *Neuen Zürcher Zeitung* aufbewahrt. (Nachlass Meinrad Inglin, Kantonsbibliothek Schwyz) verfasst hat. Der ursprüngliche Zweck der Schrift war es gemäss Ragaz nicht nur, die Aufgabe der Universitäten bei der Herausbildung einer humanen, auf Vernunft und Sittlichkeit sich gründenden Gesellschaft aufzuzeigen; vielmehr wollte er auch deutlich Kritik üben an gewissen «Verwirrungen des deutschen Geistes».[9] Inglin, der Rezensent des in der Tagespresse[10] publizierten Manifests, begrüsst nun zwar die Forderung nach «einer Annäherung und Vereinigung der Nationen», einer Wiederherstellung des zerbrochenen «gemeinsamen Kulturideals»[11], warnt aber erstens vor den Schwierigkeiten bei der Umsetzung und bringt zweitens selbst deutlich germanophile Tendenzen zum Ausdruck. Er nimmt die militärischen Operationen Deutschlands in Schutz und spricht von einer allgemeinen «Verkennung Deutschlands». Vier Jahre später, während der Arbeit an *Die Welt in Ingoldau*, hat Inglin Ragaz' Programmschrift *Die neue Schweiz* gelesen.

II. *Die neue Schweiz* und die Doppelstruktur des Gottesreichs

Leonhard Ragaz, 1868 im Bündner Bergdorf Tamins geboren, hatte als Sohn eines Kleinbauern die genossenschaftlich organisierte Form ländlicher Kommunen kennen gelernt und daraus seine Leitideen, die Wirtschaftsform der Genossenschaft und das politische Prinzip der Demokratie, entwickelt. Bereits in den ersten Jahren seiner theologischen Tätigkeit hat er die Forderungen der Sozialdemokratie mit der biblischen Vorstellung vom Reich Gottes verbunden. Gottes Reich sei zwar nicht «von» dieser Welt, wirke aber in ihr und «für» sie, lautet – in Anlehnung an Joh 18,36 – einer seiner Leitsätze.[12] Ragaz aktualisiert und konkretisiert die Botschaft vom Reich Gottes und steigert sie so weit, dass sie nicht nur die Welt transzendiert, sondern sich auch als Imperativ an die Menschen richtet und zur aktiven

---

9 Leonhard Ragaz, *Mein Weg*. Bd. 2. Zürich 1952, S. 32. Als die Mitherausgeber des Manifests wohl aus Neutralitätsgründen diesen negativen Aspekt wieder aus dem Text streichen wollten, hat sich Ragaz von seiner eigenen Idee distanziert.
10 Vgl. z.B. «Die Aufgabe der schweizerischen Hochschulen», in: *Neue Zürcher Zeitung* vom 13. April 1915.
11 Meinrad Inglin, «Die Aufgabe der Schweiz. Der Hort der internationalen objektiven Wissenschaftspflege», in: *Berner Intelligenzblatt* vom 5. Mai 1915 (NI W 18.01.10.04, Kantonsbibliothek Schwyz). Vgl. auch Beatrice von Matt, *Meinrad Inglin* (wie Anm. 3), S. 173. Hier wird ebenfalls bemerkt, wie aus den politischen Artikeln jener Zeit eine deutliche Deutschlandfreundlichkeit spricht und wie Inglin später im *Schweizerspiegel*, insbesondere in der Figur Severins, mit diesem Aspekt seiner eigenen Vergangenheit abrechnet.
12 Leonhard Ragaz, *Dein Reich komme. Predigten*. Bd. 1. Basel 1909, S. 59.

und die Wirklichkeit verändernden Mitarbeit aufruft. Nur wenn die Menschen so auf die Botschaft reagieren, dass sie sich, «wo Gott schafft, mitschaffend einsetzen», könne das Gottesreich kommen.[13] So hielt Ragaz auch nach 1908, nach der Berufung an die Universität Zürich, die soziale Arbeit für weit wichtiger als etwa die Publikation wissenschaftlicher Schriften. In kritischer Distanz zur Kirche und zur akademischen Theologie gab er 1921 den Lehrstuhl für Praktische und Systematische Theologie auf, um sich vermehrt politischen Aktivitäten, dem Sozialismus, der Arbeiterbildung, dem Weltfrieden widmen zu können.

In der doppelten Struktur des Gottesreichs mit seiner Transzendenz und Immanenz liegt der Schlüssel von Ragaz' Theologie.[14] Die Spannung zwischen Ideal und Wirklichkeit, zwischen eschatologischer Zukunft und gegenwärtiger Gestaltung der Welt, schlägt sich auch in seiner politischen Schrift zur Lage der Schweiz nieder.

Seit Beginn des Ersten Weltkriegs hatte Ragaz in ernsthafter Besorgnis für die nationale Einheit der Schweiz gewirkt und seinen pazifistischen und sozialistischen Ansichten Ausdruck verliehen. Die russische Revolution, der Kriegseintritt der Vereinigten Staaten sowie Korruptionsaffären im Gebiet der schweizerischen Wirtschaft veranlassten ihn im Juli 1917 zur raschen Niederschrift der *Neuen Schweiz*, welche als politisches Leitbild der nachkommenden Generation gewidmet war und sein bekanntestes Werk wurde. Innerhalb eines Jahres erschien das Buch in vier Auflagen, wobei zwischen der ersten und zweiten eine entscheidende Überarbeitungsphase liegt. Die Akzente verschoben sich – wohl unter dem Eindruck der Novemberunruhen 1917 – von der aussenpolitischen Bedrohung zur Gefahr, welche in den innenpolitischen Spannungen lag. Die dritte Auflage, welche auch Inglin gelesen hat, sowie die vierte, die nach Kriegsende erschienen ist, weisen jeweils in einem zusätzlichen Vorwort auf die sich wandelnde politische Situation hin, bleiben sonst aber weitgehend unverändert.

Die neue Schweiz ist kein systematisches Werk. Das Buch gliedert sich in zwei grosse Abschnitte, «I. Die Not» und «II. Die Hilfe», in welchen sich heterogen wirkende Kapitel aneinanderreihen.[15] Der Ragaz-Biograph

---

13 Ebd., S. 117.
14 So betont auch Dittmar Rostig die gedankliche Herausforderung, bei Ragaz den «Grundgegensatz ‹statisch-dynamisch›», die Grenze «zwischen Ideal und Wirklichkeit, zwischen gegenwärtiger Gestaltung und eschatologischer Zukunft» wahrzunehmen (Dittmar Rostig, «Ragaz, Leonhard (1868–1945)», in: *Theologische Realenzyklopädie*. Bd. 28. Berlin 1997, S. 106–110, hier S. 107).
15 Die Überschriften weisen auf drei verschiedene Sprachstile bei Ragaz hin: Teils handelt es sich um begrifflich geprägte Inhaltsangaben der darin enthaltenen zeitkritischen Analysen wie «Der fremde Geist» oder «Der Verfall der Demokratie», teils nehmen sie einen

Markus Mattmüller spricht vom «Gepräge einer Improvisation»,[16] um die stilistischen Eigenheiten des Buches zu beschreiben: die Vorliebe für gewagte Bilder, rhetorische Fragen und direkte Ansprachen an die Leser, der immer wiederkehrende Appell an die Jugend. So heisst es zu Beginn: «Die Schweiz ist in Gefahr. Es ist eine tödliche Gefahr. Darum kommen wir vor allem zu Dir, der Jugend, Dir zu sagen, um was es sich handelt.»[17] Am Schluss des Vorwortes gibt der Verfasser seine Methode bekannt: «[...] wir wollen [...] Dich zum eigenen Schauen anleiten. Das tun wir schließlich wohl am besten, wenn wir kräftig sagen, was gerade wir sehen und wie gerade wir es sehen.»[18]

Ragaz' Sichtweise besteht nun in einem recht übersichtlichen Bild der schweizerischen Geistesgeschichte. Der Ursprung der Eidgenossenschaft stelle die grossen Ideen der Freiheit und der Solidarität naturhaft dar. Durch die schweizerische Reformation, insbesondere in ihrer Genfer Form, seien diese Ideen mit religiös-geistigem Gehalt gefüllt worden. Als Kronzeugen der daraus entspringenden und sich auf die Verantwortung des Einzelnen abstützenden Freiheitsbewegung nennt Ragaz nach Huldrych Zwingli und Johannes Calvin, Jean-Jacques Rousseau, Johann Heinrich Pestalozzi, Albert Bitzius alias Jeremias Gotthelf und dessen gleichnamigen Sohn Albert Bitzius immer wieder: Alexandre Vinet. Dessen Grundgedanken stellt Ragaz als Motto der *Neuen Schweiz* voran: «Je veux l'homme maître de lui-même, afin qu'il soit mieux le serviteur de tous.»[19]

Ragaz' Geschichtsdarstellung führt des Weiteren aus, wie das auf individuelle Freiheit und sittliche Verantwortlichkeit ausgerichtete Ur- und Idealbild der Schweiz durch den Materialismus der Gründerzeit verdüstert wurde. Die Zerstörung der Landschaft durch die Technik, die Städte als Brutstätten der Frechheit und des Lasters, der grassierende Kapitalismus

       dialogischen Stil vorweg wie «Ob wir Schweizer eine Nation sind», «Das eine, das not tut», «Ein Einwand». Wieder andere bringen in religiöser, künstlerischer oder patriotischer Diktion mit Symbolen die Unmittelbarkeit des Erlebens zum Ausdruck. Dies ist beispielsweise mit den Abschnitten «Tell», «Winkelried», «Seldwyla» oder «Hochland» angedeutet.

16 Markus Mattmüller, *Leonhard Ragaz und der religiöse Sozialismus*. Bd. 2. Basel/Stuttgart 1968, S. 455 (zur *Neuen Schweiz*: Kapitel VIII, S. 427–489). Vgl. auch Leonhard Ragaz, «Ein totgeschlagenes Buch – soll es tot bleiben?», in: *Neue Wege* 17 (1923), S. 290–293, S. 291: «Gewiss würde ich heute das Buch wieder anders schreiben und zwar nicht nur in Bezug auf die literarische Form, die ich von Anfang an urwüchsiger, volkstümlicher und dazu gedrängter gewünscht hätte (ich habe eben nie Zeit gehabt, mir mit der Form meiner Bücher, Schriften und Aufsätze viel Mühe zu geben) [...].»

17 Leonhard Ragaz, *Die neue Schweiz. Ein Programm für Schweizer und solche, die es werden wollen*. 3. Aufl. Olten 1918, S. 9.

18 Ebd., S. 12.

19 «Ich will, dass der Mensch Herr seiner selbst ist, um besser der Diener aller zu sein.»

auch in der so genannten Fremdenindustrie, die Presse als Verbündete der schlechten Zeitströmungen – allen diesen «Errungenschaften» der Zivilisationsgesellschaft steht Ragaz äusserst kritisch gegenüber und proklamiert stattdessen einen «neuen Puritanismus»[20], der unverkennbar geschichtskonservative Züge aufzeigt.

Als positives Gegenbild zum Status quo der Not gilt ihm eine demokratisch organisierte Schweiz, die nicht länger dem Kapitalismus frönt, sondern sich wieder neu dem ursprünglichen Geist der Freiheit und Solidarität öffnet. Inglins Arbeitsnotiz zur Figur Thereses verweist auf eben diese zentralen Abschnitte: Ein soziales Verständnis der Demokratie müsse sich auch auf das Wirtschaftsleben auswirken, das sich dann nicht mehr an den bloss äußerlichen Zwecken von Profit und Lohn orientiere, sondern Ausdruck einer sittlichen Verbundenheit sei.[21] Ragaz findet die ideale Form im Modell der Genossenschaft als freiwilligem Zusammenschluss von Menschen, die dem sozialistischen Geist in ihren Lebens- und Arbeitsverhältnissen umfassende Gültigkeit verleihen wollen.[22] Die genossenschaftlich organisierte Gemeinschaft, die unabhängig vom Bildungsgrad auf Eigenverantwortung abziele, schaffe Produktionsformen, die dem Einzelnen entsprechen und der Gesellschaft dienen.[23]

Wenn der Verfasser am Schluss des Buches beschreibt, wie er «an einem wunderbaren Sonntagmorgen» mit seinem Sohn auf den Etzel gestiegen sei und mit der Aussicht auf den Kanton Schwyz den Wert der reinen Quellen erkannt habe,[24] so ist dies durchaus auch Beschreibung einer Idylle, welche die Wirklichkeit transzendiert. Daneben suggeriert dieser narrative Ausklang der Schrift aber auch die Gleichzeitigkeit einer anderen Schweiz ohne Fabrikschornstein und Eisenbahn und konkretisiert und beglaubigt damit die vorangehende Vision einer neuen Schweiz. Der letzte Abschnitt der politischen Abhandlung wechselt auf eine narrative, bildhafte und mythisch unterlegte Sprache, um den Standpunkt dessen zu verdeutlichen, der – wie es zu Beginn heisst – auf einer «Höhe [...], die über den heutigen Partei-

---

20 Leonhard Ragaz, *Die neue Schweiz* (wie Anm. 17), S. 191.
21 Ebd., S. 125f.
22 Ebd., S. 130.
23 Vgl. ebd., S. 239. Mit dem Ziel gesellschaftlicher Veränderung verbindet Ragaz zugleich ein ideales Bildungssystem, das nicht soziale Erhöhung fördert, sondern der auf dem Kapitalismus beruhenden Zergliederung der Gesellschaft Einhalt gebietet und zur Befreiung des Menschen, zur Subjektwerdung des Individuums beiträgt. Vgl. auch Manfred Böhm, *Gottes Reich und Gesellschaftsveränderung*. Münster 1988, S. 196ff.; Markus Mattmüller, *Leonhard Ragaz* (wie Anm. 16), S. 468–471.
24 Leonhard Ragaz, *Die neue Schweiz* (wie Anm. 17), S. 259.

streitigkeiten liegt»[25], sagen möchte, was er sieht und wie er es sieht. Der Verfasser gesteht zwar ein, dass diese Sichtweise mit Utopieverdacht behaftet sei; gleichzeitig wolle er den Lesern aber auch eine Richtung vorgeben, in welche konkret gearbeitet werden könne.[26] Ragaz versteht sein Buch in dieser doppelten Orientierung als Programm für die Gegenwart, aber auch als Zukunftsvision, die von derselben eschatologischen Hoffnung getragen wird wie der Gedanke vom Gottesreich.[27]

III. Wirklichkeit und Ideal in *Die Welt in Ingoldau*

Auch im dreiteiligen, im Erstdruck 600 Seiten umfassenden Roman *Die Welt in Ingoldau* ist Weltveränderung das durchgehende Thema. In den damaligen Rezensionen, die vor allem viel Lärm um den Skandalroman verursachten, ist am Rande auch davon zu lesen: *Die Welt in Ingoldau* sei «Ausdruck eines Werdeprozesses»[28] und einer «ewigen Wandlung»[29]. In den jugendlichen Figuren gäre eine tiefe Sehnsucht nach einer besseren Welt.[30]

Um nun das Verhältnis zwischen Wirklichkeit und Ideal bei Inglin genauer zu untersuchen, sollen im Folgenden vier Möglichkeiten, wie dieser Sehnsucht begegnet werden kann, aus der Romanhandlung herausgegriffen werden.

(1) Anton Reichlin folgt nach mühevollen Jahren theologischer und philosophischer Wahrheitssuche der Berufung nach Ingoldau, um sich da als Pfarrhelfer dem konkreten Leben zu widmen. Er wird von der Niedrigkeit und Hoffnungslosigkeit menschlicher Existenz enttäuscht: Von der Geburt bis zum Tod ist diese von einem qualvollen Leiden gezeichnet, das seine theologischen Erklärungsversuche immer wieder ad absurdum führt. Reichlin beobachtet entsetzt, welchen Schaden die Menschen auch untereinander anrichten, wie zerstörerisch sich eine mangelhafte Erziehung an den Kindern auswirkt und wie unzulänglich die Rahmenbedingungen der

---

25 Ebd., S. 6.
26 Ebd., S. 258.
27 Bewusst klammert Ragaz in der *Neuen Schweiz* den theologischen Standpunkt aus, um ein möglichst breites Publikum anzusprechen, streift aber dennoch gelegentlich die «religiöse Frage» (vgl. z.B. ebd., S. 100).
28 Walter Muschg, «Die Welt in Ingoldau von Meinrad Inglin», in: *Neue Zürcher Zeitung* vom 28. Januar 1923 (vgl. NI Z 2016, Kantonsbibliothek Schwyz).
29 «Die Welt in Ingoldau», in: *Der Bund* vom 21. Januar 1923 (vgl. NI Z 2016, Kantonsbibliothek Schwyz).
30 Robert Vetsch, «Die Welt in Ingoldau», in: *Das literarische Echo. Halbmonatsschrift für Literaturfreunde* vom 1. Februar 1923, Sp. 549f. (vgl. NI Z 2016, Kantonsbibliothek Schwyz).

Kirche für dieses Leben sind. Solche Erfahrungen sowie die Erkenntnis, dass auch sein eigener Glaube «Löcher wie ein Sieb»[31] aufweist, bringen ihn schliesslich dazu, der Kirche und Ingoldau den Rücken zuzukehren – «wie ein Fliehender»[32], heisst es am Ende des zweiten Teils.

Auch bei vielen anderen männlichen Figuren äussert sich die individuelle Sehnsucht nach einer besseren Welt in einer Fluchtbewegung weg von Ingoldau, wo «alles so jämmerlich klein und nichtssagend»[33], «langweilig»[34] sei, man nichts als «versauern»[35] könne. So ruft etwa Edi Reichmuth im Gespräch mit Reichlin aus: «Um Gottes willen, was sollte ich denn in Ingoldau tun? Was erlebt man in Ingoldau! Nein, Herr Doktor, *ich* muß in die Welt hinaus, unter die Menschen!» Reichlin aber, der zum Zeitpunkt dieses Gesprächs wieder nach Ingoldau zurückgekehrt ist, als geächteter Apostat zwar, aber mit einer neu gewonnenen inneren Freiheit, weiss es besser:[36]

> «Mein Lieber», entgegnete Reichlin, indem er mit heiterer Festigkeit den Kopf bewegte, «die Welt ist nicht dort oder dort, sie ist für uns immer da, wo wir gerade sind, [...]. Ingoldau ist Welt, seine Bewohner sind Menschheit. Man kann in Ingoldau alle Freude und alles Leid der Welt erleben, alles Menschliche, das irgendwo geschieht, kann auch in Ingoldau geschehen und alles Menschliche, das in Ingoldau geschieht, wird auch anderswo geschehen.»

Reichlin argumentiert mit einer chiastischen Figur, die auch im oszillierenden Titel des Romans enthalten ist: Er deutet Edis nach aussen orientierten Weltbegriff um, indem er auf die Ingoldauer Lebenswelt in ihrer Vielfalt verweist, und hebt so das Gefälle zwischen Ingoldau und einer aufregenderen und daher besseren Welt auf. Indem er das «Menschliche» als verbindendes Prinzip über alle örtlichen Unterschiede stellt, versucht er zu zeigen, wie sinnlos die Flucht in eine andere Welt ist.

(2) Ein ähnlich übergeordneter Standpunkt resultiert im Roman auch aus der Auseinandersetzung mit dem parteipolitischen Streben nach Weltveränderung. Nachdem verschiedene Aspekte der Zeitkritik den Kürzungen für die Druckfassung zum Opfer gefallen sind, bringt in der Fassung von 1922 vor allem noch der Generationenkonflikt zwischen dem liberalen

---

31 Meinrad Inglin, *Die Welt in Ingoldau. Roman.* 2. Aufl. Zürich 1994 (Gesammelte Werke in zehn Bänden 1), S. 169. Der Text folgt der Erstausgabe von 1922.
32 Ebd., S. 342.
33 Ebd., S. 128.
34 Ebd., S. 199.
35 Ebd., S. 213.
36 Ebd., S. 425.

Regierungsrat von Schönenbuch und dessen sozialistisch gesinntem Sohn Martin die politische Seite der Not zur Sprache. In einem Dialog zwischen dem Regierungsrat, der wieder einmal über die Entwicklung seines Sohnes erbost ist, und dessen zweiter Frau Therese wird klar, dass Martins Parteizugehörigkeit nicht nur der «Forderung der Vernunft und des ‹sozialen Mitgefühls›»[37], sondern auch und vor allem einem «Widerspruchsgeist»[38] entspringt, dessen Ursachen in der Enge und im Zwang der väterlichen Erziehung zu suchen sind.[39]

Auch dieser Erzählstrang war in der ungedruckten Fassung *Die Welt in Ingobald* noch weiter ausgeführt. Im letzten Kapitel des Typoskripts ist zu lesen, wie Martin sich «in bezug auf die Verwandlung der Welt» neu ausgerichtet habe und nun an eine «grosse religiöse Partei» denke, welche alle anderen Parteien und deren eigennützige Politik übertrumpfe. Damit sind die Ideale des religiösen Sozialismus aufgenommen. Gleichzeitig klagt Martin aber auch über die Unentschiedenheit seines neuen Standpunktes:

> «Es ist eigentümlich: ich komme einfach zu keiner festen Ansicht mehr. [...] ich sehe zum Beispiel irgend ein gesellschaftliches Problem, mit dem ich mich innerlich beschäftige, immer wieder von einer anderen Seite und in anderen Beleuchtungen. Zuletzt weiss ich meistens nur, dass etwas so und so gemacht werden müsste, wenn das und das sich wirklich so verhalten würde, dass man aber, wenn es sich nicht so verhielte, alles ganz anders anfassen müsste ... es ist ein Elend!»[40]

Reichlins Antwort unterstreicht, was Daniel Annen in seiner Dissertation unter der Überschrift «Perspektivische Sehweise» konstatiert, dass nämlich die Hauptfiguren in Inglins Büchern nicht zwingend zu einer sozial oder politisch gefestigten Position oder einer definitiven Weltsicht gelangen, sondern wie etwa Fred im *Schweizerspiegel* eine nach verschiedenen Seiten ausgerichtete und dabei vermittelnde Stellung beziehen.[41]

---

37 Ebd., S. 348.
38 Ebd., S. 356.
39 Vielleicht meint Inglin diesen Aspekt des Sozialismus, wenn er in den Amberg-Materialen (NI W 18.02.08, Kantonsbibliothek Schwyz) neben die Erinnerung an die Ragaz-Lektüre mit Bleistift notiert: «Unreife Revoluzzer. Das Problem überhaupt.» Wie Ragaz diagnostiziert auch Inglin die Not der Zeit, indem er Kritik übt an der Bevormundung des Individuums durch die Kirche, die Schule und die Erziehung im familiären Rahmen.
40 Meinrad Inglin, *Die Welt in Ingobald. Typoskript*. NI W 01.04, Kantonsbibliothek Schwyz, S. 285.
41 Daniel Annen, *Natur und Geist in Ingoldau. Eine Untersuchung zur Verarbeitung weltanschaulicher Strömungen in Meinrad Inglins Erstlingsroman*. Bern 1985 (Europäische Hochschulschriften I/775), S. 32.

«Ein Elend wäre es, wenn du dich auf eine Theorie festlegen wolltest, ohne ihre Voraussetzungen zu kennen, wie es beschränkte Köpfe tun. [...] Meinst du, dass wirklich so viel auf die Form unseres gesellschaftlichen Daseins ankomme? [...] Für mich ist die Hauptsache immer der in einer Gemeinschaft herrschende Geist.»[42]

Damit greift Reichlin ein Stichwort auf, das auch in Ragaz' Programmschrift zum Tragen kommt: Der Geist ist das «Eine, was not tut»,[43] diejenige Kraft, die dem Interessenkampf ein Ende setzt, indem sie den Wert jedes Einzelnen für die Gemeinschaft aufzeigt und die Grundideen der Freiheit und Solidarität zu verwirklichen hilft. In Inglins Roman ist es der Geist der Liebe, der, wie Inglin in Arbeitsnotizen selbst schreibt, im dritten Teil die Figuren aus ihrer Vereinzelung hinausführt und gemeinschaftlich miteinander verbindet. Narrativ umgesetzt ist dieser Geist vor allem in der Figur Thereses. Obwohl ihr das Wort Liebe im buchstäblichen Sinn immer wieder abgeschnitten wird, entfaltet es sich ausgehend von ihrer Handlungsweise als wirksam um sich greifendes Prinzip.[44]

(3) Wenn Therese ihrem Bruder am Ende des ersten Teils mit ausgebreiteten Armen verrät, sie wolle allen, allen Menschen helfen,[45] so zeigt sie auf eine intuitiv-natürliche Art eine geistige Freiheit und Grösse, die dem sozialistischen Grundgedanken in Ragaz' Programm entspricht: nämlich als seiner selbst bewusstes Individuum auch auf das Wohl der andern bedacht, «serviteur de tous» zu sein. In ihrer Handlungsweise[46] wird klar, dass Weltveränderung und -verbesserung weder durch einen Ortswechsel noch durch soziale und politische Utopien zu erreichen ist, dass vielmehr nur die Kraft der Liebe den Einzelnen wie die Gemeinschaft zur Menschlichkeit bewegen kann. In derselben Arbeitsnotiz zu Therese, in der sich auch der Hinweis auf «Ragaz S. 130» befindet, heisst es, das Ziel sei immer der Mensch und das Bleibende sei immer der Mensch.[47]

Thereses in sich selbst ruhende und der Gemeinschaft dienende Grundhaltung wird allmählich auch von ihrem Bruder adaptiert und gedank-

---

42 Meinrad Inglin, *Die Welt in Ingobald* (wie Anm. 40), S. 285f.
43 Leonhard Ragaz, *Die neue Schweiz* (wie Anm. 17), S. 95.
44 Vgl. Werner Weber, «Nachwort», in: Meinrad Inglin, *Die Welt in Ingoldau* (wie Anm. 31), S. 556.
45 Meinrad Inglin, *Die Welt in Ingoldau* (wie Anm. 31), S. 188.
46 In ihrer Bescheidenheit bezieht sie sozial niedriger Gestellte wie etwa die schwangere Vreni in ihre Fürsorge mit ein, in ihrer selbstbewussten Beherztheit lässt sie sich durch die verhärteten Rivalitäten zwischen den von Rickenbachs und von Schönenbuchs nicht beeindrucken, mit ihrer Vermittlungskunst entschärft sie den Generationenkonflikt zwischen ihrem Ehemann und dessen Sohn Martin und führt in vorbehaltloser Offenheit die isolierten Brüder Reichmuth wieder in die Gesellschaft ein.
47 NI W 01.01.02, Kantonsbibliothek Schwyz.

lich verarbeitet.⁴⁸ Dies ist der Fall, wo Reichlin Edi die Welt in Ingoldau respektive die Omnipräsenz des Menschlichen aufzeigt, dem verbitterten und gesellschaftlich isolierten Melk seine Freundschaft anbietet, Martins Suche nach einer idealen gesellschaftlichen Form mit dem Hinweis auf den darin waltenden Geist überbietet oder seinen drei Freunden schliesslich in hymnischer Diktion das von ihm errungene «Urgefühl des Daseins»⁴⁹ verkündet: «‹Menschenskinder, Freunde, habt ihr denn eine Ahnung, was alles geschieht und wie es geschieht? […] Dem Menschen aber ist die Macht des Geistes und der Liebe gegeben.›»⁵⁰ Die Erkenntnis, die Inglin auch in Arbeitsnotizen und Tagebüchern mehrfach festhält, lautet: Ingoldau lässt sich nicht ändern, nur lieben.⁵¹

(4) Bleibt die Frage danach, wie das, «was alles geschieht», und die Art und Weise, «wie es geschieht», im Roman präsentiert wird und wie auch auf der Ebene der Narration Weltveränderung stattfindet.

In der sprunghaft-episodischen Kapitelfolge, in seitenlangen Passagen direkter Figurenrede sowie in den Gedankenmonologen insbesondere der Figur Reichlins zeigt der Roman eine starke Tendenz zur internen Fokalisierung. Ein Beispiel dafür, wie sich das Geschehen in den Augen der Figuren spiegelt, ist etwa das Fronleichnamsfest am Schluss des Romans. Reichlin und seine drei Freunde sitzen «plaudernd […] am Fenster der Studierstube». Das religiöse Kunstwerk der feiernden Menschenmenge, die sich auf dem Platz unter ihnen in der eingespielten liturgischen Abfolge zwischen Stillstand und Bewegung nach allen Himmelsrichtungen ausdehnt, wird von den vier Abtrünnigen teils schweigend beobachtet, teils von ihrer erhöhten Warte aus kommentiert. Das Fazit von Reichlin lautet: «Diese Welt, meine Lieben, wäre vollendet […] … vollendet, sage ich – wenn *wir* nicht sein würden.»⁵² Auf der Figurenebene öffnet sich eine Grenze zwischen all jenen, die sich am Fronleichnamsfest als religiöse Gemeinschaft perfekt miteinander verbinden, und den vier Aussenseitern, aus deren Beobachterperspektive erzählt wird. So sehr Reichlin auch die religiöse Prozession in ästhetischer Hinsicht anerkennt, sie seinen Freunden als Zeichen «des höchsten lebendigen Geistes»⁵³ auslegt – die Grenze, die mit dem Fenster

---

48 Vgl. die Notiz in NI W 01.01.01, Kantonsbibliothek Schwyz: «Am Schlusse des dritten Teils breitet er mit derselben Gebärde in derselben Absicht die Arme aus, wie Therese am Schluss des ersten Teils.»
49 Meinrad Inglin, *Die Welt in Ingoldau* (wie Anm. 31), S. 533.
50 Ebd., S. 532.
51 Vgl. z.B. den Tagebucheintrag Inglins vom 28. August 1918: «Man soll die Menschen nicht besser machen wollen, man soll sie lieben.» (NI M 23.01, Kantonssbibliothek Schwyz).
52 Meinrad Inglin, *Die Welt in Ingoldau* (wie Anm. 31), S. 523.
53 Ebd., S. 525.

der Studierstube markiert wird, zeigt dennoch die Beschränktheit und Vergänglichkeit der Form; die «Ketzerversammlung» hinter dem Fenster sei nämlich, so Reichlin, «Gewähr, dass das Leben flüssig bleibt ... jawohl, lacht nur, aber ich sage euch, wir werden die Welt verwandeln ...»[54]

Neben die Beobachtung, dass der Roman darauf angelegt ist, aus den verschiedenen Figurenperspektiven zu erzählen, tritt eine zweite: Ohne Zweifel wird erzählt von einer Welt, die repetitiv scheinbar in gewohnten Mustern abläuft, tatsächlich aber auf eine zukünftige Wandlung hin offen ist.[55] Dass die Dynamik wie bei Ragaz nicht nur auf eine ideale Zukunft hin gerichtet ist, sondern auch mit einem Blickwechsel im Hier und Jetzt verbunden sein kann, kommt in einer Mauerschauszene aus dem ersten Romanteil besonders deutlich zur Geltung. Madeleine von Rickenbach, Reichlins geistliche Braut, die sich insgeheim für dessen Berufung nach Ingoldau verantwortlich fühlt, möchte wissen, wie es ihm in Ingoldau gefalle. Enttäuscht und erschrocken über seine negative Antwort führt sie ihren Gast zu einem Mäuerchen,[56]

> mit einer einladenden Armbewegung, in rührender Weise bemüht, ihn zu überzeugen: «So sehen Sie doch, wie schön es hier ist, sehen Sie, wie schön es ist!» Sie stand zwischen beiden Gartenhäuschen als zierliche Silhouette auf dem blauen Grunde des Himmels [...]. Er folgte ihrer Aufforderung und bestätigte: «Ja, Fräulein Madeleine, Sie haben recht, es ist schön! Wenn ich die Welt nur von dieser Seite betrachten könnte, würde es mir in Ingoldau gefallen.»

Obschon die Figurenperspektive vorherrscht, setzt Inglin den Blickwechsel nicht nur auf der Figurenebene ein. Wie der Verfasser der *Neuen Schweiz*,

54 Ebd., S. 515. Vgl. auch die Arbeitsnotiz zum Fronleichnamsfest: «Eine Insel mitten in der ungeheuerlichsten Brandung menschlicher Anschauungen [...], eine Insel die noch einen Schein von einheitlicher Kultur in dieses chaotische Zeit geistloser Zivilisation hinübergerettet hat, eine Insel freilich, die immer mehr abbröckelt, während sich fern von ihr, neues Festland langsam gestaltet.» (NI W 01.01.01, Kantonsbibliothek Schwyz)

55 Inglins Tagebuch enthält unter dem 8. Februar 1919 folgenden Eintrag: «Es kommt darauf an, dass ich dem Menschen der Gegenwart seinen idealen Typus vorhalte. Aber der Mensch, dem gegenüber ich dies tun will, nämlich der Mensch der Gegenwart, muss auch im Kunstwerk selbst seinen Platz haben.» (NI M 23.01, Kantonsbibliothek Schwyz) Auch Beatrice von Matt ortet Inglins Figuren in der «Mitte zwischen Individuum und Typus» und beschreibt in Anlehnung an eine Aussage von Franz Roh, wie sich die «Spannung zwischen Hingabe an die vorgefundene Welt und klarem Bauwillen ihr gegenüber» auf den Erzählstil auswirkt. Vgl. Beatrice von Matt, *Meinrad Inglin* (wie Anm. 3), S. 107f.

56 Meinrad Inglin, *Die Welt in Ingoldau* (wie Anm. 31), S. 143. Die schicksalhafte Verbundenheit mit Madeleine und die allmählich aufkeimende Liebe zu ihr führen Reichlin dazu, sich selbst als Doppelwesen mit geistigen und natürlichen Anteilen zu akzeptieren und das Leben mit beiden Seiten zu bejahen.

der auf der Anhöhe des Etzels einen neuen Blick auf die Wirklichkeit gewonnen hat, verwendet auch Inglin die Metaphorik des Gebirgshorizonts, der gleichzeitig begrenzt und neue Dimensionen erschliesst. Interessant ist ein Vergleich der ersten und letzten Seite in der Druckfassung von 1922, wo der Erzähler mit zwei ähnlichen Bildern die Romanhandlung umrahmt. Zu Beginn suggeriert er eine gewisse Beengtheit, wenn er von einem «scheinbar zusammenhängende[n], hufeisenförmige[n] Wall» spricht, der das Dorf Ingoldau umgibt, so dass dieses in einem «Kessel» liegend erst spät morgens von der Sonne getroffen werde.[57] Demgegenüber steht die Sonne im Schlussabschnitt hoch am wolkenlosen Himmel und der «Kreis des heimatlichen Horizonts» wird, vor dem Hintergrund «der blauen Unendlichkeit» transzendiert, nun positiv als «beglückend» empfunden.[58] Hat sich im Laufe des Romans die Sichtweise des Erzählers selbst gewandelt? Die Ingoldauer Umgebung ist dieselbe geblieben, aber so, wie der Erzähler sie sieht, zeigt sich eine Tendenz zum Ideal des wolkenlosen Himmels und zur Rehabilitation des gewohnten Umfeldes durch eine überirdische Dimension.

IV. Schluss

Meine Untersuchung ging aus von einer Zeitgenossenschaft im gleichen politischen Umfeld der Schweiz nach dem Ersten Weltkrieg und hat *Die Welt in Ingoldau* und *Die neue Schweiz* als Dokumente einer Zeit des gesellschaftlichen Umbruchs zu analysieren versucht. Obwohl die expliziten Hinweise in Inglins Nachlass knapp sind und man wohl nicht unbesonnen von Einfluss reden darf, ergibt sich textimmanent – aus der Lektüre der beiden Werke – eine Reihe interessanter Vergleichspunkte. Eine Gemeinsamkeit und ein Unterschied seien zum Schluss nochmals kurz hervorgehoben.

Zunächst zum Unterschied: Während Ragaz einleitend schreibt, er wolle «kräftig sagen, was gerade wir sehen und wie gerade wir es sehen»,[59] spricht der Protagonist in Inglins Roman von der «Ahnung, was alles geschieht und wie es geschieht».[60] Die politische Programmschrift vermittelt im Blick auf die gerade aktuelle Wirklichkeit eine ganz bestimmte Sichtweise, will die jugendliche Leserschaft mit deutlichem Appell zur neuen, demokratisch organisierten Schweiz bewegen. Dagegen dienen die episodischen, dialogischen und perspektivischen Strukturmittel im Roman gerade dazu,

---

57 Ebd., S. 7.
58 Ebd., S. 534.
59 Leonhard Ragaz, *Die neue Schweiz* (wie Anm. 17), S. 12.
60 Meinrad Inglin, *Die Welt in Ingoldau* (wie Anm. 31), S. 532.

eine Vielfalt des Geschehens darzustellen und sozusagen im demokratischen Vollzug verschiedene Standpunkte miteinander zu konfrontieren. Aus dem breiten Spektrum der dargestellten Lebensentwürfe und -vollzüge, dem zweifelnden Fragen und ahnungsvollen Suchen der Figuren geht die Deutung einer erfüllten Gegenwart hervor.

Beiden Werken gemeinsam ist, dass sie die Weltveränderung und -verbesserung zum Thema haben. Aus der Position der Erhabenheit und der Übersicht wird der Blick auf das Neue eingeübt. Dieses ist zwar jenseits der Begrenzung durch einen Höhenzug, eine Mauer oder ein Fenster zu finden, aber doch nicht als eine vom aktuellen Geschehen abgewandte Örtlichkeit oder ein nie zu erreichendes Ziel zu verstehen. Die Grenze markiert vielmehr einen Blickwechsel beim betrachtenden Individuum selbst: Ein durch den Geist der Liebe und Solidarität geprägter Umgang mit der Gegenwart ist sowohl für Ragaz wie auch für Inglin als Ideal zu verstehen, als eines aber, das zur Wirklichkeit gehört, nicht von heute auf morgen umgesetzt werden kann, aber in der Arbeit Einzelner bereits sichtbar wird. Wenn man bedenkt, wie sich das Bild von Ingoldau am Schluss des Romans gewandelt hat, so gehört dieser Blickwechsel wohl auch zur Erfahrung des Erzählens – und vielleicht auch des Lesens.

CHRISTA BAUMBERGER (BERN)

Vagabundentum und Zivilisationskritik in Meinrad Inglins *Wendel von Euw* (1925)

«Personalien? Personalien! Hm! Wenn das heißt, Sie möchten alles wissen, was mit meiner Person zusammenhängt, so, erlauben Sie, finde ich das etwas weitgehend ...»
«Schwatzen Sie keinen Unsinn! Wie heißen Sie?» [...].
«Wie ich heiße, das ist ganz nebensächlich [...]. Mein Name», sagte ich, «ist an mir wirklich das Unbedeutendste, weil er über meine Person leider gar nichts aussagt, wie überhaupt ...» [...]
«Sie sind auf der Landstraße ohne Papiere aufgegriffen worden, nachdem Sie sich abends in verdächtiger Art und Weise im Dorf herumgetrieben haben. Ausweisen können Sie sich nicht. Jetzt antworten Sie auf meine Fragen! Ihr Name!?»
«Mein Name», erwiderte ich, «wurde mir nach meiner Geburt einfach so angehängt, und später besaß ich leider den Mut nicht, ihn wieder abzutun oder so zu ändern, daß er einen persönlichen Inhalt bekommen und wenigstens eine Seite meines Wesens bezeichnet hätte, wie es die Eigennamen der wilden Völker oder bei uns die Übernamen tun, und wie es in bescheidenem Maße sogar mein Hut hier, mein Stock oder mein Anzug tut [...].»[1]

Hier leistet jemand Widerstand, hier sträubt sich einer vehement gegen Festlegungen, indem er sich weigert, seinen Namen preiszugeben, diesen kontingenten Signifikanten, der weniger aussagekräftig ist als ein Kleidungsstück und einem doch so zugehörig, dass man ihn nicht einfach abstreifen kann. Meinrad Inglins Roman *Wendel von Euw* von 1925 beginnt mit einer zeittypischen Verhörsituation. Wendel, so heisst der titelgebende Protagonist, wird ohne Papiere auf der Landstrasse aufgegriffen und wegen Vagabundentums und nächtlichen Umherstreifens verhört und verhaftet. Er verbringt die erste Nacht nach der Rückkehr in die Heimat im Gefängnis. Doch bricht er, auch dies ein typisches Element von Vagabundengeschichten dieser Zeit, in derselben Nacht bereits aus.

[1] Ich zitiere (mit der Sigle GW und römischer Band- sowie arabischer Seitenzahl) nach Meinrad Inglin, Wendel von Euw, in: Ders. *Gesammelte Werke in zehn Bänden.* Hg. von Georg Schoeck. Zürich 1990, hier GW VIII, 9–10. Es handelt sich hierbei um die nicht revidierte Erstausgabe von 1925.

I. Vagabundentum in der literarischen Moderne

Wendel ist kein Einzelfall und er ist auch nicht allein unterwegs: Wie in den 1920er-Jahren die Alleen und Boulevards der europäischen Metropolen von Bukarest bis Berlin, Paris und London von Spaziergängern und Flaneuren, Feuilletonisten und Reportern bevölkert werden, so zieht auf den Landstrassen Europas eine illustre Schar literarischer Vagabunden und Vaganten umher. Sie finden Eingang in autobiographische Berichte und (auto)fiktionale Romane und Erzählungen. Der Vagabund als Autorentypus und literarische Figur gehört zum Grundrepertoire der literarischen Moderne.[2] Er wird zu einem Symbol für individuelle Freiheit, sinnliche Erfüllung und Emanzipation stilisiert und verkörpert so ein Versprechen, das für weite Teile des Bürgertums in dieser Zeit unerfüllt bleibt. Als eine Leitfigur der Avantgardebewegungen seit der Jahrhundertwende ist der besitz- und ruhelose Vagabund jedoch immer auch Symptom einer Pathogenese der Moderne. Adorno hat diese Dialektik der Vagabundenfigur in den *Minima Moralia* herausgearbeitet. Der moderne Vagabund ist kein blosses Gegenbild zum Bürger, sondern gleichsam der zu sich selbst gekommene ‹Auswurf› des niedergehenden Bürgertums.[3]

In der direkten Konfrontation mit den Behörden und den vielen Verhörsituationen in der Literatur dieser Zeit wird die Dialektik von Zugehörigkeit und Ausschluss manifest, und kein Ort könnte sie symbolträchtiger zum Ausdruck bringen als das Gefängnis. Die erzwungene Sesshaftigkeit, die Einschliessung in eine Zelle macht den Ausschluss aus der Gesellschaft – und damit auch deren Normen und Funktionsweisen – erst richtig deutlich.

Viele dieser Vagabunden geraten mit den Behörden in Konflikt und für viele ist die Abgeschiedenheit der Zelle Anlass, das eigene Ich zu reflektieren. Der Forderung der Behörden nach eindeutiger Identifikation mittels Personalien steht dabei das Vexierspiel mit Ich-Konzepten und Rollenzuschreibungen entgegen. Und dem protokollierten Verhör werden die Selbstbefragung und das Selbstgespräch entgegengesetzt. In Namengebungen und -verweigerungen äussert sich dabei die Dialektik von Aussenseitertum und devianter Zugehörigkeit.

---

2 Vgl. *Unterwegs. Zur Poetik des Vagabundentums im 20. Jahrhundert.* Hg. von Hans Richard Brittnacher und Magnus Klaue. Köln 2008. Hier wird aus der Einleitung referiert, S. 3–8. In zahlreichen Einzelstudien (Franz Hessel, Robert Walser, Else Lasker-Schüler, Joseph Roth u.v.a.) wird das Vagabundentum in diesem Sammelband als Produktivkraft der klassischen Moderne umrissen.
3 Theoder W. Adorno, *Minima Moralia. Reflexionen aus dem beschädigten Leben* [1951]. Frankfurt a.M. 1997, S. 212–213.

So wechselt in Emmy Hennings' Gefängnisroman *Das Haus im Schatten* (1930) die Ich-Erzählerin, die wegen eines Diebstahls im Prostitutionsmilieu in Untersuchungshaft sitzt, alle vierzehn Tage ihren Namen und befindet: «Vielleicht dass irgend ein Name besseren Anklang findet, als ich, die Trägerin. Da mir vieles unsicher geworden ist, ich mein eigenes Wesen in mir verändert, schwankend fühle, warum sollte ich den immer gleichen Namen tragen, der auf meinem Geburtschein steht? Es ist nur ein Schein und daraufhin will man mich festlegen.»[4]

Der Angeklagte in Glausers kurzer Erzählung *Verhör* (1933) dagegen kehrt die Situation kurzerhand um, indem er den Untersuchungsrichter nach dessen Namen fragt und dann zum Namen «Schafroth» das Wort «Schafott» assoziiert. Die drohende Verurteilung klingt in dieser semantischen Verschiebung bereits an, im weiteren Fortgang seines Monologs vor dem schweigenden Richter wird er sich selber des Mordes überführen.[5] Glauser selbst wurde 1918 wegen «liederlichen und ausschweifenden Lebenswandels» entmündigt und war sein eigenes Schriftstellerleben lang ein notorischer Vagabund. In prototypischer Weise zeigt sich bei ihm die Engführung einer Vagabundenbiographie mit einer Poetik des Vagabundentums.[6] In Ernst Tollers *Schwalbenbuch* wiederum, einer Lyriksammlung, die 1924 im Gefängnis Niederschönenfeld entstand, wird die Befreiung aus dem Gefängnis als Auferstehung und Selbstneuschöpfung imaginiert.[7] Und Klabund, um mit ihm den unvollständigen Reigen von Vagabunden und Vaganten zu beschliessen, Klabund, dieser «letzte freie Rhapsode, der Letzte aus dem alten Geschlecht dichtender Vaganten»[8], inszeniert in seinen Texten die eigene Selbsterschaffung: «Klabund wurde ich. Ich wurde Klabund.»[9] Bereits mit der Wahl des Pseudonyms Klabund, einer Kombination aus ‹Klabautermann› und ‹Vagabund›,[10] weist

---

4 Der Roman blieb unpubliziert, das Typoskript wird im Nachlass von Emmy Hennings im Schweizerischen Literaturarchiv aufbewahrt, Signatur HEN A-02-b-02, S. 2. Orthographie und Interpunktion werden hier unverändert übernommen.
5 Friedrich Glauser, «Verhör», in: Ders. *Der alte Zauberer. Das erzählerische Werk Bd. II: 1930–1933*. Hg. von Bernhard Echte und Manfred Papst. Zürich, 1992, S. 219–231, hier S. 221.
6 Zu Glausers Ästhetik des Vagabundentums vgl. Christa Baumberger, «Da und Fort. Zur Ästhetik des Vagabundentums bei Friedrich Glauser», in: Brittnacher/Klaue, *Zur Poetik des Vagabundentums* (wie Anm. 2), S. 61–70.
7 Ernst Toller, *Das Schwalbenbuch*, Potsdam 1924.
8 Carl v. Ossietzky, «Klabund», in: *Die Weltbühne* 24 (1928/2), S. 302f.
9 Klabund, «Die Enthüllung», in: Ders., *Werke in acht Bänden. Band 8: Aufsätze und verstreute Prosa*. Hg. von Joachim Grage und Christian von Zimmermann. Berlin 2003, S. 185–189, hier S. 185.
10 Christian von Zimmermann, «Klabund – Vom expressionistischen Morgenrot zum

der Schriftsteller mit dem ursprünglichen Namen Alfred Henschke auf eine mögliche Selbstdeutung im Zeichen des Vaganten und erhebt den ständigen Wandel zum biographischen und poetischen Programm. Vagabundierende Gestalten bevölkern entsprechend auch sein Erzählwerk, so etwa die Romane *Bracke* (1918), *Franziskus* (1921) oder *Roman eines jungen Mannes* (1930).

II. *Wendel von Euw*: ein antimoderner Vagabundenroman

Wendels Weigerung, seine Personalien anzugeben und sich identifizierbar zu machen, und sein Beharren auf einer Pluralität von Wesensmerkmalen, die zwar ein Puzzle, aber damit noch lange kein einheitliches (Persönlichkeits-)Bild ergeben, stehen am Anfang des Romangeschehens und sind zugleich Symptome einer komplexen identitären Gebrochenheit, die typisch ist für diese Epoche. Sie manifestiert sich bereits in der ironischen Brechung der Anfangsszene, wozu natürlich Wendels Name passt, denn er ist ja keineswegs zufällig, sondern höchst sinnfällig: Der Name impliziert bereits die Wende und den Wandel, die den Roman strukturieren. Wendel feiert in dieser Nacht seine «Wendefeier» (GW VIII, 11). Er kehrt zu den Wurzeln, den «Urquellen» (GW VIII, 20) der Heimat zurück, um dort ein neues Dasein zu beginnen. Die Inhaftierung und der Ausbruch aus dem Gefängnis stehen sinnbildlich am Anfang eines langen Prozesses der inneren Befreiung, des Wandels und der Selbstfindung. Vorausgenommen wird dies in einer ersten karnevalistischen Szene im Sinne Bachtins, welche die radikale Umkehrung aller Normen und Werte gestaltet und die bestehende behördliche Ordnung subvertiert:[11] So nimmt Wendel in der ersten Nacht bereits den Wärter gefangen, befreit dann zuerst sich und später auch seinen vormaligen Bewacher. Unter einem Baum inszeniert er eine Feier der Natur und der äusseren und inneren Befreiung, es manifestiert sich so eine utopisch-anarchische Vision einer egalitären Gemeinschaft, aus welcher der Wärter allerdings alsbald grotesk hüpfend entflieht.

An Wendel lässt sich in exemplarischer Weise das Verhältnis von Zivilisationskritik und Vagabundentum in der Zwischenkriegszeit auf-

---

Dichter der Jazz-Zeit. Eine biographische Skizze.» In: Klabund, *Werke in acht Bänden* (wie Anm. 9), S. 411–464, hier S. 421.

11 In Bachtins Karnevalismus-Konzept löst der närrische *mundus inversus* der karnevalesken Manifestationen anarchisch Grenzen auf zwischen Oben und Unten, Kunst und Leben, Innen und Aussen, Ernst und Spass, vgl. Michail Bachtin, *Rabelais und seine Welt. Volkskultur als Gegenkultur.* Frankfurt a.M. 1987.

zeigen – in einer *antimodernen Ausprägung* allerdings. Und das ist bemerkenswert, denn die Poetik des literarischen Vagabundentums ist in den 1910er- und 1920er-Jahren eng verknüpft mit den vielgestaltigen Avantgardebewegungen. Am Ursprung steht ein bestimmter Autorhabitus, typischerweise eine Aussenseiterexistenz, wie sie Emmy Hennings oder Else Lasker-Schüler in der Münchner Bohème und später während langen Wanderjahren führen, oder Erich Mühsams revolutionäre Aktivitäten. Daran schliesst sich eine avantgardistische Ästhetik mit innovativen Sprach- und Stilexperimenten. Realität und Fiktion verschmelzen, die Figuren im Text und die realen Autorpersönlichkeiten sind häufig kaum voneinander zu trennen.[12]

Meinrad Inglin und die von ihm geschaffene Figur Wendel von Euw sind in den 1920er-Jahren auf je eigene Weise Ausbrecher, Revoltierende, Provokateure. Doch sie lassen sich einer Poetik des literarischen Vagabundentums nicht zuordnen; sie verkörpern einen anderen Typus, ein *antimodernes* Vagabundentum.[13]

Was zeichnet dieses aus? Erstens die radikale Abkehr von der Grossstadt und den sich dort entfaltenden avantgardistischen Schreibweisen. Zweitens ein Weitertradieren romantischer Konzepte: Der Vagabund macht naturmystische Einheitserfahrungen, der Anblick urtümlicher Natur lässt ihn das Unendliche erahnen und bringt ihn in Einklang mit dem ganzen Universum. Drittens ein Identitätskonzept, das sich mit dem alltagssprachlichen Begriff der ‹Selbstfindung› fassen lässt und das zu einer Mythisierung von Identität beiträgt. Das Umherstreifen und zeitweilige Ausscheren aus der Gesellschaft ist weniger ein Zeichen grundlegender Dissoziation, sondern dient vielmehr der Suche nach dem eigenen Wesenskern und der Stabilisierung der eigenen Person. Aufbruch, Heimkehr und Identitätsfindung erscheinen

---

12 Zum Begriff der «historischen Avantgarde», der im heuristischen Sinne als Oberbegriff für die zahllosen einzelnen «Ismen» dieser Jahre verwendet wird, sowie zur literarischen Moderne vgl. Walter Fähnders, «Avantgarde – Begriff und Phänomen», in: *Literarische Moderne. Begriff und Phänomen*. Hg. von Sabina Becker und Helmuth Kiesel. Berlin 2007, S. 277–290.

13 Bei der Verwendung des Begriffs «literarische Moderne» resp. des Umkehrbegriffs «Antimoderne» berufe ich mich auf Helmuth Kiesel, *Geschichte der literarischen Moderne. Sprache – Ästhetik – Dichtung im zwanzigsten Jahrhundert*. München 2004, S. 32f. Kiesel unterscheidet verschiedene Phasen der literarischen Moderne: Auf eine programmatische Moderne folgt ab 1909 die avantgardistische, gefolgt von einer reflektierten und kombinatorischen Moderne in den 1920er-Jahren. Das hervorstechende Merkmal ist die «Selbstverpflichtung der Moderne zur Dauerinnovation». Drei Formen der Überwindung lassen sich dabei unterscheiden: organische Entwicklung, schroffe Entgegensetzung oder eine spezifische Kombinatorik. Zum «Phantasma Moderne» resp. zu antimodernen Tendenzen in der Literatur der Schweiz vgl. Ursula Amrein, *Phantasma Moderne. Die literarische Schweiz 1880 bis 1950*. Zürich 2007.

so als ein Bewusstwerdungsprozess, das Umherstreifen enthält kein anarchisches Moment. Experimentelle ästhetische Schreibweisen haben in einem solchen Konzept keinen Platz.[14]

III. Abkehr von der Grossstadt: Spenglers Kulturmorphologie

Der Autor Meinrad Inglin und die Figur Wendel haben einiges gemeinsam, beispielsweise ihr ambivalentes Verhältnis zu Metropolen. Beide verbringen einige Zeit in Berlin und kehren dann in die Heimat zurück. Die Rückkehr ist definitiv und für die Etablierung des Autorhabitus von grösserer Relevanz als der Aufbruch in die Metropole. Die 1922 in Berlin verbrachten Monate sind denn auch Inglins einziger längerer Auslandaufenthalt. Er erreicht dort sein Ziel, für den ersten Roman *Die Welt von Ingoldau* einen Verlag zu finden. Der Roman erscheint Ende 1922 bei der Deutschen Verlagsanstalt und wird in Inglins Heimatdorf zu einem regelrechten Skandal, doch Inglin ist zu diesem Zeitpunkt bereits wieder in seinem Herkunftsort und beendet in Schwyz den in Berlin begonnenen zweiten Roman *Wendel von Euw*, sein «opus II».[15] Diese Eckdaten und Orte sind deshalb relevant, weil Inglin seinen Protagonisten Wendel im Sinne einer *mise en abîme* die eigene Autorwerdung nachvollziehen lässt: Die Abkehr von der Grossstadt und Rückkehr in die Schweiz sind notwendige Voraussetzung für die Autorgenese in der heimatlichen Provinz.

«Die Großstadt ist mir zu vielfältig, der Mensch beherrscht sie nicht, sie beherrscht den Menschen» (GW VIII, 30), so begründet Wendel seine Rückkehr. Mit der Grossstadt assoziiert er seine vormalige «Liebe zum Ungeordneten, Formlosen, Gärenden» (GW VIII, 21), doch nun kehrt er in die Provinz zurück, damit dort sein «Dasein Gestalt gewinne», und zwar wie er betont: «In einem Kreise edler Menschen, die mit Bedacht erzogen, ruhig aufgewachsen und mit den dunklen Mächten nicht in

---

14 Ein in Ansätzen ähnliches Konzept literarischen Vagabundentums entwirft Christian von Zimmermann am Beispiel der Rezeption Ulrich von Huttens; Christian von Zimmermann, «Ulrich von Hutten. Der Vagabund als Identifikationstypus in nationalerzieherischen biographischen Entwürfen», in: Brittnacher/Klaue, *Zur Poetik des Vagabundentums* (wie Anm. 2), S. 177–194.
15 Zu diesen Eckdaten, zur Bedeutung von Inglins Auslandaufenthalten und weiteren autobiographischen Bezügen vgl. Beatrice von Matt, «Wendel von Euw» in: Dies.: *Meinrad Inglin. Eine Biographie.* Zürich, 1976, S. 123–128 sowie S. 115f. – Über die Planung des «opus II» äussert sich Meinrad Inglin in einem Brief vom 25. Juni 1922 an Bettina Zweifel; abgedruckt in: *«Alles in mir heisst: Du.» Meinrad und Bettina Inglin. Der Briefwechsel.* Hg. v. Marzena Górecka. Zürich 2009, S. 71–73.

Berührung gekommen sind, [...].» (GW VIII, 26). Die Ordnung und Ruhe des Kleinstadt-Bürgertums soll den notwendigen Rahmen bieten, damit auch in Wendels Innerem Ordnung einkehre und er zu sich selber finde: «Kein Ort schien mir für mein Vorhaben geeigneter als gerade die kleine Stadt, in der ich geboren und aufgewachsen bin, dieses uralte Gemeinwesen mit seiner vornehmen, lebendig gebliebenen Überlieferung, die dem zersetzenden Geist der Zeit so lange widerstanden hatte» (GW VIII, 25). Wendel verknüpft die Seinsentfremdung und den «zersetzenden Geist der Zeit» mit dem Kosmopolitismus moderner Grossstädte. Diesem hält er das wohlgeordnete Gemeinwesen der übersichtlichen Kleinstadt entgegen. Er reproduziert damit, wie auch mit seiner expliziten Zivilisationskritik[16], in frappanter Weise Denkfiguren, die seit Oswald Spenglers epochemachender Schrift *Der Untergang des Abendlandes* (1918/1922) in den 1920er-Jahren breit debattiert werden.

Am Ursprung von Spenglers Kulturmorphologie steht der erstmals von Kant eingeführte Dualismus von Kultur und Zivilisation,[17] doch Spengler fasst die beiden Begriffe nicht wie üblich als Gegensatzpaar, sondern als zeitliche «Phase im Leben eines Kulturkreises»[18]. Dabei greift er auf Denkfiguren der Romantik zurück: Die Kultur erscheint als *natura naturans*, als lebendiges Werden; die Zivilisation hingegen ist *natura naturata*, starre Materie, äussere Form, totes Anorganisches. Die Kultur steht für die Seele, sie ist Chiffre für Heimat, Tradition und Boden, während die Zivilisation mit dem Intellekt verbunden wird: Sie steht für eine «seelenlose Massenexistenz», die sich bar jeder Bindung und Tradition in den kosmopolitischen Lebensformen der Metropolen manifestiert. Die Grossstädte sind charakteristischer Ausdruck der anorganischen Zivilisation, in ihnen vollzieht sich die Transformation des Menschen vom «formvollen mit der Erde verwachsenen Volk» zu einem «neuen Nomaden», einem «Parasiten».[19] Der moderne Grossstadtbewohner setzt sich dezidiert vom Bauerntum ab, er erscheint als traditionslos, irreligiös, faktenorientiert, intelligent, aber auch

---

16 Den «zersetzenden Geist der Zeit» fasst Inglin mehrfach in einprägsamen Bildern und Metaphern: «Die Zivilisation hat ganz und gar die Fäden in der Hand und schreibt die Gesetze vor, die Zivilisation ..., die Riesenpuppe mit der Maschine im Leib, die Göttin der neuen Zeit.» Zit. in von Matt, *Meinrad Inglin* (wie Anm. 15), S. 124.

17 Immanuel Kant, «Idee zu einer allgemeinen Geschichte in weltbürgerlicher Absicht» [1784], in Ders. *Gesammelte Schriften Bd. VIII*. Hg. von der königlich preussischen Akademie der Wissenschaften und Nachfolgern. 1900–, S. 17–31.

18 Oswald Spengler, *Der Untergang des Abendlandes. Umrisse einer Morphologie der Weltgeschichte* [1922], München 1988 (9. Aufl.), S. 43. Zu Spengler und dem Kulturkreis vgl. Dagmar Pöpping, *Abendland. Christliche Akademiker und die Utopie der Antimoderne 1900–1945*, Berlin 2002, S. 29–72.

19 Ebd., S. 45.

unfruchtbar: «Die Zivilisation setzt den Kosmopolitismus der Städte an die Stelle von Heimat, macht aus dem lebendigen Volk eine tote Masse und huldigt einem unnatürlichen Intellekt, der trotz oder gar wegen seiner Seinsentfremdung an die niedersten materiellen und sexuellen Instinkte appelliert.»[20]

In *Wendel von Euw* klingen alle diese Elemente an: So streift Wendel zwar durch die Grossstadt, doch die vielen Eindrücke bleiben unverarbeitet, sie lassen sich nicht in kreative Energie verwandeln. Tatenlos bleibt er dem Rausch hingegeben, und es geht ihm wie so vielen anderen in diesen Jahren: Gierig nach Erlebnissen und immer neuen Sensationen fühlen sie den «wahren Pulsschlag des Lebens» (GW VIII, 45) nur im Kontakt mit einer Prostituierten. Sie, in diesem Roman die Hure Lydia, verkörpern in emblematischer Weise das «Leben». In ihnen pulsiert der *élan vital*, eine Lebens- und Schaffenskraft, die Vitalisten und Expressionisten in diesen Jahren gleichermassen konzeptualisieren und literarisch gestalten. Zugleich erhalten die Effekte und schockhaften visuellen Reize der Grossstadt in der ruhelosen Nachtfigur der Prostituierten eine Art leitmotivische Struktur.[21]

«Erleben» ist dabei der grundlegende Wahrnehmungsmodus und eines der Reizwörter der 1920er-Jahre. In der phänomenologischen Philosophie bildet es einen Schlüsselbegriff in Absetzung zu «Wahrnehmung» und «Erfahrung»: «Das Erleben fügt der Wahrnehmung die Konzentration auf das Wahrgenommene hinzu, ohne jedoch Deutung einzuschließen. Erleben ist mehr als bloß sinnlicher Kontakt mit der Umwelt – aber doch weniger als die Transformation der genau betrachteten Umwelt in Begriffe.»[22] Wendel schreibt sich in dieses Erlebensparadigma ein, er ist Teilnehmer und Beobachter zugleich, denn er strebt nicht nur nach kurzfristiger sinnlicher Befriedigung wie die anderen, sondern will auch «im Geiste» (GW VIII, 46) daran teilnehmen: «Erleben wollten sie alle, erleben um jeden Preis, und ich, [...], ich wollte nichts anderes, und indem ich dieser brodelnden Versumpfung lustvoll erschüttert zusah, unterschied ich mich von jenen anderen nur durch die Helle meines Bewusstseins, nicht durch die Wegrichtung.» (GW VIII, 45).

Wendels Heimkehr von der Metropole in die Provinz erscheint als ein moralisch aufgeladener Reinigungsprozess. Er glaubt an diese Läuterung,

---

20 Pöpping, *Abendland* (wie Anm. 18), S. 34.
21 Zur Diskursgeschichte der Prostitution in der literarischen Moderne vgl. Dietmar Schmidt, *Geschlecht unter Kontrolle. Prostitution und moderne Literatur*. Freiburg i.Br. 1998 (Rombach Wissenschaften Reihe Litterae 54).
22 Hans Ulrich Gumbrecht, *1926. Ein Jahr am Rande der Zeit*. Frankfurt a.M. 2001, S. 204.

genauso wie an die stabilisierende Wirkung einer übersichtlichen kleinstädtischen Gesellschaftsordnung. In diesem Sinne erscheint seine Rückkehr als eine Konkretisierung der Umkehr von der Zivilisation zur Kultur. Der Roman partizipiert damit an einer Debatte, die innerhalb der Spengler-Nachfolge in den 1920er-Jahren, allen voran vom Kulturphilosophen Max Scheler und Ethnologen Leo Frobenius, intensiv geführt wird. Man kann Wendels (und Meinrad Inglins) Rückkehr auch als das versöhnliche Ende des Kampfes zwischen «Grossstadt und Provinz» verstehen, als eine Versöhnung zwischen Zivilisation und Kultur in Form einer Synthese der «provinziellen Kräfte mit den großstädtischen», wie sie dem Schweizer Literaturwissenschaftler Robert Faesi vorschwebte. Für ihn führte der Weg der Kultur nicht an der Grossstadt vorbei, sondern durch sie hindurch und schliesslich aus ihr hinaus. Faesi beklagte die «Mechanisierung und Entgötterung des Lebens» und sah eine Möglichkeit zur «Überwindung der Nurzivilisation» in der radikalen Abkehr von der Grossstadt und der «Neubildung religiöser, metaphysischer, kultureller Werte».[23] Genau davon lässt sich der Roman inspirieren, wobei mit dem Heimkehrermotiv auch das Motiv der Selbstfindung und die naturmythische Einheitserfahrung verknüpft werden. Damit wird Spenglers relativ schematische Kulturkonzeption überschritten.

IV. Selbstfindung und naturmythische Einheitserfahrung

Die in *Wendel von Euw* geschilderte Rückkehr macht das problematische Verhältnis von Künstler und Bürgertum offensichtlich. Denn die Aufnahme in die Kleinstadtgesellschaft erweist sich als schwierig, Wendel mutiert zum Querulanten und permanenten Ruhestörer. In Wendels Innern toben divergierende Kräfte: Dionysische und apollinische Elemente befinden sich in Widerstreit, die Nietzsche-Reminiszenzen – insbesondere die Anlehnungen an den *Zarathustra* – sind unverkennbar. Seine Provokationen, Streiche und Ausschweifungen kulminieren in einer grotesken mitternächtlichen Totenfeier für den Dichter Selbrich. Dessen Selbstmord ist die radikalisierte Form von Wendels eigener Auflehnung gegen das Bürgertum, der Dichter sein *alter ego*.[24]

23 Robert Faesi, «Der Kampf zwischen Grossstadt und Provinz in der deutschen Literatur», in: *Wissen und Leben*, 16. Jg., 3. Heft, 1922, S. 101–115, hier zit. S. 113–115.
24 Vgl. zu Inglins Nietzsche-Rezeption und zur Figuren-Konstellation Wendel-Selbrich: Marzena Górecka, *Tendenzen der Innerlichkeit in der deutschschweizer Literatur der Zwischenkriegszeit. Studien zu Meinrad Inglin und Albin Zollinger*. Lublin 2006, S. 120.

Wendel versucht aber auch die Gesellschaftsordnung analytisch zu durchdringen, ja, sie durch ein eigenes anthropologisches Modell zu erklären. Dieses erinnert mit seiner heliozentrischen Ausrichtung und den drei Kategorien von Wesen – Lichtfiguren, gemässigte Wesen und Schattengeschöpfe –, die sich in konzentrischen Kreisen zwischen ewiger Dämmerung und Licht hin zur Erleuchtung bewegen, an das Kulturkreismodell des Kulturphilosophen Ernst Troeltsch. Auch dieses ist konzentrisch angeordnet und umfasst verschiedene Sozialsysteme, von der Menschheit ganz aussen, über die Nationen, kleinere soziale Gruppen, die Familie, bis zum einzelnen Subjekt im Kern.[25] Troeltschs Postulat, dass die Erneuerung und Neuschöpfung nicht einem Kollektiv in den äusseren Kreisen, sondern einzig dem genialischen Subjekt im Zentrum gelingt, entspricht Wendels eigener Erkenntnis. Nach diversen Zusammenkünften und Konfrontationen mit bürgerlichen Kreisen wendet er sich enttäuscht von der Kleinstadtgesellschaft ab und muss den Einordnungsversuch als Irrtum erkennen. Er erkennt, dass der Weg zum Ich nur über die Vereinzelung gelingt:

> Außen hatte ich nichts zu suchen und zu tun, ich durfte mich nie mehr an eine Gesellschaft verschleudern, die mich nicht trug, eh' ich mich selber ganz besaß. Was war das für ein törichtes Unterfangen gewesen, diese Rückkehr aus der in hundert Richtungen auseinander strebenden Welt in einen so beschränkten und verflachten Umkreis, der nur im kleinen wiederholte, was dort im großen geschah! Die unsichtbare Mitte dieser Stadt, ihre Geschlossenheit aus edlem Herkommen, das Gleichgewicht ihrer Bestrebungen, ihre verwandten Pulse, ihre Überzahl gebildeter Bewohner hatten nur in meiner von Wünschen trunkenen Vorstellung gelebt. (GW VIII, 117).

Die Konfrontation mit der Gesellschaft kulminiert in einer Duellszene, wobei die Todesnähe ein besonderes Erkenntnismoment birgt. Sie führt ihn zum «Urgrund des Lebens» (GW VIII, 147) und läutert ihn zu einer Lichtfigur. Fortan erscheint Wendel als eine Art Prophet, der durch sein Anderssein zwar einsam, dafür aber auch besonders hellsichtig ist:

> Die Nähe des Todes machte mich hellsichtig. Ich fühlte den Haß einer ganzen Gesellschaft, einer erstarrten, dumm verschlossenen Herde, die mich mit roher Gewalt ausschied, da sie mich nicht ertrug. Durch meinen Glauben an ihre schönste Gestalt hatte ich, ohne es zu wissen, auch an sie noch geglaubt. Jetzt

---

25 Ernst Troeltsch, *Der Historismus und seine Überwindung. Fünf Vorträge von Ernst Troeltsch*. Kensington/Berlin 1924, S. 37. Referiert in Pöpping, *Abendland* (wie Anm. 18), S. 55.

war diese letzte Brücke zusammengebrochen, ich lag einsam, erschöpft, verwundet drüben auf dem menschenleeren Ufer [...]. (GW VIII, 146).

Der gesamte Roman erscheint als eine gross angelegte Inszenierung einer Selbstfindung: von der epiphanischen Erkenntnis eines nur zu enthüllenden Kerns der Ich-Einheit, der Erzählstruktur einer rituell wiederholten Selbstbegegnung bis zur Suche nach einem Ich, das als unangreifbare Instanz lediglich gehört und geschaut werden muss.[26] Die vermeintliche Todesnähe des Duells bildet dabei einen Wendepunkt, aus dem in einem Akt transzendentaler Selbstschöpfung ein verwandeltes, freies Subjekt hervorgeht.

Diese Freiheit gewinnt Wendel nicht wie erhofft durch die Eingliederung in die Gemeinschaft der heimatlichen Kleinstadt, sondern in der Natureinsamkeit zusammen mit der ehemaligen Prostituierten Lydia. Sie hat das Sinnlich-Dämonische in sich drin überwunden, sich in einem langwierigen Prozess geläutert und ist nun bereit für die reine Liebe: «[...] das Unbeherrschte war gebändigt, das gefährlich Grenzenlose bezwungen» (GW VIII, 166).[27]

Nun kann die Ich-Werdung und gleichzeitige Transformation zum Dichter stattfinden: Wendel wird auf den expliziten Wunsch Lydias zum Weltenschöpfer; er erscheint ihr als Erschaffer der ganzen Naturherrlichkeit, die im Sonnenaufgang erstrahlt. Aus der abgrundtiefen Dunkelheit ihres triebgeleiteten Wesens hat er sie zu einem erhellten und erhöhten Dasein geleitet. Sonnenaufgang und Schöpfung, in der Romantik häufig in naturpoetischen und naturmystischen Schriften und Lyrik enggeführt, verbinden sich auch hier. Natur und Mensch schliessen sich in dieser geläuterten Liebesverbindung zu einem trunkenen Einheitsempfinden zusammen.[28] Und aus dieser entsteht reine Poesie: Wendel und Lydia beginnen im Gleichklang zu dichten. Die Wechselrede des Gedichts und das Liebeszwiegespräch erinnern an Goethes *West-östlichen Divan*, neoromantisch dagegen erscheint die im

---

26 Analog dazu fasst Walter Erhart den antimodernen Gestus von Hermann Hesses Literatur anhand der hier genannten Konstituenten unter dem Aspekt der «Selbstfindung»: Walter Erhart, «Vom Mythos der Identität. ‹Jugendschriften› und ‹Selbstfindungsromane›», in: *Hermann Hesse und die literarische Moderne. Kulturwissenschaftliche Facetten einer literarischen Konstante im 20. Jahrhundert*. Hg. von Andreas Solbach. Frankfurt a.M. 2004, S. 414–433.
27 Vgl. zu diesem Läuterungsprozess und der Liebesverbindung von Wendel und Lydia: von Matt, *Meinrad Inglin* (wie Anm. 15), S. 123f. und S. 260.
28 Vgl. dazu: Manfred Engel, «Fiat lux? Literarische Sonnenaufgangsbilder zwischen Aufklärung und Romantik und die Kulturgeschichte der Symbolbildung», in: *Studien zu Literatur, Sprache und Geschichte in Europa*. Hg. von Albrecht Greule u.a., St. Ingbert 2008, S. 77–88. Zur naturmythischen Überhöhung bei Inglin vgl. Górecka, *Tendenzen der Innerlichkeit* (wie Anm. 24), S. 123–132.

Gedicht evozierte Erstehung des Menschen aus der Natur, und die Einheitserfahrung in der Liebeszusammenkunft scheint vom «Trunkenen Lied» in *Zarathustra* motiviert. Nietzsches Hymnus auf alles Seiende im glänzenden Licht des Eros wird hier als Wiedergeburtsszene evoziert.[29] Wobei das frühere expressionistische Pathos, die Exaltiertheit und das formal Ungezähmte nun definitiv überwunden sind und in Gleichmass verschmelzen.

V. Vexierspiel von Realität und Fiktion

Der Vagabund als Autorentypus und literarische Figur treibt in der literarischen Moderne ein oftmals verwirrendes Vexierspiel. Die bewusste Engführung von Autorexistenz und literarischer Figur sowie die vermeintlich geradlinige Überführung des Lebens in Literatur verlocken zur biographischen Lektüre. Doch eine solch einfache Entschlüsselung von Vagabundentexten erweist sich häufig als (ent)täuschend.

Die autobiographische Fundierung von Inglins *Wendel von Euw* lässt einen direkten Rückbezug von der Figur zum Autor verführerisch erscheinen; umso mehr, als sich in Inglins Nachlass mehrere Dokumente finden, die zu einem solchen Vexierspiel einladen. Doch sind dies nicht mehr als Spuren, die sich allenfalls zu Indizien verdichten lassen. Das Bettina Zweifel gewidmete Typoskript, liebevoll in schwarzes Tuch eingebunden, enthält eine ganze Anzahl solcher Spuren. Die handschriftlichen Anmerkungen von Bettina Zweifel machen deutlich, wie sehr sie mit dem Paar im Roman sympathisierte, sich ansatzweise gar identifizierte. Insbesondere zeigte sie sich von der epiphanischen Einheitserfahrung im Schlusskapitel angetan, wie der Kommentar auf der letzten Seite des Typoskripts belegt: «Ein ganz, ganz wundervolles Kapitel!»[30] Inglins literarischer Kosmos entfaltete eine grosse Präsenz in der Beziehung zwischen ihr und Inglin. Die von ihm geschaffenen fiktiven Figuren wurden wie reale Personen in den Dialog integriert. So liess Bettina Zweifel in Briefen häufig auch Grüsse an die Figuren ausrichten, an denen Meinrad Inglin gerade arbeitete, und bezeichnete seine Romane und Romanfiguren als ihre Kinder.[31]

---

29 Zu diesen und weiteren Bezügen bis hin zu den indisch-upanishadischen Liebesliedern aus dem Gedichtzyklus *Gitanjali* von Rabindranath Tagore, über den sich Inglin in Zeitungsartikeln und Briefen geäussert hat, vgl. Górecka, *Tendenzen der Innerlichkeit* (wie Anm. 24), S. 129.

30 Das Typoskript befindet sich im Nachlass von Meinrad Inglin in der Kantonsbibliothek Schwyz, Signatur NI W 3.01.01. Im Folgenden werden Nachlassmaterialien mit der Sigle NI und der jeweiligen Signatur zitiert.

31 Vgl. den Brief vom 13. April 1923: «Ich wünsche Dir einen Tag voller Seligkeit! Grüsse

Abb. 11: Bettina Zweifel und Meinrad Inglin am See. (Nachlass Meinrad Inglin, Kantonsbibliothek Schwyz)

Die Fotoalben aus den Jahren 1924 und 1925 zeigen, dass die reine und geläuterte Einheit von Mensch und Natur, zu welcher der ganze Roman hinführt, auch für das reale Paar ein Sehnsuchtsmoment darstellte. In vielfachen Posen und vor unterschiedlicher Landschaftskulisse wird dieses Einheitserlebnis in und mit der Natur inszeniert. Das versunkene Betrachten des Sonnenunterganges über dem Wasser nach dem Bad im See ist Chiffre des vollkommenen Glücks und der Einheit in der Liebe. Auf mehreren Fotografien wird diese höchst symbolische Schlussszene des Romans von Bettina Zweifel und Meinrad Inglin gleichsam nachgestellt. Autor und Geliebte verleihen so den fiktiven Figuren Wendel und Lydia eine Art Realpräsenz.[32]

VI. Antimoderne Vagabunden in der Schweizer Literatur der 1920er-Jahre

Abkehr von der Grossstadt und Rückkehr in die Provinz, Überhöhung der Ich-Identität und naturmythische Einheitserlebnisse zeichnen den antimodernen Vagabunden aus. Neben Wendel zieht eine Reihe weiterer solcher Vaganten durch die Schweiz der 1920er-Jahre. Am auffälligsten ist wohl die Nähe zu Hermann Hesse. In Hesses Romanen, so Walter Erhart, hat das Modell der Selbstfindung seinen herausragenden literaturgeschichtlichen Ort gefunden. Dieses wird mit je andern Protagonisten symptomatisch reproduziert: «Dem Helden eröffnet sich inmitten seiner zerfallenden äusseren und inneren Sinnbezüge [...] eine als Epiphanie erlebte Ich-Werdung, die den vorausgegangenen ‹Zufall› der Erlebnisse in die Gewissheit der Ich-Einheit verwandelt.»[33] So lässt beispielsweise die Figur Klein in der Novelle «Klein und Wagner», die 1920 in der Erzählsammlung *Klingsors letzter Sommer* erscheint, ihr gewohntes Leben hinter sich, durchquert die Alpen und setzt sich im Süden einem ganz ähnlichen inneren Widerstreit dionysischer und apollinischer Kräfte wie Wendel aus, bevor sie dann – nach versuchter Selbstauslöschung und unterstützt von einer südlichen Schönheit – zu sich selber findet. Auch bei ihr löst die Todesnähe eine Erleuchtungs- und Wie-

---

Wendel & Deine Tante!», in: Górecka, *«Alles in mir heisst Du»* (wie Anm. 15), S. 93, sowie den Brief vom 8. Oktober 1923: «Wann wird dies sein? Erst, wenn der Wendel, unser erstes Kind (!) schon <u>ganz</u> auf der Welt ist? –», in: Górecka, *«Alles in mir heisst Du»* (wie Anm. 15), S. 117.

32 Fotoalben III und IV, NI M 07.02. Zu klären wäre die Urheberschaft der Fotografien, denn diese ist für die inszenatorische Dimension von Bedeutung.

33 Erhart, Vom Mythos der Identität. *Hermann Hesse und die literarische Moderne* (wie Anm. 26), S. 423.

Meinrad Inglin

Wendel von Euw

Roman

Wendel ist ein Original; er vagabundiert, weil es ihm so gefällt. Sein Aufzug, sein Benehmen bringt ihn in Zwist mit der bürgerlichen Ordnung. Aber im Gewande des Bummlers steckt ein tätiger Mensch; in dem scheinbar Steuerlosen bildet sich ein Charakter, der das Äußerste wagt. Inglin ist ein Buch geglückt, das den ganzen Zauber jugendlicher Romantik mit der Reife ernster Männlichkeit vereinigt.

Deutsche Verlags-Anstalt
Stuttgart Berlin

Abb. 12: Erstausgabe *Wendel von Euw* (Deutsche Verlags-Anstalt 1925).

dergeburtsvision aus. Der nach innen gerichtete Selbstfindungsprozess führt am Schluss wieder zu einer Öffnung gegen aussen.[34]

Diese Öffnung und partielle Versöhnung gehört als weiteres Charakteristikum zum hier dargelegten Konzept des literarischen Vagabundentums: Am Schluss der langwierigen Auseinandersetzung mit der Gesellschaft und mit sich selber steht wenn nicht die Wiedereingliederung, so doch die innere Aussöhnung mit dem herrschenden bürgerlichen System. Es kommt zu keinem offenen Konflikt und zu keinem Bruch, sondern die revolutionären Kräfte werden gebunden, zu kreativer Energie transformiert und in dichterische Inspiration verwandelt.

Eine solche «Versöhnung von Seele und Geist» – und damit verknüpft die Auflösung des Antagonismus von Kultur und Zivilisation – strebte Robert Faesi unter Einbezug der Argumente von Hermann Keyserling und Thomas Mann an. Er postulierte eine «organische Durchdringung der provinziellen Kräfte mit den großstädtischen» und sah genau darin den literarischen Mehrwert der stark regional verankerten Schweizer Literatur.[35] In prototypischer Weise fand er dieses Ideal bei Gotthelf verwirklicht, Inglin und sein Protagonist Wendel haben darin aber genauso ihren Platz. Dass sich diese literarische Nische überdies buchmarkttechnisch verwerten liess, erkannte auch der Verlag. So wirbt bereits die Erstausgabe von *Wendel von Euw* mit der Wandlung Wendels vom Vagabunden zum «tätigen Menschen»:[36]

> Wendel ist ein Original; er vagabundiert, weil es ihm so gefällt. Sein Aufzug, sein Benehmen bringt ihn in Zwist mit der bürgerlichen Ordnung. Aber im Gewande des Bummlers steckt ein tätiger Mensch; in dem scheinbar Steuerlosen bildet sich ein Charakter, der das Äußerste wagt. Inglin ist ein Buch geglückt, das den ganzen Zauber jugendlicher Romantik mit der Reife ernster Männlichkeit vereinigt.

---

34 Zu Hesses Novelle «Klein und Wagner» vgl. Christa Baumberger, *Resonanzraum Literatur. Polyphonie bei Friedrich Glauser*. München 2006, S. 170–180. An Hesses literarischem Urteil war Inglin gelegen, wie die Hesse-Spuren im Inglin-Nachlass in Schwyz belegen. Das Konvolut der Korrespondenz zwischen Hesse und Inglin umfasst dreizehn Briefe (NI K 423). Inglin liess Hesse unbekannterweise *Die Welt von Ingoldau* zukommen und erhielt 1923 eine wohlwollende Antwortkarte. Zu einer persönlichen Begegnung kam es jedoch erst zwanzig Jahre später, nach der Veröffentlichung des *Schweizerspiegels*.

35 Faesi, «Der Kampf zwischen Grossstadt und Provinz in der deutschen Literatur», in: *Wissen und Leben* (wie Anm. 23), S. 113. Zur Grossstadt-Kontroverse in der Schweizer Literatur vgl. den grundlegenden Aufsatz von Ursula Amrein, «Großstadt und Moderne. Literarische Inszenierungen und poetologische Kontroversen um 1900», in: Dies., Phantasma Moderne (wie Anm. 13), S. 31–48.

36 Die Erstausgabe von *Wendel von Euw* erschien in der Deutschen Verlags-Anstalt, Stuttgart/Berlin 1924 (vordatiert auf 1925). Hier zitiert aus dem Handexemplar, NI W 3.02.

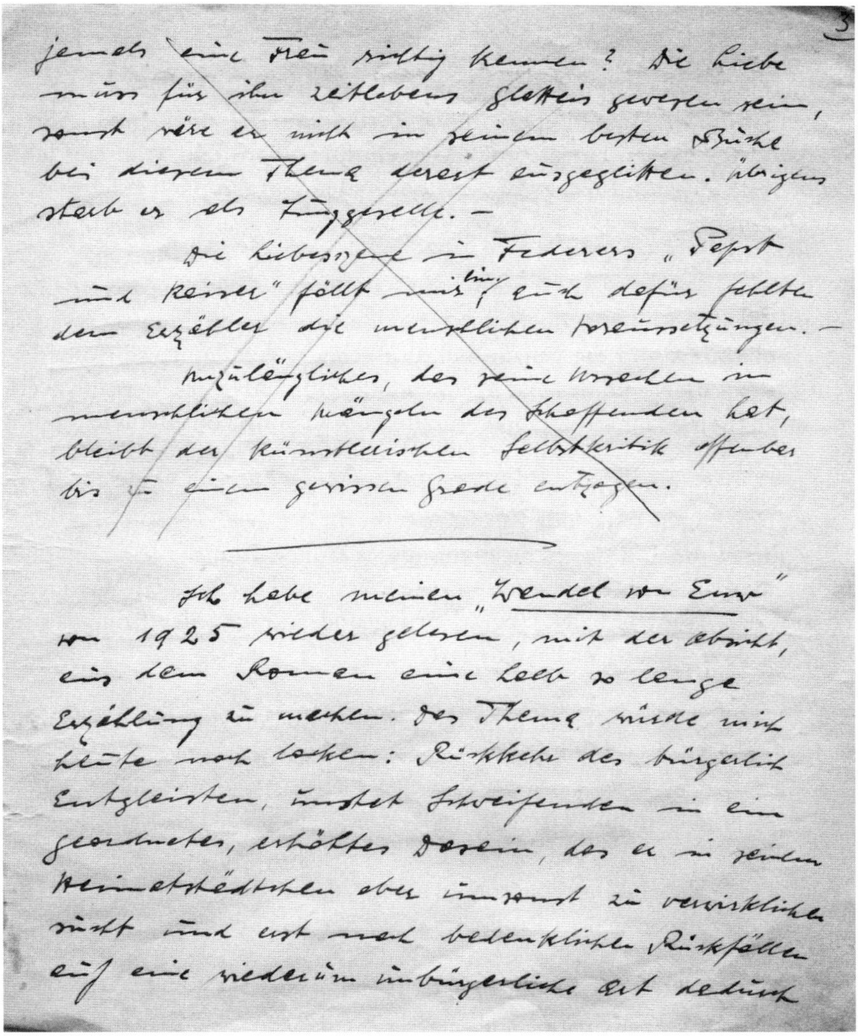

Abb 13: Handschriftliche Notiz zu *Wendel von Euw* in «Unerledigte Notizen VII». (Nachlass Meinrad Inglin, Kantonsbibliothek Schwyz)

Mit der hier evozierten inneren Wandlung wird eine Kernproblematik von Inglins Schaffen benannt. Dieser Prozess, bei dem offene Widerstände, Konflikte und Provokationen überwunden werden und der zu einem erhöhten, innerlich und äusserlich versöhnten Dasein führt, hat Inglin während Jahrzehnten beschäftigt. In Wendel von Euw findet man ihn noch auf eine sehr direkte, ungeformte, fast rohe Art literarisiert. Dies war sicher ein Grund, weshalb Inglin seinen zweiten Roman später verwarf und ihn sogar testamentarisch aus seinem Werk verbannte.[37] Inglins vehemente spätere Ablehnung hebt den Roman jedoch gerade ins Bewusstsein eines aufmerksamen Leserpublikums und die genaue Lektüre zeigt, welch eminente Rolle diesem Roman innerhalb des Werkganzen zukommt: Als ein Übergangswerk markiert er eine zentrale Etappe hin zur Entwicklung von Meinrad Inglins bürgerlich-realistischer Ästhetik. Und als einer der raren Schweizer Romane mit expressionistischen Anklängen gewinnt er eine über den Werkkontext des Autors hinaus reichende Relevanz.[38]

Inglins Wandel in der Beurteilung dieses frühen Romans kann an einer Notiz aus dem Nachlass skizziert werden. Während des Zweiten Weltkriegs begann der Autor mit der Überarbeitung und Kürzung des Romans und hielt aus zwanzigjähriger Distanz fest:

> Ich habe meinen «Wendel von Euw» von 1925 wieder gelesen, mit der Absicht, aus dem Roman eine halb so lange Erzählung zu machen. Das Thema würde mich heute noch locken: Rückkehr des bürgerlich Entgleisten, unstet Schweifenden in ein geordnetes, erhöhtes Dasein, das er in seinem Heimatstädtchen aber umsonst zu verwirklichen sucht und erst nach bedenklichen Rückfällen auf eine wiederum unbürgerliche Art dadurch zu erleben beginnt, dass er (mit Lydia) sozusagen die gereinigten Elemente des Chaotischen in die Rechnung einbezieht. Die Lektüre hat mich aber so enttäuscht und beschämt, dass ich verzichte. Ich habe damals mit meiner frisch erworbenen Sprachgewandtheit zu fahrlässig drauflos geschustert, ~~dass stellenweise nicht viel mehr herauskam als ein zuchtloses Geflunker~~. Einzelne Episoden sind wohl nicht übel, aber im Ganzen ist es ein unseliges Produkt.[39]

---

37 Vgl. von Matt, Meinrad Inglin (wie Anm. 15), S. 143.
38 Als weiteres Beispiel eines expressionistischen Romans der Schweizer Literatur sei hier einzig Otto Wirz' Gewalten eines Toren (1923) genannt. Die vielfachen inhaltlich-motivischen und stilistischen Parallelen zu Wendel und die Analogien in der Figurenkonzeption wären im Detail herauszuarbeiten. Deutliche Analogien lassen sich auch zu Spittelers Imago (1906) herstellen.
39 Handschriftliche Notiz zu Wendel von Euw in «Unerledigte Notizen VII», NI M 23.04. Später redigiert unter dem Titel «Vom Umarbeiten» publiziert in: Notizen des Jägers.

In wenigen Sätzen umreisst Inglin noch einmal die Grundproblematik in *Wendel von Euw*: die Rückkehr und Eingliederung in die Kleinstadt, das Scheitern und das Einheitserlebnis mit der geläuterten Frau. Die Wortwahl zeigt deutlich, dass Inglin als Künstler nun «in den Stand der Verantwortung als Bürger» gewachsen ist, wie es Werner Weber einige Jahrzehnte später in seinem Nekrolog auf den Autor formuliert: «moralische Urteilskraft», Läuterung und Zucht, sprich ein gemessener Stil und abgedämpfter Ton sowie ein «verantwortungsbewusstes, freies, urteilsfähiges Menschentum» sind nun sein Ideal.[40] Inglin distanziert sich vom früheren «zuchtlosen Geflunker», lässt dieses aber unter der handschriftlichen Streichung noch einmal tüchtig hervorzischen, als hätte er insgeheim doch Freude am Überschwang des frühen Textes.

Sein Vagabund Wendel lebt dennoch fort. Einfach so wegstreichen und wegkürzen lässt er sich nicht. Dies beweist das Handexemplar des Romans im Nachlass, in dem Inglin zwar begann, mittels Streichungen das expressionistische Pathos zu mildern und zu eliminieren. Doch bereits im zweiten Kapitel hörte er auf damit, das Unterfangen musste ihm allzu hoffnungslos scheinen. So ist die Schweizer Literatur um eine schillernde Vagabundenfigur reicher.

Nachlese und Nachlaß, GW X, 52–56. (Unter-)Streichungen wurden unverändert übernommen.
40 «Meinrad Inglin gestorben», in: *Neue Zürcher Zeitung*, 6. 12. 1971.

CORDULA SEGER (ST. MORITZ)

Grand Hotel Excelsior – Chiffre seiner Zeit

Das Grand Hotel kann als Chiffre der Moderne beschrieben werden und nimmt in der Literatur der 1920er- und frühen 1930er-Jahre einen zentralen Platz ein. Innerhalb des Mikrokosmos Hotel werden die dispers gewordenen Erfahrungsformen, Wahrnehmungsmodi und Lebensentwürfe noch einmal gebündelt dargestellt, bevor die «Welt von gestern»[1] endgültig auseinanderfällt. Was Peter Sloterdijk 1983 in seiner *Kritik der zynischen Vernunft* festgehalten hat, liest sich wie ein verdichtetes Resümee zu Meinrad Inglins *Grand Hotel Excelsior* von 1928: «Im Hotel schien das Weltchaos sich noch einmal zu einem schillernden Kosmos zusammenzusetzen; wie eine letzte organische Form stemmte es sich der Mischung und der Beliebigkeit der Ereignisse entgegen.»[2] Inglins Versuch, eine Parabel zu verfassen, scheitert am eigenen Anspruch. Doch gerade das Überlaute, Schräge und Ungefüge – Aspekte, die Inglin später glätten wollte, – machen *Grand Hotel Excelsior* zu einem wichtigen Zeitzeugen und eröffnen Vergleiche mit Joseph Roths *Hotel Savoy* (1924), Maria Leitners *Hotel Amerika* (1930) und Stefan Zweigs Roman aus dem Nachlass *Rausch der Verwandlung* (teilweise 1931),[3] Erzählungen, die ihrerseits diese Spannung von Aufbruch und Übergang in Form und Inhalt reflektieren.

I. Grenzüberschreitungen

Das imaginäre Grand Hotel ist in den 1920er-Jahren vom Versuch gelenkt, noch einmal innerhalb einer fassbaren Hülle die Zeit zu bündeln und Menschen über die Gemeinsamkeit ihres Aufenthalts als Kollektiv zu beschreiben. Gleichzeitig zerrüttet das Wissen um die Hinfälligkeit dieser Ordnung

---

1 So der bekannte Titel von Stefan Zweigs Buch *Die Welt von gestern. Erinnerungen eines Europäers*, erstmals postum 1942 erschienen.
2 Peter Sloterdijk, «Hoppla – leben wir? Neusachliche Zynismen und Geschichten vom schwierigen Leben», in: Ders., *Kritik der zynischen Vernunft*. Bd. 2. Frankfurt a.M. 1983, S. 876–900, hier S. 898.
3 Stefan Zweigs in den 1930er-Jahren entstandenes Romanfragment wurde 1982 unter dem Titel *Rausch der Verwandlung* von Knut Beck aus dem Nachlass herausgegeben.

die Fundamente. Die Charaktere der Gäste und des Personals sind dispers, die Hierarchien haben sich so weit verflacht, dass eine kleine Erschütterung genügt, das Konstrukt zu gefährden. Es wird immer schwieriger, Balance zu halten zwischen einer Öffnung gegenüber den veränderten Zeichen der Zeit, einer Haltung also des notwendig Inklusiven, und einer bewahrenden exklusiven Geschlossenheit.

Die Figur der jungen, attraktiven jedoch mittellosen Frau personifiziert dieses labile Gleichgewicht und ist damit eine beliebte Protagonistin der Hotelliteratur der Zwischenkriegszeit. So lässt Stefan Zweig in *Rausch der Verwandlung* eine Postangestellte mit dem sprechenden Namen Christine Hoflehner auftreten, die wider eigenen Willen von der Hotelgesellschaft zur reichen Erbin stilisiert wird, weil sie als junge, schöne, naive und erfahrungshungrige Frau allen im Hotel, den alten gelangweilten Herren wie den verwöhnten jungen Snobs, als ideale Projektionsfläche dient. Als die Gesellschaft jedoch erfährt, dass sich hinter dem frischen Auftritt nichts anderes verbirgt als eine mittellose kleine Beamtin, wird die Naive zur Schwindlerin gestempelt und in den frühen Morgenstunden aus dem Hotel spediert. Denn gerade jene Neureichen, die von einem leicht gewordenen Eindringen in den Gesellschaftstempel profitieren, verlangen besonders eifersüchtig danach, alles Unangemessene rigoros auszuschliessen, um nicht an die eigene Herkunft aus kleinen Verhältnissen erinnert zu werden. Innerhalb dieser latenten Unruhe wird das Übertreten von Grenzen inszeniert, um gleichzeitig auf leibliche Kosten der Grenzgänger die Ordnung – vordergründig zumindest – wieder herzustellen.

Meinrad Inglin geht einen Schritt weiter: Er inszeniert in *Grand Hotel Excelsior* ein Crescendo der Grenzgänge und präsentiert ein ganzes Ensemble von Grenzgängern – damit klingt die Ordnung nur noch in der Negation, im permanenten Übertritt an. Die damit verknüpfte Unruhe bricht bereits am Anfang des Romans auf und wird in dessen Verlauf immer greifbarer. So beginnt der Roman mit dem Sterben des alten Hoteliers Sigwart, der darauf beharrt, für seine letzten Tage ins Kurhaus zurückgebracht zu werden:[4]

> «Ein solcher Vorfall», begann er, «ein solcher Vorfall ... jawohl, da bekommen sie Angst, das ist peinlich, ein Toter im Haus ist peinlich, das weiß ich schon, das weiß ich ... das ist nicht vornehm, das ist geschmacklos, es paßt nicht zu ihnen, und da reisen sie ab ... aus Ekel, Furcht und Aberglaube reisen sie ab. Aber ich ... ich bekümmere mich nicht um sie, verstehst du ... mögen sie zum Teufel gehen, ich will daheim sterben, nicht hier, nicht hier ...»

---

4 Meinrad Inglin, *Grand Hotel Excelsior*. Zürich 1988, S. 7.

Abb. 14: Das Grand Hotel Axenstein 1911. Es war im 19. Jahrhundert von Inglins Urgrossvater Ambros Eberle begründet worden und blieb über Jahrzehnte in den Händen der Familie Eberle. Auch der heranwachsende Inglin hielt sich oft in diesem von seinen Verwandten geführten Hotelbetrieb auf. (Sammlung Toni Gasser, Ibach)

Und das Buch schliesst mit Josefs – Cousin der beiden Hauptfiguren Eugen und Peter Sigwart – Gang zu den Sterbenden. So ereignet sich die erzählte Zeit im Raum des Sterbens und ist damit insgesamt als Schwelle und Übergang[5] gekennzeichnet. Und dieses Sterben umfasst Gastgeber wie Gäste gleichermassen, tritt doch als nächster Grenzgänger der reiche Amerikaner Barker auf, einer der «bedeutendsten Großindustriellen New Yorks», eben noch ins wissende Gespräch mit dem Hotelier Eugen Sigwart zur Zukunft der Hotelindustrie vertieft, um im nächsten Moment von der gelangweilten Madame Perronet als Kranker entlarvt zu werden. Als solcher ist er innerhalb der Hotelgesellschaft nicht länger tragbar und erwartet schliesslich, gepflegt von Johanna, gemeinsam mit dem alten Sigwart den Tod. Weitere Schwellenfiguren stellen Frau Müller mit ihren Töchtern dar, die von Mitarbeitern wie Gästen gleichermassen bereits beim Eintritt als Zaungäste entlarvt werden – «Müllers erhielten Betten im obersten Stock, dazu auf der Rückseite, aber sie begnügten sich gern damit» –[6] und doch zur Unterhaltung vorgelassen werden.

In der Mitte des Romans wird diese Dramaturgie des anhaltenden Schwellenmoments gar explizit gemacht: «In der nächsten Zeit ereigneten sich im Grand Hotel mehrere peinliche Zwischenfälle, die dem ruhig heiteren Fluß des Lebens, worauf die vornehme Welt hier doch einen verbürgten Anspruch besaß, nicht förderlich war.»[7] Erst tritt ein Bauer auf, dann eine Hochstaplerin – der Bauer als Figuration des handfesten Seins, die Hochstaplerin als Überhöhung des gesellschaftlichen Scheins. Die strahlende Comtesse de Carigliano spielt mit der Gesellschaft im Wissen um Konventionen und Schwächen und nutzt bewusst den Zwischenraum zwischen Wirklichkeit und Vorstellung für ihre eigenen Interessen. Doch während die Comtessa gekonnt mit Grenzen und Grenzüberschreitungen als Perpetuierung des Grand Hotel-Lebens umgeht und damit gerade durch den Verstoss die Regelhaftigkeit betont und zum klassischen Personal der Hotelerzählung gehört – Felix Krull[8] lässt grüssen –, ist Peter Sigwart als die zentrale Schwellenfigur im Roman durch und durch unheimlich, perpetuiert sie doch gleichsam den Übergang. Denn Peter Sigwart spukt durch Inglins *Grand Hotel Excelsior* als der personifizierte Widerspruch:[9]

---

5 Die Begriffe Übergang und Schwelle beziehen sich auf: Victor Turner, «Betwixt and Between: The Liminal Period in «Rites de Passage»», in: Ders., *The forest of symbols. Aspects of Ndembu ritual*. Ithaca, New York 1967, S. 93–111.
6 Inglin, *Grand Hotel* (wie Anm. 4), S. 115.
7 Ebd., S. 142.
8 Hier wird auf den Titelhelden des Hochstaplerromans von Thomas Mann verwiesen: Thomas Mann, *Bekenntnisse des Hochstaplers Felix Krull*. Frankfurt a.M. 1996.
9 Inglin, *Grand Hotel* (wie Anm. 4), S. 153.

Immer wieder taucht hier im täglichen Leben, in diesem gesicherten, wohl geordneten, leicht und genußreich dahinfließenden Leben seine schwankende Gestalt auf, wie im überfahrenden Schiffe ein geheimnisvoller Fremder, der vielleicht ein Harlekin, vielleicht ein Verbrecher oder gar ein Wesen von drohender Vorbedeutung, jedenfalls aber durch sein bloßes Dasein Störefried und Spielverderber ist; man kann ihn nicht entfernen, er fährt mit, es ist der Bruder des Kapitäns.

Peter Sigwart, der im Hotel keine Funktion innehat und sich weigert, Verantwortung zu tragen, nimmt sich das Recht heraus, das Grand Hotel jederzeit und uneingeschränkt zu betreten. Er zeigt sich in den Gesellschaftsräumen, führt Gespräche mit den Gästen und spottet ihrer zugleich. Peter kennt aber auch das Leben hinter den Kulissen und durchquert es von den Dachkammern bis zu den «Untergründen der genießenden Welt».[10] Durch sein unverhofftes Betreten und Verlassen der unterschiedlichsten Sphären, ohne dass seine jeweilige Anwesenheit einen Grund oder eine Bestimmung hätte, hintergeht Peter die massgebenden Grenzziehungen. Peter ist weder Gast noch Gastgeber, weder Dienender noch Bedienter. Vielmehr verkörpert er die Unruhe des Zwischenraums, der sich innerhalb der einzelnen Konstellationen bedrohlich eröffnet. Als Grenzgänger rechnet er sich keiner Gemeinschaft zu. Umgekehrt wird er weder von den Gästen akzeptiert, in deren Augen er sich zu ungebunden, unwirsch und vor allem zu unkonventionell aufführt, noch von den kleinen Umstürzlern angenommen, denen er allzu vernünftig und satt erscheint und als Bruder des Patrons notwendig verdächtig ist.

II. Soziale Wirklichkeit

Der auktoriale Erzähler tritt bei Inglin hinter der Wahrnehmung, Einschätzung und Taxierung seiner Figuren zurück. Entsprechend vermag *Grand Hotel Excelsior* keine einfache soziale Wirklichkeit darzustellen, sondern reflektiert die Meinung vieler, und selbst die Einschätzung des Einzelnen ist vielschichtig, situativ schwankend, ironisch gefärbt und widersprüchlich. So ist das Hotel für Peter sowohl Zeichen der Ordnung und Ruhe als auch Negativort, Ort des Untergangs und der Dekadenz. Im Gespräch mit einem Hotelgast äussert Peter:[11]

---

10 Ebd., S. 205.
11 Ebd., S. 34.

«Hier bitte! Hier, Grand Hotel Excelsior ... ein kleines Reich der Vernunft, der Freiheit und des Friedens, mit dem alle zufrieden sind, sogar die Arbeitenden. Will der Fortschritt etwa noch mehr? Ha! Es ist alles schon wunderbar, ganz wunderbar ...»

Und gegenüber den flüchtig bekannten Heller und Mastakowitsch, die Peter im Hotel aufsuchen und ihm vorwerfen, «die Sache verraten»[12] zu haben, wählt er – gleichsam im Trotz – noch deutlichere Worte:[13]

«Dieses Grand Hotel ist immer noch ein großartiges Werk, verglichen mit dem, was ihr vielleicht aufbauen würdet; die Ordnung, die darin herrscht, die Sauberkeit, die Ruhe, der Anstand, die Kunst der Küche, die technischen Einrichtungen, kurz, dieses ganze, prachtvoll zweckmäßige und kluge Gefüge ist im Vergleich mit dem chaotischen Zustande, den ihr herbeiführen müßtet, immer noch ein Wunder des menschlichen Geistes.»

Zugleich aber setzt sich Peter bei einem nächtlichen Spaziergang mit der Unwirklichkeit des Hotels auseinander, einem Hotel, das über die echten Bedürfnisse der Zeit tänzelnd hinweggeht:[14]

Auch als er schärfer zusah und durch die gläsernen Türflügel tanzende Paare erkannte, als er sich in das Haus hineinversetzte, im Geist seine Räume durchschritt und das tägliche Leben bedachte, dem sie dienten, auch dann blieb der Gedanke bestehen, daß dies alles keine Wirklichkeit sei. Er ahnte demgegenüber eine andere, neue, sozusagen wirkliche Wirklichkeit; was dort wichtig und bedeutend schien, war hier nebensächlich, und was dort ungelebt blieb, war hier das alles durchdringende Wesen.

Peter selbst ist sich seiner «wunderbaren Gabe», in allem auch das Gegenteil zu sehen und einen «großen Gedanken plötzlich ab[zu]legen wie einen falschen Schmuck»,[15] vollauf bewusst. Dieses komplexe Sowohl-als-auch, das ihn charakterisiert, schliesst jedoch Identifikation und den Willen, zu handeln, aus, und so bleibt konsequenterweise in der Schwebe, ob das Feuer absichtlich gelegt wurde und Peter gar der Brandstifter sei.

Maria Leitner dagegen entwirft in ihrem *Hotel Amerika* von 1930 eine klare hierarchische Ordnung und rückt die Ausbeutung der kleinen

12 Ebd., S. 190.
13 Ebd., S. 191.
14 Ebd., S. 121.
15 Ebd. S. 147.

Angestellten in den Fokus. Ihr Roman baut darauf auf, Stereotype und Gemeinplätze fortzuschreiben, sie geht erzählerisch erwartbar vor, um inhaltlich den revolutionären Umsturz desto plausibler in Aussicht zu stellen. Doch obschon Maria Leitners Buch für seine engagierte Botschaft gelobt und gerade auch in der ehemaligen DDR stark rezipiert wurde, endet ihr Text erstaunlich offen. Hält die Protagonistin Shirley erst noch klassenkämpferisch gegenüber ihren Kolleginnen fest: «‹Sie können doch nicht alle wegschicken, sie brauchen doch unsere Arbeit. Ging nicht alles drunter und drüber, weil wir uns eine halbe Stunde verspätet haben?›», schliesst der Roman mit: «Ich bin jung, und das ganze Leben steht noch vor mir. Schwer wird es sein, aber ich werde es schaffen, denn ich bin nicht mehr allein»[16]. Damit entzieht sich die Autorin in einer letzten Wendung deutlicher Festschreibungen und versetzt in Schwebe, was allzu handfest das Buch auf seine Funktion hin reduziert hätte.

Inglins Erzählweise dagegen widersetzt sich in jedem Satz einer Funktionalisierung. Dass die «Revolution» bei Inglin nicht gelingen kann, ist in der Komplexität der Personenzeichnung angelegt. Hier ist jeder Individuum und so muss der Gedanke des Kollektivs immer wieder zerfallen. Als Peter Sigwart im Keller des Hotels aus einer Kanne mit Brenngeist, Holzwolle und einer Kerze einen Herd der Entzündbarkeit zusammenträgt, wird seine Handlung, die allein auf eine potentielle Macht über das Hotel zielt, durch ein inneres polyphones Zwiegespräch, das sich zwischen dem «Versucher», dem «Lächerlichen», dem «Zweifler», dem «Unbekannten» und dem «Bekannten» abspielt, begleitet und gleichsam konterkariert[17] – eine eindrückliche poetologische Überhöhung des Sowohl-als-auch. Die schlichte Perspektive zweier sich gegenüberstehender Welten, von Schwarz und Weiss, erlaubt der Erzähler nur dem jüngsten und unerfahrensten aller Hotelangestellten, dem Volontär Ungericht:[18]

> Er sah zwei Welten vor sich, die schöne, freundliche, freie Welt der Gäste und die trübe, kalte, feindselige der Angestellten, er begann diese zu verachten, er fühlte sich nicht für sie geschaffen und sehnte sich mit aller Kraft nach der anderen, schöneren Welt.

---

16 Maria Leitner, *Hotel Amerika*, Dresden 1950, S. 256 und S. 257.
17 Vgl. Inglin, *Grand Hotel* (wie Anm. 4), S. 206f.
18 Ebd., S. 69.

III. Brand

Am Ende der Romane *Hotel Savoy* von Joseph Roth, 1924 publiziert, und *Grand Hotel Excelsior*, deren Titel so paradigmatisch auf das Hotel als Protagonisten verweisen, lodert der Brand und bei beiden Romanen stellt sich die Frage, inwiefern der Zerstörung des Hotels Sinnbildcharakter zukommt.[19]

Die Beschreibung des Feuers in *Grand Hotel Excelsior* wird durch eine Untergangsallegorie eingeleitet. Das «morsche Gefüge welkender menschlicher Ordnung»[20] lässt einen weiten Horizont von Umbruch und Zerstörung anklingen. Der Brand des Grand Hotel Excelsior besitzt bezeichnenderweise keinen identifizierbaren Urheber. Es wird eine Schicksalhaftigkeit beschworen, die das Grand Hotel heimsucht, ohne einer menschlichen Gehilfen- oder Komplizenschaft zu bedürfen. So klingt die bedrohliche Kraft, die dem von ihr befallenen Grand Hotel gleichsam innewohnt, schon Tage vor dem grossen Brand an, da «von den Winkeln her gleichsam ein Dunkel wuchs, das undurchsichtig, eigenmächtig und lähmend alles bedrohte».[21] Dieses Übel braut sich weiter zusammen und erprobt sich in verschiedenen Spielarten, als ob es auf allen zur Verfügung stehenden Bühnen das Gelingen der Zerstörung vorbereiten müsste. Schon an einem der Abende vor dem grossen Feuer fallen bei heftigem Gewitter die Lichter aus und der junge Volontär, der einen Vorhang aufflackern sieht, glaubt, das ganze Haus brenne.

Es bleibt vorerst unklar, welche Notwendigkeit, welche symbolische Kraft dieser Feuersbrunst zugeschrieben werden kann, ob sich die Vernichtung des Grand Hotels in den grossen Bogen aus Werden und Vergehen einfügen lässt oder ob es sich bei diesem Bauwerk vielmehr um ein «willkürliches Menschenwerk»[22] handelt, das sozusagen unberührt von den umfassenden, Mensch und Natur erschütternden Bewegungen dem Untergang geweiht ist. Ist vielleicht nur der alte Kern des Grand Hotels Excelsior, der an das überkommene Kurhaus erinnert, «morsch» geworden? Handelt es sich bei diesem ausserordentlichen Gesellschaftsort um etwas über die Zeit Gewachsenes, dessen Zerstörung, von «dämonischen unteren Mächten»[23] herbeigeführt, eine symbolische Dimension zukommt? Oder verpufft das

---

19 Vgl. hierzu Cordula Seger, *Grand Hotel – Schauplatz der Literatur*. Köln, Wien 2005, S. 323–327.
20 Inglin, *Grand Hotel* (wie Anm. 4), S. 257.
21 Ebd., S. 232.
22 Ebd., S. 257.
23 Ebd., S. 257.

Grand Hotel vielmehr hoch lodernd als grandioses Feuerwerk einer gelangweilten Zivilisation, sinnlos, ohne Spuren zu hinterlassen? Ausgehend von diesem Spannungsverhältnis wird über den Brand die Bedeutung, die dem untergehenden Grand Hotel als Sinnbild seiner Zeit zukommt, zur Disposition gestellt.

Gerade im Brand zeigt sich Inglin als vom Detail besessener Autor. Seine Figuren sind zu plastisch, zu eigenwillig und vielgestaltig, um als abstrakte Formeln einer übergeordneten Aussage zu fungieren. Die einzelnen Reaktionen der Menschen sind zu grell, die Gesichter im flackernden Schein des Feuers zu fratzenhaft, der dramatische Moment ist zu ungestüm, um sich in einem Gleichnis zu runden. Das In-Beziehung-Setzen von Handlungen, Personen und Schauplätzen innerhalb einer gross angelegten Allegorisierung zerfällt in eine Vielzahl einzelner Konflikte mit banalem, mit menschlichem Format. Im Brand ist das Hotel nicht länger der alles umschliessende Mikrokosmos, der die disperse Welt, die auseinanderstrebende Gesellschaft noch einmal zu ordnen vermag. Die Interdependenz von Haus und Gesellschaft zerfällt. So fühlen sich die verwöhnten Gäste durch das Feuer keineswegs in ihrer Existenz bedroht. Beinahe alle verlassen den Schauplatz allein mit dem prickelnden Gefühl, einem einmaligen Spektakel beigewohnt zu haben. Ihnen ist scheinbar nichts mehr als ein paar Koffer und einige Kleidungsstücke, die in der nächsten Saison ohnehin nicht mehr tragbar gewesen wären, abhandengekommen. So betrachtet und bejubelt eine unbekümmerte englische Gruppe von Gästen aus sicherer Distanz den Brand wie eine gelungene theatralische Darbietung. Die Herren riskieren beinahe schon tollkühn ihr Leben, um den Damen eine Sitzgelegenheit zu verschaffen, damit die Bequemlichkeit auch unter diesen ungünstigen Umständen nicht zu leiden hat und dem kurzweiligen Spektakel angemessen aufgewartet werden kann. ‹‹Wonderful!› rief Henry und sein Freund bestätigte mit einem ähnlichen Ausruf die Pracht des Schauspiels.»[24]

Jegliche Identifikation mit dem Grand Hotel wird im Augenblick seines endgültigen Versprühens aufgegeben. Peters Vorstellung, die bürgerliche Gesellschaft aus den Angeln zu heben und durch das Feuer einen gereinigten Neuanfang im Sinn einer naturverbundenen und gerechten Welt zu erreichen, erweist sich als Illusion. Der ernüchternde Morgen, der auf die lodernde Brandnacht folgt, zeigt bloss die rauchende Ruine eines Erstklasshotels. Und die Pointe liegt darin, dass Eugen Sigwart über den Brand höchst zufrieden ist – «‹Laß nur brennen! Laß den Kasten

---

[24] Ebd., S. 271.

nur abbrennen! Es ist ganz gut so, ich könnte mir gar nichts Besseres wünschen.»[25] –, kassiert er doch eine stattliche Versicherungssumme und wird in seinen hochfahrenden Ausbauplänen durch keinen historischen Kern gebremst.

Auch der Brand des Rothschen Hotel Savoy erscheint nicht als grossartiges Ereignis, das einen furiosen Umsturz der Ordnung herbeizuführen vermag. «Verborgene Gluten»,[26] die innerhalb der Brandruine noch weiter schwelen, werden vom niedergehenden Regen getilgt. Im nämlichen Moment seiner Auslöschung verliert das Grand Hotel seinen umfassenden Sinnbildcharakter, der ihm von Seiten des Ich-Erzählers Gabriel Dan zuteilgeworden ist. Zurück bleibt Trostlosigkeit. Gefühle wie Trauer oder Betroffenheit bleiben aus. Die Lösung des Geheimnisses um Kaleguropulos, den abwesend allpräsenten Hotelbesitzer, welche Dan während seines ganzen Aufenthalts beschäftigt hat, wird beiläufig erwähnt, als ob sich die Frage nach dem wahren Grund der Verhältnisse in den verzehrenden Flammen wie von selbst erledigt hätte. So wird das scheinhafte Wesen des Grand Hotels durch den Brand gebrochen[27] und damit auch dessen Geheimnis, das mit der räumlichen Präsenz unlöslich verbunden ist. Die Brandruine steht nur noch für die Banalität einer entzauberten Welt.

IV. Verlust des Kollektivs

Die Spannung des Inglinschen Romans liegt im Bestreben, der Zeit den Spiegel vorzuhalten und zugleich in der Widerspenstigkeit des Materials, das sich Vereinfachungen und Abstraktionen entzieht. Der Autor scheint dieses Konflikts eingedenk, bezeichnenderweise werden allzu eindeutige Allegorien des Hotels Figuren wie dem zwiespältigen Peter Sigwart in den Mund gelegt:[28]

---

25 Ebd., S. 285.
26 Joseph Roth, *Hotel Savoy*. Köln 1989, S. 100.
27 Nur folgerichtig erscheint in diesem Zusammenhang, dass der Liftmann Ignatz und der Nummernträumer Hirsch Fisch als einzige im brennenden Grand Hotel ihr Leben lassen. Zwei Figuren also, die mit der hoteleigenen Thematik des Auf- beziehungsweise Abstiegs eng verknüpft sind. In der Erscheinung des Lotterienummern-Träumers verkörpert Hirsch Fisch das schnelle Glück, das dem Grand Hotel als Verheißung innewohnt. Durch den schicksalhaften Tod, der ihn in den Flammen des niederbrennenden Grand Hotels ereilt, hat die unzertrennliche Glücksgemeinschaft Bestand, die das Grand Hotel auch in seiner schwersten Stunde symbiotisch mit dem Träumer verbindet. Damit scheint aber auch das Grand Hotel als Traumraum dem Untergang geweiht.
28 Inglin, *Grand Hotel* (wie Anm. 4), S. 103.

«Ich habe mich daran gewöhnt», begann er [Peter Sigwart im Gespräch mit seinem Cousin Josef; C.S.], «das Grand Hotel nicht als eine begrenzte Erscheinung, als ein bestimmtes Merkmal der Zeit anzusehen, wie etwa die Fabrik, sondern als ihr sichtbares Gleichnis, ja als ihr unbewußtes Wunschbild, als das Ziel, mit dem der abendländische Fortschritt notgedrungen enden muß.»

Indem Inglin die Personenrede vorschiebt und sich einer kohärenten Erzählhaltung enthält, eröffnet er den notwendigen Raum, auf dass sich die Zeit einschreibt, nicht als Sinnbild, sondern als Chiffre. In dieser vielschichtigen Schreibstrategie treffen sich Meinrad Inglin und Joseph Roth. Denn in *Grand Hotel Excelsior* wie in *Hotel Savoy* sind Widersprüchlichkeit und Inkonsistenz[29] der Figuren und Begebenheiten, die sich gegen Abrundung sträuben, bestimmend. Und in beiden Romanen wird dieser poetologische Widerstand gegenüber Wunsch und Anspruch, eine Parabel zu schreiben, auf inhaltlicher Ebene reflektiert. So bemerkt Roths Protagonist Gabriel Dan: «Früher wollte ich Schriftsteller werden, aber ich ging in den Krieg, und ich glaube, daß es keinen Zweck hat zu schreiben. – Ich bin ein einsamer Mensch, und ich kann nicht für alle schreiben.»[30]

Auch Inglin verdoppelt und reflektiert dieses Scheitern am Kollektiv inhaltlich über die Figur des Schriftstellers. Nur ein Autor, der jegliches Aussen rigoros ignoriert, vermag die Illusion aufrecht zu erhalten, die Welt im und über das Hotel darzustellen:[31]

> In diesem Kreise, in dieser Gesellschaft war Jean Jouanique daheim, er gehörte selber dazu und besaß alle ihre Eigenschaften. Er war ihr Schriftsteller, ihr «Dichter». Er widerhallte geistreich und gepflegt die Reize und Gefahren dieses Lebens, seinen Leichtsinn und seine förmliche Strenge, seine verhehlten Leidenschaften und schleichenden Nöte, seine zu zauberhaften Stimmungen verflüchtigten Lust- und Trauerspiele, seine heimlichen Sümpfe, seine heiteren Höhen, seine immer bedrohten Grenzen. Hier erfuhr er das Leben, hier sah er die Welt, und er besaß kein Ohr für das, was unten brauste, außen war, darüber stand und was das Schicksal wollte.

Inglin führt vor, dass der Ansatz, ein vitales Kollektiv im Grand Hotel zu verorten, mit der Hinfälligkeit des konkreten Baus seine Kraft verliert. Er setzt den Schriftsteller ein, der im Hotelbrand sein Manuskript verliert und

---

29 Vgl. Gotthart Wunberg, «Joseph Roths Roman ‹Hotel Savoy› (1924) im Kontext der Zwanziger Jahre», in: *Joseph Roth. Interpretation, Rezeption, Kritik.* Hg. von Michael Kessler u. Fritz Hackert. Tübingen 1990, S. 449–462, hier S. 450.
30 Roth, *Hotel Savoy* (wie Anm. 26), S. 19.
31 Inglin, *Grand Hotel* (wie Anm. 4), S. 229.

damit nicht nur das materielle Korrelat eines schöpferischen Akts einbüsst, sondern den Ort an sich, der die Gesellschaft innerhalb einer überschaubaren Einheit erst beschreibbar gemacht hat:[32]

> Unfähig aber, sich in ein Schicksal zu fügen, das mit der Welt, die es zugrunde gehen liess, auch das Werk vernichtete, das zu dieser Welt gehörte, irrte er [Jean Jouanique, der Dichter der gehobenen Gesellschaft, der in den Flammen seine jüngste Dichtung verliert; C.S.] wahrhaft gottverlassen herum.

Innerhalb des Romans wird die Bedingtheit von erzähltem und gebautem Haus hervorgehoben, indem beide im Feuer aufgehend zusammenfallen. Die Literatur, die den Hotelbrand inszeniert, überhöht inhaltlich in der Konstellation von Schriftsteller und bedrohtem Werk die eigene Beschäftigung mit diesem divergierenden Gesellschaftsort, der in seinen ruhelosen Entgegensetzungen zu zerfallen droht und sich der Verschriftlichung entzieht. In diesem Zusammenhang interessiert, dass Meinrad Inglin sein *Grand Hotel Excelsior* aus der Sicht des Alters nur noch als Zeitdokument gelten liess und ihm keinen künstlerischen Wert beimass.[33] Er versuchte den Text zu überarbeiten, wobei die notierten Verbesserungsvorschläge darauf abzielten, die Spitzen zu schleifen und Deftigkeiten zu glätten. Inglin wollte den Roman einer verfeinerten Diskretion und grösseren Ausgewogenheit unterstellen. Eugen Sigwart beispielsweise soll «weniger starr [...] weniger herausfordernd» gestaltet werden, die «Schädelscene ist zu absichtlich» und «Frau Müller und ihre Töchter müssen gedämpfter sein», «Pietersen mit Suprême de bécasse übersteigert». Peter Sigwart aber soll einen Beruf erhalten und die Gäste im allgemeinen müssen abgeschwächter auftreten, «gute und glückliche Gäste einführen».[34] Diese Änderungsvorschläge und Anmerkungen Inglins sind deshalb bemerkenswert, weil sie darauf hinzielen, das *Grand Hotel Excelsior* gerade als Zeitdokument zu tilgen. Das unvermittelt Masslose und Überbordende der Sprache verweist auf eine zutiefst aussagekräftige Befindlichkeit des Grand Hotels in der Literatur zu Ende der Zwanzigerjahre: Der Raum des Kollektivs ist nur noch über das extrem Disperse zu erschreiben und endet ruinös.

---

32 Ebd., S. 274.
33 In seinem Testament bezeichnete Meinrad Inglin *Grand Hotel Excelsior* zusammen mit *Wendel von Euw* als nicht mehr zu seinem Werk gehörig. (Vgl. Beatrice von Matt, *Meinrad Inglin. Eine Biographie*. Zürich 1976, S. 143).
34 Diese Zitate, die Änderungsabsichten Inglins betreffend, stammen aus von Matt, *Meinrad Inglin* (wie Anm. 33), S. 143.

V. Es glimmt weiter

Grand Hotel Excelsior ist jedoch nicht allein ein seine Zeit reflektierender Hotelroman mit vielfältigen Bezügen zur deutschsprachigen Literatur der 1920er-Jahre, es ist auch eine Büchse der Pandora, in der alle Motive des Genres gesammelt liegen und beim Aufbrechen des Behälters unheilbringend, schillernd und faszinierend zugleich durcheinanderpurzeln. *Grand Hotel Excelsior* ist somit ein Stoff, der nicht zuletzt in der Schweizer Literatur fortgewirkt hat. Gerade das Masslose – gerne sei dabei auf Emil Staigers 1961 in der *NZZ* geäussertes Lob des Inglinschen Masshaltens verwiesen, das ihn von anderen Schweizer Autoren so wohltuend abhebe –[35], das Labyrinthische, das keinen einfachen Schluss, keine einfache Deutung zulässt, spinnt einen Faden zum Dürrenmattschen Konstrukt – dem Kurhaus in seinem letzten Roman *Durcheinandertal* von 1989, seinerseits ein Stoff, der bis ins Jahr 1957 zurückreicht.

In der Schilderung der Geschehnisse im Bannkreis des Brands wird die Wahlverwandtschaft des Inglinschen und Dürrenmattschen Schreibens greifbar. So geht Inglins Protagonist, der «übersteigerte» Herr Pietersen, im Exzess unter. Für Pietersen, der sich trotz des drohenden Feuers auf die Suche nach seinem Leibgericht «suprêmes de bécasse au porto»[36] macht, wird die Küche zu einem lodernden Labyrinth, in dessen flackernder Undurchdringlichkeit sich ihm kein Ausgang mehr eröffnet. Mit dem ersehnten portogetränkten Vogelfleisch in Händen stürzt er schliesslich in den brennenden Keller. «Umsonst versucht er aufzustehen, er bleibt liegen, und wie er brüllend und keuchend daliegt, dem Ersticken nahe, beginnt er noch das seltene Fleisch zu fressen, er würgt es in sich hinein und schluckt und brüllt ...»[37] Was sich bei Inglin im Keller abspielt, verlegt Dürrenmatt in den Ostturm seines Kurhauses – ein sprechendes Detail –, sieht doch der russische Theoretiker Michail Bachtin in seiner Studie zu Literatur und Karneval «architektonisch gesprochen: Türme und Kellergewölbe» als «Relief des grotesken Leibes».[38] Auch bei Dürrenmatt wird der groteske Leib – dieses Mal handelt es sich um Moses Melker, Gattinnenmörder, Messias und Marionette in einem – über die Räumlichkeit verdoppelt, beziehungsweise eine Entgrenzung zwischen Leiblichem und Räumlichem inszeniert. Bei Inglin

---

35 Vgl. hierzu Emil Staiger, «Meinrad Inglin und die sogenannte Krise des Romans», in: *NZZ*, Sonntag, 2. April 1961, Blatt 4.
36 Inglin, *Grand Hotel* (wie Anm. 4), S. 261.
37 Ebd., S. 262f.
38 Michail Bachtin, *Literatur und Karneval. Zur Romantheorie und Lachkultur*. München 1985, S. 17.

greift das Feuer aus dem Untergrund mit «breiten Flammenzungen» und «heimlich wühlenden Armen»[39] nach den höheren Räumen. Auch das Feuer steht damit im Bannkreis leiblicher Metaphorik, deren Sexualisierung desto vordergründiger ist, je mehr die sengende Hitze Löcher in die räumliche Ordnung brennt. Dies wird bei Dürrenmatt explizit: Der Erzähler imaginiert im Bild des zusammenkrachenden Kurhauses, in dem die Menschen schreiend in die feurige Masse hinabsinken, «Schöpfung und Vernichtung der Schöpfung als Orgasmus».[40]

Die Groteske vervielfacht sich zu einem ungeheuren Begehren der vielen. Der Aufbruch der Ordnung lockt den unterdrückten Trieb. «Die Grenzen zwischen Leib und Welt und zwischen Leib und Leib»[41] verlaufen, wie dies Bachtin für die groteske Kunst bestimmt, nicht länger eindeutig trennend. Bei Dürrenmatt klingt das so:[42]

> Eine unbändige Lust überfiel sie, Schluß mit dem Kurhaus zu machen, zu zerstören, niederzubrennen, und als Sepp Prétander seine Predigt mit «Amen, Halleluja, Hosianna» schloß und die Kanzel durchbrechend bäuchlings auf sie fiel, trugen sie ihn wie einen König zum Depot der Feuerwehr, die Wirte «Zum Eidgenossen», «Zur Schlacht am Morgarten», «Zum General Guisan», «Zum Hirschen» und «Zum Spitzen Bonder» rollten ihre leeren Schnaps- und Weinfässer zur Garage, wo der Garagist sie mit Benzin füllte, und die Glocke bimmelte zum Angriff.

Inglin schreibt:[43]

> In diesen Menschen schien die innere Ordnung zu verfallen, die Gesittung zu versagen, und ein Ungeordnetes, Gesetzloses heraufzusteigen, das in seiner wilden Lust dem lohenden Elemente verwandt war. [...] Sie stürzten zu den Lagern, zerbrachen den Flaschen die Hälse und schluckten den Wein mit zurückgelegten Köpfen gurgelnd hinab, um nach wenigen gierigen Zügen den Rest zu verschleudern und besudelt die wunden Lippen an den Scherbenrand neu erbrochener Flaschen zu legen. Der Bratenkoch zerrte das Wiesel aus den Röcken des Mädchens, dann begannen in der ungewissen, von herumliegenden Feuerbränden durchzuckten Dämmerung Kaiser und Schlegel streitend der armen Verirrten die Kleider in Fetzen vom Leibe zu reißen [...].

---

39 Inglin, *Grand Hotel* (wie Anm. 4), S. 266.
40 Friedrich Dürrenmatt, *Durcheinandertal*. Zürich 1998, S. 132.
41 Bachtin, *Literatur und Karneval* (wie Anm. 38), S. 15.
42 Dürrenmatt, *Durcheinandertal* (wie Anm. 40), S. 124.
43 Inglin, *Grand Hotel* (wie Anm. 4), S. 265.

Herausquellende Augen[44] wollen die Grenze des Leibs überschreiten, der aufgerissene Mund mit blutenden Lippen ist physisches Korrelat eines «klaffenden, verschlingenden Abgrunds».[45] In Inglins wie in Dürrenmatts Körper-Drama ist alles inszeniert, was den geglätteten und geschlossenen Körper sprengt: Schweiss und Blut, gewalttätige Begattung, Verschlingen und drohendes Vergehen.

Was genau also schreibt sich zwischen Inglin und Dürrenmatt fort? Das Kurhaus in Dürrenmatts Roman unterläuft auf einer konkreten inhaltlichen Ebene die überlieferten Hierarchien des klassischen Hotels: Als Haus der Armut für Multimillionäre wird die Hierarchie zwischen Dienenden und Bedienten abgeschafft und als Versteck für international gesuchte Verbrecher, die hier im Winter untertauchen und sich einer Gesichtsoperation unterziehen, ist das Haus das maximal Andere zum öffentlich repräsentativen Raum. In diesem Sinn wird nicht mehr in einer überschaubaren Einheit gebündelt, was sonst dispers ist, das Hotel ist vielmehr Knotenpunkt des Absurden, hier laufen die Erzählfäden zusammen und verwickeln sich, Figuren treten auf und ab, ohne Ankunft oder Abgang, die Grenzziehungen zwischen Konvention und Aussenseitertum sind aufgehoben, die Gegensätze zwischen Dorf und Hotel lösen sich immer mehr, um im Brand unterschiedslos aufzugehen. In diesem Hotel werden den Protagonisten wie der Leserin alle Haltepunkte geraubt, nichts ist, was es scheint, und selbst der Grosse Alte, Gott und Boss in einem, und deshalb allpräsent unsichtbar, mächtig ohnmächtig, ist nichts als ein Feld subjektiver Projektionen. Das Hotel taugt nicht als Sinnbild, sondern nur als Schauplatz des menschlich Grotesken – wie bei Inglin.

---

44 Vgl. Bachtin, *Literatur und Karneval* (wie Anm. 38), S. 16.
45 Ebd., S. 16.

Stefan Humbel (Biel)

Schützenfestreden bei Gotthelf, Keller und Inglin

Öffentliche Rede und literarische Tradition

I.

In «gehobener ernster Stimmung» kehrt Nationalrat und Brigadekommandant Ammann am 29. Juli 1914 von Bern nach Zürich zurück. Es ist der Abend, bevor er am kantonalen Zürcher Schützenfest eine Rede halten soll. Noch im Hauseingang wird er vom Lebensmittelhändler Stockmeier, der sein Vermieter ist, aufgehalten. Dieser will von ihm wissen, was man in der Bundeshauptstadt Bern am Vorabend des Weltkriegsausbruchs «zur Lage» meine, zu dieser «ganz unglaubliche[n] Situation». Ammann gibt zwar seine «persönlich[e]» «Ansicht» kund, «daß noch kein Grund zu einer ernstlichen Beunruhigung vorliegt», «bewegt» ansonsten aber nur «unbestimmt die Rechte». Angesprochen auf seine anstehende «offizielle Rede», meint er, das ‹blühe› ihm noch, was Stockmeier wiederum mit den Worten beantwortet: «Das ist ganz in Ordnung, Herr Oberst, ganz in Ordnung! Wir werden ja auch dabei sein, nicht wahr, so etwas läßt man sich nicht entgehen, hahahaha.»[1]

Im historisch-gesellschaftlichen Setting von Meinrad Inglins zweibändigem Roman *Schweizerspiegel* (1938) – der den ‹Verfall› des bürgerlich-industriellen Hauses Ammann und vor dem Hintergrund des Weltkrieges sozialer, wirtschaftlicher und politischer Spannungen die Identitätsprobleme der Schweiz verhandelt –, in diesem Rahmen vermag die Aussicht auf ein ‹offizielles Wort› am Schützenfest den verunsicherten Stockmeier anscheinend zu beruhigen und über ein Schweigen hinwegzutrösten. Und dieses Vertrauen in ein öffentliches Sprechen ist, um dies vorwegzunehmen, kaum zufällig, verklammert es doch das Ideal einer das Wort ergreifenden Autorität in unsicherer Zeit mit öffentlich-politischen Betätigungs- und Beratungsmöglichkeiten, wie sie sich innerhalb eines partizipativen demokratischen Selbstverständnisses historisch ausgebildet haben. Mit anderen

---

[1] Meinrad Inglin, «Schweizerspiegel», in: Ders., *Gesammelte Werke*. In zehn Bänden hg. von Georg Schoeck, Bd. 5.1 u. 5.2. Zürich 1987, S. 205f.

Worten: ein durchaus aktualitätsbezogener Bedarf an Orientierung und ein historisch gewachsenes politisches und kulturelles Selbstverständnis werden gleichermassen bedient.

Um zur Romansituation zurückzukehren: Im Handlungsverlauf an das zitierte Gespräch anschliessend, konfrontiert Sohn Severin Ammann als Redaktionsleiter des rechtskonservativen «Ostschweizers» seinen Vater mit einem Artikel, in dem Szenarien einer bevorstehenden deutschen und französischen Besetzung der Schweizer Grenze diskutiert werden. Severin bittet um eine Stellungnahme, ob Informationen zu einer solchen Bedrohung in der Zeitung verbreitet werden sollten; als Leiter des Redaktionskomitees unterbindet Vater Ammann das Vorhaben entschieden. Auch Severins Einwand, «daß die Öffentlichkeit ein Recht darauf hat, zu erfahren, in welche Lage wir unter Umständen geraten können», überzeugt Ammann nicht. Nicht um die Öffentlichkeit gehe es nun, sondern darum, das Volk zu beruhigen; eine «Schweinerei» könne entstehen, «wenn die Leute den Kopf verlieren», worauf Severin nur erwidert, der Nationalrat traue dem Volk «ja sehr wenig zu».[2] Nur nebenbei sei gesagt, dass hier ein zeitgenössischer Beschluss des Schweizerischen Pressevereins und der Generalstabsabteilung vom 31. Juli 1914 nachklingt, wonach «die gesamte schweizerische Presse dringend zu ersuchen [sei], der Lage Rechnung zu tragen und sich insbesondere mit Bezug auf alle militärischen Nachrichten einzig vom Gedanken an das Wohl und das Interesse des Landes leiten zu lassen».[3] Dieser Kontext braucht indes für das grundlegende Dilemma, das sich hier abzeichnet, nicht bemüht zu werden, zu eindeutig ist der Konflikt verschiedener Interessenlagen: Zum einen stehen parteipolitische Bedürfnisse im Widerstreit mit einem Ideal von demokratischer Öffentlichkeit; zum anderen zeichnet sich ein Positionierungsgefecht der Generationen ab, die sich für ihre bürgerlichen und, wenn man so will, rechtsbürgerlichen oder neobürgerlichen Deutungshoheiten stark machen.

In den beiden Szenen wird im Roman mit jeweils anderem Fokus Diskursfähigkeit verhandelt: Während Nationalrat Ammann seinem Vermieter Stockmeier gegenüber eine Diskussion der aktuellen politischen Lage verweigert und ihn – wenn auch nicht explizit – auf seine «offizielle Rede» am Schützenfest verweist, steuert er im Rahmen seiner Möglichkeiten als Medienperson ein öffentliches Sprechen über umlaufende Kriegsgerüchte. Er lenkt den Prozess der öffentlichen Meinungsbildung und beeinflusst die Verteilung von Wissen und Nichtwissen um die ‹Lage der Nation›. In bei-

---

2 Inglin, «Schweizerspiegel» (wie Anm. 1), S. 210.
3 *Neue Zürcher Zeitung* vom 1. August 1914.

Abb. 15: Schützengruppe am Rütlischiessen. (Oskar Trutmann, Küssnacht)

den Begegnungen wird verhandelt, was unter politischer Öffentlichkeit zu verstehen sei und wie politische Meinungsbildung und also auch politische Partizipation zu organisieren seien. Während Ammann gegenüber Severin den politischen Überblick einem Expertengremium vorbehalten möchte, wird die Zurückweisung Stockmeiers immerhin vom Versprechen getragen, dass mit der Rednerbühne am Schützenfest eine institutionelle Öffentlichkeit vorgesehen sei, die sich für die politische Verständigung eigne. Denn obschon es etwa in einer *offiziellen Festzeitung* für das eidgenössische Schützenfest in Bern von 1910 heisst, das «Hauptinteresse» sei «heute durchaus dem Schiessen zugewendet, nicht mehr [...] dem Austausch politischer Gedanken», da ein «guter Schuss» mehr wiege «als ein gutes Wort», hatte doch das öffentliche politische Sprechen an den Schiessanlässen – wie zeitgenössische Publikationen zeigen –[4] zumindest quantitativ gegenüber früheren Zeiten keineswegs abgenommen.[5]

Der Kontext der Schützenfeste als einer nationalen und politischen Plattform öffentlicher Rede ist für das Verständnis der Romandramaturgie im *Schweizerspiegel* allein schon deswegen aufschlussreich, weil der Roman das entsprechende Schützenfest im historischen Panorama lediglich fingiert, denn ein kantonales Schützenfest hat 1914 in Zürich nicht stattgefunden. Abgesehen von einem Feldsektionswettschiessen[6] ist keine Schützenfeier dokumentiert. Angesichts der Tatsache, dass ein Blick in die zeitgenössische Presse deutlich offenbart, wie spärlich überhaupt etwas anderes als die europäische (Vor-)Kriegssituation besprochen wurde, ergibt sich als Verstehensdesiderat für die *Schweizerspiegel*-Lektüre die Frage, wieso im Roman dem öffentlichen Sprechen am Schützenfest ein solches Gewicht eingeräumt wird.

Rechnet man die Seiten hinzu, auf denen Ammanns Vorbereitungen auf seine Rede diskutiert werden, so ist das Schützenfest Thema der Kapitel 6 bis 10 des 2. Buches, oder anders: Es umspannt etwa 67 Seiten. Diese Breite mag dramaturgisch umso kurioser erscheinen, als der rebellische und dem Bürgertum gegenüber kritische Sohn Paul Ammann, der als Mitarbeiter beim «Ostschweizer» einen vom Bruder Severin geforderten Bericht über das kantonale Schützenfest nicht einreicht, nicht nur nicht aus der Redaktion ‹hinausgeschmissen› wird, sondern unmittelbar nach Kriegsausbruch auch von ‹keinem Menschen› mehr nach diesem Bericht gefragt wird: «man

---

4 Siehe etwa *Schützenfest-Festreden. Eine Sammlung von Festreden vom Eidg. Schützenfest im Juli 1907 in Zürich*. Grüningen 1907.
5 *Festzeitung* [für das eidgenössische Schützenfest von 1910], Nr. 3, Sonntag, 17. Juli 1910, Bern, S. 54.
6 *Neue Zürcher Zeitung* vom 31. Juli 1914.

warf ihm dafür fremdsprachige Zeitungsausschnitte hin».[7] Auch der dem Schützenfest gegenüber empfänglichere jüngste Bruder Fred ‹schreitet› kurz nach dem Schützenfest an der «zur Hälfte abgebrochen[en]» «Budenstadt», einem vormals Neugier weckenden Affen und einer «Mulattin im Alltagskleid» vorbei, «als ob» dies alles «ihn nie etwas angegangen wäre».[8] Gegenüber dem seitenmässigen und, so die These, für den Diskussionszusammenhang einer sich in der öffentlichen Diskussion konstituierenden Nation auch kulturell manifesten Gewicht des Vereinsfestes und des öffentlichen Sprechens an diesem Anlass scheint der Roman die Aufmerksamkeit doch deutlich zu verlagern. Umso mehr stellt sich die Frage nach der Gewichtung des Schützenfestes.

II.

Ein Grund für die ausführliche Darstellung und Vorbesprechung des Schützenfestes könnte darin liegen, dass Inglin in seinem Roman mit dem Schützenfest eine literarische Tradition fortschreibt. Nicht von ungefähr schläft Ammann am Abend vor seinem Auftritt am Schützenfest mit einem «friedlich erschlafften Gesichte [...] über seinem Altmeister» Gottfried Keller und dessen 1860 erstmals erschienener Erzählung vom *Fähnlein der sieben Aufrechten* ein, die «als Hilfsmittel [...] schon ungezählten Schützenfestreden zugutegekommen war».[9]

Zwei Beispiele sollen darum eine literarische Traditionslinie in Ansätzen erkennen lassen. Es handelt sich dabei um Jeremias Gotthelfs erst aus dem literarischen Nachlass zugänglich gewordenen Roman *Herr Esau* und eben um Gottfried Kellers bedeutend bekanntere Novelle *Das Fähnlein der sieben Aufrechten*. In den Schützenfestreden realisiert sich Gemeinschaft einerseits in einem kommunikativen Akt, andererseits werden hier auch rhetorische Muster erprobt, die mit literarischen Mustern korrespondieren können. Dass Schützenfestreden immer wieder in literarische Texte eingegangen sind, dürfte jedenfalls auch dem Umstand geschuldet sein, dass sie an sich literarischen Ansprüchen einer bestimmten Art von Literatur entgegenkamen, die ästhetische, pädagogische und didaktische Momente zusammenzudenken gewillt war.

---

7 Inglin, «Schweizerspiegel» (wie Anm. 1), S. 240.
8 Ebd., S. 255.
9 Ebd., S. 213.

In seinem erst 1922 aus dem Nachlass publizierten Roman mit dem Arbeitstitel *Herr Esau* (1844) beschreibt Jeremias Gotthelf den jungen, moralisch noch ungefestigten Radikalen Jakob Esau, der von seinem Vater 1842 ans eidgenössische Schützenfest nach Chur geschickt wird.[10] Herr Esau erhofft sich, dass sein Sprössling erste Erfahrungen in der öffentlichen Selbstinszenierung machen möge. «Daß er auf die eidgenössische Kanzel gehe», das will Herr Esau «nicht von ihm fordern, das wäre wohl zu viel fürs erstemal», hätten doch schon «Majestäten dort oben gezittert, [...]. Aber etwa so in einem Nachtquartier oder des Abends in der Schiesshütte, wenn ein Dutzend oder zwei lustig beisammen wären, da nehme man die Sache nicht so genau, [...].»[11]

Herr Esau schickt seinen Sohn zwar also nicht auf die «eidgenössische Kanzel», jedoch an die so genannten «‹Gottesdienste der Nation›»[12] bzw. zum «Festaltar», wie es in der *Geschichte des eidgenössischen Freischießens* (1844) des liberalen Publizisten Maurus August Feierabend (1812–1887) heisst.[13] Als öffentlicher Redeanlass ist das Schützenfest auch abseits der offiziellen politischen Rednerbühne als Erprobungsfeld politischer Positionierung bekannt und beliebt. Jakob aber fehlt. Zwar reist er ans Fest, beweist sich dort aber weder als ein auch nur passabler Schütze noch als Redner. Seine abseitigen Kommentare zum Fest erschöpfen sich in hohlen Phrasen. Vor allem ist Jakob in Gotthelfs Roman nicht in der Lage, den Festanlass in seiner integrativen Bedeutung zu erfassen. Er lässt ein Bewusstsein für den gemeinschaftlichen, Parteigrenzen noch mehrheitlich übergreifenden Geist vermissen, in dessen Sinn 1824 in Aarau der Schweizerische Schützenverein gegründet worden war und wie er die Schützenfeste vor Anbruch der Regenerationszeit 1830 noch geprägt hatte. Jakobs Verständnis des Festes stellt sich als verfehlt und so als Hindernis in seiner Entwicklung heraus.

Mit der Kritik an Jakob scheinen bei Gotthelf aber durchaus Bedenken auf, die auf eine viel generellere ‹Fehlentwicklung› der Schützenfeste abzielen. Entscheidend war, dass diese Festanlässe als wichtige Fixpunkte einer

10 Vgl. zum Folgenden Stefan Humbel, *Erprobung von Öffentlichkeite(en) in populärer Literatur. Studien zu Gottlieb Jakob Kuhn, Friedrich Jenni und Jeremias Gotthelf*. Diss masch. Bern 2009, Kap. 5.3, S. 357–384.
11 Jeremias Gotthelf, *Der Herr Esau*. Hg. von Rudolf Hunziker und Hans Bloesch. 2 Bde. Erlenbach-Zürich 1922 (Jeremias Gotthelf, *Sämtliche Werke in 24 Bänden*. 24 Bde. u. 18 Ergänzungsbde., hg. v. Rudolf Hunziker, Hans Bloesch, Kurt Guggisberg u Werner Juker, Erlenbach-Zürich 1911–1977, *Erg.bde.* 1 und 2), hier Bd. 1, S. 223.
12 Beat Henzirohs, *Die eidgenössischen Schützenfeste 1824–1849. Ihre Entwicklung und politische Bedeutung*. Altdorf 1976, S. 101.
13 M[aurus] August Feierabend, *Geschichte des eidgenössischen Freischießens. Ein Schärflein auf den Festaltar der vierhundertjährigen Schlachtfeier von St. Jakob und des dazu veranstalteten eidgenössischen Freischießens in Basel im Juli 1844*. Zürich 1844.

öffentlichen Meinungsbildung verstanden wurden. Dabei wurde von konservativer und regenerationsliberaler Seite den radikalliberalen Vertretern wiederholt zum Vorwurf gemacht, diese instrumentalisierten eine gewachsene Festkultur für ihre parteipolitischen Interessen. Die medial zuweilen stark inszenierten Diskussionen um die Deutungshoheit über solche gesellschaftlichen Anlässe zeugen von einem Bewusstsein, dass gerade hier politische Erziehung und Beeinflussung besonders gut möglich war. In dem Masse, wie der Festanlass als Ort der politischen Sensibilisierung und Meinungsbildung eine bedeutende Breitenwirkung entfaltet hatte, war das Schützenfest – wie andere Festanlässe ebenso – bis in die 1840er-Jahre jedenfalls zu einem kulturellen Feld geworden, das die widerstreitenden Parteien beidseitig umwarben; zu einem Feld aber auch, das in der öffentlichen Wahrnehmung zu einem guten Teil von radikalliberalen Kräften besetzt war.

Von einem vordergründig neutraleren Standpunkt aus gesehen allerdings, sollte hier aber vielmehr für eine nationale Erziehung geworben werden; die Jugend sollte – unter dem Dach eines christlichen Bekenntnisses und zum Beispiel auf Reisen durch die Schweiz –[14] ein innigeres Gefühl für Heimat erhalten. Vereins- und Festanlässe, insbesondere aber Schützenfeste wurden dabei als ideale Plattformen angesehen. Medial verschieden wurde hier ausserdem ein vaterländisches Bewusstsein stimuliert: Produkte aus allen Landesteilen waren zum Beispiel in Form der Festgaben versammelt; um die Schweizerfahne entstand ein Kult. Ein ausgesprochen gemeinschaftliches und identitätsstiftendes Ansinnen prägte diese Artikulationen der Schützenfesttradition – zumindest in einer ersten, aus dem Ansinnen eidgenössischer Vereinskultur gespeisten Artikulation der Feste.

Jakob aber fährt an geschichtlichen Orten vorbei, ohne sich umzusehen.[15] Im öffentlichen Diskurs des Schützenfestes vermag er keine Möglichkeit der Verständigung zu erkennen. Nur gerade bei der traditionellen Übergabe der Fahne – die in Fortschreibung der sakralen Bildlichkeit in verschiedenen Schützenfestbeschreibungen ‹heilige Nationalfahne›, ‹wahrer Missionär› oder ‹heilige Kreuzfahne› genannt wurde – wird Jakob «bewegt» und «glücklich», doch «mit der Fahne [bzw. deren Verschwinden] verließ ihn sein Glück, sein Ich tauchte wieder auf mit seinen Ansprüchen».[16]

Die Hoffnungen des Vaters Esau, sein Sohn könne am Schützenfest seine politische Laufbahn befördern, ebenso wie die Idee, Jakob könne sich auf der Rednerbühne politisch profilieren, unterlaufen die Vorstellung eines

---

14 Philippe-Sirice Bridel, *Versuch über die Art und Weise, wie Schweizerjünglinge ihr Vaterland bereisen sollten*. Winterthur 1795.
15 Gotthelf, *Herr Esau* (wie Anm. 12), Bd. 1, S. 229f.
16 Ebd., Bd. 1, S. 239f.

Zusammenschlusses, der auf einer kulturellen Gemeinschaft beruht. Jakob vermag seine privaten Ambitionen einem gemeinschaftlichen Gefüge nicht unterzuordnen; dadurch kann er auch der Herausforderung nicht begegnen, die dem Schützenanlass konstitutiv eingeschrieben ist: dem spannungsvollen Verhältnis zwischen individueller Bewährungsprobe in Form des Schiesswettbewerbs und bekenntnishafter Feier eines Gemeinwesens.

Das Schützenfest scheint in der über 130 Seiten ausgeführten Beschreibung bei Gotthelf folglich als Ort der nationalgemeinschaftlichen Versicherung und auch Herausforderung für das Individuum durch. Unter Rückgriff auf liberale Ideale wird das Schützenfest wiederholt als Scharnier für Diskussionen einer nationalen oder zumindest vaterländischen Zusammengehörigkeit gezeichnet. Repräsentativ wird am einzelnen Bürger aber auch vorgeführt, wie das Schützenfest unter dem eigensinnigen und am gesamtgesellschaftlichen Wert desinteressierten Verhalten und Denken der Besucher zu einer unreflektierten und geschichtsvergessenen Demonstration zu werden droht. Entsprechende Gefahren werden narrativ insofern vorgeformt, als die beschriebene vaterländische Symbolik und überhaupt eine Rhetorik des Gemeinsinnes destabilisiert werden. Gotthelfs Kritik an der Entwicklung des Schützenfestes erfolgt zu einer Zeit, da diese Festanlässe in der Wahrnehmung der Regenerationsliberalen zu politischen Plattformen der Radikalliberalen zu verkommen drohten. Insofern steht generell auch die Deutungshoheit über diese Art der Öffentlichkeit zur Diskussion – und damit die exemplarische Frage, wie politische Meinungsbildung und ebenso die Teilhabe am nationalen Diskurs vorbereitet und organisiert werden sollte.

Anders sieht es beim «Altmeister» Gottfried Keller aus. Das *Fähnlein der sieben Aufrechten* aus den *Züricher Novellen* erzählt die Geschichte eines republikanisch gesinnten Altmännerbundes, der «Gesellschaft der [...] Aufrechten» – strammen Patrioten des jungen Bundesstaates –, eines Bundes, der seine Geschlossenheit und Vaterlandsliebe am eidgenössischen Schützenfest in Aarau beweisen will. Ihr grünes Fähnlein wollen sie in die Fahnenburg stecken, und eine Rede ist vorgesehen – die allerdings niemand halten will. Zum Glück ist die Novelle aber auch die Liebesgeschichte von Karl Hediger und Hermine Frymann, der Kinder zweier Mitglieder der ‹Aufrechten›. Dieser Liebe wiederum stehen die Väter aller republikanischen Gesinnung zum Trotz im Weg: Nicht soll der arme Schneidersohn Karl die Tochter des vermögenden Zimmermeisters Frymann heiraten.

Nun gibt es sich aber, dass ebendieser Karl, gerade aus seiner Ausbildung in der Schützenkompagnie entlassen, sich auch in Aarau befindet und dem

Altherrenbund aus der Verlegenheit hilft. Er bietet sich an, die Rede zu halten. Unter dem Motto ‹Freundschaft in der Freiheit› feiert er einerseits die Vaterlandsliebe der Männer, deren erprobte Bereitschaft, in Zeiten der Gefahr für die Heimat einzutreten: Die Wehrhaftigkeit, die tätige Vaterlandsliebe, um den Jargon aufzunehmen, beseelt die Alten. Gefeiert wird zugleich aber auch der Gemeinschaftsgeist des Schützenfestes, wo der Dialektik von individuellen und kollektiven Eigenschaften eines Schweizbildes Rechnung getragen werde:[17]

> Wie kurzweilig ist es, daß es nicht einen eintönigen Schlag Schweizer [gibt], [...]. Diese Mannigfaltigkeit in der Einheit, welche Gott uns erhalten möge, ist die rechte Schule der Freundschaft, und erst da, wo die politische Zusammengehörigkeit zur persönlichen Freundschaft eines ganzen Volkes wird, da ist das Höchste gewonnen!

Die Versöhnung von individuellen und gemeinschaftlichen Anliegen zeigt sich sinnbildlich darin, dass Karl und Hermine doch noch zusammenkommen – am Schützenfest und nachdem Karl ein beachtliches Resultat geschossen hat. Das Schützenfest ist in dieser Zeit nach 1848 unverändert Ort patriotischen Sprechens, Ort, an dem die Wehrhaftigkeit beschworen und im Schiessstand symbolisch geprüft wird, Ort der nationalen Geselligkeit auch – nun aber im Zeichen einer lediglich noch zu bestätigenden Idee. Zwar ist bei alledem die Ironie im Text nicht zu übersehen,[18] gleichwohl aber bleibt das Schützenfest in dieser Funktion als kulturelle Folie bestehen, auf der Kellers Text funktioniert. Die bei Gotthelf diskutierten kritischen Auseinandersetzungen sind bei Keller einer anderen Konstellation und Funktionalisierung des Festes und der Festreden gewichen.

Dabei zeigt sich die erstaunlich vielseitige Tragfähigkeit des Schützenfestes als ein narrativer Verhandlungsplatz nationaler Fragen. Und von hier aus dürfte zumindest ansatzweise zu erklären sein, welche Bedeutung dem Schützenfest auch noch von Meinrad Inglin beigemessen wird. Das Narrativ des Schützenfestes und das Schützenfest als Narrativ markieren ein Feld, auf dem verschiedene politische Positionen abgesteckt werden können. Im einen Fall werden Gegensätze konsolidiert; in anderen Fällen – wie bei Gotthelf – werden Normabweichungen festgestellt; in noch anderen Fällen werden eigene Positionen lediglich verteidigt und festgeschrieben – wie dies

---

17 Gottfried Keller, *Das Fähnlein der sieben Aufrechten*. Stuttgart 1990, S. 62.
18 Siehe etwa Peter von Matt, «Zur Demokratie gehört das Gelächter. Gottfried Keller und die gelungene Revolution», in: Ders., *Die tintenblauen Eidgenossen. Über die literarische und politische Schweiz*. Wien 2001, S. 175–180, hier: S. 179.

auch an der radikalliberalen Instrumentalisierung der Schützenfeste während der Regenerationszeit deutlich wurde. Das Schützenfest ist aber auch eine vielleicht idealtypische literarische Strategie, insofern nämlich, als sich hier Handlungen dramaturgisch rhythmisieren lassen, was durch einen vergleichenden Blick auf Gotthelfs zuweilen leidenschaftliche Ausmalung der Churer Feststimmung und auf Kellers geraffte, symbolisch verdichtete Passagen im *Fähnlein der sieben Aufrechten* erkennbar wird. Eine idealtypische literarische Strategie aber auch insofern, als literarische Figuren konturiert, vertieft, ironisch verflacht werden können, vor der vertrauten Diskursvielfalt der Vereinsöffentlichkeiten ergeben sich entsprechende Möglichkeiten. Eine idealtypische literarische Strategie schliesslich insofern, als politische Diskussionszusammenhänge mittels eines konkreten Handlungselements aufgerufen und entwickelt werden können, nicht zuletzt deshalb, weil die literarische Darstellung des Schützenfestes als Resonanzboden öffentlichen Sprechens selbst durch ein literarisches und dadurch öffentliches Sprechen realisiert wird – was sich gut an den zum Teil langen wörtlichen Auszügen aus Schützenfestreden sichtbar machen lässt.

III.

Kehren wir damit zu Inglins *Schweizerspiegel* zurück. Während *Der Herr Esau* im gesamtgesellschaftlichen Kontext einer verstärkten Rivalität zwischen radikalliberalen und regenerationsliberalen Kräften die Deutungshoheit über die nationale Festkultur und die Schützenfestkultur verhandelt – und letztlich eine Rückbesinnung auf die integrative, nicht parteigebundene Tradition dieser Institutionen empfiehlt – und Kellers *Fähnlein der sieben Aufrechten* im Schützenfest je nachdem eine nationale Konsolidierung feiert, wird das Fest im *Schweizerspiegel* sowohl konservierend oder im Sinne der Geistigen Landesverteidigung[19] bewahrend als Inbegriff eines erprobten Liberalismus wachgerufen wie auch kritisch als Inbegriff eines überkommenen Liberalismus in Frage gestellt.

Ehrengast Ammann ist verpflichtet, «auf dem hartkantigen Brett der flüchtig gezimmerten Holzbank» nicht bequemer zu sitzen als alle anderen, auf einem Brett, «das alle Sitzbewegungen auf der ganzen Länge getreulich anzeigte». Nicht wegen des – zugegeben – instabilen Bildes aber besteigt

---

19 Siehe Dominik Müller, «Die ganze Schweiz in einem Buch. Panoramatische Romane aus der Zeit der Geistigen Landesverteidigung», in: Marek Hałub, Dariusz Komorowski u. Ulrich Stadler (Hgg.), *Die Schweiz ist nicht die Schweiz. Studien zur kulturellen Identität einer Nation*. Wrocław 2004 (Acta Universitatis Wratislaviensis 2658), S. 149–161.

der Nationalrat die Rednerbühne. Hier will er sprechen an die «Schweizerschützen! Eidgenossen!», die «von nah und fern» ‹herbeigeeilt› sind. Den Anfang seiner Rede widmet er allerdings der Schweizerischen Landesausstellung, die er in Bern besucht hat und die ihn mit «Stolz auf Schweizer Art und Arbeit erfüllt» habe. Dort seien aus allen «Gauen» «Zeugnisse» zusammengetragen worden, «was unser Volk geleistet hat und zu leisten imstande ist»; am «ungeheuren Aufschwung der zivilisierten Welt in den letzten dreißig Jahren» habe man mitgearbeitet; nun dürfe man sich «bei aller Bescheidenheit» im «Triumph des Fortschritts» «sonnen».[20]

Weshalb vertauschte Inglin also nicht das Schützenfest mit einem Besuch an der Landesausstellung? Ammann selbst gibt eine mögliche Antwort: Die Voraussetzungen für die schweizerische Beteiligung am «Triumph des Fortschritts» sei in einem «geordnete[n], kraftvolle[n] Staatswesen» zu suchen, wobei die «Garantie» für ein solches mit Hilfe der «Schweizer Schützen» und aus deren «wehrhafte[m] Geist heraus» geschaffen worden sei: «mit unserer Armee»[21]. Zusätzlich zu einem Liberalismus, der mit kulturellem und wirtschaftlichem Fortschritt entlöhnt wurde, wird die Wehrhaftigkeit aufgerufen. Nicht länger muss aus dieser Perspektive das Potential liberaler Staats- und Gesellschaftsorganisation propagiert werden, wichtiger ist die Absicherung, die Konservierung dieser umgesetzten Möglichkeiten, mittels der Armee.

Diese Armee aber wird in Ammanns Rede nicht noch sonderlich thematisiert; schon gar nicht wird ein militärischer Geist besprochen, wie ihn zum Beispiel Fred in der Offiziersschule erfährt. Vielmehr flüchtet sich Vater Ammann in Phrasen und historische Exkurse, die bei Morgarten, Laupen und Sempach einsetzen und über den «Untergang der alten Eidgenossenschaft» zur «gegenwärtige[n] Weltlage» führen.[22] Die Diskussion dieser Weltlage allerdings geht nicht weniger in Unsicherheiten und Plattitüden unter: Man ‹wisse› noch nicht, «was Deutschland, was Frankreich und Italien tun werden», doch sei «noch kein Grund vorhanden, den Kopf zu verlieren», da die «Aussichten auf Erhaltung des Friedens» ‹fortbestünden›; in Bern habe er «mit maßgebenden Kreisen [...] Fühlung» genommen und «den bestimmten Eindruck gewonnen, daß man dort zuversichtlich an eine friedliche Wendung der Dinge glaubt»; und schliesslich wird mit dem referierten Anspruch des Bundesrates, dass die «Interessen des einzelnen

---

20 Inglin, «Schweizerspiegel» (wie Anm. 1), S. 219.
21 Ebd., S. 220.
22 Ebd., S. 220.

und die sozialen Gegensätze» in diesen «Zeiten der Not den Interessen der Gemeinsamkeit unterzuordnen» seien, ein Gemeinplatz abgerufen.[23]

Der bereits eingangs erwähnte Stockmeier beglückwünscht Ammann nach dessen Rede – man müsste sagen – trotzdem. Denn eine politische Aufklärung oder eine wirklich eigenständige, ernstzunehmend aktualisierte Auseinandersetzung mit der «Lage» der Schweiz leistet Ammann nicht. Sohn Paul kritisiert denn auch die undifferenzierte Beschwörung des «nationale[n] Leben[s]», das «ja seinen Sättigungsgrad schon längst erreicht» habe. Genau von hier aus aber wird ein Problem deutlich, das der Roman thematisiert: das Ringen um einen zeitgerechten Begriff der Nation. Am Schützenfest ist tragischerweise eine Gemeinschaft und Einheit beschrieben, die im *Schweizerspiegel* in sämtlichen bi- und mehrpolaren Spannungen immer neu verhandelt und hinterfragt wird: Frankophilie/Germanophilie, Zivilist/Militär, Künstler/Bürger, Arbeiter/Bürger.[24]

Verfehlt erscheint Paul auch der Rückgriff aufs «Heldenzeitalter», mit dem Ammann «prunkt», «als ob er daran teilgenommen hätte». Die ebenfalls durch die ganze Geschichte der Schützenfeste verbürgte Feier einer Ahnenreihe, einer heroisch verklärten Vergangenheit, wird von Ammann neu bedient, ohne dass er sie wirklich zu aktualisieren vermöchte. Genretypisch versperrt die Schützenfestrede mit ihrer oftmals unpräzisen Dialektik von Rückschau und Blick in die Zukunft ein nuancierteres und präziseres Sprechen. Von hier aus würde denn auch nochmals die Formulierung neu zu bewerten sein, dass sich Kellers *Fähnlein der sieben Aufrechten* schon als «Hilfsmittel» für «ungezählte[ ] Schützenfestreden» bewährt habe.

Das Schützenfest in Inglins *Schweizerspiegel* stellt sich als vorgeformter Verhandlungsraum grundsätzlicher und den literarischen Geist des Romans prägender gesellschaftlicher Fragen dar, die das Verhältnis von Individuum und Gemeinschaft im Staat angehen. Dabei ist das Schützenfest ein historisch verbürgtes Scharnier, das sich für die Auseinandersetzung mit solchen Fragen anbietet – oder: zumindest für die Initiierung der Fragen. Anders als bei Gotthelf und Keller nämlich ist das Schützenfest hier kein eigentlicher Kulminationspunkt für die Entwicklung von Erzählhandlung und Figuren. Paul hat sich in den Worten Freds eine «bestimmte Vorstellung» schon «gebildet»;[25] Nationalrat Ammann spricht in einem ungebrochenen Vertrauen in seinen Liberalismus; Fred entscheidet sich weder für das unkritische vaterländische Pathos des Redners noch für die Ideen Pauls,

---

23 Ebd., S. 221.
24 Ebd., S. 224.
25 Ebd., S. 216.

die ihm durchaus zugänglich sind.[26] Und vielleicht wird gerade hier, wo die oben noch herausgestrichene Flexibilität des Schützenfestes und der Schützenfestreden als literarische Strategie zu verkümmern scheint, recht eigentlich mit literarischen Mitteln ein Problem der diskutierten Gemeinschaftsbildung deutlich: Ungefähr so wie das öffentliche Sprechen unzureichend genutzt wird, um eine Gemeinschaft herzustellen, so wird auch das Angebot literarischer Gestaltungsmöglichkeiten nur bedingt ausgeschöpft, zu bestimmt schon begeben sich die Figuren in diesen öffentlichen Raum.

IV.

Erweitert man den Blick auf die Gesamtanlage des Romans, so fällt allerdings noch etwas auf. Ziemlich genau nach dem ersten Fünftel des Romans stösst das Schützenfest in einer nationalgeschichtlich stark vorgeprägten Öffentlichkeit Fragen zum Verhältnis von Individuum und Gesellschaft an; ziemlich genau nach dem vierten Fünftel des Romans bestimmt eine weitere Form des öffentlichen Sprechens das Geschehen: die Arbeiterdemonstration in Zürich, an der Paul wiederum mit gemischten Gefühlen teilnimmt.

Freilich klingt die Rede hier anders: Von der Konservierung oder doch zumindest von der Stabilisierung der bürgerlich-liberalen Gesellschaftsordnung hat man sich verabschiedet. Ein nicht weiter charakterisierter Redner «brandmarkte» das «Paktieren mit Kapital, Staat und Bourgeoisie als Verrat, verlangte die Ernennung von Arbeiterkommandos, die Eroberung der politischen Macht durch Massenaktionen, und deutete als nächste Ziele die Enteignung der Banken, der Großindustrie und des Außenhandels an». Schliesslich fasst er zusammen, dass die «‹kapitalistisch-bürgerliche Welt [...] vor dem Zusammenbruch›» stehe.[27] Seine historisch-gesellschaftliche Analyse gleicht derjenigen Pauls vier Jahre zuvor am Schützenfest. Sinnigerweise wird auch dieses öffentliche Sprechen als dogmatisch mehr oder weniger unanfechtbare Rhetorik ausgegeben: «‹Maul halten!›» «zischt» ein Arbeiter Paul an, der, eher für sich selbst sprechend, Inhalte der vorgetragenen Rede infrage stellt – und man ist an die Bemühungen Freds erinnert, seinem dem Schützenfest gegenüber krittelnden Bruder das Sprechen zu verbieten. Der Gemeinsamkeiten wären mehr aufzuzählen, von der Symbolik geselligen Zusammensitzens auf vereinenden Tischbänken[28] bis zum sängerisch besiegelten Zusammenschluss der Festteilnehmer, am

26 Ebd., S. 223.
27 Ebd., S. 792.
28 Ebd., S. 218 bzw. S. 788–791.

Schützenfest in Form der Nationalhymne,[29] an der Arbeiterdemonstration in der Internationalen.[30]

Wird ein informatives Sprechen am Schützenfest letztlich nicht umgesetzt, so ist die Situation hier prinzipiell verschieden. Anders als in der Schützenfestrede wird nicht eine Vergangenheit reinstalliert, sondern ein politisch-gesellschaftliches Programm für die Zukunft vorgestellt; dem Erinnern steht hier vereinfacht gesagt die Agitation gegenüber; inhaltsentleerten Phrasen wird mit analytischen Begriffen begegnet, die auf eine Veränderung der Ordnung abzielen.

Gemeinsam ist beiden Ereignissen im Roman, dass für eine Verhandlung gesamtgesellschaftlicher Anliegen je genuine Formen nationaler politischer Selbstverständigung beansprucht werden: Der historisch gewachsenen Öffentlichkeit der Schützenfeste wird die Demonstration gegenübergestellt – hier mit dem komplementären Generalstreik. Mit der Parallelisierung von Vereinskultur und anderen politischen Institutionen wie der Praxis der Demonstration verklammert der Text auf konzeptueller wie inhaltlicher Ebene wesentliche Verhandlungsräume gesellschaftlicher und politischer Organisation. Beide Anlässe stellen ihrer eigenen Logik nach das Verhältnis von Individuum und Gesellschaft zur Diskussion; beide Anlässe repräsentieren zeitlich gebundene Formen politischen Sprechens und Positionierens, und für die Entwicklung des Romans geben beide Anlässe der Figur Paul zumindest intellektuell die Möglichkeit, der Dogmatik des jeweiligen parteipolitischen Sprechens auszuweichen – und womöglich ein Drittes zu denken.

---

29 Ebd., S. 223.
30 Ebd., S. 794.

NINA EHRLICH (BERN)

Meinrad Inglins *Schweizerspiegel* und Jacob Paludans *Jørgen Stein*

Der Grosse Krieg an den Rändern

Der *Schweizerspiegel* (1938) wie auch der nur wenige Jahre ältere dänische Roman *Jørgen Stein* (1932/33) sind breit angelegte Familienromane, die die Zeit des Ersten Weltkriegs in Ländern schildern, die neutral im Krieg waren. Es sind Romane über einen Krieg, die diesen Krieg aus der Ferne wahrnehmen, von den Rändern her, die aber dessen ungeachtet den Krieg narrativ von der Peripherie ins Zentrum holen, indem sie von der Situation eines neutralen Landes im Kriegskontext erzählen. Warum ist das ein Thema? Was bedeutet der Krieg in diesen Ländern? Welche Geschichten erzählen diese Romane über den Krieg, und welche Funktionen haben diese Erzählungen? Mit einem vergleichenden Blick wird deutlich gemacht, welche historischen, politischen und kulturellen Sinnkonstruktionen diese beiden Texte prägen.

I. *Schweizerspiegel*

Der *Schweizerspiegel* ist ein Roman, der grosse Fragen stellt: Was ist die Schweiz? Wer ist das Volk, wer ist das Schweizervolk? Was hält die Schweiz zusammen? Was ist die Aufgabe eines jeden Bürgers im Staat? Der *Schweizerspiegel* ist damit ein politischer Roman. Nicht nur in dem Sinn, dass Zeitgeschichte und Politik historisch erzählt und dargestellt wird, sondern besonders in dem Sinn, dass politische Grundfragen aus Schweizer Sicht verhandelt werden: Was für eine Schweiz wollen wir? Welche politischen Werte sind wichtig? Welche Aufgabe hat das Staatswesen? Welche Rolle das Militär? Welche Partei soll ich wählen?

Diese Fragen ziehen sich durch den Roman und bilden ein strukturelles Gerüst, denn die Figuren im Roman müssen sich diesen Fragen stellen und sie müssen, jede für sich, Antworten auf diese Fragen finden. Im Zentrum stehen hierbei die Figuren der jungen Generation, also im Wesentlichen die erwachsenen Kinder der Familie Ammann, Severin, Paul, Fred und Gertrud.

Antworten auf diese grossen Fragen zu finden, ist in der Zeit, in der der Roman spielt, umso dringlicher, ja unerlässlich, da es eine Krisenzeit ist. Der Erste Weltkrieg in Europa, damit verbunden die massiven politischen und auch wirtschaftlichen Krisen in der Schweiz, Interessen- und Loyalitätskonflikte und soziale Spannungen überziehen das Land. Die Schweiz droht auseinanderzubrechen. In dieser existentiellen Krisensituation zeigt sich, dass die Gewissheiten der älteren Generation, etwa der selbstverständliche Führungsanspruch und die Selbstgewissheit des staatstragenden Freisinns, für den der ältere Ammann steht, ja einsteht, für die Jüngeren nicht mehr tauglich sind. Die Jungen müssen ihre eigenen Antworten finden, und sie tun das beeinflusst von den Erfahrungen, die sie in dieser Zeit der Krise machen. Alle Figuren sind geprägt von den Auswirkungen des Ersten Weltkriegs auf den Staat und auf ihr persönliches Leben, sei es Grenzdienst, Generalstreik oder die Betreuung von Verwundetentransporten. Die Prägung durch gemeinsame zeitgeschichtliche Erlebnisse, wie sie die Protagonisten im *Schweizerspiegel* erfahren, ist der zentrale Umstand für die Bildung einer Generation. Der Soziologe Karl Mannheim spricht bereits 1928 mit Bezug auf den Ersten Weltkrieg davon, dass Generationen sich durch ein gemeinsames Jugenderlebnis konstituieren.[1] Durch die unterschiedliche mentale und intellektuelle Verarbeitung dieses Jugenderlebnisses prägen sich jedoch nicht einheitliche, sondern unterschiedliche Generationsstile und Gruppen aus, also auch unterschiedliche Weltanschauungen und ideologische Haltungen.

Der als Zeit- und Gesellschaftsroman breit angelegte *Schweizerspiegel* lässt sich demnach auch als Generationsroman bezeichnen, da eine Gruppe junger Menschen in ihrer prägenden Phase im Zentrum steht. Das gemeinsame Erlebnis ist das des Ersten Weltkriegs – ein einschneidendes, lange nachwirkendes Generationserlebnis, wie der Germanist Richard Alewyn 1929 bemerkt:[2]

> Freilich hat es wohl noch nie ein so allgemeines (sowohl alle Völker als alle Schichten umfassendes) und dabei chronologisch so scharf markiertes Generationserlebnis gegeben, wie es der Weltkrieg war. Dieses Schicksal hat die Schwächung oder Auflösung der Sonderstrukturen beschleunigt, die Bildung von Generationsgemeinschaft gefördert.

---

1 Karl Mannheim, *Wissenssoziologie. Auswahl aus dem Werk.* Berlin 1964, S. 558.
2 Richard Alewyn, «Das Problem der Generation in der Geschichte», in: *Zeitschrift für deutsche Bildung* 5 (1929), S. 519–527, hier S. 527.

Alle Völker und Schichten umfassend – aber eben auch alle Völker und Schichten verschieden umfassend. Für die Schweiz war der Weltkrieg durch die Neutralität ein Krieg auf Abstand. Das Generationserlebnis in der Schweiz war nicht das der sinnlosen Tode in den Schützengräben und den Schlachtfeldern, sondern es waren die politischen und sozialen Auswirkungen des Krieges und des Zusammenbruchs der politischen Ordnungen in Europa. Der Krieg ist omnipräsent im Roman *Schweizerspiegel*, der Krieg hinter der nahen Grenze, und mit ihm die unterschiedlichsten Gefühle. Sie reichen von der Auguststimmung 1914 und der Hoffnung vieler junger Männer, endlich selbst in den Krieg ziehen zu können, der Frustration der Aussenstehenden, der Neutralen, die am Jahrhundertereignis nicht teilnehmen dürfen, die Geschichte machtlos an sich vorbeiziehen lassen müssen, bis zum Ekel und Abscheu gegenüber der sinnlosen Schlächterei, der Barbarei des Kriegs. Der *Schweizerspiegel* ist in dem Sinn ein Kriegsroman, aber ein Kriegsroman zweiten Grades, denn er schildert die spezielle Situation eines Kriegs, an dem die Protagonisten gar nicht teilnehmen, durch den sie aber nichtsdestotrotz geprägt werden.

Die bisherigen Zuschreibungen zum *Schweizerspiegel* sind also folgende: Es handelt sich um einen politischen Roman, einen Generationsroman, einen Kriegsroman. Schaut man sich den Klappentext der Ausgabe von 1987[3] an, findet man noch eine interessante Zuschreibung. Es heisst da, der *Schweizerspiegel* sei ein männlicher Roman. Es fragt sich, was wohl damit gemeint sein könnte. Zunächst wird jedoch ein Blick auf Jacob Paludans *Jørgen Stein* geworfen, und im Anschluss diesen Zuschreibungen in beiden Romanen nachgegangen.

II. *Jørgen Stein*

Der Roman *Jørgen Stein*, der zunächst ‹Jørgen Stein und sein Kreis› heissen sollte, erschien in den zwei Teilen *Torden i Syd* (‹Gewitter im Süden›) und *Under regnbuen* (‹Unter dem Regenbogen›) in den Jahren 1932 und 1933. Eine erste deutsche Übersetzung wurde 1940 unter dem Titel *Gewitter von Süd* veröffentlicht, eine weitere 1956 unter dem Titel *Unter dem Regenbogen*, beide Fassungen sind gekürzt.

Ganz ähnlich wie der *Schweizerspiegel* ist *Jørgen Stein* als Generations- und Familienroman konstruiert, mit Jørgen als Zentrum der Geschichte. Die

---

3 Meinrad Inglin, *Schweizerspiegel*. Zürich 1987 (Gesammelte Werke. In zehn Bänden, hg. von Georg Schoeck. Bd 5.1 u. 5.2).

erzählte Zeit beginnt kurz vor Ausbruch des Ersten Weltkriegs und reicht bis weit in die 1920er-Jahre hinein. Diese Zeit ist auch in Dänemark sehr turbulent. Die Neutralität Dänemarks während des Kriegs ermöglichte den Handel mit Deutschland und England und führte zur extremen Ankurbelung der Wirtschaft in den ersten Kriegsjahren, aber ebenfalls zu massiven Spekulationen. Die späteren Kriegsjahre und Nachkriegsjahre waren gekennzeichnet von erheblichen Vermögensunterschieden in der Bevölkerung, alte Eliten wurden deklassiert, Vermögen wurden über Nacht verdient und verloren, die sozialen Spannungen nahmen dramatisch zu. Sozialistische Bewegungen hatten grossen Zulauf, eines Tages wurde die Börse gestürmt, das Land steckte in einer tiefen wirtschaftlichen und gesellschaftlichen Krise.

Jørgen Stein ist 16 Jahre alt, als der Krieg ausbricht. Gerade ist er dabei, sein Heim in Havnstrup zu verlassen, um in Aalborg das Gymnasium zu besuchen. Er kommt aus wohlhabenden, grossbürgerlichen Verhältnissen, sein Vater ist ein hoher Königlicher Beamter in Havnstrup, einer fiktiven Kleinstadt in Nordjütland, die dem realen Thisted nachempfunden ist, der Heimatstadt Jacob Paludans.

Der Roman zeichnet Jørgens Weg im Gymnasium in Aalborg, dann im Studium in Kopenhagen nach, den Studienabbruch und seine Journalistentätigkeit. Doch nichts befriedigt ihn, und so steht im Zentrum des Romans Jørgens verzweifelte Suche nach Sinn im Leben, nach einer Weltanschauung, die ihn tragen könnte, letztlich nach Sicherheit, nach festen Strukturen – sowohl äusseren Strukturen (Beruf, Beziehung zu einer Frau, Ehe, Kinder) wie auch inneren, moralischen Verlässlichkeiten. Denn für Jørgen – und seine Altersgruppe – sind diese Strukturen erodiert. Warum? Sie sind mit dem Krieg untergegangen, mit dem Zusammenbruch der Vorkriegsordnung – darüber sind sich Jørgen und die Erzählerfigur (eine stark wahrnehmbare Stimme im Roman) einig. Am Schluss des Romans heiratet Jørgen ein Bauernmädchen, versucht sich mit einer kleinen Hühnerzucht, ist desillusioniert, depressiv und resigniert, doch Marie, seine Frau, ist schwanger – und Jørgens Hoffnung richtet sich auf die nächste Generation. Ist er auch gescheitert, so wird es doch in der nächsten Generation anders werden, wird suggeriert, sodass das Buch doch mit einer positiven Note endet.

III. *Jørgen Stein* und der *Schweizerspiegel*

Beide Romane sind von einer ähnlichen Struktur und von ähnlichen Themen geprägt. Genauer soll nun vergleichend betrachtet werden, wie die folgenden, für den *Schweizerspiegel* gefundenen Zuschreibungen (Kriegsroman, Generationsroman, politischer Roman sowie ‹männlicher Roman›) sich in den beiden Texten darstellen.

Genau wie im *Schweizerspiegel* ist der Weltkrieg auch in *Jørgen Stein* nicht nur eine historische Folie, vor der sich private Geschichten abspielen, sondern der Krieg ist weit mehr als das. In *Jørgen Stein* bildet er den Erklärungszusammenhang für die Schwierigkeiten Jørgens, das Leben zu meistern. Nicht weil Jørgen ins Militär müsste wie Fred oder Paul Ammann im Schweizerspiegel (es gab damals keine allgemeine Wehrpflicht in Dänemark), sondern weil der Krieg den Zusammenbruch alter Gewissheiten, alter Gesellschaftsstrukturen und in Jørgens Fall auch alter Privilegien bedeutet. Vor dem Krieg war das Leben für Angehörige der alten Oberschicht einfach gewesen: Das Vermögen wurde weitervererbt, Karrierepositionen in Politik und Verwaltung standen dem Sohn eines Amtmanns wie selbstverständlich offen. Gleichzeitig war es leicht, an die eigene Leistung, die eigene Individualität und an das Gute und Schöne in der Welt zu glauben. Doch der Krieg macht all dies zunichte und es ist genau das, womit Jørgen hadert, woran er leidet. Daher ist der Krieg zentral in seinem Leben, der Krieg, der – in Jørgens Sicht – wie eine Naturkatastrophe über Europa, aber eben auch Dänemark und ihn selbst hereinbricht. Daher auch die Gewitter- und Naturmetaphern, die sich durch das ganze Buch ziehen, deutlich werden sie insbesondere auch in den Titeln der beiden Teilbände (und deutschen Übersetzungen) ‹Gewitter von Süd› und ‹Unter dem Regenbogen›.[4] Und noch am Schluss des Textes, weit in den 1920er-Jahren, sieht Jørgen sein Leben und sein Scheitern durch diese Naturkatastrophe bedingt:[5]

> Zu sehen war nichts; aber die Weltkrise kam nichtsdestoweniger angerollt –, noch eine Wogenkette von Sarajewo her nahte dem Lande, und diese schien riesenhaft anzuwachsen.

Es ist bemerkenswert, dass es auch im *Schweizerspiegel* diese Gewittermetapher für den Krieg gibt. Am Tag bzw. Abend des Attentats in Sarajewo

---

4 Siehe zu Naturmetaphorik und Raumsemantik in *Jørgen Stein*: Nina von Zimmermann [d.i. N. Ehrlich], *Geschichten aus der Jazz-Zeit. Die ‹verlorene Generation› in der dänischen Literatur*. Wien 2006, S. 105–112.
5 Jacob Paludan, *Gewitter von Süd*. Aus dem Dänischen übertragen von Emil Charlet. Bremen 1940, S. 613. – Im Original: «Der var intet at se, men Verdenskrisen kom alligevel skyllende – endnu en Bølgering fra Serajevo naaede Landet, og den var kæmpemæssig.» J. Paludan, *Jørgen Stein*. 2 Bde. Kopenhagen 1964, Bd. 2, S. 481.

meint Gertrud Donner zu hören, obwohl es eine ganz klare Nacht ist[6]; und etwas später heisst es:[7]

> Die internationale Lage in den letzten Julitagen, wie sie von den Menschen unseres Kontinents empfunden wurde, wäre höchstens mit dem noch verhüllten Anbruch einer Naturkatastrophe von unvorstellbarem Ausmass zu vergleichen, mit einer nie gesehenen Verdüsterung des Himmels und einem andauernden unterirdischen Donnern. Am Horizont zuckten die ersten Blitze, und es war zu befürchten, dass sich der geschwärzte Himmel in Feuern entladen und der grollende Erdteil wanken werde, aber noch fehlten sichere Anzeichen …

Wenn auch die Metaphorik sehr ähnlich ist, so hat der Krieg im *Schweizerspiegel* jedoch eine andere Funktion als in *Jørgen Stein*. Nicht nur ist er durch den Grenzdienst und die Verwundetentransporte sehr viel präsenter. Wichtiger ist, dass er nicht Grund allen persönlichen Übels ist, sondern eine Zerreissprobe für den ganzen Staat. Er ist nicht eine persönliche Zumutung für den Sprössling einer deklassierten Oberschicht, sondern funktioniert wie ein Brennglas, in dem die eingangs erwähnten wichtigen Fragen über die Schweiz sichtbar werden und sich umso drängender stellen. Die zentrale Frage ist, was mehr zählt, der Wille, die Schweiz zusammenzuhalten, oder die Loyalität der einzelnen Landesteile zu den jeweiligen, miteinander Krieg führenden, grossen Nachbarländern.

Der Weltkrieg ist also das zentrale historische Ereignis in beiden Texten. Im *Schweizerspiegel* bedeutet er vornehmlich eine Herausforderung für Staat und Gesellschaft, während er in *Jørgen Stein* letztlich als Krise für ein Individuum konstruiert wird. Es fragt sich nun, welche Auswirkung diese unterschiedlichen Bedeutungen des Krieges auf die Konstruktion einer Generation haben. Sind beide Texte Generationsromane über den Weltkrieg?

Wenn auch der Krieg verschiedene Funktionen in den beiden Romanen hat, so ist er in beiden doch ganz klar das prägende Ereignis in der Jugendzeit der Protagonisten. Zwar gibt es in beiden eine Hauptfigur, in *Jørgen Stein* mit Jørgen deutlicher als im *Schweizerspiegel* mit Fred Ammann, sodass es in beiden Texten einen Fokus auf eine jeweils individuelle Entwicklungsgeschichte gibt, eine ‹coming of age›-Erzählung, also die Geschichte des Erwachsenwerdens, des Überwindens der Jugend mit ihren Unsicherheiten, Krisen und Suchbewegungen und das Finden des rechten

---

6 Inglin, *Schweizerspiegel* (wie Anm. 3), S. 141.
7 Ebd., S. 203.

Platzes im Leben, und ganz konkret, das Finden einer Überzeugung, eines Berufs und – einer Frau. Bei Fred verläuft ebenso eine Entwicklungsgeschichte wie bei Jørgen und bei beiden bildet das Finden der Lebenspartnerin jeweils den Schlusspunkt des Romans.

Doch finden sich in beiden Romanen auch eine ganze Reihe zentraler Nebenfiguren der gleichen Generation, die alle auf ihre Weise versuchen, unter den Bedingungen der zeitgeschichtlichen Ereignisse ihr Leben zu meistern, Sinn zu finden, Orientierung, Überzeugungen. In *Jørgen Stein* sehen wir neben Jørgen seinen älteren Bruder Otto, einen skrupellosen, betrügerischen und dazu unfähigen Geschäftsmann, der vergeblich versucht, das grosse Geld zu machen; weiter Jørgens Freund Leif Hansen, der sich von einem verbummelten, ziellosen Bohemien zu einem gefeierten Opernsänger entwickelt. Im *Schweizerspiegel* stehen neben Fred seine drei Geschwister Severin, Paul und Gertrud im Zentrum. Dazu noch viele weitere Nebenfiguren der gleichen Generation und die Angehörigen der Elterngeneration, die im *Schweizerspiegel* wie auch in *Jørgen Stein* erhebliche Mühe haben, die Veränderungen der Zeit zu begreifen und zu akzeptieren.

Interessanterweise findet sich im *Schweizerspiegel* ganz wie in *Jørgen Stein* eine Dichterfigur, etwas entrückt und auch drangsaliert von den Herausforderungen des Alltags, in beiden Fällen – Albin Pfister im *Schweizerspiegel* wie auch Peter Femmer in *Jørgen Stein* – philosophische Dichter, die nach höheren Wahrheiten suchen, als sie in der Politik oder in zwischenmenschlichen Beziehungen zu finden seien. Beide leiden am Leben, sind letztlich untauglich für das Leben, auch dafür, die Liebe zu einem anderen Menschen wirklich zu leben, und beide sterben konsequenterweise im Roman – Albin Pfister an der Spanischen Grippe, Peter Femmer an Tuberkulose.

In beiden Romanen werden also Generationspanoramen entworfen, in denen jeweils Vertreter verschiedener Generationsgruppen und -typen erscheinen, also verschiedener Überzeugungen, Ideologien, Lebensentscheidungen als Reaktion auf die Zeitumstände. Und besonders in *Jørgen Stein* wird diese Zugehörigkeit zu einer Generation immer wieder von den Figuren wie auch vom Erzähler thematisiert.[8] Dies in der Weise, dass über alle verschiedenen Generationsgruppen hinweg die Zugehörigkeit zu der Generation, die während des Krieges erwachsen wurde, als bestimmend für das weitere Leben gesehen wird. Die Generation wird gekennzeichnet

---

8 Siehe zu der Konstruktion einer Generationsgruppe in *Jørgen Stein* auch Sven H. Rossel, «The Struggle for an Ideology», in: *A History of Danish Literature*. Hg. von Sven H. Rossel. Lincoln u. London 1992, S. 333–343, hier S. 339.

als «diejenige, die gerade noch einen Mundvoll von der Zeit vor 1914, ihrem Geist, ihrer Stimmung und ihrem Glauben an feste Werte genossen hatte.»[9] All das verschwände angeblich mit dem Krieg – und darum kann diese Generation keinen Halt in der neuen Zeit finden. Sie sei zu jung, um bereits gefestigt zu sein, und zu alt, um sich ganz auf Neues einlassen zu können. Deswegen, so die Argumentation in *Jørgen Stein*, sei sie zum Scheitern verurteilt, und so erklärt sich denn auch Jørgens Scheitern als generationstypisch. Der Satz aus dem Buch, der berühmt, ja in Dänemark zu einem geflügelten Wort geworden ist, ist diese Erklärung über Jørgen zum Schluss: Er musste scheitern, denn er gehörte ja zu dem Jahrgang, der schon zu Beginn straucheln musste (årgangen, der måtte snuble i starten); Jørgen vertritt also eine ‹lost generation›, eine verlorene Generation.

Ist *Jørgen Stein* mit dieser ausgesprochen zeithistorischen Thematik nun ein ähnlich politischer Roman wie der *Schweizerspiegel*? Auch *Jørgen Stein* handelt vom Erwachsenwerden in einer politischen Krisenzeit, vom Suchen nach politischen Überzeugungen, nach Weltanschauungen. Es geht damit durchaus um sehr politische Fragen und Themen. Trotzdem ist *Jørgen Stein* ein weit weniger politisches Buch ist als der *Schweizerspiegel*. Warum?

Jørgens Suche nach einer Lebensanschauung ist vor dem Hintergrund seiner Herkunft zu verstehen, das heisst eines liberal-humanistischen Weltbilds, in der die Individualität des Menschen im Zentrum steht, die Ausbildung seiner Fähigkeiten, das Streben nach Gutem, Wahrem und Schönem. Jørgen ist ein Ästhet und macht sich nicht klar, dass diese humanistischen Werte, nach deren Allgemeingültigkeit er sich sehnt, auf der Kehrseite einer liberal-kapitalistischen Wirtschaftsordnung stehen. Denn Jørgen verachtet den Kapitalismus, genauer gesagt, den ‹entfesselten› Kriegs- und Nachkriegskapitalismus, während er in seiner melancholischen Rückwärtsgewandtheit den Vorkriegskapitalismus für gut und richtig hält. Was nach einem Widerspruch klingt, ist es für Jørgen allerdings nicht. Dies lässt sich dadurch erklären – und das ist der grosse Unterschied zum *Schweizerspiegel* –, dass Jørgen immer nur eine partielle Sicht auf die Welt hat. Jørgen fragt sich nie, was für die Gesellschaft, das Land, das Wohl aller am besten wäre. Dänemark als Gesellschaft und als Staatswesen kommt in seinen Überlegungen nicht vor.

Jørgen ist nur auf sein eigenes Wohl bedacht, und so muss er zur Überlegung kommen, dass die gute alte Vorkriegszeit, in der es sich für ihn und

---

9 Paludan, *Gewitter von Süd* (wie Anm. 5), S. 310. Im Original: «det, der lige havde naaet at faa en Mundsmag af Tiden før 1914». Paludan, *Jørgen Stein* (wie Anm. 5), Bd. 2, S. 8.

seinesgleichen sehr angenehm leben liess, eine gute Sache war. Dass Kapitalismus und Industrialisierung schon vor dem Krieg für Angehörige anderer Schichten weniger schöne Seiten hatten, daran verschwendet er keinen Gedanken. Doch nun, als seine humanistischen Ideale durch die Realität des Weltkriegs für ihn die Gültigkeit verloren haben, macht er sich auf die Suche nach einer neuen Weltanschauung und probiert es zeitweise mit dem Sozialismus. Aber auch mit dem Sozialismus scheitert Jørgen, denn er ist nach wie vor Individualist und verachtet den ‹Massenmenschen›, wie er ihn nennt. Jørgen glaubt nach wie vor an den freien Willen und autonomes Denken und Handeln des Menschen und kann sich nicht mit dem Materialismus anfreunden. Und so ist der Sozialismus denn auch nur ein kurzes Intermezzo für ihn. Am Ende des Romans hat er immer noch keine neue Weltanschauung gefunden und es ist anzunehmen, dass er bei seinen alten Werten bleiben wird (oder eher: Es wäre zu hoffen, dass er ein liberaler Humanist bleibt), denn er sagt selbst über sich:[10]

> Lange war ich der Ansicht: Lieber in der Hölle des Individualismus leben als in einem Paradies für unmündig erklärt werden. Aber zuletzt zwingt sich einem ja der Wunsch von selber auf, dass einer käme, der einem das Ganze abnimmt und das ungeheuer Komplizierte wieder einfach und klar gestaltet.

Doch einfache Lösungen kann es für Jørgen nicht geben. Die Art und Weise, wie er über verschiedene Werte und Weltanschauungen grübelt, ist eine philosophische, es geht ihm nicht um praktisches Handeln. Über den Sozialismus denkt er auf einer philosophisch-weltanschaulichen Ebene nach, die realen Lebensbedingungen der Arbeiterschaft etwa, politische Forderungen oder Entscheidungen – all das ist für ihn nicht wichtig, all das nimmt er nicht wahr. Letztlich geht es ihm um persönliche Leitlinien, die sein eigenes Leben erträglich machen – und damit um eine reine Privatsache, die keine politischen Dimensionen hat.

Ganz anders der *Schweizerspiegel*. Auch hier geht es um partikuläre Sichtweisen und Interessen der einzelnen Figuren, aber diese sind zum einen einzelne kleine Bausteine, die ein Ganzes abbilden sollen, zum anderen treibt die meisten Figuren nicht nur die Suche nach privatem Glück um, sondern auch die Frage nach der Zukunft der Schweiz. Während Dänemark in *Jørgen Stein* nicht von Bedeutung ist, wird im *Schweizerspiegel* der

---

10 Ebd., S. 621. Im Original: «Længe har jeg ment: Hellere leve i Individualismens Helvede end umyndiggjort i et Paradis. Men tilsidst tvinges jo det Ønske frem, at nogen vilde tage det hele fra En – gøre det uhyre komplicerede simpelt og klart igen.» Paludan, *Jørgen Stein* (wie Anm. 5), Bd. 2, S. 493.

Versuch unternommen, die ganze Schweiz mit der Grossfamilie Ammann abzubilden. Insbesondere alle Gegensätze, die in der Schweiz vereint werden müssen, finden sich in der Familie Ammann wieder. Und gerade dieses Vorgehen, das ganze Land innerhalb einer einzigen Familie repräsentieren zu wollen, führt, wie Dominik Müller betont, nicht zu einer erleichterten Harmonisierung der Gegensätze und zu einer einfachen Versöhnung, sondern im Gegenteil zu einer Verschärfung der Konflikte und einer Zuspitzung der ideologischen Auseinandersetzungen.[11] Diese ergeben sich aus den folgenden Gegensätzen:
– Deutschschweizer und Welsche (die verschwägerten Familien Ammann und Junod)
– Städter und Bauern (die älteren Brüder Ammann, der Oberst in Zürich und Robert Ammann im Rusgrund)
– Der staatstragende Freisinn, der von den Sozialisten und Sozialdemokraten herausgefordert wird (Oberst Ammann und Paul Ammann)
– Das Militär, in dem sich Milizen und Berufsmilitärs gegenüberstehen (Ammann und Hartmann)
– Die politische Kultur des Ausgleichs und Konsenses, die zu zerbröckeln droht (Oberst Ammann und seine Söhne Severin und Paul)

Alle diese politischen Gräben tun sich innerhalb der Familie Ammann auf, wie Werner Günther treffend sagt, «die kollektiven Strahlungen individualisierend [...]. Die Zürcher Familie Ammann wurde so in ihren verschiedenen Gliedern eine Art symbolischer Kern des Schweizer Volkes.»[12] Dazu gehören: Oberst Ammann, der freisinnige Nationalrat alter Schule, der älteste Sohn Severin mit seiner Bewunderung für Deutschland und stark rechten, anti-demokratischen Zügen, der mittlere Sohn Paul, der Intellektuelle, der zum Sozialisten wird, der Schwiegersohn Hartmann, der Berufssoldat mit der Bewunderung für preussische Disziplin und Härte, der welsche Schwager Prof. Junod und sein Sohn René, der Arzt mit dem kühlen rationalen Kopf, der bäuerliche, bodenständige, gediegene Bruder Robert mit seiner Familie – und schliesslich Fred, der jüngste Sohn, der zunächst verloren zwischen allen und allem steht. Zunächst nicht interessiert an den politischen Diskussionen im Haus Ammann, beschäftigt mit seiner Unteroffi-

---

11 Dominik Müller, «Die ganze Schweiz in einem Buch. Panoramatische Romane aus der Zeit der Geistigen Landesverteidigung», in: *Die Schweiz ist nicht die Schweiz. Studien zur kulturellen Identität einer Nation*. Hg. von Marek Halub, Dariusz Komorowski und Ulrich Stadler. Breslau 2004 (Acta Universitatis Wratislaviensis 2658), S. 149–162, hier S. 154.

12 Werner Günther, «Meinrad Inglin», in: Ders., *Dichter der neueren Schweiz*. 3 Bde. Bern 1963–1986. Bd. 3, S. 340–417, hier S. 381.

ziers-, dann Offiziersausbildung, kommt er erst nach und nach dazu, sich mit den grossen Fragen, die die anderen umtreiben (Was ist die Schweiz? Wer ist das Volk? Worauf gründet die Schweiz? Wie soll die Demokratie funktionieren, was hält die Schweiz zusammen, bei so viel Druck von aussen und innen?) – und denen er sich lange Zeit entzogen hatte – auseinanderzusetzen. Und er wird von allen Seiten bedrängt: vom Vater, von den Brüdern, den Cousins, sich ihren Ansichten anzuschliessen. Freds Strategie jedoch bleibt der Rückzug – aus den politischen Diskussionen und den familiären Zerwürfnissen, zuletzt auch aus seiner soldatischen Existenz, zurück zur Ursprünglichkeit, aufs Land. Doch handelt es sich weder um eine Flucht vor Geschichte und Ideologie, noch um eine Bankrotterklärung an die bürgerliche Gesellschaft, wie Daniel Annen betont,[13] sondern um das Wiederauffinden eines produktiven, zukunftsweisenden Standpunkts, das alle Möglichkeiten der bürgerlichen Existenz neu eröffnet. In seinem Suchen ist es schliesslich sein Cousin René Junod, der ihm die Augen öffnet für das, was wichtig und richtig ist, und so endet denn der Roman nicht nur mit einem privaten Entwicklungserfolg Freds (Beruf und Frau), sondern ganz zum Schluss mit einem politischen Credo, der Antwort auf all die grossen Fragen, die der Roman stellt, einer Bejahung der Staatsnation Schweiz, der Willensnation, die in einem Vernunftakt Verschiedenartigkeit toleriert, garantiert und versöhnt. Und sich zwar auf Vernunft gründet, aber auch patriotisches Gefühl erlaubt, ja verlangt:[14]

> «Ja, ich hab's», begann Fred. «Also ich glaube, dass unser Staat nicht nur eine Zusammenfassung des Verschiedenartigen ist ..., und dass er nicht so ausschliesslich nur auf Vernunft und Willen beruht, sondern auch auf der gemeinsamen Natur und Geschichte ... und auf einer seelischen Verwandtschaft des Volkes, die durch sprachliche oder andere Unterschiede hindurchwirkt. Wir sind doch nicht nur aus Vernunft Schweizer, sondern auch aus ... ja ...»
> «Aus Gefühl! Du hast ganz recht.»

Und damit endet der Roman, die politischen Fragen sind geklärt, das Gefecht – symbolisch wie real – ist abgebrochen, wie Daniel Annen hervorhebt, es ist abgebrochen durch die Einsicht von Fred (wie auch Paul), dass Einseitigkeit des Denkens und Fühlens in «bürgerkriegsartige Extreme»

---

[13] Daniel Annen, «Meinrad Inglin (1893–1971), Sinnverdunklung und Gnadenlicht – im Vertrauen auf den allerhöchsten Schöpfer», in: *Grenzfall Literatur. Die Sinnfrage in der modernen Literatur der viersprachigen Schweiz*. Hg. von Joseph Bättig u. Stephan Leimgruber. Fribourg 1993, S. 121–146, hier S. 135.
[14] Inglin, *Schweizerspiegel* (wie Anm. 3), S. 966.

führt, aber nur die Ausgewogenheit von Geist und Natur die Ausbalancierung alle Kräfte im Staat ermöglicht.[15]

Wie sieht es nun mit der Zuschreibung eines ‹männlichen Romans› beim *Schweizerspiegel* aus? Im Klappentext heisst es:[16]

> «Der besondere künstlerische Reiz dieses ausgesprochen männlichen Buches ist es, dass die Frauen – in der beherrschenden Rolle der Mutter und in dem Schicksal der Gertrud Ammann – durch alle Verstrickungen der Zeit die Sicht auf die zeitlosen Fragen des Lebens hinlenken. Damit findet dieser grosse politische Roman der Schweiz seine rein menschliche Lösung, die über alle politischen Grenzen und Deutungen hinausreicht.

Die Frauen seien weniger der Zeit verhaftet als die Männer, ihre Schicksale zeigten mehr allgemeine, zeitlose Fragen und Probleme als die der männlichen Figuren. Aber ist das überzeugend? Dazu sind die beiden erwähnten Figuren Gertrud und Barbara Ammann, die in der Tat die wichtigsten und eindrücklichsten Frauenfiguren des Romans sind, näher zu betrachten.

Gertrud durchlebt eine persönliche Krise, sie hasst ihren Ehemann und verliebt sich in den Dichter Albin Pfister. Sie interessiert sich nicht für Politik oder das Zeitgeschehen, aber auch ihr Leben wird durch den Krieg nachhaltig beeinflusst. Im Zentrum steht jedoch ihre persönliche Krise, ihre Flucht vor dem Ehemann und den Konventionen der bürgerlichen Ehe, die Flucht hin zum unkonventionellen Dichter. Diese Beziehung funktioniert aber nicht, denn Gertrud versteht Albin nicht. Das, was ihn für sie attraktiv macht, sein Desinteresse an gesellschaftlicher Stellung und Macht, sein Leben für die Kunst, kann Gertrud selbst nicht leben, sie will Albin in eine bürgerliche Ehe ziehen. Dafür ist dieser ungeeignet und auch ungewillt, was Gertrud nicht wahrhaben will.

Sind das nun zeitlose Probleme? Mag sein, doch Gertrud ist eine Getriebene, die unter dem leidet, was die Gesellschaft ihr abverlangt. Zwar ist sie nicht politisch im eigentlichen Sinn, aber mit ihrer Ablehnung einer konventionellen bürgerlichen Ehe, die sich für sie in der Rolle der glanzvollen Hausvorsteherin und Mutter der Kinder erschöpfen würde, und ihrer Sehnsucht nach einer echten Partnerschaft, einer seelischen und geistigen Verbindung mit dem Geliebten, hängt sie doch einer moderneren Vorstellung der Ehe an, die sich von der zeitgenössischen Konvention ihrer Schicht abhebt. Deutlich wird diese Diskrepanz insbesondere auch in der Weige-

---

15 Daniel Annen, «Der Gefechtsabbruch als Leistung. Meinrad Inglins *Schweizerspiegel* – Annäherung an eine Lesart», in: *Neue Zürcher Zeitung* vom 13./14. 10. 1990.
16 Inglin, *Schweizerspiegel* (wie Anm. 3), Klappentext.

rung ihrer Mutter Barbara, Gertruds Problem überhaupt wahrzunehmen. Für die ältere Generation ist eine Ehescheidung schlichtweg nicht vorstellbar. Über Barbara Ammann heisst es: «Dabei wurzelte sie mit ihren angeblich liberalen und fortschrittlichen Anschauungen tief in der alten bürgerlichen Welt der festen Konventionen und sichern Begriffe.»[17] Auch Barbara ist, genau wie Gertrud, nicht am politischen Geschehen interessiert. Den Krieg sieht sie als etwas Unwürdiges und Rückständiges – und noch vor Kriegsausbruch erklärt sie den Krieg für etwas Unzivilisiertes: «‹Denkt über den Krieg, wie ihr wollt›, erklärte Frau Barbara, ‹aber mir will es nicht in den Kopf, dass in unserm Zeitalter noch zivilisierte Völker übereinander herfallen könnten.›»[18]

Beide Frauen leisten humanitäre Einsätze bei den Verwundetentransporten und sind damit – in der Schweiz – den Grauen des Kriegs mehr ausgesetzt als die Männer. Zwar sind sie unpolitisch, aber sie lehnen den Krieg entschieden ab, emotional, aus humanitären, ja humanistischen Gründen. Die Frage ist nun, ob diese Frauenfiguren – obwohl sie auf ihre Weise durchaus zeit- und generationstypische Krisen zu meistern haben – tatsächlich auf zeitlosere, grundlegendere Fragen verweisen. Die Frage ist letztlich die, ob es im Roman so etwas wie eine weibliche Sonderanthropologie gibt, die Vorstellung, dass Frauen nicht nur andere Aufgaben haben als Männer, andere Eigenschaften und Begabungen haben, sondern auch durch ihre Fähigkeit zu Liebe, Selbstlosigkeit und Mütterlichkeit über eine tiefere Verbindung zum eigentlich Menschlichen verfügen.[19] Man könnte es durchaus so sehen, dass im *Schweizerspiegel* ein tieferes Verstehen der Frauen für das menschlich Wichtige konstruiert wird, woraus die Ablehnung des Krieges als zerstörerisch und sinnlos als Gegenpol zur männlichen Sicht auf den Krieg

17 Ebd., S. 492.
18 Ebd., S. 98.
19 Diese auf dem Differenzdiskurs beruhende Konstruktion der Geschlechter, die Idee einer weiblichen Kultur, die ein Korrektiv zur männlichen, vernunftgeprägten Zivilisation darstellen würde, wurde auch in der Schweiz von der bürgerlichen Frauenbewegung in den Jahren vor und während des Weltkriegs vertreten. So sprach die Präsidentin des Schweizerischen Lehrerinnenvereins und des Bernischen Frauenstimmrechtsvereins Emma Graf (1865–1926) etwa 1916 davon, dass gerade der Krieg deutlich gemacht habe, welchen spezifischen Beitrag die Frauen zu leisten vermochten: «Als der Krieg ausbrach, da schien es, die Frau werde nun mehr als je hinter dem Manne zurücktreten müssen. Man werde nur das werten, was das Schwert erreicht. Aber es kam anders, als man gefürchtet hatte. Erst im Kriege lernte man die Bedeutung der Frau für die Allgemeinheit kennen.» – Emma Graf, *Die Frau und das öffentliche Leben*. Bern 1916, S. 14. Siehe zur Schweizerischen Frauenbewegung auch etwa Regula Stämpfli, *Mit der Schürze in die Landesverteidigung. Frauenemanzipation und Schweizer Militär 1914–1945*, Zürich 2002 oder Marthe Gosteli (Hg.), *Vergessene Geschichte. Illustrierte Chronik der Frauenbewegung. Bd. I: 1914–1933*. Bern 2000.

resultiert. Gewiss ist jedenfalls, dass die Frauenfiguren im *Schweizerspiegel* vielschichtige, ausgeschriebene Charaktere sind, mit persönlichen, zeittypischen Konflikten und Kämpfen. In ihrer Bedeutung für den Text stehen sie in einer Reihe mit den Männerfiguren und bilden tatsächlich ein Korrektiv, was zu einer differenzierteren Konstruktion des Weltkriegs führt.

Ganz anders in *Jørgen Stein*. Das Auffälligste an den Frauenfiguren dort ist ihre ‹Objekthaftigkeit›. Letztlich werden sie nur in einer Funktion gesehen sowie beurteilt – nämlich inwieweit sie dazu geeignet sind, einen Mann glücklich zu machen. Sämtliche Frauenfiguren sind lediglich Typen, keine wirklichen Charaktere: die brave, gediegene Vorkriegsfrau, verkörpert in Jørgens Jugendliebe Nanna. Dieser Typ gehört der Vergangenheit an, und so stirbt Nanna denn auch an der ‹Spanischen Grippe›. In der Gegenwart der Zwischenkriegszeit gibt es nur zwei Typen – die ‹neue Frau›, vermännlicht, mit kurzen Haaren, autofahrend und gefühlskalt, und die feminine, sich unterordnende, bescheidene und unterwürfige Frau. Wie Jørgens Frau Marie. Wie Lily Ditmar, die Frau seines Freunds Leif Hansen, die sich von der vermännlichten ‹neuen Frau› in eine ‹echt weibliche› Frau zurückverwandelt, als sie sich hingibt, unterordnet und die kurzen Haare wieder wachsen lässt. Die Rettung für die Frau wie für den Mann liegt in ihrer Unterordnung unter ihn, wie Leif betont: «Ja. Jetzt ist sie Frau, was immer sie vorher gewesen sein möge. […] Sie hat sich ganz an mich angeschlossen, und das war die Rettung.»[20] Das Geschlechterverhältnis ist in einer solchen Aussage deutlich hierarchisch konstruiert. Eine andere ‹neue Frau›, die neue Frau schlechthin im Roman, Ellen Kejser, eine durchsetzungsstarke Karrierefrau, bekommt denn auch, was sie in den Augen der männlichen Figuren wie auch der Erzählerinstanz verdient: Sie muss sich ihrem Mann unterordnen und ihre Karriere aufgeben. Denn so hat es die Natur schliesslich eingerichtet, wie Jørgen meint:[21]

> Es war so kompliziert, so schwierig, diesen Vormarsch der Frauen auf die führenden Posten der Gesellschaft recht zu verstehen. Wenn Ellen z.B. einmal Minister

---

20 Paludan, *Gewitter von Süd* (wie Anm. 5), S. 619. Im Original: «Ja, hun er Kvinde nu, hvad hun saa var før. […] Hun har sluttet sig helt til mig, og det var det, der hjalp.» Paludan, *Jørgen Stein* (wie Anm. 5), Bd. 2, S. 491.

21 Ebd., S. 346–347. Im Original: «Det var saa indviklet, saa svært for Instinktet at kapere, dette med Kvindernes March mod Samfundets fremskudte Poster. Hvis Ellen nu avancerede f. Eks. til Minister, med Hovedet fuldt af Rigets Ansvar og Pligter, hvor komisk da at forestille sig hende i Elskovssamtaler med sin mulige Mand! […] Kom det saa vidt, maatte Mændene altsaa helt udrydde deres medfødte og tydelige Fornemmelse af at være Beskyttere – men var det godt, var Samfundet af en højere Orden end Naturen?» Paludan, *Jørgen Stein* (wie Anm. 5), Bd. 2, S. 69.

werden würde und den Kopf voll hätte mit der Verantwortung und den Pflichten für das Land, wie komisch wäre es dann, sie sich in Liebesgesprächen mit ihrem eventuellen Manne vorzustellen. [...] Wenn es so weit kam, so müssten die Männer also ihr angeborenes und wesentlichstes Gefühl, nämlich Beschützer zu sein, ganz absterben lassen –, war das aber gut, stand die menschliche Gesellschaft höher als die Natur?

Deutlich wird in dieser rhetorischen Frage die Legitimierung der gerade gesellschaftlich eingerichteten Hierarchie der Geschlechter unter Berufung auf die ‹Natur› – mithin die Legitimierung gesellschaftlicher Machtverhältnisse als ‹angeboren›.[22]

In beiden Romanen geht es also nicht zuletzt um die ‹weibliche Natur›, wenn auch auf ganz verschiedene Weise. Bei Paludan gibt es lediglich eindimensionale Frauenfiguren, die nur in der Funktion auf den Mann, als ‹Objekt› für den Mann relevant sind, und eine simple hierarchische Genderkonstruktion. Ähnlich sind sich die Romane in ihrer Differenzkonstruktion der Geschlechter, die weder hinterfragt noch aufgebrochen wird, wenn auch im *Schweizerspiegel* vielschichtigere Frauenfiguren anzutreffen sind, die zum Teil versuchen, die gesellschaftlich zugewiesenen weiblichen Handlungsräume zu erweitern oder neu zu definieren.

Im vergleichenden Blick auf die beiden Romane entsteht der faszinierende Eindruck, wie ähnlich diese beiden Generations- und Kriegsromane-ohne-Krieg sind; zwei Texte, die den Krieg in seinen politischen, zeithistorischen, öffentlichen und privaten Folgen und Bedeutungen zu fassen versuchen. Beide episch breit angelegt, beide ein Gesellschaftspanorama zeichnend, beide mit einer verunsicherten, krisengeschüttelten Jugendgeneration im Zentrum. Beide zeigen auf, dass es auch an den Rändern, in den neutralen Staaten, eine spezifische Form des Kriegsromans gibt, die zuletzt nicht nur auf das verheerende Erlebnis Weltkrieg verweist, sondern auch auf das Generationserlebnis ‹Erster Weltkrieg› als tatsächlich alle Völker und Schichten umfassend, sowie auf dessen literarische Bedeutung – in Dänemark wie in der Schweiz.

---

22 Siehe zu dieser – nicht nur im Genderdiskurs anzutreffenden – Strategie, ideologische Positionen durch die Darstellung als ‹ideolgiefrei› zu verschleiern, etwa Terry Eagleton, *Ideology. An Introduction.* London 1991, bes. S. 58–61.

OLIVER LUBRICH (BERN)

Pneumo-Prosa

Nationalsozialismus als helvetische Krankheit

Im Frühjahr 1940 reiste Meinrad Inglin ins ‹Dritte Reich›.[1] Noch während des Krieges schrieb er einen literarischen Bericht, der später in den *Schweizer Monatsheften* erschien und einen verheißungsvollen Titel trägt: «Mißglückte Reise durch Deutschland». Dieser Text weicht von dem Bild des biederen Heimatdichters ab, das man sich in der Schweiz und in Deutschland von seinem Verfasser macht. Aus der Perspektive einer dreifachen Fragestellung ist er im Besonderen aufschlussreich: Welche *äußeren* Beobachtungen, an den Deutschen, vor allem aber, welche *inneren* Beobachtungen, an sich selbst, hat ein ausländischer Reisender in der kriegführenden Diktatur angestellt? Wie hat er seine Erfahrung literarisch gestaltet? Und welches Modell für eine Auseinandersetzung seines eigenen Landes mit dem Nationalsozialismus hat er dabei entworfen?

Die Quellenlage lässt sich wie folgt beschreiben: Genetisch betrachtet, hat Inglins Zeugnis drei Vorläufer und fünf Fassungen. Die Vorläufer bilden ein fingiertes Notizbuch, ein amtlicher Bericht und ein halboffizieller Kurzreport.

(1.) Vor Ort soll der Autor seine Eindrücke in einem Arbeitsheft festgehalten haben, das er vorsichtshalber nach fiktiven Novellentiteln gliederte: *e Dichter hed immer Plän*.[2] Diese Handschrift ist im Inglin-Nachlass in der Kantonsbibliothek Schwyz nicht vorhanden und scheint nicht

---

1 Vgl. Beatrice von Matt, *Meinrad Inglin. Eine Biographie*. Zürich 1976, S. 202–205 (Endnoten: S. 288–289); *Meinrad Inglin. Seine Welt in Bildern*. Hg. von Elisabeth Schoeck-Grüebler, Schwyz 1993, S. 128–129.
2 Inglin war nicht nur wegen eines Kurierpakets, das er nach Berlin bringen sollte, vor seiner Abreise nach Bern bestellt worden, sondern darüber hinaus, weil das Militärdepartement ihn, als Oberleutnant, ersuchte, in Deutschland «die Augen offen zu halten». Daraufhin legte er ein Notizbuch an, um seine Beobachtungen, vor allem über Truppenverlegungen auf Bahnhöfen, unter codierten Kategorien festhalten zu können. – Diese Informationen verdanke ich Georg Schoeck (†), Freund des Autors und Herausgeber der *Gesammelten Werke* im Ammann Verlag (Schreiben vom 24. September 2002).

erhalten zu sein.³ Es existiert auch kein anderes Manuskript mehr, das als ‹Urfassung› gelten könnte.⁴

(2.) Ein Report in militärischen Angelegenheiten, den Inglin an die Schweizer Regierung geschickt haben soll, ist ebenfalls nicht auffindbar.⁵

(3.) Als einzige überlieferte Vorlage ist ein Kurzbericht anzusehen, den er seinem Auftraggeber Werner Imhoof vom Auslandschweizer-Werk der Neuen Helvetischen Gesellschaft in Bern unmittelbar nach der Heimkehr erstattete.⁶

Als eigentliche Fassungen liegen ein Typoskript und dessen überarbeitete Abschrift sowie Veröffentlichungen in einer Zeitschrift, in einem Sammelband und in der Werkausgabe vor:

(1.) Die 28 maschinenschriftlichen Seiten des ausformulierten Reiseberichts sind auf den «Sommer 1943» datiert.⁷

(2.) Diesen Entwurf revidierte Inglin 1962 für die Veröffentlichung.⁸

(3.) Der Text erschien 1963 in den *Schweizer Monatsheften*.⁹

---

3 Aus seinen Gesprächen mit Inglin berichtet Georg Schoeck, Inglin habe in der veröffentlichten Fassung aus Rücksicht auf Angehörige des früheren Schweizer Gesandten in Berlin, Hans Frölicher, eine behutsame Darstellung gewählt. In den Notizen dürfte er die Kritik an dessen Haltung deutlicher formuliert haben. Diese Rücksichtnahme könnte ein Motiv für die Vernichtung des Manuskripts gewesen sein. Ohnehin war man in dieser Beziehung in der Schweiz während des Krieges sehr vorsichtig. Vor seinem Tod hat Inglin alles Material entfernt, das ihm unwichtig oder allzu privat schien. (Schreiben vom 24. und 26. September 2002.)

4 Für bibliographische Hinweise danke ich Ulrich Niederer, Zentral- und Hochschulbibliothek Luzern, Präsident des Stiftungsrats der Inglin-Stiftung.

5 Georg Schoeck, schriftliche Auskünfte vom 24. und 26. September 2002.

6 Meinrad Inglin, Bericht an Werner Imhoof, undatiert [22. März 1940], 4-seitiges Typoskript, Meinrad-Inglin-Nachlass, Kantonsbibliothek Schwyz (NI K 47.02.02). (In seiner Antwort vom 16. Juli bedankte sich Imhoof für diesen «Reisebericht […] vom 22. März».) – Für die Bereitstellung des Archivmaterials und für die freundliche Genehmigung, daraus zu zitieren, danke ich Werner Büeler von der Kantonsbibliothek Schwyz.

7 Meinrad Inglin, «Missglückte Reise durch Deutschland. Februar/März 1940», 28-seitiges Typoskript, Meinrad-Inglin-Nachlass, Kantonsbibliothek Schwyz (NI W 37.13.2).

8 Meinrad Inglin, «Missglückte Reise durch Deutschland», 22-seitiges Typoskript, ohne Datierung [1962], Meinrad-Inglin-Nachlass, Kantonsbibliothek Schwyz (NI W 37.13.3). – Den Text hatte der Autor zunächst für eine Festschrift zu Ehren seines Freundes Linus Birchler vorgesehen (vgl. Beatrice von Matt, wie Anm. 1, S. 288). – Ein maschinengeschriebener Vermerk Inglins besagt: «Der vorliegende Bericht, von Freund Linus [Birchler] angeregt, dem ich meine Erlebnisse mündlich schilderte, wurde 1943 auf Grund von Reisenotizen verfasst und später leicht überarbeitet, aber nie veröffentlicht. […] M. I.» (Meinrad-Inglin-Nachlass, Kantonsbibliothek Schwyz, NI W 37.13.5) – Eine handschriftliche Notiz ergänzt: «Missglückte Reise durch Deutschland – Geschrieben 1943, Bearbeitet 1961 zum Zweck der Veröffentlichung, und ganz neu abgeschrieben zum 15. März 1962».

9 Meinrad Inglin, «Mißglückte Reise durch Deutschland», in: *Schweizer Monatshefte* 43: 3 (Juni 1963), S. 246–261. – Die 1921 gegründeten *Schweizer Monatshefte* erschienen ab

(4.) Er wurde 1973 in eine Sammlung der *Aufsätze und Aufzeichnungen* aufgenommen.[10]

(5.) Und er ging 1991 in die *Gesammelten Werke* ein.[11]

Den folgenden Ausführungen wird die erste Publikation (aus dem Jahr 1963) zugrunde gelegt.[12] (Die Seitenangaben werden jeweils direkt im Haupttext nachgewiesen.)

I. Reise ins Reich

Die äußeren Ereignisse der «mißglückten Reise» sind zugleich banal und kurios. Meinrad Inglin fährt im Februar 1940 mit dem Zug nach Berlin. Dort bringt er ein Kurierpaket zur Schweizerischen Gesandtschaft. Bei der Polizei muss er eine Aufenthaltserlaubnis für die Städte einholen, in denen er vor seinen Landsleuten auftreten will. Er fährt weiter nach Leipzig, wo er seinen deutschen Verlag besucht, sich mit seinem Konsul trifft und für die Schweizer Kolonie einen Vortrag hält. Da er Fieber hat, bricht er auf der nächsten Station, in Hamburg, die Tournee ab und wird mit Diagnose auf Lungenentzündung hospitalisiert. Man benachrichtigt seine Frau, die sofort nachgereist kommt. Sobald die Krankheit überstanden ist, kehrt der Autor über Berlin, wo er den Minister seines Landes trifft, in die Heimat

---

1922 in Zürich. Zunächst herausgegeben vom frontistisch gesinnten Hans Oehler, orientierte sich die Zeitschrift nach dessen Absetzung im Jahr 1934 liberal. (Vgl. Ruedi Graf, «Schweizer Monatshefte», in: *Historisches Lexikon der Schweiz*, http://www.hls-dhs-dss.ch – gesehen: 28. 10. 2011; Walter Wolf, «Oehler, Hans», in: Ebd. – gesehen: 20. 8. 2009.) Der Redaktor nach 1945, Oberst Fritz Rieter, war Inglins Lehrer in der Offiziersschule und stand frontistischen Kreisen zumindest zeitweise nahe. (Vgl. eine handschriftliche Notiz Inglins im Hinblick auf die geplante Veröffentlichung der «Mißglückten Reise» im Jahr 1963 und seinen diesbezüglichen Briefwechsel mit Fritz Rieter: Meinrad-Inglin-Nachlass, Kantonsbibliothek Schwyz, NI W 37.13.5.)

10 Meinrad Inglin, «Missglückte Reise durch Deutschland», in: *Notizen des Jägers. Aufsätze und Aufzeichnungen*. Zürich 1973, S. 184–211.

11 Meinrad Inglin, «Missglückte Reise durch Deutschland» (Datierung am Schluss: «1943»), in: *Gesammelte Werke*. Hg. von Georg Schoeck, Bd. 10: *Notizen des Jägers. Nachlese und Nachlaß. Chlaus Lymbacher. Komödie in fünf Akten*. Zürich 1991, S. 163–186.

12 Ein systematischer Fassungsvergleich zwischen dem ersten Typoskript (von 1943) und dem veröffentlichten Text (von 1963) ergibt rund 300 mehr oder weniger umfangreiche Änderungen – sieht man von solchen, die sich auf Orthographie oder Interpunktion beschränken, ab. Hierzu zählen stilistische Feinheiten, aber auch inhaltliche Eingriffe, Streichungen und Ergänzungen. Dabei handelt es sich gleichwohl nicht um ideologische oder politische Retuschen, die der Verfasser aus der Perspektive nachträglichen Wissens vorgenommen hätte. Lediglich an zwei Stellen werden Informationen zu späteren Ereignissen gegeben – und als solche gekennzeichnet.

zurück. Der gesamte Aufenthalt im ‹Reich› dauert vom 17. Februar bis zum 11./12. März 1940.

Im Zentrum des Berichts stehen – für das reiseliterarische Genre ungewöhnlicher Weise – keineswegs die äußeren Beobachtungen des Reisenden. Gleichwohl hält Inglin fast nebenbei eine Reihe von Details fest, die Aspekte des Alltags in Nazideutschland dokumentieren: An der Grenze werden ausländische Zeitungen konfisziert (S. 246f.). Die Menschen aber interessieren sich dafür, was man im Ausland denkt (S. 247). Kriegsbedingt wird der Zug nicht geheizt (S. 247). Die Geschäfte haben Ersatzstoffe im Angebot (S. 259). Die Straßen sind verdunkelt und werden nur schwach durch besondere blaue Leuchten erhellt (S. 249). Die Verwaltung arbeitet mit provozierender «Langsamkeit» (S. 248). In «Schützengräben» mit regelrechten «Verbindungsgräben, Brust- und Schulterwehren» machen Schulkinder mitten in der Stadt Wehrübungen (S. 258). «Aus einem Hinterhalt» zielt ein Junge mit einer «Kinderpistole» auf Spaziergänger (S. 258). Ein anderer spuckt vor einem Diplomatenfahrzeug aus (S. 258). Im Zugabteil legt ein Offizier «eine[ ] unheimliche[ ] Disziplin» an den Tag, indem er die ganze Nacht hindurch konsequent Haltung bewahrt (S. 260). Überhaupt begegnet der Besucher fast ausschließlich Uniformierten: Zöllnern, SS-Männern, Polizisten (vom Wachtmeister bis zum Inspektor), Soldaten und paramilitärisch geschulten Jugendlichen, dazu Ärzten, Pflegern und Krankenschwestern. Der Schweizer erlebt eine militarisierte Diktatur im Kriegszustand, deren Bevölkerung totalitär teilzuhaben scheint.

Die weniger erwartbaren Beobachtungen aber betreffen nicht die ‹Bereisten›, sondern den Reisenden selbst. Seine Reise nämlich stellt ihn auf eine Probe – die in einem folgenreichen Grenzübertritt ihren Anfang nimmt.

II. Grenze

Das Entscheidende geschieht während der Anreise. Als er in Deutschland erwacht, muss Inglins Ich-Erzähler feststellen: Er hat sich «im Nachtschnellzug erkältet» (S. 249). In der Reichshauptstadt hat er bereits Fieber. Sein Zustand verschlechtert sich. Er wird «geschüttelt und geschwächt» (S. 252) und verfällt in eine regelrechte «Krise» (S. 254). Es handelt sich um eine lebensbedrohliche Lungenentzündung. Bei 41 Grad Fieber schließlich erreicht der Schweizer einen «Zustand ruhiger Sammlung.» (S. 253). «[I]ch [...] war bereit [...] zu erlöschen.» (S. 253) Die Expedition in die Diktatur wird zu einer Nahtoderfahrung.

Dass die Erkrankung bei der Einreise aufzutreten scheint, ist bedeutsam. Der Erzähler gesteht, dass er «nicht frei war von Vorurteilen» (S. 246). Als er sich in das fremde Land begab, stellte er seine Vorannahmen jedoch in Frage. Beim Grenzübergang korrigierte er sie – und zwar ausgerechnet im Hinblick auf «Leute der berüchtigten SS», die er «harmlos» und «höflich[ ]» (S. 246) findet. Gerade in dem Moment, in dem er seinen Immunschutz außer Kraft setzt, scheint ihn die Krankheit zu befallen.

Indem der Ausländer die Demarkation überschreitet, geht er ein Risiko ein. Wer deutschen Boden betritt, setzt seine Gesundheit aufs Spiel. In Meinrad Inglins Erzählung bildet die deutsche Landesgrenze einen ‹cordon *in*sanitaire›. Wer sich dieser Gefahr aussetzt, kann allerdings in Erfahrung bringen, ob er die Herausforderung bestehen wird; und wie er das, was ihm widerfährt, zu bewältigen vermag. In vergleichbarer Weise hatte die Engländerin Virginia Woolf, als sie 1935 im Auto nach Deutschland fuhr, den Augenblick des Grenzübertritts als Beginn eines ‹Selbstversuchs› begriffen, der es ihr gestattete, ihre nervlichen Reaktionen auf den Totalitarismus zu protokollieren.[13] Meinrad Inglins Reise ist weniger ein psychisches als ein physisches Experiment, in dem es zunächst um seine körperliche, in der Folge aber auch um seine geistige Verfassung geht. In beiden Fällen werden die Autoren, über die Rolle teilnehmender Beobachter hinaus, zu ihren eigenen Forschungsobjekten.[14]

Medizinisch betrachtet, hat sich der Reisende infiziert. Das Übel lag gewissermaßen in der Luft. Aber auch die volkstümliche Auffassung von der «Erkältung» (einer Schwächung durch Frieren als Voraussetzung und eines Gefühls des Fröstelns als Folge der Erkrankung) hat ihren – übertragenen – Sinn: Kälte («frierend», «grimmige Kälte», «Eiskruste», S. 247) und Dunkelheit («Nacht[ ]», S. 249), Wetter und Tageszeit spiegeln zeichenhaft die Verfassung des Landes und den Zustand des Protagonisten. Scheinbar faktuale Details haben weiterführende Bedeutungen.[15]

---

13 Vgl. Oliver Lubrich, «Faschismus im Selbstversuch. Rhetorik und Psychologie bei Virginia Woolf», in: *Orbis Litterarum* 65: 3 (2010), S. 222–253.

14 Der Grenzübertritt in umgekehrter Richtung bildet entsprechend den Höhepunkt eines Genesungsvorgangs. So beispielsweise in einer Ausreisenovelle von Thomas Wolfe, die von seiner Abkehr vom ‹Dritten Reich› handelt und im Augenblick des Entrinnens ihren Höhepunkt hat: Thomas Wolfe, «I Have a Thing to Tell You (Nun Will Ich Ihnen 'Was Sagen)», in: *New Republic* 90: 1162, 1163, 1164 (10., 17., 24. März 1937), S. 132–136, S. 159–164, S. 202–207.

15 Vgl. die entsprechenden Daten im folgenden Text: «Es war regnerisch, kalt und dunkel» (S. 250); «ein kalter, grauer Tag», «schmutzige Nebelgräue» (S. 254) usw.

III. Infektion

Während sich die Erzählung realistisch gibt, ist sie doch allegorisch. Generisch wäre der Text sowohl als autobiographischer Reisebericht wie auch als hintersinnige Novelle zu lesen, die auf «eine sich ereignete unerhörte Begebenheit» zurückgeht.[16]

Die Krankheit ist das Leitmotiv, das sich durch die Schrift zieht und ihren Titel erklärt. Dass eine Krankheit bei Inglin kein Zufall ist, wird in seinem vorangegangenen Werk deutlich. Im monumentalen Roman *Schweizerspiegel* (1938), aus dem er auf seiner Rundreise lesen wollte,[17] hatte er das Thema in einen Zusammenhang sowohl mit Deutschland wie mit dem Krieg gestellt – in diesem Fall mit dem Ersten Weltkrieg.[18] Die Schweizer Landesgrenze wird hier militärisch und epidemisch bedroht. Sie bildet so, umgekehrt, einen klassischen ‹cordon sanitaire› – der von außen befallen wird. Die verheerende Influenza des Jahres 1918[19] erscheint als die «unheimliche Schwester des Krieges».[20] Angeblich «aus Spanien eingeschleppt»,[21] erreicht sie die «Grenztruppen», die den Kanton Jura entlang der französischen Schlachtfelder bewachen.[22] Auf Dutzenden von Seiten schildert Inglin die Ausbreitung der Seuche und die verzweifelte Gegenwehr, die Symptome der Krankheit und ihren Verlauf bei den betroffenen Charakteren (Albin Pfister verstirbt, während Paul Ammann genesen kann) – und nicht zuletzt die mit «Fieber», «Wahn» und «Delirium»[23] einhergehende «neue Anschauung der Dinge»[24] als Einsicht in «die ganze groteske Unheimlichkeit»[25] «dieser

---

16 Johann Peter Eckermann, *Gespräche mit Goethe in den letzten Jahren seines Lebens*. Hg. von Otto Schönburger, Stuttgart 2002, S. 234 (29. Januar 1827).
17 Inglin, «Missglückte Reise durch Deutschland. Februar/März 1940» (wie Anm. 7), S. 8.
18 Meinrad Inglin, *Schweizerspiegel. Roman*. Leipzig 1938, ab Kapitel VI.10, S. 924f. – Zum «deutlichen Gegenwartsbezug» in diesem «symbolträchtigen Zeitroman», der «nicht zur Erbauung des Propagandaministeriums» gereicht habe: Beatrice Sandberg, «Der ‹Sonderfall Schweiz›: Vom Mythos zum Alptraum in der literarischen Auseinandersetzung mit der faschistischen Bedrohung», in: *Fascism and European Literature*. Hg. von Stein Ugelvik Larsen und Beatrice Sandberg, Bern u.a. 1991, S. 399–423, hier: S. 409.
19 Zur ‹Spanischen Grippe› vgl. Marc Hieronimus, *Krankheit und Tod 1918. Zum Umgang mit der Spanischen Grippe in Frankreich, England und dem Deutschen Reich*. Berlin 2006. Für die Reaktionen auf die Epidemie, die aus deutschen, französischen und englischen Presseberichten rekonstruiert werden, bietet die Studie ein Verlaufsmuster an, auf das sich Meinrad Inglins Darstellung der Lungenentzündung in der «Mißglückten Reise» beziehen lässt: Verkennen, Humor, Beschwichtigung, Ernsthaftigkeit (S. 175).
20 Inglin, *Schweizerspiegel* (wie Anm. 18), S. 927.
21 Ebd., S. 931.
22 Ebd., S. 931.
23 Ebd., S. 948.
24 Ebd., S. 940.
25 Ebd., S. 947.

fragwürdigen Welt»[26]: die «verseuchte Gesellschaft»[27], den «Fiebertraum des Lebens».[28] – «Jene Grippe hatte ihre Weisheit», bemerkte Adolf Muschg: Hier «schreibt der Autor seine Welt krank».[29]

In der Kurzgeschichte «Fiebertraum eines Leutnants» (1961), die kurz vor der «Mißglückten Reise» gleichfalls in den *Schweizer Monatsheften* erschien, setzt Inglin die Engführung der Themen Krieg, Grenze und Krankheit fort.[30] «[I]m Aktivdienst an der Grenze eines kriegführenden Landes»[31] erleidet der Titelheld hier eine «schwere[ ] Lungenentzündung»[32]. Im Fieber träumt er, er würde – wie Friedrich von Homburg – eigenmächtig einen Sturmangriff abwehren, vor Gericht aber freigesprochen und sogar mit dem «goldene[n] Schweizerkreuz» ausgezeichnet[33] – bevor er in der Wirklichkeit erwacht, in der ihn sein Major schikaniert, obwohl er von «scharfe[m] Nordwind»[34] und Schüttelfrost geschwächt ist. Die eigentliche Erzählung um Krieg und Unrecht liegt auch hier in der detailgenau ausgeschilderten Krankheit und in der Halluzination des Fiebernden.

Der unterschätzte ‹Heimatautor› bediente sich mithin kontinuierlich einer ausgeklügelten Bildsprache. Und Inglin befasste sich eingehend mit der Materie. Während er am *Schweizerspiegel* arbeitete, so schrieb er am 19. Juni 1937 an seine zukünftige Frau, Bettina Zweifel, studierte er «zehn Kilo Grippe-Literatur». Dabei habe er selber einen «Grippe-Anflug» erlitten, den er «zum Teil» psychosomatisch erklärt und auf «mein intensives Grippe-Nacherleben» zurückführt. «Was ich gestalte, wird für mich wirklich, und wenn ich es im Roman regnen lasse, werde ich beinahe naß».[35]

Das medizinische Wissen von der Pneumonie, das dem früheren Literatur-Studenten zur Verfügung stand, entsprach der von ihm geschilderten Symptomatik – und es enthielt Angebote zur metaphorischen Ausdeutung. Ullsteins *Lexikon der Gesundheit* (von 1936) zufolge handelt es sich um eine durch «Bakterien aller Art» ausgelöste «Infektionskrankheit[ ]», «die Menschen aus voller Gesundheit befällt», zu «Delirium tremens» führen

---

26 Ebd., S. 972.
27 Ebd., S. 945.
28 Ebd., S. 943.
29 Adolf Muschg, in: *Meinrad Inglin. 1893–1971*. Einsiedeln 1971, S. 36–40, hier: S. 37.
30 Meinrad Inglin, «Fiebertraum eines Leutnants», in: *Schweizer Monatshefte* 41: 5 (August 1961), S. 551–559.
31 Ebd., S. 554.
32 Ebd., S. 559.
33 Ebd., S. 558.
34 Ebd., S. 551.
35 Zitiert nach Beatrice von Matt (wie Anm. 1), S. 169.

und «Nachkrankheiten» nach sich ziehen kann, «u.U. Tuberkulose».[36] Laut *Knaurs Gesundheitslexikon* (von 1940) richtet sich der Verlauf einer Lungenentzündung, die nach einer «Erkältung» auftreten könne und auf deren Höhepunkt «in einer ‹Krisis› vollständige Entfieberung» eintrete, nach der «Abwehrkraft» der Erkrankten.[37] De Gruyters *Klinisches Wörterbuch* (von 1936) bezeichnet den «teilweise ausgehustet[en]» «verflüssigte[n] Alveoleninhalt» doppelsinnig als «rostbraunes Sputum».[38] – Verzerrte Wahrnehmung, individueller Widerstand, unabsehbare Folgen und brauner Auswurf – diese Krankheit bot sich an als Allegorie des Nationalsozialismus. Dessen antisemitische Rhetorik bediente sich ihrerseits zahlreicher Krankheitsmetaphern. Eines ihrer Leit-Bilder war die Infektion. Die Nazi-Ideologie bezeichnete Juden als «Bazillen», die den arischen «Volkskörper» angriffen.[39] Für die erkrankte Nation wäre Adolf Hitler in dieser zynischen Logik der oberste Arzt, der eine rücksichtslose Chemotherapie verordnet.[40]

Inglin hat diese Vorstellung umgekehrt. In seiner Erzählung wird Hitler vom Heiler zum Erreger – und zum Patienten. Die Menschen werden «angesteckt» durch ihren kranken «Führer[ ]» (S. 257). Im Sprachfeld von Krankheit und Heilung steht dabei der verordnete Gruß «*Heil* Hitler!» (S. 249; Hervorhebung hinzugefügt) – über den entsprechende Witze kursierten.

Die nationalsozialistische Affektrhetorik, die Inglin in Deutschland erlebte, ist infektologisch ebenso wie psychopharmakologisch zu verstehen. Im Manuskript hatte der Autor von der «ansteckende[n] Wirkung» von Hitlers Rhetorik gesprochen, bevor er das Wort «Wirkung» (bzw. «wirkte») dreimal wieder ausstrich,[41] so dass die Metaphorik seines Textes nicht mehr so deutlich angezeigt wird.[42] Als «eine barsche Rede» durch die offene Tür in das Zimmer des geschwächten Reisenden dringt («der Führer sprach im Rundfunk», S. 257), verfolgt dieser in der Erzählung die Reaktionen der Anderen und stellt fest: «Unsere Krankenschwestern widerstanden ihm

---

36 *Das Lexikon der Gesundheit*. Berlin 1936, S. 234f.
37 *Knaurs Gesundheitslexikon*. Hg. von Peter Hiron, Berlin 1940, S. 294f.
38 *Klinisches Wörterbuch*. Hg. von Otto Dornblüth, bearbeitet von Willibald Pschyrembel, Berlin/Leipzig 1936, S. 442f.
39 Adolf Hitler, *Mein Kampf*. 2 Bde. München 1925/1927, z.B. Bd. 1, S. 58f. («Die Pestilenz des Judentums»): «Bazillenträger»; S. 245f. («Erkrankungen von Volkskörpern»): «fremde[ ] Erreger[ ]», «Krankheitsstoffe», «Tuberkulose», «Schwindsucht».
40 Für medizingeschichtliche Hinweise danke ich Thomas Rütten, Newcastle.
41 Inglin, «Missglückte Reise durch Deutschland. Februar/März 1940» (wie Anm. 7), S. 8.
42 Ebenso hatte er wenig später zunächst geschrieben, Ernst Jüngers *Das abenteuerliche Herz* «wirkt ansteckend» (ebd., S. 24).

nicht.» (S. 257) Hintersinnig erscheint hier das Kompositum, das als Homonymie lesbar ist, die sich über zwei Worte erstreckt: «[u]nsere *Krankenschwestern*» bekämpfen das Übel – während sie ihm, wie er selbst, verfallen sind: «[u]nsere *kranken* Schwestern».

IV. Inkubation

Was bedeutet all dies für die Schweiz? Auf seiner Reise hat Meinrad Inglin Kontakt mit zahlreichen Landsleuten: in Berlin mit dem «Legationsrat» (S. 248); in Leipzig mit dem «Konsul» (einem «unverfälschten Berner») (S. 250); in Hamburg mit dem «Generalkonsul» (S. 252); und auf dem Rückweg, abermals in Berlin, mit dem «Minister» (S. 258). Des Weiteren mit den Mitarbeitern der Gesandtschaft, mit Angehörigen der Schweizer Kolonie und wahrscheinlich mit Beschäftigten des Krankenhauses. Schweizer, die mit dem ‹Reich› sympathisieren, bezeichnet er, im Sinne seines Leitmotivs, als «die Angesteckten» (S. 251).

Der von der Neuen Helvetischen Gesellschaft erteilte Auftrag lautete, die Abwehrkräfte in Deutschland lebender Eidgenossen zu aktivieren, sie gegen die Gefahr der Propaganda zu wappnen, um «im Nationalsozialismus den möglichen Angreifer zu erkennen und eine Gesinnung zu stärken, die es unter keinen Umständen erlaubte, mit ihm zu paktieren.» (S. 251).[43] Diese Mission bringt den Vortragsreisenden in Widerspruch zur Politik des Vertreters seines Landes, Hans Fröhlicher, der «nicht entschieden genug als Exponent einer Demokratie» (S. 259) auftrat.[44] Ausgerechnet der rang-

---

[43] Die unveröffentlichte Korrespondenz zwischen Meinrad Inglin und Werner Imhoof umfasst folgende Schreiben, aus denen Sinn und Zweck der Unternehmung sowie der Grund ihres Abbruchs hervorgehen: Imhoofs Einladung (5. Januar 1940), Inglins Zusage (8. Januar 1940), Imhoofs Instruktionen (11. Januar 1940), Imhoofs weitere Informationen und Nachfrage (25. Januar 1940), Imhoofs Rundschreiben an die Auslandsschweizer in Deutschland (26. Januar 1940), Imhoofs konkrete Anweisungen (6. Februar 1940) und zusätzliche Instruktionen (16. Februar 1940), Imhoofs Dank für eine Postkarte (15. März 1940, nach der Reise), Inglins Kurzbericht (22. März 1940) und Imhoofs Dank dafür (16. Juli 1940). (Die Schreiben werden im Meinrad-Inglin-Nachlass in der Kantonsbibliothek Schwyz unter der Sigle NI K 47 aufbewahrt.)

[44] Zu Hans Fröhlichers Politik als Vertreter der Schweiz in Nazi-Deutschland: Paul Widmer, *Die Schweizer Gesandtschaft in Berlin. Geschichte eines schwierigen diplomatischen Postens*. Zürich ²1998, S. 195–299 (Endnoten: S. 403–416), darin zu Inglins Begegnung mit Fröhlicher: S. 227–228 (Endnote: S. 408); Ders., *Minister Hans Fröhlicher. Der umstrittenste Schweizer Diplomat*, Zürich: Verlag Neue Zürcher Zeitung 2012, S. 116–117 (Endnote: S. 234–235). Vgl. Fred David, «Ein furchtbar neutraler Diplomat», in: *Die Zeit* vom 29. Mai 1992. Vgl. Hans Fröhlichers Verteidigungsschrift: *Meine Aufgabe in Berlin*. Bern 1962.

höchste Schweizer in Deutschland ist, in Inglins Optik, ein Musterfall mangelnder Prophylaxe.⁴⁵

Für die Schweiz ist die Metapher der Krankheit ambivalent: Der Nationalsozialismus stellt eine tödliche Gefahr dar, und zwar von außen wie von innen. Die Krankheit ist nur scheinbar exogen. Denn nach der Logik der Inkubation muss Inglins Infektion *vor* der Grenze stattgefunden haben, damit sie *während* der Einreise virulent werden konnte. Das heißt: in seinem Heimatland selbst.

V. Verlauf

Für Inglin (genauer gesagt: für seinen Ich-Erzähler und Protagonisten) ist die Krankheit eine Grenzerfahrung und eine Selbstprüfung: Sie bedeutet, zu erfahren, inwiefern er von dem Übel, für das sie steht, selbst betroffen ist. Der Reisende experimentiert mit einer gerade noch erträglichen Dosierung des Gifts. Im Verlauf des Experiments verändert sich seine Wahrnehmung. Die Einsicht des anfangs Naiven in die Realität der Diktatur nimmt qualvoll zu.

Als Schriftsteller war Inglin im nationalsozialistischen Deutschland durchaus wohlgelitten. Zwischen 1933 und 1945 veröffentlichte er dort fünf Bücher, immerhin zwei noch nach 1940.⁴⁶ Erzählungen aus dem Band *Güldramont* wurden 1943 in der *Frankfurter Zeitung* vorabgedruckt.⁴⁷ Ein Text von Inglin erschien 1942 zusammen mit einem Beitrag des Schweizer Nationalsozialisten Jakob Schaffner in einen Sammelband.⁴⁸

---

45 Vgl. die Theaterstücke «Der Gesandte» von Thomas Hürlimann und «Frölicher – ein Fest» von Urs Widmer, beide zusammen abgedruckt in *Theater heute* 7/1991, S. 28–33, 34–45: Thomas Hürlimann, «Der Gesandte» (Berner Fassung), in: *Das Lied der Heimat. Alle Stücke*, Frankfurt 1998, S. 219–260; Urs Widmer, «Frölicher – ein Fest», in: *Der Sprung in der Schüssel. Frölicher – ein Fest*. Frankfurt 1992, S. 75–161.

46 Meinrad Inglin, *Jugend eines Volkes. Fünf Erzählungen* (*Ursprung, Unholde Mächte, Das Heil der Welt, Die Sendung, Die Schlacht*), Horw/Luzern und Leipzig: Montana 1933, Leipzig: L. Staackmann 1939; *Die graue March*, Leipzig: L. Staackmann 1935; *Schweizerspiegel. Roman*, Leipzig: L. Staackmann 1938; *Die Welt in Ingoldau. Roman* [1922], Leipzig: L. Staackmann 1943 [neue Fassung]; *Güldramont. Erzählungen* (*Die Furggel, Die entzauberte Insel, Güldramont, Über den Wassern*), Leipzig: L. Staackmann 1943.

47 Zwei der vier Erzählungen aus *Güldramont* wurden in der *Frankfurter Zeitung* vorabgedruckt: «Die Furggel» (18. und 19. Juni 1943) und «Die entzauberte Insel» (27., 29. und 30. Juni, 1., 2. und 3. Juli 1943). (Am 31. August 1943 erschien die letzte Ausgabe der Zeitung.)

48 Meinrad Inglin, «Fred wirbt um Margrit» [aus: *Schweizerspiegel*], in: *Lebende Dichter um den Oberrhein*. Hg. von Reinhold Siegrist, Bühl-Baden: Konkordia 1942, S. 191–198; bio-

Abb. 16: Inglin vor dem Goethe-Schiller-Denkmal in Weimar zur NS-Zeit. (Nachlass Meinrad Inglin, Kantonsbibliothek Schwyz)

Vor der «mißglückten Reise» im ersten Kriegsjahr hatte sich der eigentlich reiseunlustige Autor mehrfach in Deutschland aufgehalten, zweimal sogar nach der Machtübernahme der Nationalsozialisten: 1922 (in Berlin und an der Ostsee), 1934 (in Leipzig und München) und 1938 (in Leipzig, Naumburg, Weimar, Bamberg und Nürnberg).[49] «Ich kannte Deutschland», glaubte er, «und war unbesorgt» (S. 246). Doch diesmal erfährt er eine dramatische «Änderung» (S. 253). Er durchläuft eine Krise – und geht geläutert aus ihr hervor.[50]

Wenn die Pneumonie für die NS-Ideologie steht, dann wird durch die Weise, wie jemand erkrankt, seine Anfälligkeit sichtbar; und wie er gesundet, seine Widerstandskraft – oder ein Einstellungswandel. So können auch die Zeichen der Krankheit für die Wirkung des Faschismus stehen – aber ebenso für seine Bekämpfung. Denn Fieber ist heilsam, es zeigt an: die Abwehrkräfte werden aktiv.

Medizinisch aufgefasst, erscheint der Nationalsozialismus als eine Epidemie, die von den Menschen Besitz ergreift. Aber anders als bei der Influenza des Jahres 1918 handelt es sich bei der Lungenentzündung des Jahres 1940 nicht wirklich um eine Seuche, sondern um ein individualisiertes Leiden, das psychoanalytisch oder charakterologisch lesbar wird. In *Illness as Metaphor* schreibt Susan Sontag über die Psychologisierung von Lungenkrankheiten: «A disease of the lungs is, metaphorically, a disease of the soul.»[51]

VI. Therapie

«Ist die Lungenwunde nur ein Sinnbild», notierte Franz Kafka nach seiner Diagnose, «dann sind auch die ärztlichen Ratschläge [...] Sinnbild.»[52]

Wie also gelingt es, das Übel zu überwinden? Bei Meinrad Inglin helfen, diskret erwähnt, aber entschlossen eingesetzt, schweizerische Mittel. Dabei hat der Reisende einen Beamten im Polizeipräsidium zunächst keineswegs

---

bibliographische Notiz: S. 780. Der Abschnitt «Schweiz» umfasst Texte von 25 Autoren, S. 61–237.

49 Von Matt (wie Anm. 1), S. 112–115, 165–167, 184–185.
50 Der Text hatte für seinen Autor offenbar eine große persönliche Bedeutung. Für Glückwünsche zu seinem 70. Geburtstag bedankte sich Meinrad Inglin mit einem Sonderdruck der «Mißglückten Reise». (Meinrad Inglin, *Die Briefwechsel mit Traugott Vogel und Emil Staiger*. Hg. von Felix R. Hangartner, Zürich 1992, S. 160 und S. 356.)
51 Susan Sontag, «Illness as Metaphor» [1978], in: *Illness as Metaphor and AIDS and Its Metaphors*, New York 1990, S. 1–87, hier: S. 18.
52 Franz Kafka, *Die Tagebücher*. Frankfurt 2005, S. 432 (Eintrag vom 15. September 1917).

mit dem mundartlichen «Grüezi!» angesprochen, das für ihn als Ausländer legitim, und nicht mit dem nationalsozialistischen «Heil Hitler!», das für Deutsche erwünscht gewesen wäre, sondern mit einem hochdeutschen «Guten Abend!» (S. 249), das als Verweigerung zu verstehen war und sich nicht auf seinen Status als Schweizer bezog. Im frühen Stadium seiner Krankheit verzichtet er hier noch darauf, sich auf Heimisches zu berufen. In der Folge jedoch markieren drei entschieden helvetische Motive die Phasen des Heilungsprozesses:

(1.) Dem Kranken wird ein «wunderbar[es]» Medikament verabreicht, das Antibiotikum Cibazol (S. 254), «ein Basler Produkt» (S. 254).[53] (2.) Erholen kann er sich in einer «Zweiganstalt des Berner Diakonissenhauses» (S. 254).[54] (3.) Auf dem Höhepunkt des Fiebers stellt er sich vertraute Gewächse vor: «Märzenglöggli» (S. 255) – die ersten Blumen des Frühlings, die gerade erblühen, «daheim» in Schwyz. Dieses Bild habe er als «eine mir unentbehrliche Wirklichkeit vor Augen» gehabt (S. 255), gleichsam als lebensrettendes Therapeutikum.

Diese Frühlingsknotenblume, *Leucojum vernum* (auch Märzeglöggli, Märzglöckchen, Märzenbecher oder Großes Schneeglöckchen)[55] war unter Naturschutz gestellt worden.[56] Sie hat eine erlesene Symbolik in der

---

53 Eine Anzeige im *British Medical Journal* vom 31. Juli 1943 wirbt mit dem Slogan: «Effective in a wider range of infections», u.a. «Pneumonia» (S. IV). – Als weitere historische Quellen zu Wirkung (und Nebenwirkungen) von Cibazol vgl. z.B. Helmut Winter, *Cibazol und seine Anwendung bei lobärer Pneumonie und beim grippalen Infekt*. Diss. Göttingen 1941; O. Schürch und G. Neff, «Chirurgisch-klinische Versuche mit Cibazol», in: *Langenbeck's Archives of Surgery* 255: 11–12 (Juli 1942), S. 216–238; Th. Link, «Die Marfanilwirkung im Kultur- und Tierversuch», in: *Journal of Molecular Medicine* 22: 20–21 (Mai 1943), S. 364–365.

54 Wie aus dem brieflichen Kurzbericht an Werner Imhoof hervorgeht, handelte es sich um das Krankenhaus «Jerusalem». (Meinrad Inglin, Bericht an Werner Imhoof, undatiert [22. März 1940], 4-seitiges Typoskript, Meinrad-Inglin-Nachlass, Kantonsbibliothek Schwyz, NI K 47.02.02.) Die Einrichtung war 1935 auf das Diakonissenhaus in Bern übertragen worden. Sie wurde 1940 zwangsweise in «Krankenhaus am Moorkamp» umbenannt. (Vgl. Dora H. Schlatter, *Barmherzige Kirche. Geschichte der Diakonissenhäuser in der Schweiz*. Bern 1944, S. 62–63.)

55 Ruprecht Düll u. Herfried Kutzelnigg, *Taschenlexikon der Pflanzen Deutschlands*, Wiebelsheim [6]2005, S. 276; *Dictionary of Gardening*. Hg. von Anthony Huxley, Mark Griffiths u. Margot Levy. 4 Bde. London/Basingstoke 1992, Bd. 3, S. 57–58 (Eintrag «Leucojum», darin: «L. vernum»); *Dumont's große Pflanzen-Enzyklopädie*. Hg. von Christopher Brickell, für die deutsche Ausgabe: Wilhelm Barthlott, übersetzt von Nadja Biedinger u. Rüdiger Seine. 2 Bde. Köln 1998, Bd. 2, S. 605–606 (Eintrag «Leucojum», darin: «L. vernum»). Zu Meinrad Inglins botanischem Interesse vgl. Hans von Matt, *Wanderungen mit Meinrad Inglin*, Einsiedeln 1990 [1978].

56 Siehe z.B. *Verordnung zum Schutze von Tier- und Pflanzenarten (Tier- und Pflanzenschutzverordnung) vom 16. Dezember 1929*. Breslau 1929 (Kern's Textausgaben Deut-

Schweizer Literatur, etwa bei Gottfried Keller[57] oder bei Conrad Ferdinand Meyer;[58] aber auch für die Inglins persönlich.[59] Dem *Handwörterbuch des deutschen Aberglaubens* zufolge gilt das Märzenglöckchen «als ‹tabu›: an seinen Blüten darf man nicht riechen».[60] Zwiebel und Blätter sind in der Tat toxisch. Pharmakologisch hat der Wirkstoff der Pflanze, Galanthamin, schmerzstillende und belebende Eigenschaften.[61] Ikonographisch wiederum ist das Märzglöckchen «ein Mariensymbol und besagt ‹Geburt der Hoffnung›».[62]

Um die deutsche Gefahr zu bewältigen, besinnt sich der Patient auf das Eigene – und zwar in einer Steigerung. Die imaginären Stationen sind: Basel, die Grenzstadt; Bern, die Bundesstadt; und Schwyz, der Urkanton. Inglins Text folgt der Dramaturgie einer Genesung. Sein Reisebericht entwirft die Geographie einer ‹medizinischen Landesverteidigung›: als planvollen Rückzug ins *Réduit*.[63]

Eines der eigentümlichsten Bilder der Fieberphantasie aber ist eher abstrakt: «Mir schien, ich sei in eine durchsichtige, glühende rote Kugel eingeschlossen, die alles Unwesentliche, Störende von mir abhielt.» (S. 253)

scher Reichs- und Preußischer Gesetze 1a), S. 12; Elias Landolt, *Geschützte Pflanzen in der Schweiz*. Basel ²1975, S. 27–51.

57 Gottfried Keller, *Der grüne Heinrich* (Zweite Fassung). Hg. von Peter Villwock. Frankfurt 1996, S. 803, Z. 13 (4. Bd., 13. Kap.): «Eh' ich aber antworten konnte, war Röschen mit einer ganzen Schürze voll Märzglöckchen herbeigesprungen, die sie gefunden, und es war Zeit, zum Schlosse zurückzugehen»; vgl. den Kommentar auf S. 1231.

58 Conrad Ferdinand Meyer, «Engelberg. Eine Dichtung», in: *Werke*. Hg. von Heinz Schöffler. 2 Bde. Berlin, Darmstadt u. Wien o.J., Bd. 1, S. 331–393, hier: S. 342 (3. Strophe): «Ihr Antlitz schimmert blaß und fein, / Märzglocken gleich am feuchten Rain»; Ders., *Jürg Jenatsch. Eine Bündnergeschichte*, in: Ebd., S. 393–611, hier: S. 555 (3. Buch, 7. Kapitel): «Es war die goldlockige Tochter des Hauses, Fräulein Amantia Sprecher, die sich mit einem Strauße erster Märzglöckchen zu dem Herzog begab.»

59 Meinrad Inglin hatte seiner späteren Frau am 15. März 1932 «Märzenglöggli» zum Geburtstag geschickt. Die Blumen besaßen also auch eine emotionale Bedeutung, welche die Eheleute miteinander verband – und im Augenblick der Lebensgefahr aufgerufen wird. *«Alles in mir heisst: Du.» Meinrad und Bettina Inglin. Der Briefwechsel*. Hg. von Marzena Górecka, Zürich 2009, S. 295.

60 *Handwörterbuch des deutschen Aberglaubens* 5 (1933), Sp. 1741 (Eintrag «Märzglöckchen»).

61 Karl Hiller u. Matthias F. Melzig, *Lexikon der Arzneipflanzen und Drogen*. 2 Bde. Heidelberg u. Berlin 2003, Bd. 2, S. 19 (Eintrag «Leucojum vernum»); Bd. 1, S. 343 (Eintrag «Galanthamin»).

62 Klementine Lipffert, *Symbol-Fibel. Eine Hilfe zum Betrachten und Deuten mittelalterlicher Bildwerke*. Kassel ³1961, S. 71 (Eintrag «Schneeglöckchen»). Vgl. Gunter Dimt, «Von Tugend und Lastern – Zwiebelpflanzen in der Volkskultur», in: *Linzer Biologische Beiträge* 16: 1 (1984), S. 105–109, hier: S. 106–107 (Endnoten: S. 108–109).

63 Als er noch krank ist, denkt der Fiebernde bereits an «die Schweizer Armee»: sobald er genesen ist, wird er wieder wehrtüchtig sein; nach seiner Heimkehr wird er «bald wieder die Uniform anziehen» (S. 255), um seinen ‹Aktivdienst› zu leisten.

Eine Interpretation, die sich anbietet, ist die Rückkehr in den Mutterleib. Ein familiales Deutungsmuster ist zuvor bereits eingeführt worden: Ein Diplomat verhielt sich «väterlich[ ]» (S. 254), «Schwestern» fürsorglich (S. 254), und schließlich kommt die Ehefrau, um sich mütterlich um den Erkrankten zu kümmern.

Tatsächlich landet der Schweizer Patient in der Abteilung für «Wöchnerinnen». Im Gegensatz zum soldatischen Männlichkeitskult inszeniert der Erzähler hier seine Verweiblichung: «Zwei starke Männer trugen mich» (S. 254). Wie eine *damsel in distress* – oder eine Niedergekommene. Anlass eines Aufenthalts im Wochenbett wäre normalerweise ein Kind. Körperlich wie geistig erlebt der Kranke eine Wiedergeburt.

VII. Poetik

Das literarische Ergebnis dieses Geburtsaktes, das Resultat der Krise, die der Reisende durchläuft, ist ein poetisch intensiver und hintersinniger Text.[64]

Seine Totalitarismus-Erfahrung hat Inglin auch künstlerisch über Grenzen geführt. Eine zufällige Krankheit hat er zu einer komplexen Allegorie ausgestaltet.[65] Ein unscheinbares Motiv ermöglichte dem Verfasser realistischer Erzählliteratur einen literarischen Kunstgriff.[66] Die Wahrnehmung des Reisenden *und* die Darstellung der Reise nehmen eigentümliche Züge an. Dass Form und Inhalt eng miteinander verbunden sind, gibt der Erzähler dezent zu verstehen, indem er, fieberbedingt, von dem «sonderbaren Stil der Reise» (S. 254) spricht. Das Fieber erzeugt Szenarien, die den realistischen Modus hinter sich lassen – wie sich an drei Beispielen illustrieren lässt.

(1.) Auf der Suche nach dem Büro des Beamten, der ihm sein Visum erteilen soll, irrt der Fremde durch das menschenleere Labyrinth eines verdunkelten Polizeigebäudes (am Alexanderplatz): unter «dem trockenen Hall und

---

64 Im veröffentlichten Text sind Bemerkungen aus dem Typoskript, welche die Dramatik der Erkrankung relativieren würden, sorgfältig abgeschliffen. So wird aus einem nur «geringen Fieber[ ]», das der Erzähler nach seiner Ankunft in Hamburg gehabt haben will, ein nicht mehr quantifiziertes «bloße[s] Fieber[ ]». (Inglin, «Missglückte Reise durch Deutschland. Februar/März 1940», wie Anm. 7, S. 11.)

65 Meinrad Inglin ging sehr kunstvoll mit der Krankheit um, deren tatsächliche Dramatik sich letztlich kaum nachweisen lässt. Als er Ansichtskarten an seine Frau schrieb (aus Berlin, aus Leipzig, aus Hamburg), berichtete der Autor noch von seiner letzten Station lediglich von «einer kleinen Erkältung». (*Alles in mir heisst: Du*», wie Anm. 59, S. 409.)

66 Vgl. Oliver Lubrich, «En el corazón de las tinieblas: Escritores viajeros en la Alemania nazi», in: *Revista de Occidente* 266/267 (2003), S. 158–185.

Widerhall meiner Schritte» hastet er durch endlose «enge Gänge», «bald im Halbdunkel, bald im gedämpften Licht», über diverse Treppen, er klopft an verschlossene Türen, und alles erinnert ihn «an einen bösen Fiebertraum» (S. 248–250). Diese Szenerie der grauen Gänge und Treppen wirkt wie das Bühnenbild eines expressionistischen Spielfilms.

Die Situation des Reisenden, der eine Beglaubigung einholen soll und sich einer undurchschaubaren Bürokratie ausgeliefert sieht, in zwielichtige Bereiche vordringt und dabei zunehmend der Erschöpfung verfällt, erinnert nicht zufällig an Franz Kafkas *Schloß* (1922 entstanden, 1926 veröffentlicht).[67] Im Typoskript von 1943 hatte Inglin diesen Bezug expliziert, die Bemerkungen dann aber vor der Veröffentlichung gestrichen: «Mir schien, ich sei in einem bösen Fiebertraum befangen, aber zugleich belustigte mich das Unglaubwürdige meiner Lage; ich dachte an Romansituationen bei Kafka und fand, dass etwas unheimlich Hintergründiges auch hier nicht fehle.» Und kurz darauf, als der gesuchte Polizeiinspektor doch noch auftaucht, heißt es entsprechend: «Bei Kafka wäre hier nur ein untergeordneter Beamter vorgekommen, der mich in ein anderes Gebäude geschickt hätte».[68]

Die Passage vereint, darüber hinaus, Elemente eines Märchens, nämlich als *quest*, als Suche nach einem ‹heiligen Gral›, einem begehrenswerten Objekt, das Erlösung bringen soll, aber nur ein banaler Stempel ist.

Insbesondere jedoch verbindet sie Topoi der Schauerliteratur. Vor seinem Aufbruch hatte Inglin einen ominösen Hinweis erhalten, der den Text eröffnet: «Man warnte mich vor dieser Reise.» (S. 246) Bereits dieser erste Satz erzeugt ein unheimliches Gefühl. Das menschenleere Polizeipräsidium in der Dämmerung – das keine Tür hat, sondern ein richtiges «Tor» (S. 249) – erinnert an das Schloss in Bram Stokers *Dracula* (1897), das als pervertierte Klinik gedeutet worden ist, während «Polizeiinspektor X», multiplizierbar, die Rolle des ansteckenden Untoten einnimmt, dessen verhängnisvoller Biss einer Infektion gleichkommt, die sich in der Folge im Land des Betroffenen auszubreiten droht. Als Inglins Ehefrau aus der Heimat herbeieilt, um ihren zusammengebrochenen, alptraumgeplagten Mann aus dem gotischen Schrecken nach Hause zu retten, tut sie dies wie Mina Murray für Jonathan Harker am Ende von dessen missglückter Reise nach Transylvanien.[69]

---

67 Kafka begann die Arbeit an dem Roman 1922 nach einem Zusammenbruch, der durch seine Lungentuberkulose bedingt war.
68 Inglin, «Missglückte Reise durch Deutschland. Februar/März 1940», wie Anm. 7, S. 6, S. 7.
69 Bram Stokers *Dracula* befindet sich zwar nicht unter den Bänden aus Meinrad Inglins Privatbibliothek, die in die Kantonsbibliothek Schwyz übergegangen sind. Inglin wird

(2.) Nach seinem Besuch auf dem Präsidium stolpert Inglin «schlotternd» durch verdunkelte Straßen. Auf der Fahrbahn versucht er vergeblich, eines der Taxis anzuhalten, die mit abgedeckten Scheinwerfern vorbeifahren; in einem Wagen erkennt er «ein paar Offiziere», «die aus dem bläulich fahlen Licht wie fremdartige Geschöpfe aus einem Aquarium zu mir hinausstarrten». Die Schilderung tendiert, trotz der Vergleichsform, ins Phantastische, so dass die Leser, nach der Definition von Tzvetan Todorov, in einen Zweifel (*hésitation*) darüber geraten können, auf welcher Ebene sie das Dargestellte zu verstehen haben und wohin es sich entwickeln wird: «réalité ou rêve? vérité ou illusion?»[70] Ist es die Wiedergabe der Wirklichkeit, eines Traumes, eines Deliriums, eines Drogenrauschs oder einer Welt, die tatsächlich ins Surreale kippt? So ist man auf einiges gefasst, wenn der Kranke «irgendwo in die Tiefe» steigt, als begebe er sich auf eine *Katábasis*, eine *Nekyia*, eine Höllenfahrt. Er betritt dann jedoch nur «einen Zug der *Untergrund*bahn» (S. 250; Hervorhebung hinzugefügt) – und findet irgendwie zurück zum Hotel.

(3.) Während ein Unwetter «an den Fenstern fauchte und rüttelte», stellt sich der Fieberkranke aus seinem «verworrenen Halbschlaf» im Hamburger Hotelzimmer vor, wie «ein schwerer Weststurm» gegen den «Eisrand» der Nordsee anweht, «den zugefrorenen Meeressaum» überschwemmt, unterläuft, bricht und zerstört; und wie «eine wild schäumende Brandung aus Eis und Wasser […] sich donnernd und krachend auf breiter Front […] der Küste zuwälzte» (S. 253). Diese Vision entspricht einer einschlägigen Metapher der Kriegsliteratur, etwa bei Ernst Jünger, dessen erstes Buch das Unwetter im Titel trug, *In Stahlgewittern*, und im Text bilderreich durchvariierte[71] (und der wenig später eine Erzählung mit dem Titel «Sturm»[72] veröffentlichte). Als Aufruhr der «Nordsee» kündigt Inglins Traum das «Unternehmen Weserübung» an, den deutschen Überfall auf Dänemark und Norwegen (9. April 1940), bzw. als «Weststurm» den Frankreichfeldzug (10. Mai 1940).[73]

---

die populäre Geschichte jedoch zur Kenntnis genommen haben. Das Motiv des Vampirs jedenfalls hat er an anderer Stelle explizit eingesetzt. So heißt es etwa in der Erzählung «Über den Wassern» in *Güldramont*: «die Zeit sitzt uns wie ein blutsaugendes Gespenst im Nacken» (*Werke*. Bd. 7, Zürich 1981, S. 158).

70 Tzvetan Todorov, *Introduction à la littérature fantastique*. Paris 1970, S. 29.
71 Ernst Jünger, *In Stahlgewittern. Aus dem Tagebuch eines Stoßtruppführers*. Hannover 1920; vgl. Oliver Lubrich, «‹Ich setzte die Maske auf›. Ernst Jünger und die Metaphern des Krieges», in: *Das Schwinden der Differenz*, Bielefeld 2004, S. 148–224.
72 Ernst Jünger, «Sturm», in: *Hannoverscher Kurier* 75: 168–194 (1923), 16 Folgen.
73 Auch in seinen weiteren Erzähltexten, die vom Krieg handeln, bedient sich Inglin

Auch diese Sturmvision im Fiebertraum hat einen literarischen Intertext: In Thomas Manns *Zauberberg* (1924)⁷⁴ erlebt der (angeblich) ebenfalls lungenkranke Hans Castorp aus Hamburg während seines Sanatoriumsaufenthaltes in der Schweiz das «winterliche[ ] Gebirge» «wie die Nordseewildnis».⁷⁵ Als er sich in einem «Schneesturm» ausruht, hat er in einem ‹Schneetraum› Visionen einer heimatlichen Landschaft und eines kannibalischen Schreckens, in der «fieberhafte[n]» «Unklarheit seines Sensoriums»⁷⁶ durch «[g]rausende Eiseskälte» gebannt.⁷⁷ Als er erwacht, begreift er den Ausnahmezustand als existentielle Erfahrung: «alles Interesse für Tod und Krankheit ist nichts als eine Art von Ausdruck für das am Leben». *«Der Mensch soll um der Güte und Liebe willen dem Tode keine Herrschaft einräumen über seine Gedanken.»*⁷⁸ Am Horizont der Handlung zieht der Weltkrieg herauf.

VIII. Co-Patient

In seinem deutschen Reisebericht hat Meinrad Inglin verschiedene Formen gefunden, die über eine traditionelle Abbildungspoetik hinausgehen: das Expressionistische, das Kafkaeske, das Märchenhafte, das Gotische, das Phantastische und das Surreale.

Die Beschreibung der Reise und die Fieberträume des Reisenden werden dabei von Zitaten und Reflexionen durchsetzt, die einem Autor gelten, der für Inglins Text eine Schlüsselfunktion hat.⁷⁹ Der kranke Schweizer liest

---

    der Motive des Traums und des Unwetters: So erscheint der Krieg entweder als «Fiebertraum» bzw. als «Angsttraum» eines Davongekommenen, der sich verstört über die Schweizer Grenze rettet («Ein Flüchtling», in: *Rettender Ausweg. Anekdoten und Geschichten aus der Kriegszeit*, St. Gallen 1953, S. 9–16, hier: S. 11, S. 15); oder als «Lawine», deren «[F]ront» sich wie eine «Brandung» nähert – und allegorisch über die Schweiz hinweggeht («Die Lawine», in: *Die Lawine und andere Erzählungen*, Zürich 1947, S. 7–30, hier: S. 20). – In der Titelgeschichte des Bandes *Rettender Ausweg* berichtet «[e]in Schweizer Konsul [...] aus einer zerstörten deutschen Stadt», a.a.O., S. 17–29, hier: S. 17).

74 Thomas Manns *Der Zauberberg* (2 Bde. Berlin 1925) findet sich in Meinrad Inglins Privatbibliothek, deren erhaltener Bestand in der Kantonsbibliothek Schwyz aufbewahrt wird. (Für seine Unterstützung bei der Recherche danke ich Markus Rickenbacher.)
75 Thomas Mann, *Der Zauberberg*. Frankfurt 1988, S. 493–525, hier: S. 500.
76 Ebd., S. 511, S. 507.
77 Ebd., S. 516, S. 520–521.
78 Ebd., S. 522, S. 523.
79 Vereinzelt werden noch weitere Referenzen eingespielt: Erich Maria Remarque (S. 252), Ludwig Renn (S. 252) und T. E. Lawrence (S. 252) (als Kontrast zu Ernst Jünger), der Schweizer Othmar Schoeck (S. 250), der Österreicher Hugo von Hofmannsthal (S. 259)

im Fieber Ernst Jünger, und zwar vier Werke in chronologischer Folge: *In Stahlgewittern* (1920, in der Fassung von 1924, in einer Auflage von 1926) (S. 251–252); *Der Arbeiter* (1932)[80] (S. 255–257); *Über den Schmerz* (1934)[81] (S. 257); und *Das abenteuerliche Herz* (1929, «in der zweiten Fassung» von 1938)[82] (S. 259).

Jüngers intellektuelle Biographie entspricht Inglins ‹Krankheitsverlauf›. Der ehemalige Frontkämpfer kam dem Faschismus so nahe wie möglich, ohne ihm endgültig zu verfallen. Er verkörpert den Wechsel von Ansteckung und Genesung. Inglin kann sich mit diesem Autor als Co-Patient und als Symptomträger identifizieren, der «die katastrophalen Zustände in Deutschland [...] am eigenen Leib erlebte» (S. 256) – und überlebte. Im Leipziger Hotel, schreibt Inglin, habe er «das 1926 erschienene erste Buch von Ernst Jünger» (S. 251), «151.–170. Tausend» (S. 252), zu lesen begonnen: *In Stahlgewittern*. Tatsächlich war es bereits 1920 veröffentlicht worden. Was Inglin las, in einer Auflage aus dem Jahr 1926, war die dritte Fassung von 1924, nach welcher 1934 und 1935 noch eine vierte und eine fünfte erschienen waren.[83] Das ist von Bedeutung, weil Jünger, ohne dies kenntlich zu machen, sein Werk erheblich umarbeitete, bis nur noch zwei Drittel des ursprünglichen Textes erhalten blieben. Dabei hat er nicht bloß die ästhetische Konzeption umgestaltet, sondern auch die ideologische Tendenz neu orientiert. Sein Erstlingswerk war, als er es im Eigenverlag herausbrachte, eine durchaus sachliche, widersprüchliche Darstellung des Kriegserlebnisses, bevor er ihm in den zwanziger Jahren eine nationalistische Aufladung gab, die er in den dreissiger Jahren dann wieder

---

und der deutsche Jude Jakob Wassermann (S. 259). Die herausgerissenen Seiten von dessen Vorwort zu einem Buch von Hugo von Hofmannsthal stehen für die Lücken, welche die Bücherverbrennung bzw. die Verfolgung, Vertreibung und Ermordung der Juden in der deutschen Kultur hinterlassen haben. Es ist dies der einzige Hinweis auf die Judenverfolgung, die im Übrigen in Inglins Text ausgespart bleibt.

80 Ernst Jünger, *Der Arbeiter. Herrschaft und Gestalt.* Hamburg 1932.
81 Ernst Jünger, *Über den Schmerz*, in: *Blätter und Steine.* Hamburg 1934, S. 154–213.
82 Ernst Jünger, *Das abenteuerliche Herz. Figuren und Capriccios.* Hamburg 1938.
83 Die sieben ‹Fassungen› erschienen 1920, 1922, 1924, 1934, 1935, 1961 und 1978: (1.) Ernst Jünger, *In Stahlgewittern. Aus dem Tagebuch eines Stoßtruppführers.* Hannover 1920; (2.) *In Stahlgewittern. Aus dem Tagebuch eines Stoßtruppführers.* Berlin 1922; (3.) *In Stahlgewittern. Aus dem Tagebuch eines Stoßtruppführers.* Berlin 1924; (4.) *In Stahlgewittern. Ein Kriegstagebuch.* Berlin 1934; (5.) *In Stahlgewittern. Ein Kriegstagebuch.* Berlin 1935; (6.) *In Stahlgewittern*, in: *Werke.* Stuttgart 1961, Bd. 1, S. 11–310; (7.) *In Stahlgewittern*, in: *Sämtliche Werke.* Stuttgart 1978, Bd. 1, S. 9–300; separat publiziert: *In Stahlgewittern*, Stuttgart [27]1981.

zurücknahm.[84] Als er erkrankt ist, liest Inglin also zuerst die Version von Jüngers Hauptwerk, die dem, was seine Krankheit versinnbildlicht, am nächsten kommt.[85]

IX. Grammatik

Für die Perspektivierung reiseliterarischer oder ethnographischer Texte ist maßgeblich, wie die Figur des Beobachters – narratologisch, linguistisch – angelegt ist. Der Gehalt der Texte ist in der Regel an ihrer Poetik abzulesen – und sogar an ihrer Grammatik. Auch die Experimentalität von Inglins Versuchsaufbau hat in dieser Hinsicht sprachliche Konsequenzen. Zwei Formen stehen im Vordergrund: der bestimmte Artikel und das indefinite Pronomen. Beide dienen der ‹Ich›-Vermeidung durch Abstraktion.

Als Subjekte der Reisedarstellung werden verschiedene Substantive eingesetzt: «Der Ausländer» (S. 246; 247, 248, 252, 260), «de[r] Kurier[ ]» (S. 246; 248), «[der] Neuling[ ]» (S. 248) – und, natürlich, «[der] Schweizer» (S. 247, 254). Das erste Wort des Reiseberichts aber lautet: «Man». Das indefinite Pronomen kommt in dem 15-seitigen Text 35 Mal vor. Dabei hat es innerhalb weniger Zeilen gegensätzliche Bezüge, wie in der Schilderung des Grenzübertritts sogleich deutlich wird: auf alle Welt, auf die Schweizer Regierung, auf die nazideutsche Obrigkeit oder auf den Reisenden selbst.[86] (1.) «[I]n der betont vertrauenswürdigen Haltung, die *man* bei solchen Musterungen annimmt» (S. 246); (2.) «das versiegelte Riesenpaket, das *man*

---

84 Hermann Knebel, «‹Fassungen›: Zu Überlieferungsgeschichte und Werkgenese von Ernst Jüngers In Stahlgewittern», in: *Vom Wert der Arbeit. Zur literarischen Konstitution des Wertkomplexes ‹Arbeit› in der deutschen Literatur (1770–1930)*. Hg. von Harro Segeberg, Tübingen 1991, S. 379–408; Eva Dempewolf, *Blut und Tinte. Eine Interpretation der verschiedenen Fassungen von Ernst Jüngers Kriegstagebüchern vor dem politischen Hintergrund der Jahre 1920 bis 1980*. Würzburg 1992; Wojciech Kunicki, *Projektionen des Geschichtlichen. Ernst Jüngers Arbeit an den Fassungen von ‹In Stahlgewittern›*. Frankfurt 1993; John King, «Wann hat dieser Scheißkrieg ein Ende?» *Writing and Rewriting the First World War*. Schnellroda 2003.

85 Seinerseits Soldat, bekennt der Schweizer einen gewissen Respekt für die ‹preußische› Haltung, die auf der Rückreise im Zug ein Offizier zum Ausdruck bringt und die er unabhängig vom Nationalsozialismus positiv bewerten kann. Diese Szene der Heimfahrt vollendet in mehrfacher Hinsicht eine Ringkomposition: In der militärischen Disziplin erlebt Inglin eine Kälte im übertragenen Sinn (für die jener Offizier ebenso wie Ernst Jünger paradigmatisch ist), nachdem er auf der Hinfahrt unter Kälte im buchstäblichen Sinn gelitten hatte. Er selbst scheint ihr im einen wie im anderen Sinn nicht gewachsen zu sein. (Vgl. Helmut Lethen, *Verhaltenslehren der Kälte*. Frankfurt 1994, S. 187–215; Endnoten: S. 291–295.)

86 Die Hervorhebungen in den folgenden Zitaten werden hinzugefügt.

mir von Bern aus zugeschickt hatte.» (S. 246) (3.) «Die Schweizer Presse wurde zum größten Teil an der Grenze zurückgehalten, *man* fand sie nicht wohlwollend genug und mißtraute schon ihrer bloßen Neutralität» (S. 246). (4.) «Wo *man* auch hinkam und sich als Schweizer zu erkennen gab [...]» (S. 247). (Hervorhebungen hinzugefügt.)

Diese Variation stellt die Unterscheidung zwischen Beobachter, Beobachteten und Adressaten in Frage. Sie deutet so die Einsicht an, dass Haltungen in einer Diktatur nicht eindeutig festgelegt sein müssen. Vor allem aber stützt die formale Diagnose die Annahme der Experimentalität. Der unpersönliche Ausdruck, der für den Beobachter selbst steht, verallgemeinert das Geschehen zu einer Versuchsanordnung, in der ein Reisender die Position eines Probanden einnimmt, der stellvertretend für die Schweiz abgeordnet ist, um eine exemplarische Erfahrung zu machen.

X. Denkfigur

Inglins «Mißglückte Reise» endet mit der Genesung des Reisenden – und mit einem hoffnungsvollen politischen Schlusswort. Es gebe «ein zum Schweigen verurteiltes anderes, besseres, humaneres Deutschland» (S. 261), das eines Tages wieder «zur europäischen Kulturgemeinschaft» zurückkehren werde, «zu der es gehört» (S. 261). (Im *Schweizerspiegel* hatte es zur Niederlage des Landes im vorherigen Weltkrieg ganz ähnlich geheißen: «Es wird weiterleben [...] und den Platz einnehmen, der ihm unter den Kulturvölkern der Welt gebührt ...»)[87] Die letzten Worte im Typoskript von 1943 lauteten sogar, voller Pathos: «jenes Deutschland, das an die Sterne grenzt».[88]

Es handelt sich um eine wiederkehrende Denkfigur, um ein zeitgenössisches Denkmuster. In ihren Berichten aus dem ‹Dritten Reich› verhandelten zahlreiche Schweizer Autoren – wie Meinrad Inglin – ihre eigene Identität im doppelten Verhältnis zu einem dauerhaften und zu einem zeitgenössischen Deutschland.[89] Viele Schweizer, die das ‹Dritte Reich› besuchten, schrieben im Namen einer übernationalen deutschen Kultur, die

---

87 Inglin, *Schweizerspiegel* (wie Anm. 18), S. 987.
88 Inglin, «Missglückte Reise durch Deutschland. Februar/März 1940» (wie Anm. 7), S. 28.
89 Vgl. die in meinem Seminar über «Internationale Schriftsteller im ‹Dritten Reich›» im Wintersemester 2008/09 an der Freien Universität Berlin entstandenen Hausarbeiten von Maxie Hecker, «Meinrad Inglin: ‹Mißglückte Reise durch Deutschland›. Analyse des Krankheitsmotivs vor dem Hintergrund von Inglins Vortragsreise nach Deutschland im Februar 1940»; und Stefan Rutkowski, «‹... im Kern unserer Existenz mitbetroffen ...› Deutschschweizer Schriftsteller berichten aus dem ‹Dritten Reich›».

gegen den Nationalsozialismus zu verteidigen war und diesen überdauern würde. So unternahm Max Frisch eine «Probe», um das «geistige» vom «wirklichen», das vergangene vom «heutigen», das vertraute vom «jetzigen» Deutschland unterscheiden zu können.[90] Annemarie Schwarzenbach unterschied «neudeutsche[ ] Probleme» vom «besten Deutschtum».[91] René Schindler vertraute gegenüber der sichtbaren Diktatur auf «das geheime Deutschland».[92]

Aber ist es so einfach? Lässt sich die deutsche Kultur vom Deutschen Reich unterscheiden? Hat Meinrad Inglin zuviel Verständnis für die Deutschen? Interessierte ihn in erster Linie seine Position als Schweizer? Oder hat ihn sein Modell der Krankheit zu einem naiven Heilungsoptimismus verleitet? Seinerseits rekonvaleszent gibt Inglin zu bedenken: «Wer später über die Haltung des breiten Volkes zu Gericht sitzen will, wird sich vorerst fragen müssen, ob er selber beizeiten etwas dagegen getan hat» (S. 257). Und er zieht daraus die durchaus fragwürdige Folgerung, man werde sogar «dem unglücklichen Volke nur eine Generalabsolution» (S. 258) erteilen können. Eine Analyse der Gründe der Ansteckung bietet er jedenfalls nicht – sondern eine literarische Allegorie.

Wie angemessen ist diese Allegorie? Ob jemand Nationalsozialist war oder nicht, ist eine soziale, eine psychologische und eine moralische, aber keine medizinische Frage. Der Faschismus ist kein immunologisches Phänomen. Er stellt keine Infektion dar, die schuldlos erlitten wird und wieder vorübergeht. Die Metapher der Lungenentzündung und das Narrativ der Genesung konnten dazu verleiten, allzu optimistisch auf eine Bewältigung zu vertrauen.

Und doch unterläuft Meinrad Inglins helvetische Krankheit diese apologetische Botschaft. Denn sein erst spät veröffentlichter Text wird lesbar als Geständnis der Einsicht in die eigene Anfälligkeit. Die Pneumonie ist für seine Selbstdiagnose ein ideales Motiv. Denn es gibt keine Impfung, die gegen sämtliche Typen immunisieren könnte. Sie hat zu viele Auslöser. Sie kann wieder ausbrechen.

---

90 Max Frisch, «Kleines Tagebuch einer deutschen Reise», in: *Neue Zürcher Zeitung* 156: 752, 30. April 1935, Blatt 5; 156: 799, 7. Mai 1935, Blatt 6; 156: 881, 20. Mai 1935, Blatt 6; 156: 1030, 13. Juni 1935, Blatt 5.
91 Annemarie Schwarzenbach, «Baltisches Tagebuch» (1937), in: *Auf der Schattenseite. Reportagen und Fotografien*. Basel 1990, S. 116–131, hier: S. 121.
92 René Schindler [Franz Wolfgang Rieppel], *Ein Schweizer erlebt das geheime Deutschland. Tatsachenbericht*. Zürich u. New York 1945.

CHRISTIAN VON ZIMMERMANN (BERN)

Die entzauberte Insel

Betrachtung über eine Adoleszenzerzählung von Meinrad Inglin[1]

Vor der symbolträchtigen Kulisse einer friedlich-paradiesischen Anglerinsel, früh- bis hochsommerlichen Wetterlagen nebst dräuenden Gewittern entfaltet sich die Handlung von Meinrad Inglins Adoleszenzerzählung *Die entzauberte Insel* (1943).[2] Vier Jungen haben eine kleine Insel zu ihrem Fluchtort gemacht und scheinen fast – so suggeriert es der erste Absatz – mit der Natur der Insel selbst verschmolzen:[3]

> Am Rand des Inselgehölzes, unter verwachsenen wilden Laubbäumen, von denen ein paar Äste fast bis auf das Wasser herabhingen, schob sich ein junges Gesicht durch das niedere Gesträuch, ein nackter Arm folgte behutsam und stützte sich auf einen bemoosten Block des schmalen felsigen Ufers. Eine Wasserjungfer hielt in der Luft vor dem Gesichte zitternd an und flitzte wieder weg. Der Jüngling schaute in eine Lücke des dünnen Schilfgürtels hinein auf frisch erblühte weiße Seerosen und spähend in das klare Wasser hinab.

Der Junge, sein Gesicht im Schilf und sein Arm zwischen den Ästen, scheint wie die Bäume, die Wasserjungfer, das Schilf und die Fische in diesen Naturraum zu gehören – wäre da nicht der subtile Bruch, den der Erzähler einfügt, wenn es heisst, der Junge habe «einen Schwarm fremd-

---

[1] Die folgende Betrachtung entstand auf Anregung der Redaktion des Online-Magazins der Universität Bern und wurde dort in einer gekürzten Version des Manuskripts am 17. August 2012 publiziert: Christian von Zimmermann, «‹Die entzauberte Insel›. Essay zu einer Sommererzählung von Meinrad Inglin.» In: *uniaktuell* (*http://www.uniaktuell. unibe.ch/content/hintergrund/2012/ingling/*). Für den vorliegenden Druck wurde der Texte durch Fussnoten und um ergänzende Beobachtungen erweitert.

[2] Meinrad Inglin, «Die entzauberte Insel», in: Ders., [Werke] *Band 7: Güldramont – Erzählungen. – Fieberträum eines Leutnants – Rettender Ausweg – Anekdoten und Geschichten aus der Kriegszeit*. Zürich u. Freiburg im Breisgau 1981, S. 25–55. – Meinrad Inglins Erzählung erschien im selben Jahr auch in einem Zeitungsabdruck in der deutschen *Frankfurter Zeitung* (in mehreren Folgen zwischen dem 27. Juni und 3. Juli 1943).

[3] Ebd., S. 25.

artiger Fische»[4] entdeckt.[5] Nicht nur drückt sich im Attribut ‹fremdartig› eine Distanz des Jungen gegenüber der Natur aus, da er nun gegenüber der beobachteten Natur als der Andere erscheint, der eine ihm unbekannte Natur erkundet; sein Freund Karl belehrt ihn auch noch darüber, dass es sich um Brachsen handle, die hier sehr heimisch seien: «‹Übrigens sind sämtliche Fische in diesem See so genau bekannt, daß von fremdartigen keine Rede sein kann. [...].›»[6] Noch bevor Karl den zunächst namenlosen Knaben über den Fischnamen aufklärt, beginnt der zweite Absatz mit den Worten: «Ein Anruf weckte ihn.»[7] Durch den namentlichen Anruf und durch seine «verwaschene[ ] rote Badehose» wird der Junge «Baschi» (Sebastian) auf Distanz zur Inselnatur gerückt. Und immer mehr wird das scheinbare Ineinander von Natur und Jungem aufgehoben, denn schon im dritten Absatz kennzeichnet der Erzähler das Jungenidyll als ein Freizeitunterfangen und als einen Fluchtort «in einem heiteren Frieden, den sie vor allen Schulsorgen, vor Gewissensängsten, Weltanschauungsfragen und anderen Gespenstern bewahrten».[8] Zu diesen anderen Gespenstern zählen diejenigen der Sexualität und der eigenen männlichen Entwicklung: die Verabschiedung der Kinderwelt und der Eingang in eine Welt der Erwachsenen. Freilich lassen sich diese «Gespenster» nicht verdrängen, wie sich einerseits im weiteren Handlungsverlauf zeigt, als mit einem fünften Knaben dessen Cousine das Inselidyll bereichert, und wie andererseits in jenen vorausschauenden Erzählerkommentaren deutlich wird, in welchen aus einzelnen Charakterzügen der Jungen Annahmen über deren zukünftige Entwicklungen und ‹bürgerlichen› Lebensschicksale extrapoliert werden.

Die Erzählung verweigert so bereits von Beginn an ein naives Idyll, eine ungebrochene Einheit aus Natur und Mensch. Zugleich gewinnt der Naturraum der Erzählung immer deutlicher als Symbolraum der Adoleszenz der Knaben Bedeutung, wenn aufziehende Gewitter, die Insellage, der Fischfang als Jagd und die Schlange als Herrin des Inselparadieses zu symbolischen Repräsentanten der anthropologischen Gegebenheiten und entwicklungspsychologischen Prozesse werden.

Damit ist die kurze Sommer- und Adoleszenzerzählung *Die entzauberte Insel* auch als Teil eines eher unbekannten literarischen Zuges im Werk

---

4 Ebd., S. 25.
5 Egon Wilhelm, der in diesen Anfangssätzen ein «reinstes Einverständnis [...] zwischen Landschaft und Mensch» erkennt, überliest paraphrasierend und zitierend diesen subtilen Hinweis auf eine Distanz. Egon Wilhelm, *Meinrad Inglin. Weite und Begrenzung*. Zürich u. Freiburg im Br. 1957, S. 118f.
6 Inglin, «Die entzauberte Insel» (wie Anm. 2), S. 26.
7 Ebd., S. 25.
8 Ebd., S. 26.

Meinrad Inglins gekennzeichnet. Neben seinen heute vielleicht bekanntesten Werken, dem Roman *Schweizerspiegel* (1938), der verfilmten Erzählung *Der schwarze Tanner* (1947) oder den späten Romanen wie dem erst kürzlich wieder aufgelegten *Urwang* (1954)⁹ publizierte Inglin ein kaum mehr gelesenes Erzählwerk, welches vielfältig durch expressionistische Stilelemente und Motive, durch Übergänge zu Mythen und Sagen, durch einen teils dichten Symbolismus geprägt ist. Auch der Erzählband *Güldramont*, den Inglin im Jahr seines 50. Geburtstages 1943 publizierte, gehört mit den Erzählungen *Güldramont* und dem novellistisch angelegten Kurzroman *Über den Wassern*, der nach fast zwei Jahrzehnten nun in einer überarbeiteten Fassung hier erneut erschien,¹⁰ in diesen Bereich seines Schaffens.¹¹

Meinrad Inglins Herausforderung, der er sich immer erneut stellt, ist ein als ungenügend empfundener kalter rationaler Liberalismus der ‹Willensnation› Schweiz, gegen den Inglin zunächst zivilisationskritisch und teils mit einer gewissen Affinität zu völkischen Ideologemen opponiert, zu dem er sich aber schliesslich mit staatsbürgerlichem Ernst ein panoramatisches Bekenntnis im *Schweizerspiegel* abringt, das freilich die freisinnigen Traditionen durch den Heimatdiskurs im Sinn einer ‹Geistigen Landesverteidigung›¹² ergänzt.

Die Verbindungen von Mythos und Heimat, von Landschaft und Mensch, die Suche nach einem landschaftsgebundenen Heimatmythos Schweiz sind Thema auch der Erzählung *Güldramont,* in der eine Knabengruppe aus der Welt der Eltern ausbrechend eine sommerliche Bergwanderung unternimmt und dort die Initiation vermittelt durch den fast exotischen Geist einer mythisch aufgeladenen Landschaft empfängt:¹³ eine nationale Initiation schweizerischer Prägung.

Die irrationalen Elemente, die Inglin dem rationalen Überbau des liberalen Staates hinzufügt, schliessen auch den Hinweis auf jene sich der Vernunft entziehenden Naturkräfte des Menschen ein und greifen so auf den alten Topos einer Doppelnatur der *conditio humana* zurück, wobei die Ausbalancierung der rationalen und irrationalen Momente im Gesamtwerk durchaus schwankend beantwortet wird und erst das Spätwerk eine ‹biedermeierliche› Sittlichkeit entwirft. Immer wieder am Übergang von der naiven

---

9 Meinrad Inglin, *Urwang*. Mit einem Nachwort von Beatrice von Matt. Luzern 2009 (Kultur der Zentralschweiz: Literatur des 20. Jahrhunderts).
10 Meinrad Inglin, *Über den Wassern. Erzählung und Aufzeichnungen*. Zürich 1925.
11 Meinrad Inglin, *Güldramont. Erzählungen.* Leipzig 1943.
12 Beatrice Sandberg, «Geistige Landesverteidigung (1933–1945)», in: *Schweizer Literaturgeschichte.* Hg. von Peter Rusterholz und Andreas Solbach. Stuttgart u. Weimar 2007, S. 208–240, zu Inglins Roman bes. S. 216f.
13 Vgl. hierzu den Beitrag von Marzena Górecka im vorliegenden Band.

frühsommerlichen Jugend hin zur Reife des seiner Natur, seiner Heimat und seiner Bestimmung bewussten Menschen werden diese im traditionellen anthropologischen Diskurs ‹animalisch› genannten Kräfte thematisiert.

Unschuldig, aber durch klare adversative Wendungen von der geschilderten Inselidylle abgegrenzt, verstört dieses Bewusstwerden der eigenen Natur auch die Jungen der Erzählung *Die entzauberte Insel,* die in einer zeitgenössischen Besprechung als «die allervollendetste der vier Novellen» des Erzählbandes *Güldramont* aufgenommen worden ist.[14] Gerade noch beschreibt der Erzähler die Stimmung der Jungen nach einem Inseltag; diese befinden sich «in einem tieferen Frieden, als sie bei ihrer Unkenntnis der lauten Welt ermessen konnten, und durch ihre ungebrochene Jugend noch in einem letzten Einklang damit».[15] Da allerdings wird dieses «noch» um ein adversatives «aber» ergänzt:[16]

> Eines Nachmittags aber, als sie geduldig hinter ihren Angelruten standen, kam Xaver dahergerudert, und auf dem vorderen Rand des kleinen Bootes saß ein Mädchen im Badekleid, Ilse, seine Base.

Der strahlende Sommerhimmel, der über der friedlichen Knabentrauminsel schwebt, zeugt noch von naiver Jugend. In symbolischer Verdichtung versetzt der Erzähler die Inselwelt in eine Hochsommerschwüle, die sowohl aufziehende Gewitter als auch – gemäss der diesem Text inhärenten Erzähllogik – die Erscheinung des Mädchens Ilse ankündigt.

Zunächst freilich stehen andere Wirkungen der Wetterstimmung im Vordergrund. Die Knaben ersehnen die Gewitternähe, die ihnen einen besseren Fischfang verheisst, denn nicht die Sehnsucht nach Idylle treibt sie in ihren Inselphantasien an, sondern eine frühmännliche Sehnsucht nach Jagd. Während das Bewusstsein der Knaben die Gewitternähe mit dem Fischfang assoziiert, verbindet der Erzähler die Beschreibung der ersten Gewitterzeichen allerdings mit der Ankunft Ilses, dem Stadtmädchen, das im engen Badedress die Unschuld der Knaben aufschreckt. Mitten im Satz scheint der Gedanke von den Fischen zum Mädchen überzulenken, so dass nun die Hochsommerschwüle und Gewitternähe eigentlich ihre Ankunft und nicht mehr den günstigen Fischfang erhoffen lässt:[17]

---

14 Theodora Von der Mühll, «Schweizerische Prosaerzähler. Arnold Kübler – Max Frisch – Hans Albrecht Moser – Albert J. Welti – Ludwig Hohl – Meinrad Inglin», in: *Schweizerische Monatshefte* 11 (1943), S. 492–500, hier S. 500.
15 Inglin, «Die entzauberte Insel» (wie Anm. 2), S. 33.
16 Ebd.
17 Ebd., S. 37f.

> Hochsommerschwüle lag auf dem See, die Mücken tanzten dicht über dem Wasserspiegel, die Fische sprangen, und hoch im flimmernd blauen Himmelsgrunde standen gewaltige weiße Wolkenballen. Die jungen Fischer kannten die Gunst dieses gewitterverheißenden Nachmittags, sie hatten untereinander den bevorstehenden Besuch mit keinem Worte erwähnt und schienen nun eifrig beschäftigt.

Das sprachliche Ineinander des Fischfangs mit der Ankunft des Mädchens zeigt die männlichen Jugendlichen auf der Insel auch im übertragenen Sinn als ‹Fischer› um die Gunst des Mädchens, wobei freilich Fischfang weniger mit einem schmeichelnden Werben als mit Gewalt und Jagd assoziiert ist. Genauso ‹natürlich› wie der Zusammenhang zwischen Wetterlage und Fischfangbedingungen scheint nun auch die geradezu zwangsläufige Verbindung von Hochsommerschwüle und dem die Gefühle verwirrenden Mädchen. Dies zeigt sich besonders auch in der wörtlichen Wiederaufnahme der zitierten Passage bei einer erneuten Ankunft Ilses:[18]

> Die Hochsommerschwüle hielt an, die Mücken tanzten, die Fische sprangen, und abends pflügte schon manchmal ein Gewitterwind schäumende Furchen auf. Kurz nach Mittag aber lag der See noch glatt und friedlich da, die Jünglinge standen zerstreut auf der Insel und blickten schweigend der blau leuchtenden, bräunlich schimmernden schmalen Mädchengestalt entgegen, die im Ruderboot dahergefahren kam.

Die Wiederholung der Szenerie von der Wetterlage über die Naturphänomene zur Ankunft des Mädchens unter Auslassung der nun ‹überflüssigen› Angelbedingungen verweist zum einen bildlich auf die auch der Inselharmonie drohenden soziopsychischen Gewitter, zum anderen aber auf die naturhafte, irrationale Komponente: Adoleszenz, Jagd, sexuelle Begierde sind von gleicher naturhafter Gesetzmässigkeit wie die Wirkung des Gewitters – eine Verbindung, für die nun freilich Inglin kein Urheberrecht beanspruchen kann und die etwa in den Erzählungen Eduard von Keyserlings (1855–1918) ein beständig wiederkehrendes Motiv bildet.[19]

Die ungewohnte körperliche Präsenz des Stadtmädchens bringt die Harmonie aus Jungen und Inselnatur ins Wanken und weckt die Urkräfte

---

18 Ebd., S. 44.
19 Paradigmatisch wären etwa die Stimmungen in der kleinen Erzählung *Föhn* (1909), in welcher sich die Wetterlage auf die sexuellen Leidenschaften der Menschen auswirkt – und wiederum besonders auf die adoleszenten Gestalten. Unter anderem gedruckt in: Eduard von Keyserling, *Sommergeschichten*. Hg. von Klaus Gräbner. Frankfurt a.M. 1991, S. 45–56.

von Begierde, Rivalität und Eifersucht. Symbolisiert wird dieser Verlust der Knabenunschuld im biblischen Bild der Schlange, die die Knaben als Inselgöttin – und «als naturgegebenes Zeichen» vor einem ihnen unbekannten «Unheimlichen, Abgründigen, das sie als etwas Wirkliches wenigstens ahnten» –[20] verehrt hatten und die nun dem Schlangen fürchtenden Stadtmädchen weichen muss: Einer der Knaben, Anselm, erschlägt sie, nachdem er sich von seinen Freunden ab- und dem nun auch fischenden Mädchen zugewendet hat, um die umworbene Ilse, die sich an ihn schmiegt, vor der (ungefährlichen) Schlange zu schützen. Die Schlange ist nur das Symbol der Verführung zur Sexualität, als harmlose Natter stellt sie aber nicht eine reale Gefahr dar. Angesichts der tatsächlichen psychischen Dramen im Zusammensein der Gruppe erscheint sie als harmlose Schöpfung der nichtmenschlichen Natur. Ihre Unschuld verlieren die Knaben durch die irrationalen Kräfte ihrer eigenen humanen Natur.

Die Nähe der schönen Ilse hat die Rivalität der Knaben geweckt, und sie weckt auch jene Triebe in ihnen, die auf die Entfaltung der Individualität abzielen und daher in Konkurrenz zum Inselfrieden, den Inselgewohnheiten und -abmachungen der Gruppe stehen: etwa zu der Übereinkunft, die Natter nicht zu erschlagen.

Der Pädagoge und Psychologe Eduard Spranger (1882–1963), der insbesondere mit seinen vielfach aufgelegten Adoleszenzstudien *Psychologie des Jugendalters* hier relevant ist, hat als den zentralen Trieb, aus welchem man die gruppendynamischen Prozesse und Entwicklungen der Jugendlichen verstehen könne, «das Geltenwollen» und den «Treib zur Selbstdurchsetzung» genannt.[21] Eigentlich handle es sich um einen ganzen Komplex der «Selbstdurchsetzungstriebe»:[22]

> Darin sind enthalten und schon vom frühesten Kindesalter an erkennbar: der Eigenwille, der Drang nach Anerkennung, das soziale Ehrgefühl, der Trieb nach Einfluß und Herrschaft über andere, Kampftriebe, Freiheitswille und in letzter Läuterung: der Wille zur Selbstdisziplin und Selbstachtung innerhalb des sozialen Ganzen.

Diese Aspekte der Entdeckung des eigenen Selbst und der ‹Eigenwelt› durchzieht die Erzählung von ihren ersten Sätzen an. Die bereits erwähnte Einheit aus Knabe und Natur im Eingangsabsatz der Erzählung wird durch den ‹weckenden› Anruf mit dem Namen aufgebrochen. Immer deutlicher gewinnen die Knaben der Insel durch ihren Namen, durch sie charakteri-

---

20 Inglin, «Die entzauberte Insel» (wie Anm. 2), S. 31.
21 Eduard Spranger, *Psychologie des Jugendalters*. Leipzig [15]1925, S. 145f.
22 Ebd., S. 146.

sierende Handlungen und Haltungen, durch ihr Verhalten im Umgang mit dem Mädchen und ihre jeweilige Taktik im Umgang mit der nun um das Mädchen rivalisierenden Gruppe Kontur. Heisst es in einer frühen Schilderung von Sebastian noch, er lebe auf der Insel «wie seine Kameraden und mit ihnen übereinstimmend, froh, unbefangen und noch ohne Richtung»,[23] so hat der Erzähler schon in dieses «noch» und in seinen Hinweis auf die charakteristische Verhaltensweise von Sebastian, der die Entdeckung der Brachsen mitteilt, den Freunden aber das Vergnügen der Jagd überlässt («mochten nun die andern die Entdeckung nutzen»),[24] ein deutlich individualisierendes Element gelegt. Der Erzähler deutet auch an, dass dieser Charakterzug als Vorzeichen einer künftigen Bestimmung («daß mit diesem Los in Zukunft höhere Dinge zu erwerben waren»)[25] dem Knaben durchaus ahnend vor Augen steht.

Neben einer solchen Entwicklung des ‹Eigenwillens› sind das Ringen um Anerkennung in der Gruppe und ein je individuell geprägtes soziales Ehrgefühl Aspekte, welche die Welt der Insel durchaus schon vor dem Erscheinen Ilses kennzeichnen, wenn sich Karl als überlegener Kenner der Fischwelt, Robert als kämpferischer Fischer und Anselm als Ethiker der Inselwelt präsentiert: «er duldete zum Beispiel nicht, daß man zwecklos, nur so zum Vergnügen, kleine Fische fing, um sie nachher wegzuwerfen».[26] Es sind die gleichen Verhaltensweisen, die die Jungen dann an den Tag legen, um Ilse zu beeindrucken: Karl berichtet ihr ausführlich von Fischarten und Fängen, Robert gibt sich als kämpferischer Werber, der vor allem die angebliche klassische Schönheit ihrer Beine bewundert, und Anselm versucht sich in einer zunächst distanzierten und dann ritterlichen Haltung. Und wiederum werden diese Verhaltensweisen durch Figuren- oder Erzählerkommentar auf die spätere Beruflaufbahn hin extrapoliert, wenn es etwa heisst, Karl wolle einmal Advokat werden, Robert werde sicher auch im Berufsleben vor nichts zurückscheuen und zupacken. Die Adoleszenzwelt der Insel wird so zum Erprobungsraum künftiger Geltung, und er ist dies ja auch als Raum der Freiheit von Erziehungsinstanzen und der Erprobung von Kampfgeist (Fischerei).

Die Erzählung lässt dabei keinen Zweifel daran, dass sich in dieser Erprobungswelt auch alle negativen Seiten der menschlichen Natur zeigen.

---

23 Inglin, «Die entzauberte Insel» (wie Anm. 2), S. 27.
24 Ebd.
25 Ebd.
26 Ebd., S. 28. – Auch Egon Wilhelm erkennt in der Beschreibung der Anglercharaktere «jene leise Sonderung, die noch im Ringe des Ganzen ruht» (Wilhelm, wie Anm. 5, S. 119), geht dieser Spur freilich nicht weiter nach.

Rangeleien und Zwietracht in der Gruppe, Besitznahme und eigennützige Verteidigung der schönen Ilse sind präsent; aber auch auf anderer Ebene zeigt sich die Sehnsucht der Jungen nach Geltung und Überlegenheit. Ausgangspunkt ist hier ein geangelter Hecht, der unter den Händen und in den Phantasien der Jungen sich verwandelt:[27]

> Sebastian und Xaver [Ilses Vetter] beugten sich über den Fischkasten und betrachteten den Hecht. «Er hat ein Gesicht wie ein böser Wucherer», sagte Sebastian. «Ich habe einen abgebildet gesehen mit flachem Schädel, tückischen Augen und grämlich vorgeschobener Unterlippe, der hatte diesen Ausdruck.»
> «Jawohl, das gibt's auch im Leben», stimmte Xaver zu. «Leute, die so aussehen, sollte man angeln dürfen; die würden auf jeden Dreck anbeißen.»

Ist diese Karikatur des unwerten Menschen noch im Rahmen einer reinen Kapitalismuskritik zu deuten oder verweist sie doch eher auf ein antisemitisches Stereotyp? Mit flacher Stirn, wulstigen Lippen und einer freilich im Fischvergleich nicht ansprechbaren Nase ist die Physiognomie des ‹verschlagenen jüdischen Händlers› etwa in *Simplicissimus*-Karikaturen ins Bild gesetzt.[28] Nur auf eine solche rassistisch motivierte Karikatur kann sich Sebastians Äußerung über die ‹Abbildung› wohl beziehen, deren ‹Wahrheitsgehalt› in der Erzählfiktion durch Xaver eifrig unterstrichen und erzählerisch hier nicht relativiert wird. Die mit eher ‹primitiven Mitteln› eines Mensch-Tier-Vergleichs in Szene gesetzte Hechtkarikatur hebt sich auffällig von der Sprache der sorgfältig konzipierten Erzählung ab. Man wäre geneigt, sie für eine überflüssige Zutat zu halten, deren Streichung zwangsläufig bei besserer Lektüre durch den Autor hätte erfolgen müssen, wenn sie nicht zugleich konzeptionell bedeutsam wäre. So aber verweist

27 Inglin, «Die entzauberte Insel» (wie Anm. 2), S. 32.
28 Zum jüdischen (Kunst)Händler in der Karikatur: Bernd A. Gülker, *Die verzerrte Moderne. Die Karikatur als moderne Kunstkritik in deutschen satirischen Zeitschriften*. Münster 1998, S. 96. – Die im Text aufgerufenen Merkmale eines antisemitischen Stereotyps finden sich nicht nur in Abbildungen sondern etwa in Hans Günthers *Einzelne Rassenmerkmale im jüdischen Volke*, wo es etwa zum Merkmal der Unterlippe heißt: «Die Lippen sind meist wulstiger als bei den abendländischen Völkern. Häufig findet sich die [...] vorhängende Unterlippe» (Hans F. K. Günther, *Rassenkunde des jüdischen Volkes*. München ²1931, S. 217). In Heinrich Manns Roman *Im Schlaraffenland* findet sich eine Szene, in welcher Türkheimer seinen Architekten Kokott auffordert, eine «Judenfratze» zu machen. Kokott, so heisst es im Text, «schob die Lippen wulstig vor und zog die Stirn in schmutzige Falten». (Heinrich Mann, *Im Schlaraffenland. Ein Roman unter feinen Leuten*. Mit einem Nachwort von Wilfried F. Schoeller hg. von Peter-Paul Schneider. Frankfurt a.M. ⁵2001, S. 289). Für die Stellenhinweise zu Günther und H. Mann danke ich Herrn Dr. Roland Reichen (Bern).

diese Szene auf eine weitere Ebene des ‹Geltenwollens›: auf die Sehnsucht nach Überlegenheit, nach Herrschaft und Gewalt über andere – und nach dem Gefühl nicht nur in ethischer Hinsicht, sondern physiognomisch, körperlich (und rassisch?) überlegen zu sein. Ist dies als Bestandteil einer Erzählung, die 1943 zuerst in der deutschen *Frankfurter Zeitung*, im selben Jahr in der Erzählsammlung *Güldramont* im Leipziger Verlag Staackmann und 1944 erneut bei Staackmann gemeinsam mit der Erzählung *Die Furggel* in einem schmalen Erzählbändchen (für das Feld) erschien,[29] nicht nahezu eine Entschuldigung für eine ihre Machtpolitik beifallheischend auf Antisemitismus ideologisch abstellende und durch eine als Endlösung proklamierte physische Vernichtung des europäischen Judentums ergänzende kriegführende Nation, die aus einem blutigen Jugendkult den neuen Menschen zu schaffen versprochen hatte?

Aus anderer Perspektive wäre zu konstatieren, dass Inglins Jugendliche keineswegs in der Tradition prometheischer Jugendmythen stehen, wie sie von den bürgerlichen bis zu den parteilich ideologischen Jugendbewegungen in den ersten Jahrzehnten des 20. Jahrhunderts kultiviert wurden: Es geht nicht um die Utopie einer Rettung der Gesellschaft, Kultur oder Nation aus dem Geist und aus der Vitalität der Jugend, wie sie auch die nationalsozialistische Propaganda genutzt hatte.[30] Im Gegenteil: Im Sinn Sprangers verläuft im Hintergrund der Erzählung die Einübung in die historisch gewachsenen sozialen und kulturellen Gegebenheiten der Gesellschaft mit ihren durchaus bürgerlichen Berufsperspektiven für die Inseljungen: «das Hineinwachsen in die gesellschaftliche Moral, in die positive Rechtsordnung, in das politische Leben und in das Berufs- und Wirtschaftsleben» (Spranger).[31] Inglins subtile und nüchterne Sicht auf die Adoleszenz verweigert sich einem prometheischen, revolutionären Jugendkult und zeichnet eher das Bild einer ambivalenten, notwendigen Entwicklungsphase, wobei er freilich bewussthält, dass das Entwicklungsziel der sozialen Integration in die ‹erwachsene Welt› immer auch unbefriedigend bleiben muss.

Die Knaben der Insel vermögen die Krise ihrer Inselharmonie zu überwinden. Die Erkenntnis eigener Schuld – etwa Anselms Selbstanklage über die Tötung der Schlange – und die Erkenntnis eigener Verführbarkeit – wie

---

29 Meinrad Inglin, *Die entzauberte Insel. Zwei Erzählungen*. Leipzig 1944.
30 Vgl. zusammenfassend: Peter Dudek, «Geschichte der Jugend», in: *Handbuch der Kindheits- und Jugendforschung*. Hg. von Heinz-Hermann Krüger u. Cathleen Grunert. 2., akt. u. erw. Aufl. Wiesbaden 2010, S. 359–376, hier S. 363f. – Dudek betont allerdings, in der nationalsozialistischen Ideologiebildung habe es ab 1933 eine Wende von der Jugendideologie hin zu einem die Generationen übergreifenden Konzept des Völkischen gegeben.
31 Spranger, *Psychologie des Jugendalters* (wie Anm. 21), S. 143.

Sebastians Erkenntnis, dass ihn der «Zauber [des Mädchens] fast den Wundern der Insel entfremdet» hätte –[32] ermöglichen schliesslich die allmähliche Rückkehr der Knaben auf die Insel. Das Paradies der Insel wird zumindest oberflächlich geheilt. Das geläuterte Bewusstsein der ‹Jünglinge›, ihre nun bewusste Selbstdisziplin ermöglicht es, auf die Insel zurückzukehren und bis zum ersten Herbsttag weiter zu fischen.

Eine biedermeierliche Bezähmung der Leidenschaften zur Herausbildung des bürgerlichen Menschen, wie sie Wolfgang Lukas in seiner Studie zur Anthropologie des (biedermeierlichen) Bürgers beschreibt,[33] liegt freilich in dieser Erzählung nur zum Teil vor. Die Irrationalität der Leidenschaft erscheint eher als eine Voraussetzung jener geläuterten Vernunft, die zwischen den kalten Kräften der Zivilisation, vor der die Jungen auf die Inselwelt fliehen, und den rohen Kräften animalischer Triebnatur, denen sie als Teil ihrer Selbst auf dieser Insel nicht entgehen können, den mittleren Weg einer Einheit von Mensch, Landschaft und Heimat weist:[34]

> So verbrachten die Jünglinge wieder manchen freien Nachmittag auf der Insel, als ob hier nichts den heiteren Frieden unterbrochen hätte. Aber ein Sturm hatte ihn unterbrochen, eine geheimnisvolle Macht hatte sie alle berührt, zaubernd und Verwirrung stiftend mit ihrer Süße und Gefahr, eine Lebensmacht, von der sie wohl gelesen und reden gehört, aber vordem nichts gespürt hatten. Sie verschwiegen es voreinander, sie stellten sich noch einmal unter das stillere Gesetz der Insel und fischten ruhig weiter; [...].

Eduard Spranger hat als ein Moment der Adoleszenzentwicklung den Konflikt zwischen den Jugendträumen und der gesellschaftlichen Realität bezeichnet: «Unsere erwachsene Gesellschaft ist aufs äußerste realistisch, durchaus phantasielos und poesielos.»[35] Aus diesem Konflikt entwickle die triebhafte Natur des jungen Menschen Phantasieträume von heroischen Taten, Revolution und Abenteuer. (Spranger verweist an dieser Stelle auf Leonhard Franks Roman *Die Räuberbande*, Leipzig 1926.)[36] Aber auch dieser entwicklungspsychologisch legitimierte und vorübergehende Ausbruch des Heroischen ist bei Inglin bereits unterdrückt und zeigt sich weder in der

---

32 Inglin, «Die entzauberte Insel» (wie Anm. 2), S. 53.
33 Wolfgang Lukas, «‹Gezähmte Wildheit›. Zur Rekonstruktion der literarischen Anthropologie des ‹Bürgers› um die Jahrhundertmitte (ca. 1840–1860)», in: *Menschenbilder. Zur Pluralisierung der Vorstellung von der menschlichen Natur (1850–1914)*. Hg. von Achim Barsch u. Peter M. Hejl. Frankfurt a.M. 2000, S. 335–375.
34 Inglin, «Die entzauberte Insel» (wie Anm. 2), S. 54.
35 Spranger, *Psychologie des Jugendalters* (wie Anm. 21), S. 159.
36 Ebd., S. 160, Fussnote.

Krise noch in der reiferen Rückkehr auf die Insel. Die Knaben haben nun ein gereiftes Bewusstsein, «noch» im Frieden der Insel leben zu dürfen; sie dürsten nicht nach prometheischen Taten.

Scheinbar ist diese Erzählung aus den Konflikten der Gegenwart (inmitten eines Weltkrieges) enthoben. Beatrice von Matt hat in ihrer gross angelegten Inglin-Biographie, die nicht zuletzt aus der persönlichen Begegnung mit dem Biographiertem als einem offenbar charismatischen alternden Mann und in Auseinandersetzung mit dessen Selbstdeutungen erwachsen ist, die Erzählung *Die entzauberte Insel* als eine «Novelle» bezeichnet, die «außerhalb der Gegenwartsthematik»[37] stehe, aber «trotz subtilster Kunst doch einen gewissen Rückzug» in allgemeinmenschliche Fragen und bereits überwundene Gegenstände des Schreibens darstelle.[38] Die eine als überzeitlich aufgefasste menschliche Natur und ihre Entwicklung umfassende anthropologische Dimension der Erzählung muss gleichwohl eine auf Zeitgenossenschaft abhebende Lektüre nicht ausschliessen.

Angesichts anderer Heilungsphantasien – wie im Reisebericht von Inglins Reise ins Reich –[39] erscheint es nicht gänzlich abwegig, diesen Text, der ja 1943/44 dreimal in Deutschland gedruckt worden ist, mit einer deutschen Brille zu lesen. Er erschiene dann als organologische – im Sinn Oswald Spenglers die Geschichte der Nation mit dem menschlichen Lebenslauf allegorisch verbindende –[40] Phantasie über eine Selbstdisziplinierung des erstarkten Reichs nach einer zur Adoleszenzphase der Nation herabgemilderten Katastrophe eines zweiten Weltkrieges.

Näher liegt gleichwohl eine Übertragung auf die Schweiz, zumal sich hier strukturelle Parallelen mit gewichtigen Texten Inglins ergeben. Die Zerrissenheit einer isolierten Gemeinschaft angesichts der von aussen auf die inneren Verhältnisse wirkenden Krisen hat Inglin auch zum Thema seines grossen Schweizromans *Schweizerspiegel* gemacht. Die tollenden Knaben, welche die heilige Unschuld des Paradieses verletzen, scheinen den widerstreitenden politischen Kräften in der Schweiz in der ‹Inselsituation› der Weltkriege zur Seite gestellt. Die anthropologisch durch den Hinweis auf die Triebnatur gewappnete Vernunftethik der Inselerzählung verweist

---

37 Beatrice von Matt, *Meinrad Inglin. Eine Biographie*. Zürich 1976, S. 197.
38 Ebd., S. 210.
39 Vgl. hierzu den Beitrag von Oliver Lubrich im vorliegenden Band.
40 Spengler spricht ja in *Der Untergang des Abendlandes* (1919/23) nicht nur von der biologisch-biographischen Entwicklung alles Biologischen und alles Historischen in der Welt, das sich in Kindheit, Jugend, Reife und Alter entfaltet (S. 3), sondern auch vom Krieg als dem Urprinzip des Völkerlebens: «Der Krieg ist die Urpolitik *alles* Lebendigen» (S. 1115). Oswald Spengler, *Der Untergang des Abendlandes. Umrisse einer Morphologie der Weltgeschichte*. München 1998 (Beck's historische Bibliothek).

dadurch auch auf die politische Ethik der ‹Geistigen Landesverteidigung›: im Wunsch die entzauberte Schweiz zu versöhnen. Der Überwindung der Versuchungen zu Sexualität, Rivalität, Macht- und Gewaltausübung in der kleinen Adoleszenzwelt des Romans entspricht die zentrale Bedeutung des Motivs vom ‹Gefechtsabbruch› im *Schweizerspiegel*: «Der Gefechtsabbruch ist eine Einübung in den Verzicht auf das grosse triebbefriedigende Kriegserlebnis.»[41]

Inglins Ringen mit völkischen Ideologemen, mit einem Bekenntnis zur Schweiz, mit einer politischen Ethik der Schweiz in der Isolation, mit Zivilisationskritik, mit Heimat und Mythos durchzieht das gesamte Werk von den expressionistischen Anfängen bis in die Jahre nach der Publikation des *Schweizerspiegels*, und es zeigt seine Reflexe noch im ‹neubiedermeierlichen› Spätwerk. Es ist bis in die kleine Sommererzählung von der gestörten Knabenidylle hinein ein Zeugnis für die inneren Kämpfe mit den ideologischen Versuchungen des 20. Jahrhunderts, denen Inglin mitunter auch erlegen ist.

---

41 Daniel Annen, «Gesellschaftliche Macht und ‹Falschmeldungen aus dem Himmel›. Der Gottesbezug bei Meinrad Inglin, Max Frisch und Thomas Hürlimann, in: *Macht in der Deutschschweizer Literatur*. Hg. von Gonçalo Vilas-Boas u. Teresa Martins de Oliveira. Berlin 2012, S. 195–214, hier S. 200. – Vgl. auch: Ders., «Der Gefechtsabbruch als Leistung. Meinrad Inglin ‹Schweizerspiegel› – Annäherung an eine Lesart», in: *NZZ* vom 13./14. Oktober 1990, S. 68.

PETER UTZ (LAUSANNE)

Die Lawine – eine positive Katastrophe

Meinrad Inglin schreibt aus der Katastrophe heraus, und er schreibt sich aus der Katastrophe heraus. Seine Lebenserzählung *Werner Amberg* ist punktiert von Katastrophen. In ihr erzählt Inglin 1949 seine Romanbiographie nicht als lineare Bildungsgeschichte, sondern den Knotenstellen von Katastrophen entlang, als ein narrativer Rosenkranz des Unglücks. Vom Unfalltod seines Vaters an, welcher der kindlichen Idylle jäh ein Ende setzt, säumen Todesfälle, Feuersbrünste und eine große Überschwemmung als dunkle Marksteine das Leben des heranwachsenden Werner Amberg. Selbst das Ungeschick des jungen Kellners, welcher der Mutter einer von ihm angebeteten jungen Frau die Bratensauce ins Décolleté kippt, wird ihm noch zur symptomatischen Katastrophe, in der für ihn alles zu «Ende» ist (W 6, S. 352).[1] In solchen Szenen verdichtet sich Inglins lineare Erzählung. In ihnen bricht sich aber auch die immanente Teleologie des traditionellen autobiographischen Erzählens, das weiß, dass es trotz allen Umwegen in der Schreibgegenwart des Autors ankommen wird.

Diese der traditionellen Autobiographie als Gattung eigene Sicherheit, welche etwa Goethes *Dichtung und Wahrheit* zur individuellen Heilsgeschichte macht, wird von Inglin in den Katastrophen seiner Jugendgeschichte permanent durchbrochen. In ihr verkettet sich die Reihe der Katastrophen fast wieder zu einer Unheilsgeschichte mit einer eigenen negativen Teleologie. Dabei stellt jede Katastrophe wieder neu die Theodizee-Frage nach dem «Warum?», die der Heranwachsende immer auch auf sich selbst und seine potentielle Schuld bezieht. Folgt man dem späteren Erzähler, so fühlt sich schon das Kind «schuldig», «ohne im moralischen Sinne schuldig zu sein» (W 6, S. 41). Sogar an der Krankheit und am Tod seiner Mutter sieht sich Werner als mitverantwortlich (W 6, S. 258). In der Darstellungsregie des autobiographischen Romans fällt dieser Tod mit einer Überschwemmungskatastrophe zusammen, welche Inglin dramatisch und dicht ausmalt. Diese von den Kräften der Natur induzierte Katastrophe hat für den heranwachsenden Werner, wie ihn der Erzähler zeichnet, einen kathartischen Effekt: Weil das Leid alle trifft, ob sie sich schuldig oder

---

[1] Meinrad Inglin, *Gesammelte Werke in 10 Bänden*. Hg. von Georg Schoeck. Zürich 1988, im Folgenden direkt im Text nachgewiesen mit «W», Bandnummer und Seitenzahl.

schuldlos fühlen, kann es nur vom blinden Zufall gesteuert sein (W 6, S. 266). So entlastet der Zufall den Einzelnen von einer kausalen Verantwortung an den Katastrophen, die er erlebt. Trotzdem fordern sie ihm ein verantwortliches Handeln ab, wenn sie einmal eingetreten sind. Das ist die existentialistisch grundierte Lehre, die Inglins Erzähler aus dem katastrophenreichen Lebenslauf seines *Werner Amberg* ableitet.

Dementsprechend akzentuiert sich auch im Laufe der Erzählung der Begriff des «Glücks» in jener Richtung der Kontingenz, welche man im Französischen mit ‹chance› wiedergeben würde. Das «Glück» ist also kein Dauerzustand, kein ‹bonheur›. Das zeigt sich, wenn der junge Amberg die Nachricht vom Bergtod des Vaters mit den Worten erfährt: «Dein Vater ist mit ein paar Freunden auf einer Bergtour gewesen ... im Hochgebirge, weißt du, wo man Glück oder Unglück haben kann ...» (W 6, S. 138). «Glück» ist ein Kippbegriff, kein stabiler Zustand, den man gezielt herbeiführen und halten könnte. Insofern ist dem Glück schon sein Ende, die Katastrophe, inhärent. Umgekehrt kann die Katastrophe aber auch zu einem Glücksmoment werden. Im *Werner Amberg* wird dies am anschaulichsten, als das mächtige Kollegiumsgebäude, in dem Werner als Schüler viel zu leiden hat, in Flammen aufgeht. «Überwältigt von diesem Schauspiel», beginnt Werner zu tanzen:

> Die erhobenen Hände schüttelnd, das glühende Gesicht immer wieder dem großartigen Funkensturm zugewandt, tanzte ich, feuertrunken, mit derselben Hingabe wie an jenem befreienden Fastnachtsabend, den Narrentanz. [W 6, S. 243]

Provokativ verwandelt sich hier die Katastrophe der Institution in die dionysische Glückserfahrung des Einzelnen.[2]

Als ein solches «Glück» erfährt der junge Werner auch das Schreiben selbst. In jenem Kollegium, vor dessen Flammen er tanzt, hat er es ein erstes Mal erfahren: «Mir wurde gewiß, dass ich schreiben müsse, um glücklich zu werden.» (W 6, S. 168) Daraus entwickelt der Roman eine Poetologie des schreibenden und herbeigeschriebenen Glücks. Gerade weil dieses kein stabiler Zustand sein kann, darf auch eine Katastrophe zu seinem Anlass werden, wenn es gelingt, sie zum Schreib-Glück zu wenden. Zwei der frühesten Texte, die Werner Amberg in einer Zeitung veröffentlichen kann, dokumentieren genau diese Konstellation von Katastrophe und Glück: Der

---

2 Zu den historisch-biographischen Hintergründen dieser Szene und ihrer Verwandlung in den Roman vgl. Daniel Annen, «Das Kollegi springt ins Kunstwerk – und damit in den Fiktionsraum. Der Brand von 1910 und Meinrad Inglins ‹Werner Amberg›», in: *Grüsse aus der Kantonsschule Kollegium Schwyz* 1 (2010), S. 26–30.

erste heißt *Getäuschte Hoffnung* (W 6, S. 191f.), im Untertitel eine «Szene aus einer Erdbebenkatastrophe» – Inglin hatte sie 1909 als Sechzehnjähriger als seinen literarischen Erstling in der *Schwyzer Zeitung* veröffentlicht.[3] Als Werner Amberg diesen Erstdruck in den Händen hält, tanzt und lacht er wie später beim Brand des Kollegiums (W 6, S. 213). Eine nächste Geschichte heißt *Das Glück* (W 6, S. 229); Inglin hatte sie 1910 im *Boten der Urschweiz* publiziert.[4] Wenn Inglin noch 1949 im *Werner Amberg* diese beiden frühen Erzählungen hervorhebt, so macht er die Katastrophenerzählung und das prekäre «Glück» zu Keimstellen seines Erzählens; sie sind die ersten Glieder jener Kette von Unglücksfällen, als die er sein Leben darstellt. Doch diese frühen Publikationen sind als Zeitungsfeuilletons mehr ephemere Glücksmomente denn die stabile Unterlage einer stetigen Schriftstellerkarriere, auf die Inglin 1949 zurückblicken könnte. Das Schreibglück scheint, wie der Tanz vor dem brennenden Kollegium, immer nur kurz aufzuflackern und sich dabei gerade von den Katastrophen zu nähren. Das ist allerdings moralisch bedenklich, ja skandalös. Denn auch wenn man sich nicht ursächlich für die Katastrophe verantwortlich fühlen muss, so profitiert man von ihr doch beim Zuschauen und dann beim Schreibtanz. Man wird ihr Voyeur, ihr Parasit, ihr Profiteur.

Dieses Dilemma handelt sich Inglin mit der Darstellung seiner Lebens- und Schreibgeschichte als einer Katastrophengeschichte ein, und er stellt es im *Werner Amberg* auch aus. Das ist jedoch nicht nur sein persönliches Problem, sondern es ist ein Dilemma jedes kulturellen Umgangs mit Katastrophen. Denn Katastrophen spalten die Welt immer auf in Betroffene und Verschonte, in Handelnde und Zuschauer. Wie im Theater, auf das der Begriff der «Katastrophe» ja auch zurückgeht, werden dabei die Affekte geweckt. Emotionale Funken springen auf den Zuschauer über, vom Mitleid bis zur Schadenfreude. Der versteckte Triumph des Verschontseins ist dabei umso prekärer, je deutlicher das Bewusstsein wird von der Zufälligkeit aller Katastrophen, vom Wissen, dass der nächste Blitz auch mich, den verschonten Zuschauer, treffen könnte.[5]

Katastrophen setzen aber auch Markteine ins Gedächtnis; sie strukturieren die individuelle und die kollektive Geschichte. Wenn sich Inglins *Werner Amberg* seinen Katastrophen entlang erzählt, so schafft er damit ein individuelles Pendant zur kollektiven Kultivierung der Katastrophen. Denn

---

3 Beatrice von Matt, *Meinrad Inglin. Eine Biographie.* Zürich 1976, S. 36f.
4 Ebd., S. 39.
5 Vgl. Peter Utz, *Kultivierung der Katastrophe. Literarische Untergangsszenarien aus der Schweiz.* München 2013, S. 93–114. In dieser Studie finden sich auch knappere Deutungen von Inglins *Grand Hotel Excelsior* (S. 195–197) und *Die Lawine* (S. 141–145).

Katastrophen brauchen die narrative Darstellung, ja ohne sie werden sie nicht als «Katastrophen» wahrgenommen und dargestellt. Dabei verdichten sich in der Katastrophe die individuelle und die kollektive Geschichte; sie wird zum «Ereignis», welches die Zeit in ein «Vorher» und ein «Nachher» aufspaltet. Als «Ereignis», welches im Wortsinn «das vor die Augen Kommende» bedeutet, kristallisiert der Moment des katastrophischen Umbruchs zur dramatischen, bildhaften Szene aus. Als solche prägt er sich auf Dauer ein, wie das Bild des tanzenden Jünglings vor dem brennenden Schulhaus. Als solches «Ereignis» kann die Katastrophe aber auch zum Nukleus einer Novelle werden; die Katastrophe ist jener Prototyp der «ungeheuren Begebenheit», als die Goethe die Novelle definiert hat.[6] In dieser literarischen Gestalt kann sich sogar der dunkelste Anlass zum hellen Schreibglück wenden.

Das könnte man an zahlreichen Texten Inglins zeigen. Schon in *Die Welt in Ingoldau* (1922) erträumt sich der heranwachsende Melchior einen Großbrand, aus dem er die verehrte Therese retten und so auch im Triumph ins soziale Netzwerk von Ingoldau zurückkehren könnte – eine positive Katastrophe, die er sich aber nur einbilden kann (W 1, S. 496–499). Im *Grand Hotel Excelsior* (1928) wird der Hotelbrand zum Fluchtpunkt des ganzen Romans. Biographisch steht hinter ihm der Brand des urgroßväterlichen Grandhotels «Axenstein», der sich im *Werner Amberg* in der fernen Brandröte des «Grand Hotel Freudenberg» spiegelt – eine höchst symptomatische Namensverwandlung. Auch diese Katastrophe wendet Inglin im *Excelsior*-Roman in ein freilich höchst zweideutiges Glück. Denn der Hotelbrand stellt nicht nur den touristischen Fortschritt zur Debatte.[7] Inglin setzt dazu auch eine spezifisch schweizerische Pointe: Weil das alte Hotel verdächtig gut versichert ist, wird der Besitzer dank des Brandes nun jenen Neubau mit allem Fortschrittskomfort realisieren können, den die Familie zuvor noch verhindert hatte. Die Katastrophe, wie ‹zufällig› sie auch immer zugeschlagen hat, ist keine göttliche Strafe, sondern sie wird zum Motor des Fortschritts.

Einen anderen Akzent setzt die Katastrophe in der Novelle *Die Lawine*, die 1947 nach dem Ende des Zweiten Weltkrieges und unmittelbar vor dem *Werner Amberg* veröffentlicht wird: Sie gestaltet ein katastrophisches «Ereignis» so, dass es als Allegorie des prekären Glücks einer ganzen Generation gelesen werden kann. Um diese Lesart zu begründen, muss man ihren editionsgeschichtlichen Kontext berücksichtigen: *Die Lawine* ist der

---

6 Goethe zu Eckermann, 25. 1. 1827. Zit. nach: Johann Wolfgang Goethe, *Werke. Hamburger Ausgabe in 14 Bde*. Hg. von Erich Trunz. 12. Aufl. München 1981, Bd. 6, S. 744.

7 Vgl. die Beiträge von Cordula Seger und Dominik Müller im vorliegenden Band.

Abb. 17: Auch die *NZZ* berichtete zur Zeit des Zweiten Weltkriegs über Lawinenschäden. (Nachlass Meinrad Inglin, Kantonsbibliothek Schwyz)

Titeltext einer Sammlung von kürzeren Erzählungen, die Inglin 1945 dem Staackmann-Verlag in Leipzig und Bamberg anbietet.[8] Dieser möchte den Band publizieren, allerdings ohne die Erzählung *Ausflucht in den Geist*. Denn diese ist die einzige, die in der unmittelbaren Realität des Krieges in Deutschland spielt; sie zeigt einen Professor, der in einer deutschen Stadt während eines Bombardements eine stoische Haltung bewahrt und trotz des Verlustes seiner Nächsten die «ewigen Gesetze anerkennt» (W 9.1, S. 396). Diese Haltung, «vom Unglück gepackt, aber nicht gebeugt», beeindruckt den Erzähler, der als Schweizer Konsul den schweizerischen Beobachterstandpunkt vertritt, sehr stark. Dem deutschen Verlag leuchtet dieser Text jedoch für seine deutschen Leser nicht ein.[9] Inglin publiziert daraufhin die Sammlung *Die Lawine* 1947 im Zürcher Atlantis-Verlag, allerdings auch dort ohne den strittigen Text.

Diesen publiziert er dann nachträglich 1953 im Tschudy-Verlag in Sankt Gallen, in einem unscheinbaren Prosaheft von dreißig Seiten mit dem Titel: *Rettender Ausweg. Anekdoten und Geschichten aus der Kriegszeit.* Ihm voran stellt Inglin einige kurze Texte, die alle direkt oder indirekt jenes prekäre Glück thematisieren, das dem Einzelnen in einer großen Katastrophe erwachsen kann. So wenn eine Frau am Ende des Ersten Weltkrieges einen Priester bittet, um dessen Verlängerung zu beten, damit sie noch ihre Hamstervorräte zu Geld machen könne. Die Gegenprobe bildet in dieser Sammlung ein Text mit dem Titel *Unglück im Glück*, der ebenfalls im Ersten Weltkrieg situiert ist: Ein Händler, der vor dem Ausbruch des Krieges vor dem Bankrott steht, wird durch diesen rasch reich. Doch wird er immer mehr «von der wahnwitzigen Vorstellung besessen», «durch seinen Wunsch nach jener glücklichen Wendung und seinen festen Glauben daran den Weltkrieg verschuldet zu haben.» (W 9.1., S. 372) Darum findet er sich am Ende des Krieges in einer psychiatrischen Klinik. Einmal mehr geht es hier um die Spannung von individuellem Glück und allgemeiner Katastrophe. Allerdings thematisiert Inglin in diesen beiden Anekdotenerzählungen auch das Verhältnis von merkantilem Profit und dem Unglück der Anderen, eine für die Schweiz am Ende des Zweiten Weltkrieges durchaus brisante Thematik. Doch Inglin vermeidet hier alle konkreten Anspielungen auf die Schweiz. Stattdessen lässt er sie in der Erzählung *Ein Flüchtling* als friedliches und humanes Asylland erscheinen. Es kontrastiert mit dem Alptraum, aus dem der Flüchtling entkommen ist – er ist nur dadurch gerettet worden, dass im Bombenhagel das

---

8 Von Matt, *Inglin* (wie Anm. 3), S. 214–219.
9 Vgl. den Verlagsbrief an Inglin vom 1. 4. 1947, zit. ebd., S. 215.

Haus über seinem Verfolger zusammenbricht (W 9.1., S. 382). Auch für ihn öffnet die Katastrophe selbst den «rettenden Ausweg». Viel weiter geht Inglins direkte literarische Auseinandersetzung mit der Schweiz und ihrem Verhältnis zum Krieg nicht; Beatrice von Matt weist darauf hin, dass Inglin zu diesem Thema zwar umfangreiches Material gesammelt hat, es aber nicht mehr literarisch verarbeitet.[10]

So bleibt die schon 1947 publizierte Sammlung *Die Lawine* das gewichtigste und wirkungsmächtigste Zeugnis von Inglins literarischer Auseinandersetzung mit dem Zweiten Weltkrieg. Er liefert jedoch auch hier bloß für zwei der Texte den Hintergrund: Zum Porträt des *Schwarzen Tanner*, eines Sozialrebellen, der sich den Verordnungen der helvetischen «Anbauschlacht» widersetzt, und zur Titelnovelle *Die Lawine*. Vermutlich findet Inglin den Stoff dafür zunächst in den Zeitungen: Ein Wachsoldat hat während des Krieges eine lawinengefährdete Bahnbrücke verlassen, vermeidet deshalb den Lawinentod, wird aber trotzdem wegen seines Dienstvergehens bestraft.[11] Inglin, der 1944 als Offizier an der Gotthardlinie im Urner Reußtal Bewachungsdienst geleistet hat, macht diese Geschichte zum Kern einer Novelle, die er immer noch erkennbar, jedoch nicht mehr explizit in diesem Kontext situiert. Er folgt dabei der Novellentradition, zwei Liebende durch ein unerhörtes «Ereignis» (W 9.1., S. 229) zusammenzuführen – «Ereignis» ist das Stichwort, in dem sich die Darstellung der Katastrophe und die Novellentradition treffen. In diesem Fall ist es die Lawine. Denn der Soldat Schelbert muss eine Eisenbahnbrücke im Gebirge bewachen, die über eine tiefe Lawinenschlucht führt. Dabei trifft er sich mit einer Bäuerin, deren Mann zwei Jahre zuvor an derselben Stelle von einer Lawine von der Brücke geschleudert wurde; ein Kreuz erinnert an ihn. Die junge Witwe und Schelbert verlieben sich. Damit sich die beiden trotz Schelberts Wachdienst bei der Bäuerin zu Hause treffen zu können, inszenieren sie eine List: Sie stecken den Dorfidioten Seppetoni, der bei der Bäuerin arbeitet, in die alte Uniform des verunglückten Mannes und schicken ihn an der Stelle des Soldaten als Schildwache auf die Brücke. Dort trifft ihn die Lawine, während sich das Liebespaar im Bauernhaus zusammenfindet. Nach der Katastrophe gesteht Schelbert seinen Vorgesetzten sein Wachvergehen. Das Divisionsgericht lässt angesichts der glücklichen Fügung Milde walten. So honoriert es nochmals Schelberts Glück, der nicht nur mit dem Leben davongekommen ist, sondern dem die Bäuerin auch

---

10 Vgl. ebd., S. 235. Der Bericht *Missglückte Reise nach Deutschland* (W 10, 163–186) gehört noch zu diesem Material, wurde aber erst 1963 publiziert – vgl. dazu den Beitrag von Olivier Lubrich im vorliegenden Band.
11 Von Matt, *Inglin* (wie Anm. 3), S. 217.

die Ehe versprochen hat. Der Preis dieses Glücks bezahlt der Dorfidiot, dem man eine Messe stiftet und an den ein weiteres Kreuz auf der Brücke erinnern wird. Seine Leiche wird innerhalb der Novelle nicht mehr aufgefunden; auch sie scheint ihn möglichst schnell in der Lawine begraben und vergessen zu wollen.

Die Brücke ist Schauplatz, aber auch zentrales Symbol der Novelle. Nicht zufällig erscheint sie gleich im ersten Satz, direkt nach dem Titel: Sie führt die Liebenden zusammen, und die Lawine kann unter ihr wegdonnern. Metatextlich ist sie aber auch das Symbol einer novellistischen Konstruktion, welche sorgfältig auf zwei Widerlager abgestützt wird: Dem Aufbau der dramatischen Konstellation im ersten Teil der Novelle, welcher die Liebesgeschichte anlegt, steht die auflösende Rückwendung im zweiten gegenüber, bei der wir erfahren, wie die Intrige mit dem Kleider- und Rollentausch funktioniert hat. Sorgfältig wird diese Brücke konstruiert und bei einem längeren Kontrollgang auch auf ihre Tragfähigkeit inspiziert. So kann sie die zwei gegensätzlichen Welten, die Welt des Militärs und die Welt der privaten Liebeserfüllung, zu einer glücklichen Fügung verbinden. Zwar stehen beide Welten potentiell im Konflikt, denn der enge militärische Wachrhythmus, der die Zeitstruktur der Novelle bestimmt, lässt keinen Freiraum für die Liebe. Doch durch die erotische Kriegslist des Liebespaars wird sie trotzdem in die Auszeit zwischen zwei Wachtablösungen eingepasst: eine Lücke in der Zeit, eine Brücke in der Zeit. Wie die räumliche Ordnung fügt die Novelle auch die Zeit zur geschlossenen Form.

In diese geschlossene Form wird auch die Lawine eingebaut, zeitparallel zur Liebesbegegnung. Dass diese durch ein Naturereignis ermöglicht wird, ruft ein altes Muster auf: das galante Treffen während des Gewitters. «Als ob ein Gewitter ausbräche», umschreibt denn auch der Text topisch den Lawinendonner (W 9.1., S. 223). Kurz vor Inglin hatte schon Albin Zollinger mit seiner letzten Erzählung *Das Gewitter* 1942 dieses Muster aufgerufen.[12] Es evoziert dort die freigesetzte erotische Energie, die sich in diesem Szenario donnernd entlädt, ebenso wie die latente Kriegsgefahr. Dieses doppelte Bedeutungspotential enthält auch Inglins *Lawine*. Sie ist das ‹Wilde› schlechthin, dem der Text einen vorgespurten Weg ins Tal freigibt. Volksetymologisch hat man die «Lawine» immer wieder mit der «Löwin» assoziiert, vor der man sich beim Gang durchs Gebirge in Acht

---

12 Albin Zollinger, «Das Gewitter», in: A. Z., *Werke*. Zürich u. München 1981–1984, Bd. 5, S. 223–295, und Karl Pestalozzi, «Vergils Gewitter und die Folgen», in: Verena Ehrich-Haefeli, Hans-Jürgen Schrader u. Martin Stern (Hgg.): *Antiquitates Renatae. Deutsche und französische Beiträge zur Wirkung der Antike in der europäischen Literatur. Festschrift für Renate Böschenstein*. Würzburg 1998, S. 309–322.

nehmen müsse – noch Schiller reimt: «Und willst du die schlafende Löwin nicht wecken, / So wandle still durch die Straße der Schrecken.»[13] Auch in Inglins *Lawine* klingt untergründig das Potential der entfesselten, wilden Tiernatur des Menschen an, gerade indem sie kanalisiert und gebändigt wird. Dabei folgt er einer alten Tradition der novellistischen Gattung, die spätestens seit Goethes *Novelle* in symbolischer Parallelität zum erotischen Feuer, das sie häufig auflodern lässt, wilde Tiere zu bändigen versucht. Insofern bezeichnet die kanalisierte Lawine genau jene Nahtlinie zwischen dem Wilden und dem Zivilisierten, die Beatrice von Matt als Grundspannung von Inglins Werk herausgearbeitet hat.[14]

Die Brücke spannt sich zivilisatorisch über diese Einbruchsstelle des Wilden. Die Lawine kann dieser im Berg gut verankerten Technik nichts anhaben; sie verbiegt auf ihr höchstens ein paar Leitungsmasten. Es ist eine «Staublawine», nicht eine «Grundlawine», die hier droht, wie uns der Text vorgängig erklärt hat. Sie trifft mit ihrem Luftdruck nur Menschen, die ohnehin nicht fest auf dem Boden stehen: Zuvor hatte sie den ersten Mann der Bäuerin, den diese eigentlich gar nicht liebte, weggefegt. Dann trifft sie den Dorfidioten, der ein «Dreckfink» ist, vor dem sich die Bäuerin gelegentlich sogar fürchten muss (W 9.1., S. 214), und nimmt ihm «sein armes Leben» (W 9.1., S. 229). Bei Schelbert dagegen bewirkt sie eine positive Entwicklung: Sie öffnet ihm die Augen und macht ihn «erst zum Manne» (W 9.1., S. 228), der dann auch selbst will, dass an ihm nichts «Dreckiges» hängen bleibe (W 9.1., 229). So wirkt die Lawine im Verein mit der Brücke sogar als eine reinigende, ja zivilisationsbildende Kraft.

Als solche hält der Text die Lawine aber auf Distanz. Zwar wird uns schon auf der ersten Seite die «Laui» im Text fast zärtlich nähergebracht (W 9.1., S. 213); es ist eines der wenigen Mundartwörter im Text, und beide Liebenden brauchen es im Diminutiv – sie wirkt wie ein einheimisches, kuscheliges Codewort der Liebe. Als aber die Lawine im genauen Zentrum des Textes wirklich losbricht, rückt der Text sie auf große Augendistanz: Mit den Augen des Leutnants, des militärischen Vorgesetzten von Schelbert, dessen Perspektive wir über längere Strecken teilen, sehen wir vom Fenster einer Baracke aus, wie sich das «pulvrige Schneegewölk» weit oben löst, in die Länge zieht und aussieht «wie ein hochgeschwollen über Felsen polternder riesiger Wildbach» (W 9.1., S. 222). Der Leutnant versucht die Schildwache auf der Brücke, den zum Soldaten verkleideten Dorfidioten, den er für Schelbert hält, zu warnen. Doch die Distanz ist zu groß, sein

---

13 Friedrich Schiller, «Berglied» (1804), in: Ders., *Werke. Nationalausgabe.* Begründet von Julius Petersen. Weimar 1943ff. Bd. 2.1, S. 216.
14 Vgl. ihren Beitrag im vorliegenden Band.

Rufen bleibt ungehört. Mit den anderen Soldaten muss er zusehen, wie der vermeintliche Wachtposten vom Luftdruck über die Brücke hinausgeschleudert wird ins Leere. Bei der Katastrophe bleiben sie auf Zuschauerdistanz: «Alle sahen es, einige wie auf den Mund geschlagen, andere mit erregten Rufen.» (W 9.1., S. 222) Fast filmisch laufen hier Bild und Ton auf zwei getrennten Spuren, beide wie hinter Glas.

Entsprechend hilflos sind die zuschauenden Soldaten. Die Gewehre, die im Text immer wieder geschultert werden, helfen ihnen nichts. Der Gegner ist hier, wenn schon, die Natur. Obwohl die Novelle während des Weltkrieges spielt, wird dieser schon fast aufdringlich ausgeblendet. Nur der Leutnant denkt bei der Einschätzung der Naturgefahren an jene anderen, die in «diesem mörderischen Krieg» an den militärischen Fronten lauern (W S. 9.1., 218). Von den Zügen, die auf der nicht näher benannten «Bergstrecke» vorbeidonnern, erfahren wir bloß, dass ihre «ausländischen Wagen» leer sind und dass diese gelegentlich ihre schadhaften Bremsklötze verlieren, welche die Wachsoldaten wie Geschosse treffen können. Selbst die Sprengvorbereitungen an der Eisenbahnbrücke bleiben unkommentiert. Zwar kreuzen sich auf dieser Brücke die heiße Transitlinie der Gegenwart und die kalte Natur. Doch vom aktuellen Geschehen wendet Inglin auffällig den Blick ab, der Lawine zu. Damit vollzieht er eine grundsätzliche Blickwendung der helvetischen «Katastrophenkultur» nach.[15] Denn diese hat seit dem 19. Jahrhundert den bewaffneten Krieg gegen außen durch den Kampf gegen die Natur innen ersetzt, in dessen Zeichen sich die Schweiz als «Schicksalsgemeinschaft» und «Willensnation» erfahren kann.

Trotzdem werden hier der Kampf gegen die Naturgefahren, die von den Alpen drohen, und die militärische Bedrohung des Landes überblendet. Darin hat Inglins Novelle einen historischen Kern: Der Soldat Schelbert sollte nicht nur die Brücke bewachen, sondern auch vor den Lawinen warnen. Tatsächlich wird ab 1940 der «Armee-Lawinendienst» eingerichtet, und Soldaten werden als Lawinenbeobachter eingesetzt – der Leutnant meldet denn auch pflichtgemäß die «Lawinengefahr» ans Kommando (W 9.1., S. 221). In einer symptomatischen Engführung der Landesverteidigung mit dem Kampf gegen die Naturgefahren wird während des Krieges in der Schweiz die Lawinenforschung intensiviert, zum Schutz der Alpentäler, der

---

15 Zur helvetischen «Katastrophenkultur» vgl. Christian Pfister (Hg.), *Am Tag danach. Zur Bewältigung von Naturkatastrophen in der Schweiz 1500–2000*. Bern 2002; Christian Pfister u. Stefanie Summermatter (Hg.), *Katastrophen und ihre Bewältigung. Perspektiven und Positionen*. Bern 2004; ferner Utz, *Kultivierung der Katastrophe* (wie Anm. 5), bes. S. 65–92.

Verkehrs- und Transitwege und jenes Alpenréduits, in das sich die Armee zurückzieht.[16] 1943 wird im Beisein des Generals das «Eidgenössische Institut für Schnee- und Lawinenforschung am Weissfuhjoch» eingeweiht, mit dem sich die Schweiz in diesem Feld Weltgeltung verschafft – den Nachbarländern lässt der Krieg keine Möglichkeit, sie hier zu übertreffen. Mit dem Kriegsende entmilitarisiert die Schweiz den Kampf gegen die Lawinen allmählich; nach 1945 wird regelmäßig das zivile «Lawinenbulletin» publiziert. Der ehemalige Oberleutnant Inglin liefert mit seiner Novelle dazu 1947 gewissermaßen das literarische Pendant.

Die Metonymie, in der die Kriegsbedrohung auf die Lawine verschoben wird, lässt sich also auch als Metapher lesen: Die «Lawine» wäre dann doch die Darstellung jener Kriegskatastrophe, welche die Schweiz verschont hat. Sie ist gewissermaßen unter ihr hindurch gefahren, weil sie im Réduit ihrer Gebirgslandschaft so stabil verstrebt war wie die Brücke. So bleibt die Kriegskatastrophe folgenlos für die Zuschauer-Schweiz. Diese kann, wie der Leutnant, nur von ferne zusehen, wenn der Krieg wie ein Naturereignis hereinbricht. Als «Lawine» wird die Katastrophe naturalisiert und zugleich in die lange Tradition der schweizerischen Katastrophenkultur eingebürgert. Sie ist eine «Staublawine», aber keine «Grundlawine». So richtet sie auch nur oberflächlichen materiellen Schaden an; man behebt ihn schnellstens, um den Bahnverkehr sofort wieder aufzunehmen. So gelesen, versinnbildlicht die Konfiguration von Lawine und Brücke jene Haltung, mit der die Schweiz den Krieg überlebt haben will, als sei nichts geschehen. Kurt Guggenheim charakterisiert sie 1949 im Roman *Wir waren unser vier* als jene Haltung, mit der die Bergler auf Bedrohungen durch Lawinen oder Steinschläge reagieren. Gegenüber diesem «Es», dem «Numen, dem großen Grauen», wie es auch Hitler verkörpere, antworteten sie mit der heilsamen Verdrängung, dem «Nüd derglychä tuä!»[17]

Auch Inglins Novelle baut an dieser Brücke der Verdrängung. Allerdings zeigt eine andere Erzählung in seiner Sammlung, welchen Preis dies haben kann: In *Das Unerträgliche* geht es um den Verlust des Geliebten, auf den die Schwester des Erzählers lange gewartet hat und der dann bei der Heimkehr vor ihren Augen zum Opfer eines Verkehrsunfalls geworden ist. Der Erzähler bemerkt, dies sei ein besonders krasses Beispiel, wie hart «Glück und Unglück, Jubel und Jammer» aufeinandertreffen könnten (W 9.1., S. 323). Die Frau fällt dabei in ein Erinnerungskoma. In ihm ver-

---

16 Die folgenden Angaben nach Dania Achermann, *Die Schnee- und Lawinenforschung in der Schweiz. Merkmale und Bedingungen des Wandels hin zu einer modernen wissenschaftlichen Disziplin 1931–1943*. Liz.-Arbeit Universität Zürich 2009.
17 Kurt Guggenheim, *Wir waren unser vier*. Zürich 1949, S. 101–104.

drängt sie die Katastrophe, deren Zeugin sie doch wurde, um weiter auf den Geliebten zu warten:

> So wartet sie auch heute noch [...]. Gerade dieses immer hoffnungslose Warten aber, mit dem sie dort anknüpft, wo ihr Lebensfaden mit seinem letzten gesunden Ende gleichsam abgerissen im Leeren hing, führt sie offenbar wie auf einer Brücke über die Schlucht noch immer ahnungslos über die Katastrophe hinweg. [W 9.1., S. 334]

Die «Brücke» der Verdrängung, die sich diese Frau über die Katastrophe gebaut hat, ist freilich höchst fragil; der Erzähler weiß, dass die «Erinnerung» die Frau jederzeit «wie ein Raubtier», wie es in signifikanter Metaphorik heißt, treffen könnte (W 9.1., S. 333). Dem Erzähler ist sie nur ein besonders prägnantes Beispiel jenes «fortwährenden Verdrängens und Vergessens», das zur Aufrechterhaltung unseres Lebens notwendig sei, wenn wir nicht «durchbrechen und untergehen» wollen (W 9.1., S. 335). Diese Feststellung bleibt hier individualpsychologisch fixiert, auch wenn die Erzählung einleitend die Zahl der Verkehrstoten mit denen des Krieges verglichen hat und damit eine mögliche Parallele zum Verdrängen der Weltkriegskatastrophe aufmacht. Doch diese Parallele wird ebenso suspendiert wie der abgerissene Lebensfaden der Frau, die am Ende immer noch auf ihren Geliebten wartet.

Die Novelle *Die Lawine* dagegen baut dem Happy End eine Brücke. So wird sie zu einem Musterstück aller Kunstbauten der literarischen Katastrophenbewältigung: Als Brückennovelle heilt sie symbolisch den Zeitbruch, den die Katastrophe bedeutet, indem sie das «Vorher» und das «Nachher» verbindet. Über die Vertikale der wilden alpinen Natur, der sie ihren kanalisierten Raum gewährt, spannt sie die Horizontale der Kultur und des Textes. An ihrem Kreuzungspunkt baut sie die «Lawine» als ihr Titelsymbol ein. So wird sie literarisch domestiziert. Die geschlossene Form der Novelle, die Inglin dazu wählt, leistet dies perfekt; viel besser als jede ‹short story›, wie sie nach dem Kriegsende unter amerikanischem Einfluss auch in der deutschen Literatur zu dominieren beginnt. Während diese als Momentaufnahme am Anfang und am Ende offen bleibt, stellt Inglin in seiner nach traditionellen Mustern architektonisch gebauten Brückennovelle eine historische Kontinuität wieder her, die so von der Katastrophe nur punktuell unterbrochen erscheint. Höchst symbolisch versprechen sich Schelbert und die Bäuerin noch auf der Brücke feierlich, das «Ereignis als ein ungeheures Zeichen anzusehen» und «Mann und Frau zu werden» (W 9.1., S. 229). Schelberts Spielerglück, seine ‹chance›, kann nun zum dauernden ‹bonheur› der Ehe werden. Dazu trägt auch das Divisionsgericht bei, das wie ein jüngstes Gericht nach der Katastrophe den Weg zum himmlischen Jerusalem freimacht und Schelbert nur zu einer bedingten Strafe verurteilt. Dabei erkennt es in der «so außerordentlichen Verknüpfung von Zufällen» (W 9.1., 230) selbst einen mildernden Umstand. Allerdings lässt das «märchenhafte» Glück, das Schelbert vom Tod verschont und ihm noch eine Ehefrau zuführt, beim Leutnant offene Fragen: «Glück» allein könne dies nicht sein, das müsse man schon «Schicksal» nennen, heißt es im letzten Satz der Novelle (W 9.1., 231).

Mit dem gleichen Begriff deckt die Nachkriegsschweiz gerne die Frage zu, weshalb sie denn vom Krieg verschont worden sei; so muss sie nicht genauer hinsehen, was sie während des Krieges in den Güterzügen durch den Gotthard befördert hatte. Umso mehr kann sie sich als eine durch die Katastrophe gestiftete «Schicksalsgemeinschaft» verstehen, analog zu jener Ehe, die auf der Brücke von Inglins Novelle geschlossen wird. Nur den Seppetoni hat man der Lawine geopfert. Die Novelle zeigt ihn einerseits vor, als Personifikation jenes Opfers, das im Sinne von René Girard dieser Gemeinschaftsbildung gebracht werden muss.[18] Andererseits deklassiert sie ihn als Bauernopfer, ja als Leben, das keinen eigenen Wert hat, und will dieses noch vor ihrem Ende vergessen. Auch beim Prozess gegen Schelbert spielt das Schicksal des Seppetoni keine Rolle mehr. Es bezeichnet die blinde Stelle der Verdrängung in diesem Text. Andere Erzählungen Inglins thematisieren den Krieg und den Preis seiner Verdrängung noch direkter. *Die Lawine* dagegen verwandelt ihn in ein helvetisch geprägtes, einheimisches Naturereignis, das man als solches höchst erfolgreich zu bewältigen versteht.

Eine solche Lesart könnte auch mit erklären, weshalb man Inglins Novellenband in der Schweiz sehr positiv aufnimmt: Er wird zu einem der erfolgreichsten Bücher auf dem Weihnachtsmarkt 1947, und 1948 wird Inglin mit dem großen Schillerpreis und dem Ehrendoktor der Universität Zürich ausgezeichnet. Inglin schreibt 1948 an Carl Baessler: «Diese Lawine hat eine Lawine von Ehrungen für mich ausgelöst, während ich vorher zwei drei Jahre lang in einer Wolke des Vergessens wie verschwunden schien.»[19] Zum glücklichen Schicksal des Buches gehört also auch noch, dass Inglin dank diesem Buch nach seinem langen Militärdienst am Ende des Krieges als Autor wieder auftauchen kann, wie sein Held Schelbert nach dem Lawinenniedergang. Insofern ist *Die Lawine* auch für ihren Autor eine positive Katastrophe.

18 Vgl. René Girard, *La violence et le sacré* (1972). Paris 1998.
19 Zit. bei von Matt, *Inglin* (wie Anm. 3), S. 216.

Dieser Erfolg ermutigt ihn, nun an die Ausarbeitung seines Lebensromans *Werner Amberg* zu gehen, der zwei Jahre später im gleichen Zürcher Verlag wie *Die Lawine* erscheinen wird. Die nachträgliche Deutung seines Lebens als einer Kette von Katastrophen, die diesen Roman grundiert, hätte Inglin vielleicht nicht riskiert, wenn er sich nicht zuvor in der *Lawine* seiner eigenen schriftstellerischen Kunstfertigkeit versichert hätte, die ihn schreibend aus den Katastrophen heraus über diese hinwegträgt.

DOMINIK MÜLLER (GENF)

Vom Kellner zum Dichter

Das Wechselverhältnis von Tourismus und Literatur
in Meinrad Inglins *Werner Amberg*

I.

Am 21. Oktober 1860 wurde mit einem grossen Fest, von dem man auch im Ausland Notiz nahm,[1] das Schillerdenkmal im Urnersee eingeweiht. Aus dem Mythenstein war der Schillerstein geworden; das Naturdenkmal war nun auch ein Kulturdenkmal. Angeregt wurde die Maßnahme, die im Anbringen goldener Lettern bestand, von einem «Comité», dessen Sekretär Meinrad Inglins Urgrossvater, Ambros Eberle, war.[2] Politische, kulturelle und auch touristische Zielsetzungen trafen in der Initiative zusammen, was genau dem vielfältigen persönlichen Profil des äusserst tatkräftigen Ambros Eberle entsprach. Dieser war Politiker, Zeitungsverleger und Gründer des Hotels «Axenstein» in Morschach.[3] In dessen Park liess er auf freigelegten Felspartien Verse eigener Dichtung anbringen, ein weiteres Symptom für die Verschränkung von Natur, Kultur und touristischem Kommerz.[4] Das

---

1 Georg von Cotta persönlich nahm mit Gottfried Keller Kontakt auf, um ihn um einen Bericht über das «am Mythenstein anzubringende Erinnerungs Monument an Schiller» für die *Allgemeine Zeitung* zu bitten, wo Kellers Beitrag am 29. 10. 1860 erschien. (Gottfried Keller, *Sämtliche Werke. Historisch-Kritische Ausgabe*. Hg. unter der Leitung von Walter Morgenthaler im Auftrag der Stiftung Historisch-Kritische Gottfried Keller-Ausgabe. Band 15: *Aufsätze*. Hg. von Thomas Binder u.a.. Basel / Frankfurt a.M. und Zürich 2011, S. 495.)
2 Vgl. Beatrice von Matt, *Meinrad Inglin. Eine Biographie*. Zürich 1976, S. 14f. Ausführliches zum Gründer des Hotels Axenstein und zu Inglins Verhältnis zur Welt der Hotels, das viel von den vorliegenden Ausführungen schon vorwegnimmt, auch in Felix Müllers «Nachwort» in: Meinrad Inglin, *Grand Hotel Excelsior. Gesammelte Werke. In zehn Bänden*. hg. von Georg Schoeck. Bd. 2. Zürich 1988, S. 301–324, hier S. 303–304.
3 Vgl. *Hotelarchiv Schweiz* (*http://www.hotelarchiv.ch/index.php?page=hotel-axenstein-in-morschach-sz&hl=de_DE* – gesehen 22. 4. 2012).
4 In Inglins stark autobiographisch grundiertem Roman *Werner Amberg. Die Geschichte seiner Jugend* wird Ambros Eberle zu «Bartolome Bising». Namentlich von einer Hotelgründung, einem Dichterdenkmal im See und Versen im Hotelpark ist in seinem Zusammenhang ebenfalls die Rede. (Meinrad Inglin: *Gesammelte Werke. In zehn Bänden*. Hg. von Georg Schoeck. Band 6. Zürich 1990, S. 23f. und 271f).

Schiller-Momument diente, laut dem Initiativkommitee, «zur Bekräftigung der dankbaren Anerkennung für den Sänger des Wilhelm Tell einerseits und zur Belebung anderseits des vaterländischen Geistes»[5]. Die Hotelgäste aus dem Ausland, auf welche die neue Attraktion hauptsächlich gemünzt war, wurden auch in den Festreden bei der Einweihung[6] mit keinem Wort erwähnt.

Dies ist indessen sehr bezeichnend. Bis heute legt man sich kaum über die Interferenzen zwischen der Vermarktung des Tourismuslandes und dem politische Selbstverständnis der Schweiz Rechenschaft ab. Dass namentlich in der Konsolidierungsphase von Bundesstaat und Tourismus im 19. Jahrhundert die Debatten über das, was die Schweiz sei und zu sein habe, davon unberührt blieben, wie die Touristen die Schweiz sahen und wie diese ihnen angepriesen wurde, ist eigentlich unvorstellbar. Nicht nur der Schillerstein, sondern auch das nahegelegene Rütli und die Tellskapelle waren (und sind) Schlüsselorte der Nationalmythologie *und* beliebte touristische Ausflugsziele.

Noch weniger als das politische war das kulturelle Leben in der Schweiz vom Tourismus zu trennen.[7] Sinnbilder dafür sind – neben den goldglänzenden Lettern auf dem Mythenstein – die Fresken in der Tellskapelle, die Emil Stückelberg in den 1880er-Jahren schuf, die ersten Kunstwerke überhaupt, die in der ganzen Schweiz für Gesprächsstoff sorgten.[8] Selbst der nach seiner Rückkehr aus Berlin wenig reisefreudige Gottfried Keller besichtigte sie und spendete ihnen in einem ausführlichen Artikel in der *Neuen Zürcher-Zeitung* sein kostbares Lob.[9]

Die vielleicht auffälligste Verkörperung des Wechselverhältnisses von Kunst und Tourismus in der Schweiz ist Ferdinand Hodler. Dessen Lehrer, Barthélemy Menn, entdeckte das Talent des jungen Mannes, als er diesen in Genf beim Kopieren eines Gemäldes von Alexandre Calame beobachtete. Calame hatte die Genfer Schule begründet, die mit ihren Alpenlandschaften

---

5 *Album der Schiller-Feier im Rütli und am Mythenstein 1859 & 1860.* Schwyz: Buchdruckerei von A. Eberle, 1860, S. 53.

6 Abgedruckt im «Anhang» des in der vorangehenden Anm. zitierten *Albums*.

7 Den Versuch einer vorläufigen Bestandsaufnahme stellt der Sammelband dar: *Die Schweiz verkaufen. Wechselverhältnisse zwischen Tourismus, Literatur und Künsten seit 1800.* Hg. von Rémy Charbon, Corinna Jäger-Trees und Dominik Müller. Zürich 2010 (Schweizer Texte, Neue Folge 32).

8 Zur Tellskapelle: Helmi Gasser, *Die Kunstdenkmäler des Kantons Uri. Band 2: Die Seegemeinden.* Hg. von der Gesellschaft für Schweizerische Kunstgeschichte Bern. Basel 1986, S. 42–58.

9 Gottfried Keller, «Ein bescheidenes Kunstreischen», in: Keller, *Werke* (wie Anm. 1), Band 15: *Aufsätze.* Hg. von Thomas Binder u.a. Basel, Frankfurt a.M. und Zürich 2011, S. 316–327.

nicht zufällig in dem Moment europaweit Furore machte, als es endgültig in Mode gekommen war, diese zu bereisen. Er malte auch am Urnersee und lobte angeblich Ambros Eberles Morschacher Hotelbauplatz.[10] Hodler kehrte als Landschaftsmaler nach einer durch Menn beeinflussten intimistischen Phase zu Calames Hochgebirgsmotiven zurück. Er scheute sich nicht, auf der mit einem Bergbähnchen neu erschlossenen Schynigen Platte im Berner Oberland inmitten von Ausflüglern seine Staffelei aufzustellen und in Zusammenarbeit mit befreundeten Hoteliers für die Feriengäste in Interlaken anspruchsvolle Kunstausstellungen zu organisieren.[11]

Das Wechselverhältnis zwischen Tourismus und Kultur beschränkte sich also keineswegs auf den Trivialbereich. Dass man davon so wenig Notiz nahm, hat seine Gründe nicht nur im Wunschkonzept autonomer Kunst, sondern auch in einer dem Tourismus innewohnenden Tendenz zur Selbsttabuisierung. Um dem Gast glaubhaft die verheissene Illusion verkaufen zu können, eine Ausnahmewelt unmittelbar zu erleben, muss der Tourismus sich selber zumindest punktuell ausblenden. Auf dem Gipfelfoto darf das Stationsgebäude der Bergbahn nicht sichtbar sein. Dazu passt, dass Diskretion zu den obersten Tugenden eines professionellen Hotelangestellten zählt, vom Zimmermädchen bis zum Direktor.

Für Nachforschungen über den Zusammenhang von Tourismus und Kultur ist Ambros Eberles schreibender Urenkel natürlich ein Paradefall: ein Schriftsteller, der aus einer Hoteliersfamilie stammte und einige Zeit mit ernsthaften Berufsabsichten in der Tourismusbranche arbeitete. Jakob Christoph Heer, Friedrich Dürrenmatt oder auch der Engadiner Mein Rauch – um nur Autoren aus der Schweiz zu nennen – malten in ihren Werken[12] sensationelle Hotelbrände aus. Der Verfasser von *Grand Hotel Excelsior* dagegen hatte einen solchen Hotelbrand persönlich wenigstens aus der Ferne erlebt, als das von Eberle errichtete Hotel «Axenstein» am 29. Dezember 1900[13] ein Raub der Flammen wurde.

Inglins persönliche Vertrautheit mit der Sphäre des Tourismus verrät sich sicher im Detailreichtum bestimmter Darstellungen. Davon wird im Folgenden die Rede sein. Das Hauptinteresse meiner Ausführungen richtet sich aber auf die verborgene Nähe von Tourismus und Dichtertum bei Ing-

10 Felix Müller, «Nachwort» (wie Anm. 2), S. 303.
11 Matthias Fischer, «Von der Schynige Platte. Ein Beitrag Ferdinand Hodlers zum (touristischen) Bild der Schweiz», in: *Die Schweiz verkaufen* (wie Anm. 7), S. 279–308.
12 Jakob Christoph Heer, *An heiligen Wassern*; Friedrich Dürrenmatt, *Durcheinandertal*; Mein Rauch, *Il nar da Fallun*.
13 Bezeichnenderweise ist im Roman *Werner Amberg*, der Situationen und Lebensphasen symbolisch auflädt, dieser Brand auf die Neujahrsnacht 1899/1900 verlegt. Vgl. hierzu Inglin, Amberg (wie Anm. 4), S. 32–35.

lin, die auf der Tatsache beruht, dass beides aus den Naturschönheiten der Alpenlandschaft und der Verheissung, mit diesen in engen Kontakt zu treten, Kapital schlägt. Ich befasse mich im Folgenden in erster Linie mit dem Roman *Werner Amberg*. Daneben werfe ich nur einen kurzen Blick auf den frühen Roman *Grand Hotel Excelsior* und die späte Erzählung *Wanderer auf dem Heimweg*.

Mein Vorgehen ist bestimmt von der eingehenden Lektüre ausgewählter Passagen, die meist auf Hotelterrassen spielen. Damit soll auch Inglins suggestiver Erzählkunst Reverenz erwiesen werden. Diese geriet in einer stark thematisch ausgerichteten Inglin-Forschung wohl deshalb gelegentlich aus dem Blick, weil sie nicht eigentlich innovativ war und sich auch nicht auffällig in Szene setzt. Ihr Raffinement liegt nicht nur im sorgfältigen Ausbalancieren von Beleuchtungen, im Changieren zwischen identifikatorischer Nähe zu den Figuren und Distanz, sondern auch in einer Technik der szenischen Verdichtung, welche das Geschehen antreibende, antagonistische Kräfte in sinnfällige, aber auch höchst komplexe Konstellationen rückt.

II.

Im 6. Kapitel des ersten Teils von *Werner Amberg* ist erstmals davon die Rede, dass die Familie der Mutter des Protagonisten ein Grand Hotel mit den Namen «Freudenberg» besitzt. Die beiden wichtigen Themen Familiengenealogie und Tourismus werden so zusammen eingeführt, eine Verbindung, die für alle drei Erzählwerke bestimmend ist, die hier zur Sprache kommen sollen.

Das 8. Romankapitel gestaltet dann den ersten persönlichen Kontakt Werners mit dem Freudenberg zu einer sorgfältig orchestrierten Initiation von Held und Leser in die Hotelwelt aus. Anlass ist ein alljährlich stattfindender Ball, zu dem sich die Besitzerfamilie bei Saisonöffnung versammelt. Dabei unterzieht sie, indem sie die Gäste mimt, das noch nicht eingespielte Personal einem Testlauf. Bei diesem Rollentausch wird die von der Tourismussoziologie betonte Grenze zwischen Gästen und Gastgebern, Reisenden und Bereisten überschritten, eine Trennungslinie, die, wie Rémy Charbon kürzlich gezeigt hat,[14] in der Erzählliteratur aus der Schweiz des 19. und frühen 20. Jahrhundert immer wieder umsichtig thematisiert wird. Wenn das Kapitel, mit dem der Roman in die Welt des Hotels einführt, im

---

14 Rémy Charbon, «‹Autochthonen und Touristen›. Reflexe der touristischen Expansion 1800–1914 in der zeitgenössischen Deutschschweizer Literatur», in: *Die Schweiz verkaufen* (wie Anm. 7), S. 75–99.

Zeichen eines Rollentauschs steht, so verstärkt dies noch seinen Ouvertürencharakter, tauscht doch auch der Titelheld später wiederholt die Rolle von Gast und Hotelangestelltem.¹⁵

Werner ist noch zu klein, um dem Ball beizuwohnen. Man legt ihn im Familienchalet bäuerlichen Ursprungs, das immer zu Inglins Hotels gehört, schlafen. Dort erwacht er und pirscht sich dann auf schlafwandlerische Art durch den Hotelpark an das Hotel heran:¹⁶

> Alsbald kam ich zu einer Kanzel, die eine weite Aussicht versprach, und legte mich bäuchlings auf ihre steinerne Balustrade. Der waldige Felshang fiel hier steil in die Tiefe zum Seeufer hinab. Der See kam wie ein ruhiger Strom unter dem feinen Silberstaub hervor, der die Enge zwischen den südlichen Bergen durchsichtig erfüllte, bog mit einem schwachen Goldglanz weit ausholend um eine dunkle Bergnase und lief mit Perlmutterschimmern breit nach Westen, wo er in der Ferne unter einer schwebenden Pyramide verschwand. Die dämmernden Wälder und hellen Felswände seiner steilen Ufer, die mir unzugänglich vorkamen, stiegen hoch hinauf und wurden zu Bergen, die mit ihren Schultern die unergründliche Kuppel der mondhellen Nachtbläue begrenzten. Im Süden hob einer dieser Berge eine fahl leuchtende Eiskrone in die Kuppel empor. Drehte ich mich nach links, so mußte ich den Kopf schon zurücklegen, um über den Parkbäumen die Felsenstirn des Berges zu erkennen, auf dessen vorgeschobenem Fuß ich selber stand.

Der Erzähler lässt hier den Kinderblick das Panorama durchwandern, um dessentwillen das Hotel gerade an dieser Stelle errichtet wurde. Dieses selber wird – im Zug der Selbsttabuisierung des Tourismus – ausgespart, geht der Blick doch, wenn er sich zurückwendet, in die Höhe und schaut über das Gebäude hinweg. Natur pur. Die offenbar künstlich errichtete Kanzel markiert die Stelle, wo diese sich am makellosesten darbietet, und übt das Kind in das ein, was der englische Tourismussoziologe John Urry «the Tourist Gaze» genannt hat.¹⁷

Man könnte diese Passage als ein Stück gedichtete Hotelwerbung bezeichnen. Es mag ja sein, dass ihr auch ein Hauch von Kitsch anhaftet. Es geht

---

15 Cordula Seger, die in ihrer massstabsetzenden Studie *Grand Hotel. Schauplatz der Literatur*. Köln etc. 2005 (Literatur – Kultur – Geschlecht. Studien zur Literatur- und Kulturgeschichte, Große Reihe 34) Inglins *Grand Hotel Excelsior* in einen breit ausgeleuchteten Kontext stellt, diagnostizierte einen solchen Rollentausch auch bei Peter Sigwart, der Zentralgestalt dieses Romans (S. 426–429). Vgl. dazu auch die Ausführungen Cordula Segers im vorliegenden Band.
16 Inglin, *Amberg* (wie Anm. 4), S. 27f.
17 John Urry, *The Tourist Gaze. Leisure and Travel in Contemporary Societies*. London 1990.

mir aber bei dieser Bemerkung nicht um Denunziation, sondern um etwas Grundsätzlicheres. Der Tourist und der Dichter treffen in der Bewunderung der Alpenlandschaft durchaus zusammen. Dabei können sie sich auch noch gleich auf gemeinsame Ahnen berufen, auf Albrecht von Haller und Jean-Jacques Rousseau, deren Namen in den Tourismus- *und* den Literaturgeschichten namentlich der Schweiz auftauchen.[18]

Zu den Verheissungen der «Tourismusindustrie»[19] gehören neben der schönen Aussicht, die man als je Einzelner geniesst, auch aufregende gesellschaftliche Kontakte. Dazu wird das Kind auf seinem Initiationsspaziergang in einer nächsten Etappe geführt, zu der folgender Satz übergeleitet: «Indessen hörte ich durch das Plätschern des nahen Springbrunnens lachende Stimmen und eine zärtliche Walzermusik.»[20] Der Ball ist noch in vollem Gang. Unter den Tanzenden macht Werner seine Eltern aus und nimmt verwundert wahr, wie die sonst immer von Sorgen gezeichneten Züge seiner Mutter «freudig glühen»[21]. Das Hotel ist offenbar ein Ort, wo das, was den Alltag bestimmt, ausser Kurs gesetzt ist. Es trägt den Namen «Freudenberg» zu Recht. Plötzlich kippt die Ausgelassenheit aber in Konsternation. Etliche verlassen den Saal, allen voran Werners Eltern. Der kleine Spion ahnt nicht, dass er selber die Ursache des Umschlags ist. Eben hat sich aber herumgesprochen, dass das Kind aus seinem Bett verschwunden sei. Nur einer weiss – seinerseits in schlafwandlerischer Sicherheit – den Gesuchten sofort zu finden. Es ist Onkel Beat, Direktor eines anderen Hotels, der Werner vorher gerade noch als der eleganteste und leidenschaftlichste Tänzer aufgefallen ist. Dass er und der Vermisste so spielend zusammenfinden, ist der erste Beweis einer Affinität. Beat – natürlich ein sprechender Name – ist die positivste von Werners Leitfiguren aus der Hotelsphäre. Wie für die meisten Figuren im *Werner Amberg*[22]

---

18 Dazu: Wolfgang Hackl, *Eingeborene im Paradies. Die literarische Wahrnehmung des alpinen Tourismus im 19. und 20. Jahrhundert*. Tübingen 2004 (Studien und Texte zur Sozialgeschichte der Literatur 100), S. 58–65 sowie Abb. 2, S. 24.
19 Die Rede von «Industrie» im Zusammenhang mit dem Tourismus wurde in Umlauf gesetzt durch den spätere tourismussoziologische Einsichten hellsichtig vorwegnehmenden Essay von Hans Magnus Enzensberger, «Eine Theorie des Tourismus» (1958), in: Ders., *Einzelheiten I. Bewußtseins-Industrie*. Frankfurt a.M. 1964, S. 179–205. Vgl. dazu: Cord Pagenstecher, «Enzensbergers Tourismusessay von 1958 – ein Forschungsprogramm für 1998?» in: *Tourismus Journal* 2 (1998), S. 533–552.
20 Inglin, *Amberg* (wie Anm. 4), S. 28.
21 Ebd., S. 29.
22 Daniel Annen berichtet in seinem Nachwort zu *Werner Amberg*: «Mit geradezu positivistischer Akribie sammelte Inglin Dokumente seiner Verwandtschaft und Jugendzeit, so als müßte er Spuren suchen.» (Inglin, *Amberg* – wie Anm. 4 –, S. 367). Bei der Veröffentlichung befürchtete Inglin, man könnte das Buch wieder, wie früher *Die Welt von Ingoldau*, als blossen Schlüsselroman lesen (ebd. S. 368).

Abb. 18: Inglin (rechts hinter den Skiern), hier in den ersten Zwanzigerjahren, kannte den zu seiner Jugendzeit aufkommenden Skitourismus auch aus eigener Erfahrung. (Nachlass Meinrad Inglin, Kantonsbibliothek Schwyz)

gibt es auch für Onkel Beat ein reales Vorbild, August Eberle.[23] Doch vertritt auch Onkel Beat bei aller Abbildtreue der Personenzeichnung einen festen Platz in dem Koordinatensystem, als welches das Personal dieses Entwicklungsromans um dessen Helden herum angeordnet ist. Beat wird seinem Neffen später jenen dionysischen Narrentanz vorführen, der im Roman als Inbegriff der Transgression fungiert. Dabei wird klar, dass der Onkel als Narrentänzer nicht einfach aus der bürgerlichen Rolle des Hoteliers herausfällt, gehört doch zumindest dosierte Transgression auch zu den Verheissungen des Tourismus.

Das Koordinatensystem der Figuren wird in *Werner Amberg* überlagert von dem der Topographie. Werner begreift den «Freudenberg» mehr und mehr als einen Evasionsraum, den er in einen «Gegensatz zu unserem Dorf»[24] rückt:[25]

> Hier oben ging alles stiller, gedämpfter und dennoch unbefangener zu, weltgewandt, elegant, voll gegenseitiger Rücksicht und Achtung. Es war nicht der Reichtum, der mich anzog, es war die geschliffenere Lebensart, die höhere Gesittung.

In der symbolischen Topographie des Romans – Daniel Annen spricht von einer «präzisen, konsequent durchgehaltenen Romangeographie»[26] –, liegt das Hotel im Süden, wohin «die Straße der Verheißung»[27] führt, und etwas erhöht. Dies kann man in einen Zusammenhang zu dem bringen, was der Ich-Erzähler als das «Höhengefühl, ein Hochgefühl eigener Art»[28] umschreibt. Er will es schon als Kind bei einem zweiten Kanzelerlebnis kennengelernt haben. Für die Sommerferien schickten ihn die Eltern in einen Berggasthof hoch über dem heimatlichen Dorf. Werner ist hier halb gehätschelter Angehöriger der Wirtsfamilie, halb respektvoll behandelter Gast, der sich in erstaunlich jungen Jahren als Individualtourist sorglose Tage machen darf. Auf einsamen Wanderungen steigt er immer wieder auf Anhöhen und schaut ins Tal:[29]

---

23 Beatrice von Matt, *Inglin* (wie Anm. 2), S. 31–33, sowie Abb. vor S. 17.
24 Inglin, *Amberg* (wie Anm. 4), S. 277.
25 Ebd.
26 Annen, «Nachwort» (wie. Anm. 22), S. 385.
27 Inglin, *Amberg* (wie Anm. 4), S. 23.
28 Ebd., S. 125.
29 Ebd.

> Jeder Bergsteiger kennt es. Die bewohnte Welt, in der er täglich durch ein Netz von Verpflichtungen stolpert und so viel Trübes sieht, Übles riecht, Lärmiges hört, liegt tief unten, er steht darüber in der reinen, frischen Luft, in lautloser Stille, von andern Bergen still umgeben und vom Himmel gewaltiger überwölbt als in Tälern und Ebenen; er ist über seine Sorgen emporgestiegen und hat sie überwunden wie die Beschwerden des Aufstiegs, er ist für diesmal befreit davon, und so fühlt er sich in der Tat auch frei und ist höher gestimmt als je im Alltag.

Der Erzähler bedient sich hier einer verallgemeinernden Redeweise, die transparent macht, dass das Elevationserlebnis einem religiösen, einem künstlerischen oder literarischen, aber auch einem touristischen Paradigma zugeordnet werden kann. Romanintern steht das Innwerden des Höhengefühls auch im Zusammenhang mit jener Wellenbewegung zwischen Aufschwung und Fall, Euphorie und Katastrophe, der Werner seine Jungendjahre unterworfen sieht. Im Symbolinventar, das die Tourismusindustrie bewirtschaftet, spielt die Höhe in zwei Spielarten eine Rolle, in einer älteren kontemplativen und einer moderneren kompetitiven. Es gibt das ruhevolle Auskosten der Höhenlage, das etwa Thomas Manns Zauberberggesellschaft das Zeitgefühl raubt. Daneben gibt es den Impetus des Bergsteigers, der das hoch gelegene Hotel nur zum Ausgangspunkt für sein «noch höher! noch höher!» nimmt, oder auf Latein: excelsior!»

Für die Karriere dieses lateinischen Wortes im 19. Jahrhundert scheint der amerikanische Lyriker Henry Wadsworth Longfellow mit einem Gedicht gesorgt zu haben: «Excelsior» ist nicht nur sein Titel, sondern auch der in jeder Strophe wiederkehrende Refrain. Die Übersetzung von Ferdinand Freiligrath, einem der wirkungsmächtigsten Stichwortgeber der Epoche,[30] machte das Gedicht im deutschen Sprachraum populär. Es handelt von einem jungen Heisssporn, der sein Losungswort wie auf einem Transparent vor sich herträgt, wenn er bergwärts stürmt. Er tut es groteskerweise auch noch, nachdem sein Lauf mit dem Sturz in eine Gletscherspalte ein jähes Ende gefunden hat. Longfellow lancierte das Wort somit als Signal einer Verblendung. Und so gedachte es auch Gottfried Keller einzusetzen, als er erwog, den Roman, der schliesslich *Martin Salander* heissen sollte, damit zu betiteln.[31] Meinrad Inglin kann

---

30 Hans-Jürgen Schrader, «‹Wir sind das Volk›. Ein Freiligrath-Vers als Exempel für subversive Wirkungspotenzen von Poesie», in: *Produktivität des Gegensätzlichen. Studien zur Literatur des 19. und 20. Jahrhunderts.* Festschrift für Horst Denkler zum 65. Geburtstag. Hg. von Julia Bertschik u.a. Tübingen 2000, S. 69–92.
31 Keller, *Sämtliche Werke* (wie Anm. 1), Bd. 24: *Martin Salander. Apparat zu Band 8.* Hg. von Thomas Binder u.a. Basel, Frankfurt a.M. und Zürich 2004, S. 563–565.

von diesen Plänen gewusst haben,[32] als er seinen eigenen *Excelsior*-Roman schrieb, der ja durchaus in einer gewissen *Salander*-Tradition steht. Ganz sicher war ihm der Bedeutungswandel des Wortes bekannt, der aus einer denunziatorischen eine affirmativ anpreisende Formel werden liess. Er erzählt, wie Peter Sigwart mit dem Vorschlag, das umgebaute Kurhaus in «Grand Hotel Excelsior» umzutaufen, die Ausbaupläne seiner Bruders verhöhnen wollte, was diesen nicht hinderte, die Idee aufzugreifen.[33] Die wunderliche Geschichte des Wortes «excelsior» zeigt auf, dass Inglin bei seiner ambivalenten Beurteilung der Tourismuswelt auf widersprüchliche Beurteilungsdispositive schon zurückgreifen konnte.

III.

An den Schilderungen von Werner Ambergs leidvollen Erfahrungen als Kellner fällt die Ausführlichkeit auf. Von der strengen erzählerischen Ökonomie, die die drei ersten Teile des Romans gekennzeichnet hat, ist hier im vierten nichts mehr zu spüren. Anders als zu den Katastrophen der Kindheit scheint der Ich-Erzähler zu den Kränkungen, die er als Kellner einzustecken hatte, noch kaum Distanz gewonnen zu haben. Dafür ein Beispiel unter vielen:[34]

> Ich sollte zunächst einer Tafelrunde von neun Gästen die Suppenteller samt den Löffeln wegnehmen und neue Teller bringen. Ich nahm also einer Dame den Teller weg und schob ihn so auf zwei gespreizte Finger der linken Hand, daß der Daumen sich über seinen Rand legen konnte und zugleich mit den zwei übrigen Fingern einen umgekehrten Dreifuß bildete, der mit Hilfe des Handballens die andern acht Teller tragen mußte; die Löffel legte ich wie in eine herausgezogene Schublade in den vorstehenden ersten Teller. Ich hatte das Kunststück im Office geübt, aber hier ging ich wie auf Glatteis um die Gäste herum und lehnte mir beim behutsamen Abmarsch den Tellerturm zur Sicherheit gegen den Leib. Die Saalkellner lächelten schnöde. Noch schwieriger war dieses Abräumen, wenn der vorgeschobene unterste Teller neun Gabeln, neun Messer und Knochen oder Speisereste aufzunehmen hatte; die übrigen acht Teller mußten ja leer sein, wenn sie nicht einen wackelnden schiefen Turm bilden sollten.

---

32 Die Entwurfsnotizen wurden erstmals publiziert in: *Gottfried Kellers Leben. Seine Briefe und Tagebücher*. Von Jakob Baechtold. Bd. 3. Stuttgart und Berlin 1897, S. 638–646.
33 Meinrad Inglin, *Grand Hotel Excelsior. Gesammelte Werke*. In zehn Bänden hg. von Georg Schoeck. Bd. 2. Zürich 1988, S. 14.
34 Inglin, *Amberg* (wie Anm. 4), S. 286f.

Missgeschick und Fehlleistung lauern auf Schritt und Tritt. Das quälend minutiöse Nachzeichnen der Arbeitsprozesse staut zwar den Erzählfluss, macht aber auch deren Hektik spürbar. Es wird einem nichts erspart; das Auftragen und Abräumen eines jeden Gangs wird verzeichnet.[35] Damit erfährt der Romantext, hinter dem man anfänglich noch den überlegen disponierenden Autor des *Schweizerspiegels* zu spüren meinte, einen Modernitätsschub. Er gemahnt jetzt nicht nur gelegentlich an Werke Kafkas, sondern auch an literarische Darstellungen der Arbeitswelt, wie sie in den 1960er- und 1970er-Jahren entstanden.

Das vorletzte Kapitel des Romans, welches das Ende von Werners Hotelkarriere schildert, steht in einer Spiegelbeziehung zum 8. Kapitel des Ersten Teils, das den Eintritt in die Hotelwelt inszeniert. Das Lächeln eines Mädchens hat den Kellner so aus dem Konzept gebracht, dass er dessen Mutter Sauce auf den Nacken schüttet, ein Missgeschick, das auch schon im *Grand Hotel Excelsior* einem Kellner unterläuft.[36] Werner ist am Ende, zieht sich in seine Mansarde zurück und will sich vom Hoteldach in die Tiefe stürzen. Da fällt ihm, wie einst als kleinem Jungen, die Aussicht auf die Seelandschaft in den Blick, welcher das Hotel seinen Standort verdankt:[37]

> Ich [...] tauchte in einen Strom von Licht und Morgenwind empor, der aus dem weiten blauen Himmel strahlend frisch und verwirrend auf mich eindrang, während ein plötzlich springender Quell von Musik aus der Tiefe zu mir herauf sprühte. Ich dachte rasch abwehrend, daß dies ein gewöhnlicher Sommertag sei und das Kurorchester da unten sein Morgenkonzert beginne, aber sogleich vergaß ich es wieder. Diese Musik war ein Wunder von hinreißender, geistvoller und natürlicher Heiterkeit, ich hatte noch nie so etwas gehört. Der See glitzerte, ein Segelboot fuhr draußen zwischen bewaldeten Ufern, Schwalben kreuzten durch die Sommerbläue, und der straff gezügelte tönende Wirbelwind aus der Tiefe zauberte alle Erdenschwere hinweg. In diesen unbegreiflichen Augenblick zusammengedrängt, überfiel mich so mit blauen See- und Himmelsgründen, leuchtend grünen Wäldern und Bergen, mit Schwalbenschwüngen und Zaubertönen die ganze schöne Welt und hielt mich fest. Ich blieb erschüttert in meiner Luke stehen.

---

35 Als er selber noch Kellner war, beschrieb Inglin seine Arbeit bereits in ähnlicher Detailliertheit in seinem Brief vom 5. Sept. 1910 an Tante Margrit (Abegg-Eberle), der abgedruckt ist in: Beatrice von Matt, *Inglin* (wie Anm. 2), S. 43f.
36 Inglin, *Grand Hotel* (wie Anm. 33), S. 135.
37 Inglin, *Amberg* (wie Anm. 4), S. 357.

Wieder ein Höhenblick, wieder eine Art gedichteter Hotelprospekt. Das Hotel, das ihm eben noch das Leben verleidet hat, bietet ihm nun den Ausblick auf die «ganze schöne Welt» dar, in der das Natur- und das Kunstschöne vereint sind. Werner weiss, warum gerade jetzt Musik erklingt, aber er ‹vergisst› es sogleich, um sich dem Eindruck ganz zu öffnen.

Fast zu schön, um wahr zu sein! Der Roman lässt durchblicken, dass sein Held in ein künstliches Paradies schaut. Dennoch rettet dieses ihm das Leben. Es ist eben ein Wunder. Tourismus und Romanautor bedienen sich gewissermassen der gleichen Trickkiste. Und auch auf der Handlungsebene verbündet sich der Tourismus mit der Kunst. Zum lebensrettenden Akt genügt gewöhnliche Salonmusik nicht. Die Kurkapelle spielt – Werner wird das später als Student in einem Symphoniekonzert herausfinden – Mozarts Ouvertüre zu *Figaros Hochzeit*.

Freundlich geleitete das Hotel den jungen Mann, den es eben noch brutal geknechtet hatte, hinüber in die neue Karriere eines Schriftstellers. Bei jenem nächtlichen Aufenthalt auf der Aussichtsterrasse im Hotelpark – sie wird als «Kanzel» bezeichnet, Ort der Ausschau und der veröffentlichten Rede – wurde der Grundstein zu den beiden Karrieren gelegt. Der mit Oppositionen operierende Roman stellt diese zwar als Alternativen einander gegenüber, macht aber auch deren Wesensverwandtschaft kenntlich.

IV.

Anders als in *Werner Amberg* stehen in *Grand Hotel Excelsior* eine verdorbene Welt der Zivilisation und eine heile Natur einander in schroffem Gegensatz gegenüber, jedenfalls aus der Sicht der Hauptfigur Peter Sigwart. Als dieser sich ganz am Ende des Romans von den rauchenden Trümmern des Hotels abwendet, erwartet ihn nicht eine Landschaft, in der die Segelschiffe und die Vergnügungsdampfer kreuzen und eine Kapelle spielt, sondern ein Raum, in dem ein «stilles Heer von Tannen» einen «steinigen Moosgrund» umsteht. Das verheisst Peter die Rückkehr in eine «unfaßbare Geborgenheit, in das mütterliche Geheimnis»[38].

Bezeichnend für die Differenz zwischen den beiden Romanen sind die Darstellungen der Hotelparks. Den des Hotels «Freudenberg» lernten wir schon kennen. Er wurde von Werners Urgrossvater angelegt, der (nach Ambros Eberles Vorbild) ihn mit eigenen, in die Felsen gemeisselten Versen

---

38 Inglin, *Grand Hotel* (wie Anm. 33), S. 298. In *Grand Hotel Excelsior* fehlten die Mutterfiguren, die in *Werner Amberg* auch in den Sphären des Hotels zahlreich sind.

verziert hat.³⁹ Besonders rühmt Werner den Einfall, an einer Stelle durch Abtragen der Humusschicht die darunterliegende Felsformation sichtbar zu machen: Künstlichkeit tut der Natur nicht Abbruch, sondern rückt sie in den Blick.

Peter Sigwart kann dagegen den Park nur geniessen, wenn er das Hotel ganz vergisst. Das ist nur für Augenblicke möglich. Sein schockartiges Innewerden, dass die Natur hier ja domestiziert worden ist, wird – auf einfallsreiche Weise – folgendermassen inszeniert:⁴⁰

> […] er ließ die Blicke auf der unberührten Wiesenfläche zärtlich weiden und gönnte ihnen eine lange Rast am dunkelgrünen Saum des Parkes, der kein Park mehr war, sondern ein wirklicher Wald. Er war mit allem herrlich einverstanden, und alles war mit ihm einverstanden.
> Aber nun geschah etwas Unerwartetes. Hinter den Wipfeln der höchsten Tannen erschien ein roter Fleck, der ruckweise emporstieg, immer größer wurde und sich auf einmal flatternd entfaltete. Es war die Fahne, die Hotelfahne. Da wehte sie, das erwachende Leben des Riesenhauses verkündend, hoch im Frühlingswind. Sie wandte sich sogleich wie zu einem herrischen Gruße dahin und dorthin, […]. Es war ein leichter Sieg, eine Überraschung, und schon war sie im Besitz des lauen Windes, der weiß gesprenkelten Himmelsbläue, der Wiesen, der Wege und des Waldes, der kein Wald mehr war, sondern ein Hotelpark.

Man kann den 1949 veröffentlichten *Amberg*-Roman in seinem Verhältnis zum 1928 erschienen *Grand Hotel Excelsior* als ein Buch des Ausgleichs sehen⁴¹ und diesen Befund auch negativ einfärben, indem man von Verharmlosung oder Anpassung spricht. Als Gründe könnte man Altersmilde nennen, vielleicht auch zu jenem Schwarzen Peter greifen, den man in der Geschichtsschreibung über die Literatur der Schweiz der 1930er- und 1940er-Jahre so gerne zieht, zur «Geistigen Landesverteidigung». Gegen solche Zuordnungen spricht, dass die Brutalität der Hotelwelt in *Werner Amberg* ja nicht weniger krass dargestellt wird. Für den vorliegenden Zusammenhang ist wichtiger, dass das Abhängigkeitsverhältnis der Positionen, die in *Grand Hotel Excelsior* noch unvermittelt aufeinanderprallen, hier reflektiert wird. Der Roman veranschaulicht die historische Tatsache, dass ‹unverdorbene› Natur nur für die existiert, die die Zivilisation im Rücken

---

39 Inglin, *Amberg* (wie Anm. 4), S. 271f.
40 Inglin, *Grand Hotel* (wie Anm. 33), S. 110f.
41 Diese Sicht stützen auch die Ausführungen von Cordula Seger über das *Grand Hotel Excelsior* in diesem Band.

haben. Die Kanzel im Hotelpark, auf der Werners Interesse an der Welt des Hotels erwacht, ist dafür sinnbildlich.

In Inglins letztem Werk, der Erzählung *Wanderer auf dem Heimweg*, sind Hotel und Natur voneinander schon weit abgerückt. Das Familienchalet markiert die Mitte dieser Distanz. Der Hoteldirektor ist hier nicht mehr nur eine beargwöhnte Neben-, sondern die Hauptfigur. Er hat seine Karriere allerdings schon hinter sich und im Hotel nur deshalb noch viel zu sagen, weil – Familiengeschichten auch hier – sein Sohn und seine zweite Frau sich wegen der Hotelführung immer wieder in den Haaren liegen. Seine Wanderung, der die Erzählung den Titel verdankt, führt ihn hinauf in die Bergnatur und später in den Tod. Auch sie beginnt auf einer Aussichtsterrasse, auf dem Dach seines Hotels:[42]

> Das Zwielicht eines frühen Märzabends schwankte um die Dachterrasse, die Tageshelle verblaßte kalt, dunstig, nur im Süden leuchteten über die nahen Wipfeln stehengebliebener Parkbäume und dem fernen fahlen Saum verschneiter Berge noch rötlich goldene Wolkenfische aus dem offenen Himmelsrand. Die wachsende Stadt hatte den ehemaligen Park schon fast verschlungen, von beleuchteten Bauplätzen reckten sich Krantürme in den Abendhimmel, Antennengerippe horchten gierig über die Dächer hinaus und trugen den Hausbewohnern auch den Lärm der entfernteren Welt an die Ohren. Gegen die Berge hin käme man irgendwo in einem abgelegenen Voralpental nach Seewilen. Es gab dort zwischen niederen Felsen und flachen Schilfufern einen kleinen See, einen See, der nicht zu den berühmten, häufig besuchten gehörte, aber einen vielbeschäftigten alten Mann daran erinnern konnte, daß er dort als Junge fischend und schwimmend wochenlang im Paradies gelebt hatte.

Das Hotel steht nicht mehr am See, die Aussicht ist verbaut. Es bedarf der ganz persönlichen Erinnerungsantennen des Hoteliers, um den Kontakt zu einem See herzustellen. Das Hotel ist als Ausgangspunkt der Reise, von der dann erzählt wird, keine unbedingte Notwendigkeit, aber auch keine Zufälligkeit. Der Hotelier als Verkäufer künstlicher Paradiese ist besonders sensibel im Umgang mit Sehnsüchten – wie der Dichter. Sorgfältigere Erwägungen abkürzend sei hier festgehalten, dass die Erzählung nicht nur als Schilderung eines Lebensabends gelesen werden kann, der im Mannesalter ausgeklammerte Sphären ins Leben reintegriert, sondern auch – autopoetisch – als Versinnbildlichung einer Suchbewegung, die für viele

---

42 Meinrad Inglin, *Erzählungen. Bd. 2, Gesammelte Werke. In zehn Bänden*. Hg. von Georg Schoeck. Bd. 9.2. Zürich 1990, S. 408.

Werke Inglins bestimmend ist; zu Recht bezeichnet Beatrice von Matt die Erzählung so als Inglins «literarisches Vermächtnis».[43] *Wanderer auf dem Heimweg* kann schliesslich auch verstanden werden als die in bildhafter Form doch noch realisierte Fortsetzung von *Werner Amberg*, die erzählt, wohin die Reise nach dem dort noch viel strahlender geschilderten Erlebnis auf dem Hoteldach führt.

V.

In *Werner Amberg* ist die Neuorientierung des Titelhelden nach dem Abbruch der Kellnerkarriere nur noch knapp angedeutet. Doch das genügt, um plausibel zu machen, wie einer unter den geschilderten Lebensbedingungen zum Schriftsteller wird. Darin liegt, neben allen punktuellen Übereinstimmungen der Romanhandlung mit Inglins Biographie, der eigentliche autobiographische Gehalt des Buchs, das seinem oft so ungeschickten Helden – anders als Gottfried Kellers *Grüner Heinrich* – den Durchstieg zum Dichterberuf nicht vorenthält.

Welche wichtige Rolle der Kontakt mit dem Tourismus dabei spielt, soll eine letzte Passage belegen. Die ersten Ferien nach dem Tod der Mutter verbringt Werner Amberg nicht mehr, wie die letzten Ferien vor dem Tod des Vaters, im Berggasthof auf der Egg, sondern im Hotel Freudenberg, das jetzt von einer Grosstante und deren Mann geführt wird. Diesen trifft Werner gleich bei seiner Ankunft in einem Pavillon des Parks hinter einer Staffelei an (nach dem dichtenden und dem tanzenden nun auch noch ein malender Hoteldirektor). Er zeigt dem Ankömmling sein noch unfertiges Gemälde:[44]

> «Siehst du den Fuchs?» Das Bild zeigte einen Landschaftsausschnitt, wie man ihn hier zwischen zwei Säulchen vor sich hatte, einen angedeuteten Berg im Hintergrund, halbfertige Wiesenhänge, davor verschieden grünes Laubgehölz und am rechten Bildrand dunklen Tannenwald, unter dem ein roter Fuchs durch die Dämmerung schnürte.

Der Hoteldirektor malt, was er seinen Gästen verkauft, den Ausblick auf unverstellte Natur. Er lässt weg, was ans Diesseits des Blicks erinnert, die rahmenden Säulchen, fügt aber das scheue Wildtier hinzu, das ein Hotelgast gewöhnlich nicht zu Gesicht bekommt.

---

43 Beatrice von Matt, *Inglin* (wie Anm. 2), S. 266.
44 Inglin, *Amberg* (wie Anm. 4), Ebd., S. 274.

Das Gemälde dieses gefürchteten und verehrten alten Fuchses der Hotelbranche kann man als eine augenzwinkernde Evokation von Inglins Roman *Die graue March* sehen. Dieser führt uns auf der Fährte eines Fuchses in eine Welt ein, die vom Tourismus noch gänzlich unberührt ist. Die Episode im *Amberg*-Roman rückt ins Bild, was in der eindrücklichen Eingangspartie der *Grauen March* ausgespart ist, den Standort desjenigen, der das wilde Tier beobachtet und festbannt. So wird dieser Pavillon deutbar als eine Allegorie des Erzählerstandortes und wirft die Frage auf, ob diese denn für Inglins Werke zutreffe. Agieren die Erzähler darin doch auch aus einer so beschaulichen und beschützten Warte heraus oder wagen sie es vielmehr, sich der Wildnis auszusetzen? So oder so wird eine Relation aufgezeigt zwischen dem Revier des Fuchses und dem Vorposten der Zivilisation, von dem aus betrachtet jenes erst als die unberührte Natur fassbar wird.[45]

Die unberührte Alpennatur hat im Tourismus seinen Widerpart. Lässt sich das eine ohne das andere überhaupt denken?

---

45 Tourismuswelt und Natur als strikte Gegensätze sieht dagegen aus anderen Erwägungen: Marzena Górecka «‹Die Einbetonierung der Bergnatur› versus ‹das große Ur›. Die Kritik der Technokratisierung im Werk Meinrad Inglins», in: *Die Schweiz verkaufen* (wie Anm. 7), S. 137–148.

CHRISTIAN VON ZIMMERMANN (BERN)

Vom Hadern mit der Moderne

Raum, Zeit und Menschenbild in Meinrad Inglins Roman *Urwang*

Der Philosoph und Psychologe Paul Häberlin (1878–1960), zu dessen Schülern Meinrad Inglin seit seinem Vorlesungsbesuch 1916 an der Universität Bern zählte[1] und mit dem Inglin auch die gemeinsame Jagdleidenschaft verband, thematisiert in seinen autobiographischen Anekdoten *Aus meinem Hüttenbuch: Erlebnisse und Gedanken eines Gemsjägers* (Frauenfeld 1956) eher beiläufig die Verfasstheit des modernen Menschen. In seiner grossstädtischen und ‹literarischen› Weltsicht suche dieser ängstlich Zuflucht zu den Buchweisheiten des 20. Jahrhunderts, die ihm den Mangel an bodenständiger Erfahrung, an gelebter Existenz ersetzen sollen:[2]

> Ich möchte die Literaten, welche so viel von der Ausweglosigkeit (lies: Ängstlichkeit) «des modernen Menschen» schreiben, einladen, einmal mit mir zu kommen zu den Menschen, welche außerhalb ihres großstädtischen oder gar nur eben «literarischen» Gesichtskreises leben. Vielleicht lernten sie dann, daß es nicht angeht, ihre eigene Verfassung oder die ihrer gewohnten Umgebung auf «den Menschen» zu übertragen und alle diejenigen, welche sich allenfalls in dies Bild fügten, entweder überhaupt außer acht zu lassen oder dann mitleidig mit dem Stempel der «Naivität» abzutun.

In den nachfolgenden Anekdoten konfrontiert Häberlin etwa einen angestammten und einen weit gereisten Bauern, die sich über die Vorzüge des Braunviehs gegenüber dem heimischen Simmenthaler Fleckvieh streiten, bis der einheimische Bauer abschliessend festhält:[3]

> «Ihr könnt jetzt sagen was ihr wollt, aber wenn ich mein Chueli ansehe, dann hab ich halt Freud, und wenn ich Eures anschaue, dann hab ich keine Freud.»

---

1 Beatrice von Matt, *Meinrad Inglin. Eine Biographie.* Zürich 1976, S. 83, 90–92.
2 Paul Häberlin, «Der ‹moderne Mensch›», in: Ders., *Aus meinem Hüttenbuch. Erlebnisse und Gedanken eines Gemsjägers.* Frauenfeld 1956, S. 54–57, hier S. 54.
3 Ebd., S. 55.

Diese schlichte Situation verdeutlicht eine Grundkonstellation, wie sie auch in der fiktionalen Welt der Werke Meinrad Inglins immer wieder zu finden ist. Zwei Jahre vor Häberlins Hüttenbuch erschien Inglins später Talroman *Urwang* (1954), in welchem die wenige Köpfe umfassende Bevölkerung des Urwangtales durch den drohenden Bau eines Wasserkraftwerkes und Stausees zunächst aus der Ruhe gerissen und letztlich vertrieben wird. Die Konfrontation unterschiedlicher Denkweisen, die sich durch keine rational geführte Argumentation miteinander vermitteln lassen, bildet die Grundsituation zwischen den Vertretern der Energiegesellschaft URAG auf der einen und den einzelnen Bewohnern des Tales auf der anderen Seite. Selbst die verständnisvollste Argumentation Wegmanns, der das Land für die URAG aufkaufen soll, stösst an die Grenzen, wenn es nicht mehr um ökonomische Interessen geht, sondern um den gewachsenen Zusammenhang von Erfahrung, Tradition, Religion, Natur und Mensch. Der alte Bauer Ulrich wird im Verlauf des Romans störrisch erscheinen, entwurzelt werden, sich mit einem Stück Heimaterde in ein schweigsames Alter flüchten. Auch Wegmann ahnt hier die Grenzen seines philanthropischen modernen Bewusstseins: «Ein urchiger Mann, verwurzelt wie ein alter Baum. Schade, daß er uns im Weg steht! Alte Bäume sollte man nicht verpflanzen müssen, sie gedeihen anderswo kaum mehr.»[4] Später ist es Franziska, die Braut eines seiner Söhne, die dem alten Bauern Ulrich die Gedanken nachschickt: «sie war ihrem künftigen Schwiegervater immer mit herzlicher Achtung begegnet, hatte in der Fremde diesen kraftvollen und ehrwürdigen alten Bauern mitten im Urwang ihrer Träume verwurzelt gesehen und sah ihn jetzt auch mit ihm untergehen».[5]

Die Wurzelmetaphorik, die nicht eben originell im Text die ursprüngliche Verbundenheit des alten Bauern mit dem Tal zeigt, weist zugleich einen zugrundeliegenden Aspekt seines Weltbildes aus: die festen räumlichen Koordinaten seiner Existenz. Im Denken von Wegmann und dem Bauern Ulrich stehen sich entsprechend auch zwei Raumordnungen gegenüber. Der Raum des Bauern Ulrich ist begrenzt, abgeschlossen gegen eine Welt jenseits des Tals, eingefangen in die ebenfalls festen Koordinaten der anderen Höfe und Familien und die Geschichte dieser Höfe und Familien: «‹Hier sind wir daheim, und an einem andern Ort wollen wir nicht daheim sein. Hier sind schon unsere Vorfahren daheim gewesen, und nicht nur meine, auch Schlatters, Dörigs, Gruobers, Steiners. Alle sind hier Bauern

---

4 Meinrad Inglin, «Urwang. Roman». In: Ders., *Werke. Band 6: Urwang. Roman – Erlenbüel. Roman – Chlaus Lymbacher. Komödie in fünf Akten.* Zürich 1981, S. 7–273, hier S. 106. Vgl. auch den Beitrag von Wolfgang Hackl im vorliegenden Band.
5 Ebd., S. 255.

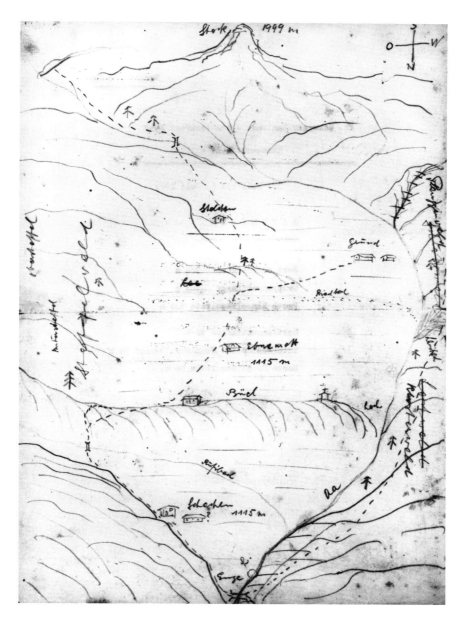

Abb. 19: Inglin hat das Urwang-Tal kartografisch genau skizziert. Auffallend sind dabei die symmetrischen Anordnungen der Wohnräume und die Betonung natürlicher Grenzen. (Nachlass Meinrad Inglin, Kantonsbibliothek Schwyz)

gewesen, sie haben zu ihrem Boden Sorge getragen und einander geholfen, wenn es sein mußte. [...].»»[6] Der eigene Hof ist unmittelbare Bedingung der eigenen Existenz auf diesem konkreten Boden; dazu gehören konkrete Gefahren wie etwa die Überschwemmung durch den Laubach, die als Teil des eigenen Lebens schicksalhaft angenommen werden. Sie bilden das raumdeterministische Weltbild von Ulrich: Der Mensch im Urwangtal wird durch die Raumbedingungen bestimmt, die er handelnd zwar verbessern kann, aber als Lebensschicksal anzunehmen hat. Geschichtliche Dauer, Einheit von Mensch und Landschaft, Annahme der Landschaft als Schicksal prägen die Weltsicht, die Ulrich in der Formulierung «mit Leib und Seele ans Urwangtal gebunden» zusammenfasst. Ulrich vergleicht seine Verteidigung des Tals mit dem Grenzdienst der Schweizer Soldaten im Ersten Weltkrieg.[7]

Der bäuerliche Talraum, wie er Denken und Sein von Ulrich spatialisert, ist durch Grenzen gekennzeichnet. Die Grenzen zeigen sich schon dort, wo die sittenstrenge Mutter ihre Tochter von der Büelwirtschaft heimholt. Vor allem aber die Flucht der eigenen unfreiwillig schwangeren Tochter aus dem Tal erscheint als eine unverzeihliche Grenzüberschreitung, die an der verräumlichten Ordnung rüttelt.

Es geht durchaus nicht nur um den Naturraum des Tales im Roman; vielmehr ist der Talraum insbesondere das Strukturbild einer sozialen, moralischen und in hohem Grade symbolischen Ordnung. Martina Löw hat im *Handbuch der Kulturwissenschaften* (Stuttgart u. Weimar 2004) den institutionalisierten Charakter räumlicher Anordnungen betont, die durch tatsächliche Raumbegrenzungen wie Zäune und Mauern abgegrenzt oder aber «durch symbolische Zeichen markiert» würden.[8] Symbolisches Zentrum dieses fiktionalen Talraumes ist – besonders für den Bauern Ulrich – die durch die Arbeiten gefährdete Kapelle. Nicht die religiöse Funktion, die etwa durch die Übernahme der Muttergottes-Statue durch die Dorfkirche durchaus bewahrt bliebe, bildet den Wert der Kapelle, sondern ihre Bedeutung als symbolisches Zeichen des institutionalisierten bäuerlichen Raumes. Löw betont, dass die symbolischen Raumzeichen sich durch eine auf sie bezogene räumliche Praxis verfestigen, wie dies in der immer wieder wiederholten Wanderung zur Kapelle und im gemeinsamen Gebet am Ort der Kapelle geschieht.

---

6 Ebd., S. 104.
7 Ebd., S. 105.
8 Martina Löw, «Raum – Die topologischen Dimensionen der Kultur», in: *Handbuch der Kulturwissenschaften. 3 Bde., Bd. 1: Grundlagen und Schlüsselbegriffe.* Hg. von Friedrich Jaeger u. Burkhard Liebsch. Stuttgart u. Weimar 2004, S. 46–59, hier Sp. 58a.

Es lässt sich leicht zeigen, dass der bäuerliche Raum, also die spatiale Ordnung des Weltbildes von Ulrich, nicht einen absoluten Raum der Romanwelt bildet. Es existieren andere symbolische Raumzeichen für andere Raumordnungen: etwa der Gipfel des Berges, der durch eine Steinanhäufung über die 2000er-Grenze gehoben wird, als Symbol einer potentiellen touristischen Ordnung des Raums, oder aber die als Symbol des Sehnsuchtstales durch den Major gepflegten Bäume. Die Figuren nehmen die jeweilige Raumsymbolik der anderen zur Kenntnis, aber die Symbole und die räumlichen Ordnungen sind eben in einem hohen Maße individualisiert. Das gilt auch für die Raumgrenzen: So kann etwa der Major das Tal ohne weiteres als Zufluchtsort regelmässig besuchen, während der enge Raumhorizont des Bauern Ulrich und seiner Frau bereits einen Zahnarztbesuch im Unterland als Krise ihres Ordnungsmodells erscheinen lässt.

Die Raumordnung der URAG schliesslich, wie sie der Roman profiliert, ist gegenüber dem raumdeterministischen Weltbild von Ulrich geprägt durch die Vorstellung, den Raum handelnd verändern zu können. Wichtige Rahmenvorstellungen der Raumordnung sind hier Nutzen-Kosten-Erwägungen und die Wahl des besten Standortes in diesem oder jenem Tal unter den Prämissen der Gewinnmaximierung und der überregionalen Energieversorgung. Die Raumgrenzen sind fliessend, sie erlauben weiträumige Bewegungen, und Wegmann reist offenbar durch die halbe Schweiz, um den Bauern, die ihren Hof verlieren, Möglichkeiten zu einem Neuanfang an einem anderen Ort zu bieten. Die Raumkonzeption erscheint hier auch – im Sinn der Raumstudien von Henri Lefebvre (1901–1991) – als Ausdruck einer gesellschaftlichen Ideologie und in Bezug auf die URAG als «Ausdruck kapitalistischer Wirtschaftslogik»,[9] die den Raum nach ökonomischen Interessen vermisst, evaluiert und strukturiert. Es versteht sich, dass sowohl Ulrich als auch die URAG-Mitarbeiter je eine exklusive Raumordnung vertreten, also ihren Konflikt wesentlich als einen Konflikt über die Raumordnungs- und Raumdeutungsmacht austragen.

Die individuellen Raumkonzeptionen werden im Roman verbunden mit ebenfalls individualisierten zeitlichen Ordnungen. Die Diskussion um die Verlegung der Kapelle, bei welcher wiederum der alte Bauer Ulrich besonders beharrlich sich weigert, zeigt dessen Konzeption der Zeit: «‹[...] Wir wollen uns nicht freiwillig von dieser Kapelle trennen, wo wir und alle, die vor uns da waren, gebetet und die Muttergottes verehrt haben. [...].›»[10]

9 Ebd., S. 48. – Löw bezieht sich auf: Henri Lefebvre, *Die Revolution der Städte*. München 1972; Ders., *The Production of Space*. Oxford u. Cambridge 1991 [1974].
10 Inglin, «Urwang» (wie Anm. 4), S. 240.

Neben die Raumordnung tritt dergestalt eine Zeitordnung, die nicht durch die Brüche von Vergangenheit, Gegenwart und Zukunft gekennzeichnet ist, sondern durch die Verbundenheit von Vergangenheit und Gegenwart, durch die Wiederkehr von sozialen Ereignissen wie dem Gebet in der Kapelle, wie den meteorologischen Verhältnissen, die wie der Föhn in gewohnter Weise ablaufen, wie den bäuerlichen Arbeiten im Jahreslauf. Selbst ausserordentliche Ereignisse wie ein übergetretener Bergbach erscheinen hier nur als vorübergehende durch die Mühsal der Arbeit zu bewältigende Störungen einer letztlich als Kontinuität in der Zeit gedachten Ordnung.[11] Gleichwohl lässt auch das Zeitmodell des Bauern Ulrich einen gewissen Fortschritt zu, wenn man an die Eingaben Ulrichs denkt, den Lauibach mit staatlichen Subventionen zu verbauen. Insofern unterscheiden sich die Zeitordnungen vor allem im Hinblick auf ihre Tendenz der Entschleunigung oder der Beschleunigung.

Ulrichs störrisch behauptete feste Raum- und Zeitordnung ist zutiefst bäuerlich, und so sind es gerade jene Gestalten wie der Büelwirt Johann Steiner, der seinen Hofbetrieb in eine Wirtschaft verwandelt hat, die nichtbäuerliche Ordnungsmodelle vertreten: Im Vordergrund steht eine andere Zeitauffassung, deren Leitbegriff derjenige des Fortschritts ist. Fortschritt impliziert das Ungenügen der Gegenwart an den subjektiven Ansprüchen desjenigen, der diesen Fortschritt proklamiert: Eine Strasse soll nach Steiners Vorstellungen den alten Weg zum Wirtshaus ersetzen, der zu errichtende Stausee ist in seiner subjektiven Sicht zunächst ein lokaler Tourismusfaktor. Das zentrale Element des Fortschritts impliziert demgemäss nicht nur einen absoluten Bruch mit der Vergangenheit, den Steiner vollzieht, indem er die Landwirtschaft zugunsten der Wirtschaft aufgibt, und ein Ungenügen der Gegenwart, die in eine bessere Zukunft umzugestalten ist, sondern auch eine Dynamisierung der Raumkoordinaten: der feste Raum des Tales wird zum gestaltbaren Raum der Zukunft.

Es liesse sich auch ohne weiteres die Zahl der subjektiven Raum- und Zeitordnungen multiplizieren, wenn etwa der Zuflucht suchende Major hinzugenommen würde oder die Wirtstochter Franziska, die nach England geht in der Hoffnung, dann einmal für immer im Tal zu bleiben, oder der älteste Ulrich-Sohn, der sich andernorts eine Existenz aufgebaut hat usw. usf. Zeit und Raum sind also nicht objektive Gegebenheiten, welche die physischen Bedingungen der Existenz in ihren Koordinaten prägen. Sie sind vielmehr die Koordinaten vorgestellter Strukturen und Entwicklungen oder, wie es in der Raum- und Zeittheorie von Paul Häberlin heisst: «Formen

---

11 Vgl. ebd., S. 105.

der gegenständlichen Weltauffassung».[12] Raum und Zeit sind, so Häberlin, auch generell keine «adäquate Bezeichnung der wahren Beziehung des Einzelwirklichen untereinander», vielmehr seien sie Hohlformen, welche die individuellen Weltauffassungen erst ermöglichten, als ‹Ordnungsformen des Denkens› die Etablierung von subjektiven Weltordnungen unterstützten, sie stellten aber keine Kategorien einer unabhängigen Wirklichkeit dar. In Inglins Roman zeigt sich augenfällig die Tendenz der Figuren, ihre Weltbilder durch diese Ordnungsbilder von Dauer oder Fortschritt der Zeit, von Abgeschlossenheit oder Offenheit des Raumes zu bestimmen.

Die Multiplikation der Raumordnungen auf der Figurenebene weist jedes Raumkonzept von vornherein als ambivalent aus. Jede Figur wird sich im Lauf des Romans bewusst, dass die eigene Raumkonzeption nur eine mögliche neben anderen ist. Diese Verunsicherung der Raumwahrnehmung wird auch auf der Ebene des Erzählens selbst vorgenommen, denn der eingangs geradezu als Idylle erscheinende Raum des Tales wird nicht einfach im Lauf des Romans durch eine andere Ordnung ersetzt. Vielmehr ist die scheinbare Ausgangsordnung bereits latent eine künftig anders gestaltete Ordnung. Zumindest seit die Konzession zum Kraftwerkbau erteilt worden ist, bilden Ruhe und Beschaulichkeit des Urwangtals nur noch eine Idylle auf Zeit. Der Leser, der das Tal eingangs als eine unberührte Idylle wahrzunehmen geneigt sein muss, vollzieht mit deren Dekonstruktion durch den Hinweis auf die bereits erteilte Konzession dieselbe Krise wie Vater und Sohn Ulrich, die sich nur noch darauf verständigen können, man habe damals die Konsequenzen der erteilten Konzession und Enteignungsrechte nicht absehen können.[13]

Erweist sich damit nicht jegliche Raumordnung bereits als ambivalent im Sinn des Ambivalenzbegriffs, den der Soziologe Zygmunt Bauman (* 1925) zum Kernbegriff seiner Bestimmung einer Mentalität der Moderne gemacht hat?[14] Diese Mentalität der Moderne bestünde demnach darin, zu erkennen, dass ein eigenes Weltbild nur ein mögliches, neben anderen existierendes Weltbild ist. Ordnung wird dadurch zu einer Ordnung, die behauptet werden muss, etwa gegen ein mögliches Chaos. Dies führe im Bemühen um die Sicherung der als gefährdet erkannten Ordnung, so Bauman, zu Praktiken der Verdrängung und Vernichtung von Ambivalenz, also zu Intoleranz. Der Roman zeigt dies anschaulich in der Konfrontation der Raumordnungen. Obwohl jede Seite die andere Raumordnung prinzipiell versteht,

---

12 Paul Häberlin: *Das Geheimnis der Wirklichkeit*. Basel 1927, S. 326.
13 Inglin, «Urwang» (wie Anm. 4), S. 108.
14 Zygmunt Bauman: *Moderne und Ambivalenz. Das Ende der Eindeutigkeit*. Aus dem Englischen von Martin Suhr. Hamburg 2005.

sind sowohl das raumdeterministische wie das fortschrittsorientierte Raumkonzept exklusiv und sind daher nicht in der Lage, ein Ineinandergreifen differenter Raumordnungen anzuerkennen. Der Roman diskutiert zahlreiche Praktiken der Behauptung der jeweiligen Ordnungen, der Verdrängung des Anderen. Auf Seiten der bäuerlichen Talbewohner wird die Möglichkeit eines gewaltsamen Widerstandes erwogen. Die URAG droht mit der Möglichkeit der Enteignung. Das erfolgreiche System der URAG, die eigene ökonomische Ordnung durchzusetzen, besteht darin, die Talbewohner auf eine Diskussion zu verpflichten, in welcher es wesentlich um den ökonomischen Nutzen der Energieerzeugung und den ökonomischen Nutzen der ihr Land verkaufenden Talbewohner geht. Die Praxis der Verdrängung nichtökonomischer Weltbilder besteht darin, diesen den ökonomischen Diskurs aufzuzwingen. Folgerichtig bleibt dem Bauern Ulrich nur eine Möglichkeit, sein eigenes Weltbild zu bewahren: Er fällt ins Schweigen und entzieht sich damit der ökonomischen Argumentation.

Auch hier wäre vorläufig festzuhalten, dass das Erzählen die Ambivalenz der Ordnungen zunächst bestätigt und nicht von vornherein eine Ebene etabliert, auf der die Ambivalenz im Sinn eines moralischen Gut-Böse-Schemas zu entscheiden wäre. In den Charakteren stehen sich nicht Gut und Böse gegenüber. Der Philanthrop Wegmann, der die ökonomische Argumentation kenntnisreich und häufig adressatengerecht einzusetzen vermag, hat durchaus menschlich positivere Züge als der polternde Bauer Ulrich, dessen Standhaftigkeit durchaus auch Unfreundlichkeit und Verhärtung einschliesst.

Auch generell erscheint die bäuerliche Welt Ulrichs nicht in dem Sinn als eine idealisierte Heimatwelt, wie sie – in deutlicher Verwandtschaft zu völkischen Argumentationen –[15] das Bild des «wahren Eingeborenen» und des heimatlichen «Erdenraume[s]» prägte, wie es Inglin in seinem Essay *Lob der Heimat* (1928) entworfen hatte. Der Essay war von der tiefen Besinnung auf die letzte Gewissheit einer Volkseigenart getragen gewesen, geprägt durch einen natürlichen Lebensraum:[16]

---

15 Vgl. hierzu jetzt auch: Eva C. Wiegmann-Schubert, *Kulturkritik und Kulturverbundenheit im Werk von Meinrad Inglin. Von der antimodernen Verweigerung zur konstruktiven Kulturkritik*. Essen 2012 (Düsseldorfer Schriften zur Literatur- und Kulturwissenschaft 12), bes. S. 265–298. – Wiegmann-Schubert ist zuzustimmen, dass gerade im *Lob der Heimat* völkische Töne erkennbar sind. Sie scheint freilich die Bedeutung des *Schweizerspiegels* nicht in gleichem Masse wie der Vf. vorliegender Studie in seiner Bedeutung für die Auseinandersetzung Inglins mit der eigenen ideologischen Gefährdung zu würdigen, gegen welche sich Inglin ein Bekenntnis zu den liberalen Traditionen der Schweiz abgerungen hat.

16 Meinrad Inglin, *Lob der Heimat*. Horgen-Zürich u. Leipzig 1928, S. 15.

Gewiss ist, dass wir ganz anders als die Menschen des flacheren Landes auf das Mass der Natur verwiesen sind, und wir selber müssten das groteske Missverhältnis eines konventionell verschnörkelten, erstarrten, eines krämerhaft nur auf Erwerb gestellten oder sonstwie verarmten Daseins zur grossgearteten Fülle der Landschaft spüren.

Der Essay setzt ein bei einer Gewissheit über die Ordnung des Raumes, welcher dem Menschen und hier besonders dem Volk seinen Geist aufpräge. Aus der Stabilität der äusseren landschaftlichen räumlichen Ordnung leitet sich die Behauptung eigener Volkseigentümlichkeiten ab:[17]

> In diesem Raume lebt kein Arbeiterheer, keine Wählermasse, kein abgeschliffenes Publikum, sondern ein Volk, eine kräftig verwurzelte Menschengemeinschaft von ausgeprägter Stammesart, mit allen Merkmalen jenes ursprünglich Volkhaften, das zahllose, von der modernen Zivilisation ausgelaugte und eingeebnete Menschen nur noch aus der Erinnerung kennen.

Schon im Essay klingt die Ablehnung des Modells einer Staatsbürgernation zugunsten einer mythisch fundierten Kulturnation an, an der sich Inglin später im *Schweizerspiegel* abgearbeitet hat, um sich ein Bekenntnis zur liberalen Tradition der Schweiz abzuringen. Noch 1933 erschien freilich seine Erzählsammlung *Jugend eines Volkes*, in welcher der Mythos eines landschaftlich gebundenen Volksgeistes gefeiert wird. Der Akt dieser Verbindung von Mensch und Landschaft ist die Selbstopferung des alten Helden Swit, der «nackten Leibes» sich vom Blitz erschlagen lässt, um seinen Geist auf immer mit der Natur zu verbinden.[18] Dasselbe Motiv hatte Inglin bereits in der emphatischen Naturschau seiner Erzählung *Über den Wassern* (1925) verwendet. Die mythische Geschichte der Schweiz, wie sie Inglin erzählt, ist eine der Behauptung dieses Volksgeistes gegen das Vergessen, aber auch gegen die symbolisch von Geßler in der Tell-Erzählung vertretene kosmopolitische Vision, alle Völker in einem Geist zu sammeln.[19] Der Volksgeist, so heisst es im *Lob der Heimat*, sei dagegen im Volk weiterhin präsent: «besonders in seinem unverfälschten bäuerlichen Kern»,[20] bei jenen «Eingeborene[n] […], die sich von der Natur nicht allzu weit entfernt

---

17 Ebd., S. 15.
18 Meinrad Inglin, «Jugend eines Volkes». In: Ders., *Werke. Band 3: Jugend eines Volkes. Fünf Erzählungen. – Die graue March. Roman.* Zürich 1981, S. 7–179, hier S. 35f.
19 Ebd., S. 122.
20 Inglin. *Lob der Heimat* (wie Anm. 16), S. 16.

haben, die also der heimatlichen Erde und damit dem Schicksal dieser Erde eingeboren sind».[21]

Auch wenn sich Inglin von den allzu völkisch wirkenden Aspekten seines Essays später lossagte und sich namentlich im *Schweizerspiegel* gegen die eigene ideologische Gefährdung zu einem Bekenntnis zu den staatsbürgerlich-liberalen Traditionen der Schweiz durchrang, gewinnen Inglins Thesen aus dem Essay Bedeutung für eine Neuauflage der Geistigen Landesverteidigung Ende der 50er-Jahre. Durch den bekannten Kulturgeographen und Landschaftsschützer Emil Egli (1905–1993) wurde Inglin zum Neudruck seines Essays gedrängt. In Eglis Lesebuch *Erlebte Landschaft: Die Heimat im Denken und Dasein der Schweizer* (1961) war ein Auszug; in den *Notizen des Jägers*, die Inglin 1965 kompilierte, die aber erst 1973 nach seinem Tod erschienen, wurde eine überarbeitete Neufassung veröffentlicht. Eglis eigene Essays zum Zusammenhang von Mensch und Landschaft geben – ohne völkische Untertöne – die Grundgedanken von Inglins *Lob der Heimat* ebenfalls wieder. Egli betont die Einheit von Mensch und Landschaft, wie sie in der Kulturlandschaft des 19. Jahrhunderts gegeben sei, während die kommende Industrie- oder Zivilisationslandschaft zur Entwurzelung des Menschen, zur technischen Zerrüttung der Kultur, zur Sinnentleerung führe: «Obwohl der Mensch mit den Flügeln der modernen Errungenschaften die Erde umspannt, so hat er eine landschaftliche Tiefendimension doch nur am Orte seiner Verwurzelung.»[22] Mit Egli war sich Inglin einig, dass die zur Landschaft kulturell geformte Natur das ‹Psychotop› des einzelnen Menschen und der menschlichen Gesellschaft bilde.[23] Der Schutz dieses Psychotops bestand dabei im Erhalt jener Natur, die durch den Bau von Wasserkraftwerken zerstört wurde. Beide propagierten – als Pamphletautoren auch gemeinsam – den Umstieg auf die Atomenergie anstelle der die Landschaft zerstörenden Wasserkraftwerke.[24] Trotz der dabei von beiden betonten europäischen Perspektive wirken freilich die patriotischen Töne im Sinn einer Selbstbesinnung auf die eigene Landschaft als Teil einer ‹Geistigen Landesverteidigung› weiter. So waren beide – Inglin offenbar an bedeutender Stelle – an der Redaktion jenes Soldatenbuchs beteiligt, welches 1958 und 1959 durch das Eidgenössische

21 Ebd., S. 21.
22 Emil Egli, «Landschaft und Mensch. (1965)», in: Ders., *Mensch und Landschaft. Kulturgeographische Aufsätze und Reden*. Zürich u. München 1975, S. 189–201, hier S. 189.
23 Ebd., S. 197.
24 Vgl. im Essayband *Mensch und Landschaft* (wie Anm. 22) die Aufsätze «Mahnwort anläßlich der Rheinau-Kundgebung» (S. 247–252), «Auftrag und Grenzen der Technisierung» (S. 253–265) und «Not der Landschaft» (S. 266–276).

Militärdepartment als soldatische Staatsbürgerkunde verteilt wurde. Neben staatsbürgerlicher und militärischer Aufklärung bilden die Themen der ‹Geistigen Landesverteidigung› hier den gewichtigen Hintergund, der sich in Artikeln über den eidgenössischen Mythos der Schweiz oder über «Das Bild der Landschaft» zeigt und bis zur sittlichen Ordnung der Familie und der Geschlechterverhältnisse reicht.[25]

Im Roman *Urwang* existiert das Vertrauen in ein gewachsenes Psychotop, also die als selbstverständlich empfundene Einheit des Menschen mit den als gegeben vorausgesetzten Bedingungen der Natur, so nicht mehr. An die Stelle sind ambivalente Ordnungen getreten. Die Talbewohner sind keine «wahren Eingeborenen» als Träger eines landschaftlich-volkhaften Zusammenhanges im Sinn des Essays *Lob der Heimat* mehr. Eher erscheinen sie als problematische Gestalten wie etwa der rauflustige Trunkenbold Gruober oder der arme kinderreiche Schlatter. Selbst Ulrich, der noch den Geist des Essays repräsentieren könnte, ist allenfalls noch als Zeichen des Untergangs dieses Zusammenhanges lesbar. Aber er ist auch nicht die eigentlich positive Gestalt des Romans. Im erzählerischen Zentrum steht der Major Bonifaz von Euw, der gegenüber den Bauern schon nahezu eine väterliche Schutzrolle einnimmt und behutsam sein etwas archaisches Idyll vor dem Geist der Zeit zu bewahren sucht. Schon Beatrice von Matt hat auf diesen eigenartigen Helden des Inglinschen Talromans hingewiesen:[26]

> An die Stelle des Großen [im Roman *Die Graue March*], einer umglänzten Erlöserfigur, ist in «Urwang» der nur mehr realistische Major getreten. Auch er ist eine der spezifisch Inglinschen Herrengestalten mit einem späten Zug von ländlichem Feudalismus, im Bewußtseinsgrad den von ihm so geschätzten und geachteten Bauern weit überlegen.

Die Gestalt des Majors von Euw findet ihr Vorbild nicht in Erlöserfiguren. Eher wäre an entsprechende Figurenkonzeptionen im Werk des österreichischen Biedermeierklassikers Adalbert Stifter (1805–1868) zu denken. Etwa an den Oberst in der *Mappe meines Urgrossvaters*, der ebenfalls nicht Teil der ländlichen Bevölkerung ist, aber durch Rat und Vorbild auf

---

25 *Soldatenbuch. Auf Dich kommt es an! Vom Eidgenössischen Militärdepartement dem Schweizer Soldaten gewidmet.* Hg. von der Gruppe für Ausbildung im Auftrage des Eidgenössischen Militärdepartments. Red.: Richard Merz und Albert Bachmann Bern ²1959. Unter den Mitwirkenden wird Meinrad Inglin ausserhalb des Alphabets noch vor Emil Egli und dem Präsidenten des Schweizerischen Schriftstellervereins von 1953 bis 1967, Hans Zbinden, genannt.
26 Von Matt, *Meinrad Inglin* (wie Anm. 1), S. 239.

diese einwirkt. Wie dieser und wie viele Gestalten bei Stifter ist der Major nicht in ein bürgerliches Erwerbsleben integriert, sondern ein gebildeter Herr – wie seine Neigung zur schönen Literatur ausweist. Und wie der Oberst bei Stifter ist auch der Major bei Inglin durch seinen achtsamen und weitblickenden Umgang mit der Natur gekennzeichnet. Der Oberst legt für die kommenden Generationen – zu einer Zeit, da die Holznot im ganzen Mitteleuropa wie auch in der Schweiz ein politisches Thema ersten Ranges ist – einen Föhrenwald an; der Major pflegt seine beiden Lieblingsbäume, die vor allem eine ästhetische Landschaftsfunktion haben, und er wird am Ende mit der Wirtstochter Marie die bedrohten Frauenschuh-Stauden vor dem Stauseeprojekt retten, um sie an einen eigens und wohlbedacht hierfür gesuchten Ort zu verpflanzen. In vielerlei Hinsicht lässt sich der Major als eine neubiedermeierliche Erscheinung betrachten, vor allem, wenn Biedermeier im Sinn von Walter Erhart als eine Position in der Auseinandersetzung mit dem Empfinden einer Dynamisierung der Grundkategorien von Raum und Zeit definiert wird: als eine Position der Entschleunigung der Zeit und der Verfestigung des Raumes.[27]

Erzähltechnisch wird durch die Einführung des Majors zunächst einmal erreicht, dass die manichäische Polarisierung zwischen Urwangbewohnern und URAG vermieden wird.[28] Denn vor seinem Blick sind die Urwangbauern keine idealen Gestalten. Er belustigt sich nicht nur über jene, die bedenkenlos bereits dem Fortschritt huldigen, die Muttergottesfigur der Kapelle verkaufen wollen und wie der Wirt auf Tourismus und Fortschritt setzen. Durch ihn offenbaren sich auch die Streitigkeiten der Talbewohner, ihre raue und ungebildete Art, gegen die seine feineren, gebildeten, ästhetischen Züge kontrastieren. Umgekehrt ist er es, der den URAG-Mitarbeitern ohne weiteres eine idealistische und auch philanthropische Gesinnung zuspricht. Insofern könnte man sagen, dass durch den Major zunächst überhaupt erst die moderne Ambivalenz im fiktionalen Erzählraum erzeugt wird, denn das Unterlaufen einer manichäischen Ordnung weist bereits die Raum- und Zeitkonzeptionen als jeweils mögliche Ordnungen aus. Sosehr die fort-

---

27 Vgl. Walter Erhart, «Das Wehtun der Zeit in meinem innersten Menschen. ‹Biedermeier›, ‹Vormärz› und die Aussichten der Literaturwissenschaft», in: *Euphorion* 102 (2008), S. 129–162.
28 Das Fehlen einer solchen Parteinahme und Polarisierung im Konflikt zwischen Talbewohnern und Urag-Vertretern haben schon Beatrice von Matt im Nachwort zu ihrer Neuausgabe des Romans und Daniel Annen in seinem anlässlich der Neuausgabe erschienenen Essay über den Roman betont. Vgl. Meinrad Inglin, *Urwang*. Mit einem Nachwort von Beatrice von Matt. Luzern 2009; Daniel Annen, «Wie ein Buch prophetisch werden kann. Meinrad Inglins Roman ‹Urwang› neu aufgelegt», in: *Grüsse aus der Kantonsschule Kollegium Schwyz* (2009), Heft 3 (Dezember), S. 25–27.

schrittliche Raumkonzeption auch durch ihn als Zerstörungswerk gekennzeichnet wird: Eine Rückkehr zu einem raumdeterministischen Konzept ist durch seine Haltung von vornherein ausgeschlossen. Hier erinnert der Major übrigens deutlich an Positionen, wie sie später auch Emil Egli vertreten sollte. Wenn ich es richtig verstehe, so bemühte sich Egli zunächst durchaus im Einklang mit Inglins Essay *Lob der Heimat* darum, mit der Vorstellung des Psychotops die Bedeutung des Raums als Grundlage des Lebens und Erlebens in die Diskussion um Energiepolitik und Landschaftsschutz einzubringen. In einem späteren Essay *In Sorge um den Lebensraum* von 1967 wird in anderer Perspektive das notwendige «Nebeneinander von Zivilisationslandschaft und Erholungsraum» an die Stelle des alten Heimatdiskurses gerückt. Insbesondere die Bergwelt wird nun zum Raum einer «Aufenthaltstherapie» für den zivilisationsgeplagten modernen Menschen.[29] Gerade dies ist die Perspektive des Majors auf das Tal, das ihm, der keine gewachsene Beziehung des Eingeborenen zum Tal hat, zur Aufenthaltstherapie wird. Dadurch erscheint der Major später im Werk Inglins als eine paradigmatische Gestalt, denn derselbe Wechsel von der Stilisierung der Heimatperspektive zur Perspektive der Natur als therapeutischer Ort gegen die Erfahrungen der Moderne lässt sich auch im Vergleich zwischen den Jagderzählungen *Die graue March* (1935) und *Das Riedauer Paradies* (1961) zeigen. Die Herren, die sich zur Jagd im Riedauer Paradies treffen, sind keine urchigen Berggestalten der grauen March mehr:[30]

> Von Geschäften umgarnt, von Verpflichtungen gehetzt, von Sorgen angenagt, flüchteten sie aus dem überladenen Alltag auf ruhige Landstraßen, warfen den entbehrlichen Ballast ab und traten hier vor den Wäldern aufatmend zur gemeinschaftlichen Jagd an.

Das Nebeneinander von Zivilisations- und Erholungsraum impliziert die Anerkenntnis eines gewissen Fortschritts, und der Major betont selbst: «Ich wehre mich nicht gegen die Krafterzeugung, fällt mir nicht ein. Kraftwerke sind unentbehrlich. Sie dürfen aber endlich nicht mehr zur Vernichtung ganzer Täler führen [...].»[31] Die Folgerung davon ist allerdings, dass es übergeordnete Interessen wie die Energieversorgung des Landes gibt, denen die

---

29 Emil Egli, «In Sorge um den Lebensraum», in: Egli, *Mensch und Landschaft* (wie Anm. 22), S. 299–310.
30 Meinrad Inglin, «Das Riedauer Paradies», in: Ders., *Werke. Band 8: Verhexte Welt. Geschichten und Märchen – Besuch aus dem Jenseits und andere Erzählungen – Wanderer auf dem Heimweg.* Zürich 1981, S. 289–341, hier S. 297f.
31 Inglin, «Urwang» (wie Anm. 4), S. 179.

Interessen der Einzelnen tatsächlich unterzuordnen sind. Diesen Konflikt zwischen Gemeinschaftsinteressen und angestammten bäuerlichen Rechten hatte Inglin bereits in seiner Erzählung *Der schwarze Tanner* (1947) eindrucksvoll durchgespielt. Die Wiederaufnahme im Roman *Urwang* ist komplex angelegt. Nicht nur für die Energieversorgung, sondern auch für die Landesverteidigung sind Opfer gerechtfertigt und Risiken einzugehen. Dies zeigt die Geschichte um die bei der militärischen Übung verlorene Granate, die schliesslich als Bettflasche im Bauernhaus wieder zum Vorschein kommt. Die Naivität des Bauernmädchens spricht nicht gegen die militärische Übung, sondern zeigt symbolisch, dass in der naiven Vorstellung der Talbewohner kein Verständnis für die notwendigen Risiken und Opfer besteht, die einer Gemeinschaft entgegengebracht werden müssen, die nicht im Rahmen eines eng begrenzten Raum- und Zeithorizonts sich zeigt. Gleichwohl kann nur das Gemeinschaftsinteresse Basis für Eingriffe in die persönlichen Rechte sein: nicht das subjektive Interesse einer auf Gewinnmaximierung angelegten kapitalistischen Wirtschaftsordnung. In den Worten des Majors:[32]

> «[...] Prosperität, blühende Wirtschaft, Wohlstand – alles schön und recht, aber der materielle Wohlstand ist nicht unser höchstes Ziel, es gibt noch höhere Werte, und es ist eine Schande, wenn wir auf Kosten dieser Werte unseren Geldsack füllen. Der innere Wohlstand ist wichtiger als der äußere.»

Der Major verbindet an dieser Stelle den Schutz des Tals mit der Bewahrung sittlicher Werte. Diese bilden jenseits der ökologischen Perspektive in deutlich zivilisationskritischer Wendung das Subthema des Romans.

Damit komme ich zum letzten Aspekt meiner Ausführungen; er betrifft die vor allem an den Gestalten der jungen Frauen aufgezeigte Adoleszenzproblematik, die etwa am Waffenkauf Gruobers aufgezeigte Unvernunft menschlichen Begehrens und die Altersliebelei des über 60-jährigen Majors zur 17-jährigen Wirtstochter Marie. Wie schon in der Erzählung *Die entzauberte Insel* (1943)[33] zeigt auch im *Urwang*-Roman sich mit der Adoleszenz jener Teil der menschlichen Natur, der die Kraft besitzt, den Frieden der Insel und den Frieden Gemüter in Aufruhr zu bringen. Im Roman ist es kaum verborgen der Fremde, der Nichtheimische, der mit dem Namen Louis vielleicht als Westschweizer stereotyp die mangelnde Erdung des Zivilisationsmenschen verkörpert. Die aufblühenden Mädchen

---

32 Ebd., S. 179.
33 Vgl. auch den Essay des Vf.s zu dieser Erzählung im vorliegenden Band.

des Tals und gerade die Tochter der sittenstrengen Bäuerin Ulrich erliegen seiner Verführung, wird ungewollt schwanger und wird schliesslich selbst zum Teil der Zivilisationsgesellschaft. Der Einbruch der Zivilisation in die gewachsene Ordnung des Tals zeigt sich auch bei Gruober, der schlicht dem schnöden Mammon erliegt, anstatt an die Zukunft seiner Familie zu denken, das Geld der Urag vertrinkt oder in Waffen anlegt, die wiederum das natürliche Kräfteverhältnis zwischen Jäger und Wild zu stören vermögen. Dies sind die schlichten Symbole für die Gefahren, die durch den Zusammenbruch der Ordnung aus der Natur des Menschen entstehen. Sie erscheinen nahezu unvermeidlich, und so sind es wiederum nicht die am Alten festhaltenden Bauern, sondern die reflektierten sittlichen Charaktere – insbesondere die Wirtstochter Franziska, die nach England geht, aber das Heimattal als sittliches Gut mit sich nimmt, und der Major, der das Tal als versittlichende Aufenthaltstherapie nutzt –, die den Veränderungen der Ordnungen standhalten. Gerade auch in der etwas schwülstig ausholend beschriebenen Liebe des Majors zu Marie wird der vernünftig sittliche Akt als Überwindung des natürlichen Begehrens demonstriert. Die Überwindung des Begehrens erfolgt durch die Hinwendung zu einer Natur, die nun nicht mehr als determinierender Raum, sondern als absolute, dem Menschen letzte Grenzen weisende Ordnung utopisch aufscheint. Auch diese Verbindung von Anthropologie und Ethik über die dem menschlichen Wirken Schranken auferlegende Gesetzmässigkeit einer absoluten Naturordnung erinnert an Adalbert Stifter, aber auch an neubiedermeierliche Autoren bis hin zum späten Alfred Andersch.[34] Die Ambivalenzen der Moderne, wie sie aus der Uneindeutigkeit der Ordnungen von Zeit und Raum, aber auch aus der Einsicht in die Natur des Menschen resultieren, werden aufgefangen durch die Sehnsucht nach einer Natur, die therapeutisch und versittlichend die Mängel der Zivilisation ausgleicht, aber bereits selbst des Schutzes durch den unvollkommenen Menschen bedarf.

---

34 Vgl. Christian von Zimmermann, «Ästhetische Meerfahrt: Anmerkungen zu Moderne und Biedermeier auf dem Weg zu Alfred Anderschs ‹Hohe Breitengrade› (1969)», in: *Zeitschrift für Germanistik* (2013), Heft 3, im Druck.

WOLFGANG HACKL (INNSBRUCK)

Meinrad Inglins *Urwang* und neuere Alpenerzählungen der Schweiz

Meinrad Inglins Roman *Urwang*, obwohl schon zu Beginn der 1950er-Jahre geschrieben «ein Warnbuch gegen die Kulturen zerstörende Wachstumsideologie der 60er [!] Jahre»,[1] hat wie die Romane *Graatzug* und *Wässerwasser* von Urs Augstburger oder *Marmorera* von Dominik Bernet[2] den Bau eines Staudamms in einem Schweizer Tal und die damit verbundenen Auswirkungen für die Bewohnerinnen und Bewohner der Talschaften, die deshalb ihre Heimat verlieren, zum Thema.

Urwang, Meinrad Inglins siebenter Roman, ist 1954 im Zürcher Atlantis Verlag erschienen. 1953 schreibt Inglin an seinen Freund Gottfried Stiefel: «Meine nächste große Erzählung wird zeigen, wie die Technik in ein noch unberührtes Bergtal einbricht und es schließlich in einem Stausee ertränkt.»[3] Anlass für den Roman war wohl der aktuelle Konflikt um den Bau des Flusskraftwerks Rheinau zwischen Schaffhausen und Eglisau, gegen den sich Inglin bereits 1952 engagiert hatte. Doch wurden im Kanton Schwyz in den 1920er-Jahren der Wägitalersee – dagegen hat Inglin publizistisch agiert –[4] und in den 1930er-Jahren der größte Schweizer Stausee, der Sihlsee, geschaffen und 1954 der Marmorera-Stausee fertig gestellt. Die Proteste dagegen waren – wie in Rheinau und im Unterschied zu den Protesten gegen die Projekte in Rheinwald und im Urserental in den späten 1940er-Jahren – nutzlos, die betroffenen Täler wurden geflutet, die Ortschaften zerstört, die Bevölkerung aus- oder umgesiedelt.

Titelgebend für den Roman ist der fiktive Talgrund Urwang – nach Ulrich Frei dem Göschenertal und der Alp Urwängi im Kanton Uri nach-

---

1 Peter Rusterholz, «Nachkrieg – Frisch – Dürrenmatt – Zürcher Literaturstreit – Eine neue Generation (1945–1970)», in: *Schweizer Literaturgeschichte*. Hg. von Peter Rusterholz und Andreas Solbach. Stuttgart, Weimar 207, S. 241–327, hier S. 242. – Zum Roman vgl. auch den Beitrag von Christian von Zimmermann im vorliegenden Band.
2 Meinrad Inglin, *Urwang*. Roman. Zürich 1987 (Gesammelte Werke 7); Urs Augstburger, *Graatzug*. Ein Bergroman. Zürich 2007; Urs Augstburger, *Wässerwasser*. Bergroman. Zürich 2009; Dominik Bernet, *Marmorera*. Roman. Muri bei Bern 2006.
3 Zit. nach Beatrice von Matt, *Meinrad Inglin. Eine Biographie*. Zürich 1976, S. 238.
4 Vgl. ebd., S. 237.

empfunden[5] –, südlich taleinwärts von Aaschwanden gelegen, wo die Straße endet, die Einheimischen und Gäste daher vom Postauto ins «Leiterwägli» umsteigen müssen:[6]

> Man sah von hier aus in das Urwangtal hinein, ohne vom Talgrund schon mehr zu erkennen als die flache Mulde, die vor ihnen lag und Schachen hieß; die beiden Bergzüge aber traten hier wieder auseinander und liefen weiter nach Süden, um sich am Ende abermals zu treffen und das Tal abzuschließen. Der grüne Hügelrücken, der den Schachen vom hinteren Talboden trennte, war der Büel; mitten darauf stand Steiners Bauernhaus mit der Wirtschaft und weiter rechts, über der eingezwängten Aa, die Kapelle.

Bergzüge markieren die Grenzen des Tals, dessen Kartographie der Erzähler anhand einiger bedeutsamer Orte beschreibend skizziert. Es ist nach Norden offen, dabei wird die Opposition von draußen und drinnen oder hinten gleich zu Beginn des Romans mit Moderne bzw. als dem Fortschritt hinterherhinkend konnotiert. Eingebettet ist diese knappe Beschreibung freilich in die raumbildende Bewegung der Kutschenfahrt und des Gehens des Gastes Major Bonifaz von Euw in das Tal hinein, wodurch der Talraum im Roman dominant in die Narration eingeflochten wird.[7]

In diesem Tal sind fünf prototypische Bauernschaften mit ihren von patriarchalen Männern geprägten Familien und die Kapelle als Symbol der ideologischen Ordnung angesiedelt, deren Mütter «die stärkeren, wenn auch passiveren Partnerinnen ihrer Männer [sind], die sich aus Trotz, Zaudern oder Überhasten verrennen.»[8] Am Büel der schon erwähnte Wirt Steiner, Protagonist des Aufbruchs – «‹Aber einmal muß es vorwärts gehen, und das wird's jetzt.›»[9], im Schachen der Jungbauer Dörig, der zwar gegen das Kraftwerk Partei ergreift, dann aber doch das Angebot zur Umsiedlung als Erster annimmt. Gruober, der lieber seiner Jagdleidenschaft frönt als umsichtig zu wirtschaften, nimmt das schnelle Geld gerne an, Ulrich, Besitzer des schönsten Hofes und überzeugter Verfechter von Glauben und Tradition, erhebt erfolglos Einspruch und verstummt schlussendlich. Und

---

5 Vgl. Ulrich Frei, «Seit dreissig Jahren aktuell. Meinrad Inglin: ‹Urwang›», in: *Neue Zürcher Zeitung*, 21. 6. 1985.
6 Inglin, *Urwang* (wie Anm. 2), S. 8.
7 Zur Unterscheidung von ‹Karte› und ‹Weg› bzw. ‹Ort› und ‹Raum› vgl. Michel de Certau, *Kunst des Handelns.* Aus dem Französischen übersetzt von Ronald Voullié. Berlin 1988 (Internationaler Merve Diskurs 140), S. 215–238.
8 Ulrich Frei, «Nachwort»., in: Inglin, *Urwang* (wie Anm. 2), S. 283.
9 Inglin, *Urwang* (wie Anm. 2), S. 8.

dann noch Schlatter, kinderreich und überschuldet, der aus seiner Misere keinen Ausweg findet.

Diesen Familien, anhand derer Inglin sachlich und ohne folkloristisches Lokalkolorit ein differenziertes bäuerliches Sozialgefüge im Kräftefeld von Tradition und Modernisierung entfaltet und in einzelnen Episoden thematische Akzente setzt, z.B. den Verlust der Heimat, die Polarisierung von Einheimischen und Fremden, das Auftreten widersprüchlicher Rechtsauffassungen oder den Konflikt von Gemeinschaftsinteresse und persönlichem Recht, steht die Elektrizitätsgesellschaft URAG gegenüber. Die Gesellschaft will rechtzeitig vor dem Ablaufen einer alten Konzession ein Kraftwerk errichten. Unterstützt wird sie lokal vom Metzger und Gemeindepräsidenten Gisler und vom Sägewerksbesitzer Husler als «Dorfbonzen».[10] Die konkreten Verhandlungen führt jedoch der Jurist Dr. Wegmann bemüht umsichtig, der jedoch – sei es wegen des von ihm wiederholt hervorgehobenen fehlenden technischen Wissens, sei es wegen mangelhafter Kommunikation der sich verändernden technischen Planungen – nicht verhindern kann, dass am Ende auch Steiner resigniert: er muss feststellen, dass seine Gastwirtschaft nicht wie versprochen am Seeufer den erhofften wirtschaftlichen Aufschwung bringen, sondern ebenso im Stausee verschwinden wird, weil der fertige Staudamm weit über den Büel hinausragen wird. Ergänzt wird diese Konstellation durch den Major Bonifaz von Euw, der als regelmäßiger Gast sozusagen die Rolle eines Mediators einnimmt:[11]

[E]r ist eine der spezifisch Inglischen Herrengestalten mit einem späten Zug von ländlichem Feudalismus, im Bewußtseinsgrad den von ihm so geschätzten und geachteten Bauern weit überlegen. Von den Kräften des Großen [in *Die graue March*] aber sind bei ihm nur Bedauern und Mitleid geblieben, im übrigen ist er ein Opfer wie jene, ein Opfer nicht von faßbaren, bösen Umweltzerstörern – auch alle Techniker tragen hier menschliche Züge – ein Opfer aber der gefährlichen anonymen Macht, welche Lebenswerte wie Menschlichkeit, Heimat, Natur mißachtet zugunsten eines einzigen, des Profits.

Ulrich Frei stellt von Euw in die Tradition der Volksfreunde in der Schweizer Aufklärung, der «die vernünftige Vermittlung von ideellen und materiellen, natürlichen und technischen, progressiven und konservativen, bäuerlichen und städtischen Interessen [sucht].»[12] Angesichts von Briefzeugnissen vermögen wir in dieser Figur auch Positionen des Autors

---

10 Frei, «Nachwort» (wie Anm. 8), S. 282.
11 Von Matt, *Inglin* (wie Anm. 3), S. 239.
12 Frei, «Nachwort» (wie Anm. 8), S. 276.

zu erkennen. So schreibt Inglin im schon erwähnten Brief an Gottfried Stiefel:[13]

> Am meisten plagt mich zur Zeit die Frage, ob die steigende Energieerzeugung für uns wirklich lebensnotwendig und nicht nur eine wirtschaftliche Spekulation ist. Ich habe das Gefühl, daß die fortschreitende Industrialisierung am nationalen Kapital zehrt und unsere Substanz antastet.

Im Roman argumentiert der Major im Streitgespräch um Industrialisierung, Modernisierung, Ausverkauf der Landschaft und dem damit einhergehenden Verlust der bäuerlichen Lebensgrundlage und Identität mit Wegmann und seinem Studienfreund, dem Projektleiter Steiger, ausführlicher:[14]

> «Ich wehre mich nicht gegen die Krafterzeugung, fällt mir nicht ein. Kraftwerke sind unentbehrlich. Sie dürfen aber endlich nicht mehr zur Vernichtung ganzer Täler führen, und sie sollen nicht die Industrie veranlassen, ohne Rücksicht auf das ganze weiterzuwuchern, Landwirtschaft, Gewerbe und Handwerk zu verdrängen und die Natur zu verhunzen. Wir würden gar nicht soviel mehr Strom brauchen, wenn die Stromerzeugung nicht ein gutes Geschäft wäre. Prosperität, blühende Wirtschaft, Wohlstand – alles schön und recht, aber der materielle Wohlstand ist nicht unser höchstes Ziel, es gibt noch höhere Werte, und es ist eine Schande, wenn wir auf Kosten dieser Werte unseren Geldsack füllen. Der innere Wohlstand ist wichtiger als der äußere.»

So knapp und oft indirekt Inglin den Plot des Romans entwickelt, so wenig charakterisieren opulente Natur- und Landschaftsbeschreibungen den Roman. Und doch nützt der Autor gerade kompakte Landschaftsbilder und Naturphänomene, um die Bedrohung zu akzentuieren und zu veranschaulichen. So vergegenwärtigt ein morgendliches Nebelmeer über dem Talboden in der Verflechtung von Erzähler- und Figurenperspektive, «wie es hier in der nahen Zukunft aussehen mußte, wenn Urwang mit Höfen, Weiden und Wäldern im Speicherboden ertrunken war.»[15] Genauso wird ein alter Bergahorn, der vom Major schon am Beginn als bedeutsamer Markierungsort wahrgenommen wird, zum Sinnbild des Konflikts zwischen Natur und Zivilsation, denn der Ahorn muss der Straße weichen. Dass der Major mit Marieli, der Tochter des Wirts, am Ende Frauenschueli an einen geschützten Platz weit oberhalb des Staudamms verpflanzt, ist dagegen ein

---

13 Zit. nach von Matt, *Inglin* (wie Anm. 3), S. 238.
14 Inglin, *Urwang* (wie Anm. 2), S. 175.
15 Ebd., S. 183.

vages Zeichen des Widerstands und der Hoffnung. Diese Hoffnung wird freilich wieder in Frage gestellt, wenn der Major am Ende das Tal verlässt: nicht zurück ins Unterland an den Alpenrand, sondern grenzüberschreitend über den Grat hinaus nach Süden, bergauf in die Höhe und ohne Aussicht auf eine Rückkehr ins Tal, dessen Entwicklung er abschließend nüchtern beschreibt:[16]

> «Hier im Urwang hab ich nichts mehr verloren ... oder, richtig gesagt, zuviel verloren, aber nichts mehr zu suchen. Ihr zieht ja nächstens aus, dann kommen allmählich die anderen Familien an die Reihe. Heuen und emden werden sie ja noch, aber jauchzen werden sie nicht mehr dazu. [...] Die Staumauer in der Enge wird höher und höher, der Büel rutscht immer mehr zusammen, der Abflußstollen wird geschlossen, das Wasser steigt, und die Herrlichkeit ist zu Ende; dann werden sie mit den Behörden zusammen das Urwangwerk feierlich einweihen und hochleben lassen, alle Arbeiter werden, wie man ihnen sagen wird, stolz sein dürfen auf das Geleistete, vom Bauleiter Steiger bis hinab zum letzten Handlanger, die Zeitungen werden darüber berichten, und nach dem Leben und Untergang des Urwangtales wird bald niemand mehr fragen.»

Gegen diese Resignation vermag auch der Blick auf den frühmorgendlichen Sonnenglanz über dem Tal nicht anzukommen, während noch vor dem Tageslärm ein Sprengschuss und symbolträchtig das Krähen eines Hahnes zu hören ist.

In dieser Knappheit verführen die erzählerisch unterschiedlich funktionalisierten Landschaftsbeschreibungen und der Verzicht auf erhabene Stimmungsbilder nicht mehr dazu, die Landschaft als Spiegel innerer Vorgänge zu lesen, man könnte sie aber auf eine notwendige Kulisse des Geschehens reduzieren, als notwendigen Rahmen, um die aus heutiger Sicht erstaunlich hellsichtige ökologische Warnung vor technischer Hybris und ökonomischer Fehlentwicklung, die unsere materiellen und ideellen Lebensgrundlagen zerstören, parabelhaft zu erzählen. Doch ist der erzählte Raum selbst die Konstruktion einer Signatur individuellen und sozialen Handelns, die an Topoi in Albrecht von Hallers Gedicht *Die Alpen* erinnert, insofern schon Haller in seiner von naturwissenschaftlicher Beobachtung geprägten und der Aufklärung verpflichteten Darstellung der alpinen Gegenwelt seine Zeitgenossen auf Ordnung und Vernunft der Natur hingewiesen hat.

Es ist auch bei Inglin eine beinahe noch archaische Kulturlandschaft, in die das Urschweizer Rechtsdenken genauso eingeschrieben ist wie das

---

16 Ebd., S. 268.

Vertrauen oder die Hoffnung, aus der Geschichte und Tradition heraus die Herausforderungen der Moderne zu bewältigen, nämlich die materielle Grundlage zu erarbeiten und als soziale Wertegemeinschaft bestehen zu können. Freilich setzt uns Inglin in der vielschichtigen Realität der fünf exemplarischen Familien keine alpine Idylle von «vergnügte[m] Volk» vor, das zwar verachtet wird, aber «zur Müh und Armut lachen» kann und in der «mäßige[n] Natur allein» – so Haller – sein Glück findet.[17]

Im Gegensatz zu Dorothee Elmiger, der Schweizer Aspekte- und Rauriser-Literaturpreisträgerin 2010, die die Schweizer Alpenbücher nervig findet, «diese Geschichten aus den Bergen mit ihren archaischen Gestalten. Diese Kobolde oder was», die sie daher keck als Ethnoliteratur abfertigt,[18] schreibt Urs Augstburger sogar eine Trilogie von Romanen, die er explizit als Bergromane bezeichnet. Im ersten Roman *Schattwand. Ein Bergdrama* sind die Walliser Alpen noch ein Fluchtraum, in den der Protagonist Jan/Severin Somms aus der Stadt flüchtet, um in einem geerbten Haus in Gspona seinen berufs- und beziehungsbedingten Depressionen zu entkommen. Daraus entwickelt der Autor in einer komplexen Erzählstruktur und verwoben mit Mythen- und Sagenmotiven die Suche nach den Umständen eines als Unglück inszenierten Anschlags, bei dem vor vielen Jahren die halbe Einwohnerschaft zugrunde gegangen ist. Dabei gerät der zum Detektiv mutierte Protagonist selbst in Gefahr, weil eine sagenumwobene, riesige Lawine auf sein Haus losgeht.

Lässt sich dieser Roman wegen der «eingeflochtenen Sagenmotive und [dem] Beschwören unbändiger Naturgewalten zuweilen wie eine Karikatur der Werke Meinrad Inglins»[19] lesen, so mutiert Augstburger mit dem zweiten Teil seiner Triologie *Graatzug. Bergroman* zum «T.C. Boyle der Alpenliteratur».[20] In diesem Roman greift Augstburger den von Inglin in *Urwang* thematisierten Eingriff der Elektrizitätsindustrie in eine jahrhundertealte alpine Kulturlandschaft auf.

Angesiedelt ist der Roman *Graatzug* in der hochalpinen Landschaft in einem fiktiven Walliser Bergdorf Plon und entwickelt sich auf zwei immer wieder miteinander verschränkten Zeitebenen.

17 Albrecht von Haller, «Die Alpen», in: Albrecht von Haller, *Die Alpen und andere Gedichte*. Stuttgart 1978 (Reclams Universalbibliothek 8963), S. 3–22, hier S. 5 u. 21.
18 Kaspar Surber, «DOROTHEE ELMIGER. ‹Meine Fragen sind: Wer ist noch da, wo sind sie, und mit wem kann ich mich verbünden? Die Herstellung solcher Beziehungen ermöglicht erst ein politisches Handeln›», in: *WochenZeitung*, 30. 9. 2010, S. 15–17, hier S. 15.
19 Gieri Cavelty, «Alpines Schauermärchen», in: *Neue Zürcher Zeitung*, 17. 10. 2001, S. 32.
20 Bettina Dyttrich, «Auf dem Berg, im Berg», in: *WochenZeitung*, 5. 4. 2007, S. 18.

Ein Protagonist der Gegenwart ist Silvan Bohrer, eigentlich Filmemacher, der ins Tal zurückgekehrt war, um das Erbe seines Vaters anzutreten. In diesem Tal wurde in den sechziger Jahren ein Staudamm – «so hoch wie der Eiffelturm» – errichtet, sein Vater war als Wirt und Befürworter des Projekts Nutznießer und hinterließ ihm einen stattlichen Besitz: «drei Hotels, eine Pension, zwei Restaurants, das Berggasthaus, ein[en] Campingplatz, das Sportzentrum mit Minigolf, das Sportgeschäft, das Modegeschäft, zwei Ferienchalets, wirklich rentabel sind aber nur das Berggasthaus und der Campingplatz.»[21] Silvan ist in den Bau eines zweiten Kraftwerks der Elektrizitätsgesellschaft involviert, das kurz vor der Eröffnung steht und durch weitere Druckstollen aus dem bestehenden Stausee und weiteren Tälern zusätzliche Energie gewinnen soll. Dessen Staumauer ist «[d]ie größte der Schweiz, ergänzt durch ein unterirdisches Stollennetz, das seine Tentakel in drei benachbarte Täler bohrt und deren Wasser absaugt. Lenas Blick folgt den beiden gewaltigen Druckleitungen, die von der technologischen Wahnsinnstat zeugen».[22]

Diese Lena, die Architektin Lena Amherd, Tochter einer aus Plon weggezogenen Familie, ist Vertreterin der «GreenForce» und ist in Plon, um die Einhaltung der ausverhandelten Umweltauflagen für das Erweiterungswerk zu kontrollieren, das die Elektrizitätsgesellschaft – «mit Hilfe eines Regierungsrates, dessen Geldgier noch größer ist als sein übersteigertes Selbstwertgefühl. Politik auf sizilianische Art»[23] – mitten ins Naturschutzgebiet hineingebaut hat. Bei einer ersten Kontrolle vor den abschliessenden Gesprächen merkt sie, dass die Gesellschaft mit falschen Karten spielt. Denn Silvan Bohrer plant einen Golfplatz mit Driving Ranch, als notwendige Morgengabe für eine deutsche Hotelkette, der er angesichts seiner Finanznöte wegen zurückgezogener Kredite seinen Besitz verkaufen will. Mit dem Geld möchte er sich wieder seiner Filmkarriere widmen. Dass er selbst dabei auch nur eine Bauernfigur im kommerziellen Schachspiel der Elektrizitätsgesellschaft ist, merkt er erst später.

Die dritte Hauptfigur ist Xeno Rothen. Angeblich als Bauingenieur in Chile tödlich verunglückt, stellt er den Bezug zur zweiten Ebene her, als in den sechziger Jahren der Stausee geschaffen wurde. Damals hat sich sein Großvater Pius Rothen gegen die Umsiedlung gewehrt und bis zuletzt die traditionelle Walliser Wasserversorgung seiner Äcker gepflegt, die «küm-

---

21 Augstburger, *Graatzug* (wie Anm. 2), S. 40 f.
22 Ebd., S. 16.
23 Ebd., S. 19.

merlichen Kännel»²⁴ oder ‹Suonen›.²⁵ Deren Funktionieren wurde durch die Schläge eines Merkhammers kontrolliert. Doch ‹Suon› ist auch der althochdeutsche Ausdruck für Sühne. Und Xeno, der zunächst als mysteriöser Taucher in Szene gesetzt wird, wird sich an der Elektrizitätsgesellschaft rächen. Er zerstört ein Druckrohr und verursacht damit am Tag der Eröffnung des neuen Werks einen gewaltigen Bergrutsch, der das Tal verwüstet.

Es ist die Rache für seinen Großvater Pius, der die Umsiedlung nicht verkraftete und an einem Schlaganfall starb, nachdem er, seinen Abschied vorbereitend, seinen eigenen Sarg getischlert hatte; weiter für die Großmutter, die mit Vertragsklauseln um das neue Seegut betrogen wurde; und für den eigenen Vater Arnold Rothen, der nach dem Tod seiner Frau vom Hof floh, um im Stollen als Mineur zu arbeiten und schnelles Geld zu verdienen. Er ging an der Gier der Gesellschaft zugrunde, denn die Ingenieure und Sprengmeister trieben die Arbeiter mit Prämien zur Erschöpfung, die vorgeschriebenen Sicherheitsbestimmungen für die Arbeiter und deren Gesundheit war ihnen gleichgültig. Xenos Vater kommt mit anderen bei einem Stolleneinsturz ums Leben, weil die Verantwortlichen aus Zeit und Kostengründen den Stollen trotz der erkannten Gefahr nicht ausreichend absichern ließen.

Mit diesem Strang hat Augstburger eine nüchterne und doch engagierte Arbeitsreportage in seinen Roman eingeflochten, während sich der Hauptstrang zu einem Krimi entwickelt, in den geschickt familien- und sozialgeschichtliche Facetten eingebaut sind und alte Mythen und moderne Zombiegeschichten über motivische Verknüpfungen der Geschichte eine Spannung zwischen Archaik und Modernität ergeben, in der sich schließlich – wie es sich für einen guten Bergroman gehört – auch eine nicht ganz einfache Liebesgeschichte entwickeln kann.

Die Parallelen von *Graatzug* und *Urwang* sind auffällig, auch wenn Augstburger inhaltlich deutlich andere Akzente setzt und komplexer erzählt. Allerdings bietet auch Augstburger etwa bei der Beschreibung der Arbeiten an den ‹Suonen› eine detailreiche Genauigkeit, die auf die Wertschätzung der Tradition oder der bäuerlichen Identität verweist und sich beispielsweise mit Inglins exakten Jagdbeschreibungen durchaus vergleichen kann. Doch wenn Inglin ziemlich genau zwei Jahre erzählte Zeit bietet, so sind es bei Augstburger ungefähr vierzig Jahre, wodurch er in Rück- und Überblendungen auch die Bauarbeiten und die sozioökonomischen Folgen und moralischen Verwerfungen darlegen kann. Inglin spart solches

---

24 Ebd., S. 25.
25 Walliserdeutsch für die Hauptwasserleitung zur Bewässerung der Äcker.

aus, deutet es höchstens an, wie im Viehhandel zwischen Gisler und dem Schlatterbauern, oder nützt Vorausdeutungen, weil er sich auf die Erzählgegenwart und die damit verbundenen Diskurse in der Planungsphase der Errichtung des Staudamms konzentriert. Außerdem ist Augstburger im Gegensatz zu Inglin, der sich zu «solch unverstellte[m] Wirkenwollen» skeptisch äußert,[26] entscheidend pointierter in der politischen Analyse und engagierter in seinen Positionen, ohne – gestützt auf literarische Quellen, Sachbücher und Dokumentarfilme – in bloße Schwarzweißmalerei zu verfallen, «wie es überhaupt eine Stärke des Romans ist, dass manche Figur in ihrer Position auf schwachen Füssen steht oder nach und nach ins Wanken kommt, so dass die Fronten nicht ein für alle Mal klar sind».[27] So versteht der alte Pius in seiner Starrköpfigkeit seine Frau Julia, die sich ein etwas weniger entbehrungsreiches Leben erhofft, und selbst seinen Sohn Arnold.

Silvan merkt, wenn auch spät, dass er seine alten Ideale verraten hat, und auch Lena lässt sich von den technischen Leistungen der neuen Anlage durchaus faszinieren. Sie sieht selbst den alten Dorfkönig differenziert, Silvans Vater, für den sie ein «*Üsserschwyzer Ribiise*»[28] war, hat sie doch von dessen Verhandlungsbereitschaft, Pragmatismus und auch Bereitschaft zur Intrige mehr gelernt, als diesem bewusst war:[29]

> Schon sein Vater hatte bei aller Schlitzohrigkeit jene Ehrlichkeit gehabt, die man oft bei Leuten mit gesundem Selbstvertrauen findet. Geschwindelt hat König Bohrer des öfteren, gelogen nie. Ein großer Unterschied. Wirkliche Lügen hatte er ganz einfach nicht nötig gehabt.

Selbstverständlich ist auch bei Urs Augstburger der alpine Raum, in den das Geschehen eingebettet ist, topographisch strukturiert und streng abgegrenzt. Auch hier gibt es das Innen und Außen, das Oben und Unten, mit den Stollen und dem See jedoch auch das unterirdisch Gefährliche und Geheimnisvolle. Doch verzichtet der Autor auf breite Naturgemälde, die landschaftlichen Gegebenheiten dienen der topgraphischen Orientierung und werden meist nur knapp beschrieben. Letzte Sonnenstrahlen verweisen wiederholt auf den Untergang, so wie die eingrenzenden Bergkämme die Räume begrenzen. Doch durch den titelgebenden *Graatzug* wird auf ein offenes, beunruhigendes Ende verwiesen. Denn *Graatzug* bedeutet laut

---

26 Vgl. von Matt, *Inglin* (wie Anm. 3), S. 239.
27 Christine Weder, «Weise Walliserinnen – Urs Augstburgers Bergroman ‹Graatzug›», in: *Neue Zürcher Zeitung*, 24. 4. 2007, S. 43.
28 Augstburger, *Graatzug* (wie Anm. 2), S. 74.
29 Ebd., S. 235.

Glossar, das dem Roman beigegeben ist, den «Zug der armen Seelen die Bergkämme hinauf ins ewige Eis.»[30]

Korrelieren Inglins *Urwang* und Augstburgers *Graatzug* in ihrem Menetekel noch beide mit historischen Fakten – für *Graatzug* wird in der Kritik nicht zufällig auf den *Lac des Dix* und die *Grande Dixence S.A.* verwiesen,[31] wo im Jahr 2000 tatsächlich eine 1999 fertig gestellte Druckleitung zerbarst und in der Folge ein Kraftwerk bis 2010 stillgelegt war – so extrapoliert Urs Augstburger im dritten Band der Trilogie *Wässerwasser* seine apokalyptische Warnung aus der Gegenwart in die Vierzigerjahre unseres Jahrhunderts, in eine Zukunft nach dem Klimawandel, der die Gletscher zum Schmelzen gebracht, weite Teile Europas in Steppengebiete verwandelt und Amsterdam unter Wasser gesetzt hat.

Wieder auf zwei Zeitebenen und durchsetzt mit zahlreichen Verweisen und Anspielungen auf die anderen Bücher der dreibändigen Alpen- und Familiensaga erzählt der Autor vom Luxusresort «Eden». Dieses ist aus dem von Lena und Silvan erbauten Öko-Hotel «Eden» entstanden und wird inzwischen in der nächsten Generation von deren Tochter Agnes geführt, die seit der Geburt von ihrer Patentante Lucrezia Camminada, einer Figur aus dem ersten Roman *Schattwand*, unterstützt wird. Im schattigen Flischwald in Plon bietet das Luxus-Resort finanzkräftigen Kunden Erholung vor der Hitze, weil es «selbst im Hochsommer [...] hier noch Tage unter fünfunddreißig Grad» gibt.[32] Abgeschottet durch perfekte Sicherheitstechnik und unterstützt durch modernste High-Tech-Observation bleiben die Gäste auch von den übrigen Auswirkungen des Klimawandels wie Muren und Gerölllawinen nach dem Auftauen der Permafrostböden verschont oder vor sintflutartigen Gewitterregen, welche die konstanten Dürreperioden unterbrechen.

Doch dieser Luxus ist trotz aller Vorsichtmaßnahmen gefährdet, denn inzwischen ist Wasser höchstbezahlte Ressource, die vor allem von *Pure Water*, einem offenkundig Nestlé nachempfundenen Global Player der Nahrungs- und Lebensmittelbranche ausbeuterisch monopolisiert und höchstpreisig vermarktet wird. Das Resort jedoch kann sich noch auf eine eigene Wasserversorgung stützen, die sich dem ausgeklügelten traditionellen Walliser Bewässerungssystem und entsprechenden Verträgen verdankt, mit denen Agnes zur lokalen Wassermonopolistin wurde. Doch diese Sicherheit ist nicht nur in Gefahr, weil *Pure Water*, die aus der Elektrizitätsgesellschaft

---

30 Ebd., S. 342.
31 Vgl. z.B. Alexandra Kedves, «Fluchen mit Augstburger», In: *Tages-Anzeiger*, 14. 9. 2007, S. 58.
32 Augstburger, *Wässerwasser* (wie Anm. 2), S. 29.

in *Graatzug* hervorgegangen ist, alles daransetzt, um an diese Reserven zu kommen. Vielmehr ist das Eden-Resort wiederholt Ziel von erpresserischen Anschlägen, denn längst ist dieses Resort eine isolierte Luxusidylle in einem von Naturkatastrophen bedrohten und von großen Migrationsbewegungen herausgeforderten Europa. Aktuell fordern Erpresser Zugang zu den Wasserreserven des Schluchtsees und drohen, den Flischwald in Brand zu setzen.

Die Frist von elf Tagen bildet den Erzählrahmen der ersten Ebene. Auf der zweiten Ebene werden durch Rückblenden die Vorgeschichten und Biografien in den Roman hereingeholt und das aktuelle Geschehen wiederum mit der Walliser Mythen- und Sagenwelt verwoben. Und es wird das Geheimnis um einen seinerzeit von Silvan entdeckten Gletschersee gelüftet, der den dramatischen Rettungsversuchen gegen die Erpressung eine zusätzliche Dimension verleiht. Denn Noah, ein «mobile[r] Katastrophenhelfer, der stets schon die nächste Destination anpeilt»,[33] dessen Geburt den ersten Band der Trilogie eröffnet hatte und der ebenfalls bei Lucrezia einen Familienersatz gefunden hatte, ist wie Albin, der Halbbruder von Agnes und Mitbesitzer des Resorts mit eigenen Plänen, zu Besuch. Noah plant einerseits hochtechnologische Notfallmaßnahmen, rechnet aber insgeheim damit, im Extremfall den Gletschersee zu nützen, um die Zerstörung des Resorts zu verhindern. Agnes dagegen erkennt die Verantwortung, die ihr aus dem Wissen um den See für das Wohl der Allgemeinheit zukommt, und weigert sich, das Wasser in die Rettung einzubeziehen, um es für künftige Generationen zu schützen. Noahs Vorsorge nützt nur zum Teil, doch einsetzender Regen verhindert die vollkommene Zerstörung, ohne dass der Gletschersee angezapft werden muss. Damit ist sogar ein vorsichtig optimistisches Ende des Romans möglich.

Werden in *Graatzug* die Räume noch topographisch strukturiert und lässt sich das Tal als pars pro toto der Schweiz lesen, in das – ähnlich wie in *Urwang*, wo der Wandel von der Argar- zur modernen Industriegesellschaft thematisiert wurde – die Brüche der modernen Industriegesellschaft eingeschrieben sind, so scheint dasselbe Tal in *Wässerwasser* zum apokalyptischen Un-Ort mutiert zu sein. Das Tal wird nicht mehr als peripherer Raum präsentiert, in den die Folgen der in den politischen Machtzentren gefällten Entscheidungen einbrechen. Das Tal ist eher ein Unort auf einem ökologisch ruinierten Kontinent, in den das Eden-Resort als ein hybrider Raum eingebettet ist, der wie eine Festung hermetisch abgeriegelt und scharf bewacht ist. Nicht mehr Bergrücken begrenzen freilich den künstlichen

---

33 Ebd., S. 219.

locus amoenus, sondern Zäune, strenge Sicherheitssysteme und Kontrollschranken. Damit erhält der Raum jedoch ebenso klar seine symbolische Zeichenhaftigkeit wie der Urwanger Talgrund. Nur werden nun nicht mehr Fragen einer sozialen, nationalen oder sonstigen kollektiven Identität abgehandelt. Augstburger schafft vielmehr eine Welt, in der der Besitz einer uns heute selbstverständlichen Ressource nicht mehr der lokalen oder regionalen Grundversorgung dient. Wasser ist nicht mehr Wässerwasser zur Versorgung der Äcker. Es dient vielmehr in der globalisierten Welt nach dem Klimawandel kleinräumig zur Absicherung des Luxus und ist im Großen eine ökonomisch äußerst wertvolle Ware, die neben Luxus Gewinn und in der Folge auch politische Macht garantiert. Andererseits provoziert sie jedoch auch Bedrohung durch Kriminalität und Gewalt im Krieg um den Zugriff auf die Ressourcen. Das Ploner Tal wird damit als Raum zur Metapher für eine künftige Dynamik im «Spannungsfeld von globalen und lokalen Phänomenen und Interdependenzen».[34]

Dass es sich im Romangeschehen nicht erst um apokalyptische Szenarien in der Zukunft handeln muss, belegt ein Zitat aus dem Porträt *Der Wassermann* über den langjährigen Nestlé-Chef Peter Brabeck-Letmathe in der *Zeit*, der sich nun dem Kampf gegen die Dürre verschrieben hat und stolz darauf ist, der Erste gewesen zu sein, «der das Thema beim World Economic Forum in Davos 2005 ins Bewusstsein der Wirtschaftslenker brachte».[35]

> Was geschehen kann, wenn Wasser einen Preis bekommt, lässt sich in Chile studieren – einem Land, dass Brabeck sehr gut kennt. Unter Augusto Pinochet setzte die Militärdiktatur während der achtziger Jahre eine weitgehende Privatisierung durch. Durch den *Código de Aguas* wurden Wasserrechte vom Grundeigentum getrennt und handelbar gemacht. Vor allem im trockenen Norden des Landes, der von der Atacamawüste geprägt wird, kämpften schon bald Kleinbauern und Minenbesitzer um das kostbare Wasser der Flüsse Río Loa und Río Copiapó. Der Preis stieg. Und weil die Minenkonzerne weitaus mehr Geld bezahlen konnten als andere, besaßen sie schon bald die meisten Wasserrechte. Notgedrungen verließen die Bauern ihr Land und zogen in die Städte. Ihre Felder verdorrten.

Auf die Frage, was da schief gelaufen sei, antwortet Brabeck-Letmathe lakonisch:

---

34 Doris Bachmann-Medick, *Cultural Turns. Neuorientierungen in den Kulturwissenschaften.* Reinbek bei Hamburg 2009 (Rowohlts Enzyklopädie 55675), S. 297.
35 *Die Zeit*, Nr. 34/2011, 24. 8. 2011; hieraus auch die beiden folgenden Zitate.

«Man muss eine Ressource so einsetzen, dass sie eine Volkswirtschaft am besten nutzen kann […]. Im Norden von Chile ist es so trocken, dass die Wertschöpfung des Wassers bei den Minen wahrscheinlich höher ist als in der Landwirtschaft. In anderen Regionen mag das ganz anders sein.»

Indem Augstburger allerdings auch im dritten Roman das Geschehen in die Walliser Mythen- und Sagenwelt einbettet, also in die kollektiven Erinnerungen und Deutungsmuster, wird das Tal zusätzlich zum Erinnerungsort und assoziiert damit einen Aspekt, der in Dominik Bernets Roman *Marmorera* eine wichtige Rolle spielt und auf den unter diesem Aspekt abschließend wenigstens noch kurz hingewiesen werden soll.

Dieser 2006 erschienene und 2007 als *Marmorera – Der Fluch der Nixe* auch verfilmte Roman erzählt von Spätfolgen des Staudammbaus am Julierpass. Der Zürcher Psychiater Simon Cavegn ist mit seiner Frau Paula am Pass unterwegs und hilft, eine junge tote Frau aus dem Stausee zu bergen. Diese Leiche erwacht jedoch mysteriöserweise wieder zum Leben und wird als stumme Patientin nach Zürich in die Psychiatrie gebracht, wo sie von Simon Cavegn behandelt wird. In der Folge kommt es zu einer Reihe weiterer ungeklärter Todesfälle, die alle mysteriöserweise von dieser Frau vorangekündigt werden und die – wie sich im Verlauf der Handlung zeigt – offensichtlich alle geheimnisvoll mit der Errichtung des Kraftwerks zur Stromversorgung für Zürich zu tun haben. Simon Cavegn verliert sich selbst immer mehr in den zwischen Mythen, Halluzinationen und Realität oszillierenden Geschehnissen und begibt sich auf die Suche nach der Geschichte des 1954 abgerissenen und gefluteten Dorfes, das oberhalb des Stausees neu aufgebaut wurde. Diese Geschichte verliert sich freilich allzu sehr in den Mystery-Passagen und in den schwer nachvollziehbaren Überlappungen der unterschiedlichen Erzählebenen, sodass man als Leserin oder Leser das Buch etwas ratlos zur Seite legt.

Alle Autoren nützen für das Sujet ihrer Romane trotz aller Unterschiede einen vergleichbaren alpinen Raum. Dabei wird offenbar selbst dann eine didaktisch-aufklärerische Erzählabsicht erkennbar, wenn die Handlung als Thriller oder Mysterium-Roman gestaltet wird. Damit bleiben die je auf ihre spezifische Weise literarisch gestalteten Räume nicht nur Kulisse für parabelhafte Vorgänge oder Rahmen für sozialkritische Thesen, sie werden vielmehr selbst zu semiotisch aufgeladenen modellhaften Räumen:[36]

36 Ansgar Nünning, «Formen und Funktionen literarischer Raumdarstellung: Grundlagen,

Durch [ihre] narrativen Verfahren [organisieren die Romane] die ausgewählten Elemente und [entwerfen] fiktionale Welten, die weder in Bezug auf spezifische Elemente noch im Hinblick auf deren Relationen Abbildungen realer Räume oder historischer Epochen sind, sondern ästhetisch organisierte Geschichts- und Raum*modelle*.

Diese vermögen den Blick heute genauso wie in den Fünfzigerjahren Meinrad Inglins auf unsere Lebenswelt zu schärfen und lassen im Aushandeln des Bedeutungshorizontes der Texte erkennen, wie sehr auch literarische Texte in das «Wirkungsfeld der kulturellen Verstehenspraktiken eingebracht werden können».[37] Egal, ob es sich um «dichterische Zivilcourage»[38] in den 1950er-Jahren oder um «ein leidenschaftliches Plädoyer für mehr Sorgfalt mit der Natur»[39] in der jüngsten Gegenwartsliteratur handelt.

Ansätze, narratologische Kategorien und neue Perspektiven», in: *Raum und Bewegung in der Literatur. Die Literaturwissenschaften und der Spatial Turn.* Hg. von Wolfgang Hallet und Birgit Neumann. Bielefeld 2009, S. 33–52, hier S. 43.
37 Doris Bachmann-Medik, «Einleitung», in: *Kultur als Text. Die anthropologische Wende in der Literaturwissenschaft.* Hg. von Doris Bachmann-Medik, 1996, S. 7–64, hier S. 26.
38 Frei, *Seit dreissig Jahren aktuell* (wie Anm. 5).
39 Andrea Lüthi, «Verloren in den Naturgewalten», in: *Neue Zürcher Zeitung*, 24. 11. 2009, S. 27.

Register der Namen und Werke

I. Register der Werke von Meinrad Inglin

Das Register der Werke Meinrad Inglins umfasst sämtliche Erwähnungen im Haupttext der Beiträge sowie in den Bildunterschriften. Die Anordnung erfolgt in alphabetischer Ordnung nach dem ersten Substantiv des Titels.

Ausflucht in den Geist 214
Rettender Ausweg. Anekdoten und Geschichten aus der Kriegszeit 214
Dankbare Erinnerung an Paul Häberlin 40
Erlenbüel 15, 39
Fiebertraum eines Leutnants 181
Ein Flüchtling 214
Die Furggel 23, 54, 55, 60, 205
Das Glück 211
Grand Hotel Excelsior 27, 39, 50, 129f., 132–143, 212, 225, 226, 232, 233, 234, 235
Güldramont 7, 8, 9, 23, 28, 46–50, 54, 62, 184, 199, 200, 205
Getäuschte Hoffnung 211
Die entzauberte Insel 15, 197–208, 252
Jugend eines Volkes 7, 8, 27, 84, 247
Die Lawine 14, 23, 28, 209, 212, 214–222
Lob der Heimat 7, 8, 16, 246–249, 251
Die graue March 9, 27, 28, 29, 31, 32, 34, 51, 52, 54, 56, 58f., 62, 238, 251, 257
Notizen des Jägers 248
Unerledigte Notizen zwischen 1939–1945 38
Phantasus 26
Mißglückte Reise nach Deutschland (mehrere Fassungen) 175–184, 186–196
Das Riedauer Paradies 251
Schweizerspiegel 8, 9, 10, 11, 13, 14, 15, 21, 25, 28, 30, 31, 33, 34, 35, 38, 50, 77–79, 102, 145f., 148f., 154–158, 159–173, 180, 181, 195, 199, 207f., 233, 247, 248
Der schwarze Tanner 8, 199, 215, 252
Unglück im Glück 214
Urwang 15, 16, 21, 28, 62, 199, 239, 240, 242–246, 249, 250, 252, 253, 255–259, 262, 265
Wanderer auf dem Heimweg 10, 22, 39, 85, 226, 236, 237
Über den Wassern 7, 8, 9, 29, 39, 42, 44f., 47, 50, 199, 247
Verhexte Welt 24
Die Welt in Ingobald 102
Die Welt in Ingoldau 7, 9, 10, 21, 26, 27, 39, 69f., 72–74, 78–83, 86, 91–97, 100–106, 114, 212
Wendel von Euw 10, 39, 109, 112–120, 122–127
Werner Amberg. Die Geschichte seiner Jugend 11, 14, 15, 21, 28, 39, 84, 93, 95, 209, 210, 211, 212, 222, 223, 226–228, 230–235

II. Register der Namen

Das Register der Namen erfasst mit Ausnahme von Meinrad Inglin sämtliche Personennennungen des Haupttextes sowie sämtliche Personennennungen der Anmerkungen mit Ausnahme von Personennamen in bibliographischen Angaben. Im Register nicht aufgeführt wird die Autorschaft der Beiträgerinnen und Beiträger für eigene Beiträge im vorliegenden Band.

Abegg-Eberle, Margrit 233
Adorno, Theodor W. 110
Alewyn, Richard 160
Amrein, Ursula 38
Andersch, Alfred 253
Annen, Daniel 10, 17, 92, 102, 169, 228, 230, 250
Augstburger, Urs 16, 255, 260, 262, 263, 264, 266, 267

Bachelard, Gaston 65
Bachtin, Michail 112, 141
Baessler, Carl 221
Ball-Hennings, Emmy
    siehe Hennings, Emmy
Battiston, Régine 9
Baudelaire, Charles 65
Bauman, Zygmunt 245
Baumberger, Christa 10
Beck, Knut 129
Bernet, Dominik 16, 255, 267
Birchler, Linus 176
Bitzius, Albert (Sohn) 98
Bitzius, Albert (Vater)
    siehe Gotthelf, Jeremias
Böcklin, Arnold 52
Bollnow, Otto F. 65
Bosshart, Jakob 21
Boyle, T.C. (Thomas John Boyle) 260
Brabeck-Letmathe, Peter 266

Calame, Alexandre 224, 225
Calvin, Johannes 98
Charbon, Rémy 225
Cotta, Georg von 223
Courbet, Jean Désiré Gustave 52

Dudek, Peter 205
Dürrenmatt, Friedrich 141, 142, 143, 145, 225

Eberle, Ambros 131, 223, 225, 234
Eberle, August 230
Egli, Emil 248, 249, 251
Ehrlich, Nina 13
Elias, Norbert 32
Elmiger, Dorothee 260
Englert-Faye, Curt 12
Erhart, Walter 119, 122, 250

Faesi, Robert 117
Federer, Heinrich 125
Feierabend, Maurus August 150
Feuchtersleben, Ernst Freiherr von 15
Frank, Leonhard 206
Frei, Ulrich 257
Freiligrath, Ferdinand 231
Freud, Sigmund 72, 86
Fringeli, Dieter 37
Frisch, Max 7, 21, 37, 67, 196
Frobenius, Leo 117
Frölicher, Hans 176, 183

Giamara, Nicolo 74, 92
Girard, René 221
Glauser, Friedrich 10, 111
Goethe, Johann Wolfgang von 10, 42, 76, 80, 119, 209, 212, 217
Górecka, Marzena 9
Gotthelf, Jeremias (Albert Bitzius) 14, 98, 149, 150, 152, 153, 154
Gracq, Julien 63
Graf, Emma 171
Guggenheim, Kurt 21, 219

Günther, Hans 204
Günther, Werner 8

Häberlin, Paul 10, 35, 39, 40, 41, 46, 48, 49, 50, 51, 67, 71, 72, 79, 80, 92, 239, 240, 244, 245
Hackl, Wolfgang 16
Haller, Albrecht von 228, 259, 260
Hauptmann, Gerhart 43
Heer, Jakob Christoph 225
Hennings, Emmy (Emma Maria Cordsen) 10, 111, 113
Henschke, Alfred *siehe* Klabund
Hesse, Hermann 119, 122
Hessel, Franz 110
Hitler, Adolf 182
Hodler, Ferdinand 11, 224, 225
Hofmannsthal, Hugo von 192, 193
Homer 42
Humbel, Stefan 14
Hürlimann, Thomas 184
Hutten, Ulrich von 114

Ibsen, Henrik 43
Ilg, Paul 43
Imhoof, Werner 176, 183, 187

Jaspers, Karl 43
Jesus von Nazaret (Jesus Christus) 81, 82, 84, 86
Johannes (Evangelist) 81
Jünger, Ernst 191, 192, 193, 194

Kafka, Franz 186, 190, 233
Keller, Gottfried 12, 14, 15, 21, 67, 145, 149, 152, 153, 154, 156, 188, 223, 224, 231, 237
Keyserling, Eduard von 201
Kiesel, Helmuth 112
Kippling, Rudyard 56
Klabund (Alfred Henschke) 111, 112

Lasker-Schüler, Else 110, 112
Lawrence, T. E. (Thomas Edward Lawrence) 192
Lefebvre, Henri 243

Leitner, Maria 129, 134, 135
Linsmayer, Charles 38
Longfellow, Henry Wadsworth 231
Löw, Martina 242
Lubrich, Oliver 14
Lukas, Wolfgang 206

Mann, Heinrich 204
Mann, Thomas 34, 192, 231
Mannheim, Karl 160
Matt, Beatrice von 7, 9, 13, 37, 69, 92, 105, 207, 215, 217, 237, 249, 250
Mattmüller, Markus 98
Menn, Barthélemy 224
Merleau-Ponty, Maurice 64, 65
Meyer, Conrad Ferdinand 188
Mooser, Josef 12
Mozart, Wolfgang Amadeus 234
Mühsam, Erich 112
Müller, Dominik 11, 168
Müller, Josef 24
Muschg, Adolf 12, 37

Nietzsche, Friedrich 27, 35, 92, 117, 120

Oehler, Hans 177
Ortega y Gasset, José 43

Paludan, Jacob 13, 159, 161, 162, 173
Paulus von Tarsus 84, 85
Pestalozzi, Johann Heinrich 98
Pilgram-Frühauf, Franzisca 9
Pinochet, Augusto 266
Pourtalès, Guy de 21, 30, 31, 32, 33

Ragaz, Leonhard 9, 27, 35, 91, 92, 93, 94, 95, 96, 97, 98, 99, 100, 102, 103, 105, 106, 107
Ramuz, Charles Ferdinand 32, 35
Rauch, Mein 225
Reichen, Roland 204
Remarque, Erich Maria 192
Renn, Ludwig 192
Rieter, Fritz 177
Rostig, Dittmar 97

Roth, Joseph 110, 129, 136, 138, 139
Rousseau, Jean-Jacques 118

Schaffner, Jakob 184
Scheler, Max 117
Schering, Emil 48
Schiller, Friedrich von 10, 74, 76, 78, 79,
    80, 216, 223, 224
Schindler, René 196
Schmid, Karl 35, 37
Schoeck, Elisabeth 39
Schoeck, Georg 176
Schoeck, Othmar 192
Schwarzenbach, Annemarie 196
Seger, Cordula 11, 227
Sloterdijk, Peter 129
Solbach, Andreas 7
Sontag, Susan 186
Spengler, Oswald 10, 43, 115,
    117, 207
Spitteler, Carl 67, 126
Spranger, Eduard 202, 205, 206
Staiger, Emil 141
Steiner, Michael 24
Stiefel, Gottfried 255, 258
Stifter, Adalbert 249, 250, 253
Stoker, Bram 190
Strindberg, August 48
Stückelberg, Emil 224

Tagore, Rabindranath 120
Thomas von Aquin 85
Todorov, Tzvetan 191
Toller, Ernst 111
Tolstoi, Lew Nikolajewitsch
    (Leo Tolstoi) 34
Troeltsch, Ernst 118

Urry, John 227
Utz, Peter 14, 25

Vinet, Alexandre 98
Von Matt, Beatrice
    siehe Matt, Beatrice von

Walser, Robert 7, 25, 110
Wassermann, Jakob 193

Weber, Werner 126
Widmer, Urs 184
Wiechert, Ernst 29
Wiegmann-Schubert, Eva C. 246
Wilhelm, Egon 37, 198, 203
Wirz, Otto 126
Witz, Konrad 31
Wolfe, Thomas 179
Woolf, Virginia 179

Zbinden, Hans 249
Zimmermann, Christian von 15, 16,
    17, 114
Zollinger, Albin 216
Zweifel, Bettina 42, 75, 82, 114, 120,
    121, 122, 181
Zweig, Stefan 129, 130
Zwingli, Huldrych 98